V&R unipress

Palaestra

Untersuchungen zur europäischen Literatur

Band 346

Begründet von Erich Schmidt und Alois Brandl

Herausgegeben von
Bernd Auerochs, Heinrich Detering und
Maria Moog-Grünewald

Lutz Rühling

Die Metapher, die immer da ist

Studien zur Literaturtheorie und Textanalyse

Herausgegeben von Heinrich Detering, Karin Hoff, Klaus Böldl
und Henrike Fürstenberg

V&R unipress

MIX
Papier aus verantwortungsvollen Quellen
FSC® C083411

Bibliografische Information der Deutschen Nationalbibliothek
Die Deutsche Nationalbibliothek verzeichnet diese Publikation in der Deutschen Nationalbibliografie; detaillierte bibliografische Daten sind im Internet über http://dnb.d-nb.de abrufbar.

Umschlagabbildung: © Lutz Eneik
Druck und Bindung: CPI books GmbH, Birkstraße 10, D-25917 Leck
Printed in the EU.

Vandenhoeck & Ruprecht Verlage | www.vandenhoeck-ruprecht-verlage.com

ISSN 0303-4607
ISBN 978-3-8471-0987-7

Inhalt

Vorwort

»To understand the artwork is to grasp
the metaphor that is, I think, always there.«
Arthur C. Danto: *The Transfiguration of the Commonplace*

Die Allgemeine und Vergleichende Literaturwissenschaft hat sich in Deutschland vor allem aus der Romanistik, dann auch der Slavistik heraus konstituiert. Die Skandinavistik, die es doch in durchaus vergleichbarer Weise mit einer Gruppe verwandter, aber signifikant unterschiedlicher Sprachen und Literaturen zu tun hat, schien sich dagegen lange Zeit eher zurückzuhalten. Der Kieler Skandinavist Lutz Rühling hat in Lehre und Forschung maßgeblich dazu beigetragen, auch dieses Fach umfassend und grundlegend für die Allgemeine und Vergleichende Literaturwissenschaft zu öffnen – und umgekehrt auch dazu, literarische Texte, Traditionen und Schreibweisen aus Skandinavien im Wahrnehmungshorizont der Komparatistik zu etablieren.

Dieses intensive und dauerhafte Interesse zeichnet sich schon in Lutz Rühlings akademischem Werdegang ab. Mit den Stationen Saarbrücken, Göttingen, Uppsala und Kiel verbindet sich ein Studium, das in der Komparatistik begann, sich zunächst in die Germanistik und erst dann in die Skandinavistik ausweitete – vor allem während des Studiums in Uppsala wurde seine Begeisterung für die schwedische Literatur und Sprache geweckt – und das von Beginn an bis heute mit Grundfragen der Literaturtheorie, Psychologie und Sprachphilosophie innig verbunden ist. Lutz Rühling sei »der Philosoph unter den Skandinavisten«, hat Bernhard Glienke über ihn gesagt; und zweifellos sind unter seinen akademischen Lehrern die Philosophen Günther Patzig und vor allem Wolfgang Carl ebenso prägend geworden (und geblieben) wie der Skandinavist Fritz Paul, der seine Laufbahn maßgeblich begleitet hat und an dessen Göttinger Lehrstuhl er lange tätig war. Die Themen und Argumentationsformen, die Lutz Rühlings wissenschaftliche Arbeiten bestimmen, verdanken sich der analytischen Philosophie und ihrer Kritik, der Kultur- und Ideengeschichte, der Psychologie und der Imagologie. Die Probleme, die er in Werken der skandinavischen Literaturen exemplifiziert, ergeben sich darum oft aus Grundfragen dieser Disziplinen: Fragen der psychoanalytischen Lesbarkeit literarischer Texte, der literarischen Modellierung von Stereotypen, der Modellierung und Subversion metaphysischer Weltdeutungen in der Dichtung, Fragen nach allgegenwärtigen, aber bei näherem Hinsehen oft unklaren Begriffen und Konzepten wie »Fiktionalität« und »Interpretation«. Der Fiktionstheorie widmet er eine in langjähriger Arbeit entstandene, umfassende Monographie; zu ihr wie zu anderen der genannten theoretischen Gegenstände hat er aber auch in Vorträgen und Aufsätzen Beiträge geleistet, die zur literaturwissenschaftlichen Grundlagenforschung gehören.

Wo er sich einzelnen Texten und Textcorpora der skandinavischen Literaturen zuwendet, geschieht das stets im damit grob abgesteckten theoretischen Horizont. Schon Lutz Rühlings Dissertation über das Gesamtwerk des bedeutenden, in Deutschland aber kaum bekannt gewordenen schwedischen Dichters Gustaf Fröding verbindet die Präzision eines *close reading*, das strukturale, bei Bedarf bis ins Musikologische ausgreifende Textanalysen literarhistorisch kontextualisiert, mit einer durchgehenden ideengeschichtlichen und literaturpsychologischen Perspektivierung. Der Titel der Studie verbindet auf überraschende und, wie die Lektüre schon des meisterhaften Eingangskapitels zeigt, vollkommenen triftige Weise Fröding mit Freud und Baudelaire: *Die Abwehr des ›ennui‹*. Auch solchen Lesern, die womöglich an Frödings Poesie nicht interessiert wären, öffnen sich in Rühlings vergleichender Lektüre seiner Gedichte und der *Fleurs du Mal* doch Einsichten, die das Verständnis der europäischen Moderne ästhetisch und psychologisch vertiefen – so wie auch seine differenzierende Bestimmung des Begriffs »Moderne« selbst ein Musterbeispiel seines Bemühens um Genauigkeit der Terminologie abgibt. Wollte man Lutz Rühlings wissenschaftliche Schreibweise in einem Wort zusammenfassen, so wäre es das Ideal der *perspicuitas*.

Das Thema der Habilitationsschrift *Opfergänge der Vernunft* öffnet die Frage nach individuell-lebenspraktischen wie geschichtsphilosophischen Sinnentwürfen in einen weiten, die skandinavische Literatur von der Barockdichtung bis in die Postmoderne umfassenden Zusammenhang hinein. Unterschiedliche Verfahren einer »Konstruktion von metaphysischem Sinn« werden in diesem umfangreichen Buch an exemplarischen Texten unterschiedlichster Genres analysiert, von der barocken Autobiographie Leonora Christina Ulfeldts über Carl von Linnés eigenwillige Versuche einer Synthese naturwissenschaftlicher und moralischer Paradigmen und Hans Christian Andersens romantisch-realistische Romanexperimente bis zum emphatischen, Nietzsche-affinen Modernismus Edith Södergrans und den postmodernen Erzählstrategien Peter Høegs wie der postmodernen Sprachreflexionen in der Lyrik Inger Christensens. Poetik und Philosophie verbinden sich in diesem Buch zu einer komplexen Einheit; dabei zeigt die Sensibilität der Analysen paradoxer und aporetischer Schreibverfahren eine methodische Öffnung zu Fragen, die von postmoderner Philosophie und poststrukturalistischer Literaturtheorie formuliert worden waren. Nietzsches Wendung von der Kunst als der »eigentlichen metaphysischen Tätigkeit des Lebens«, die als Überschrift über dem letzten Kapitel steht, resümiert das wesentliche Interesse dieser Studie; die oft gegen den erklärten Willen der Autorinnen und Autoren skeptischen Antworten, die Rühlings Untersuchungen herausarbeiten, lassen vielleicht auch eine Triebkraft erkennen, die sein eigenes wissenschaftliches Schreiben bis heute motiviert hat.

Überblickt man die Titel und Namen der schwedischen, dänischen, norwegischen, aber auch der isländischen, färingischen und finnlandschwedischen Literaturen, denen sich Lutz Rühlings Arbeiten widmen, dann findet man darunter weltliterarisch kanonisierte Texte wie Lagerlöfs *Nils Holgersson* und Ibsens *Gespenster*, Carl von Linnés Reisebeschreibungen, Andersens Erzählungen und Peter Høegs *Fräulein Smilla*; neben ihnen aber stehen auch Namen, die nur Kennern und Liebhabern skandinavischer Dichtung geläufig sind, Jørgen-Frantz Jacobsens Roman *Barbara* zum Beispiel oder eben die Lyrik Gustaf Frödings. Es gehört zum wissenschaftlichen Ethos Lutz Rühlings, die einen wie die anderen Werke in literarische Diskurse einzubringen, die nicht auf die engere Fachdisziplin beschränkt sind. Das Bemühen um eine Popularisierung großer skandinavischer Dichtung, das in seiner jahrelangen Mitarbeit als einer der Fachberater für Skandinavistik in *Kindlers Literaturlexikon* und in den beiden daraus hervorgegangenen, mit Karin Hoff herausgegebenen Bänden zu Hauptwerken der skandinavischen Literatur des 19. und des 20. Jahrhunderts ihren sichtbarsten Ausdruck gefunden hat, gilt immer auch der Horizonterweiterung einer genuin komparatistischen Auffassung von »Weltliteratur«. (Dabei sind seine eigenen Kindler-Artikel über kanonische Werke Tomas Tranströmers, Henrik Ibsens, Erik Johan Stagnelius' und anderer Musterstücke dieses literaturwissenschaftlichen Genres.)

Von Anfang seiner akademischen Laufbahn an ist Lutz Rühling auch ein Teamworker gewesen. In den vier Jahren seiner Mitarbeit im Göttinger Sonderforschungsbereich 309 *Die literarische Übersetzung* hat er zusammen mit Germanisten, Slavisten und Anglisten theoretische Aufsätze und Fallstudien zu Übersetzungsfragen vorgelegt (die wegen dieser Koautorschaft im vorliegenden Band nicht vertreten sind); er hat viele Jahre in der deutsch-skandinavischen Auswahlkommission des Henrik-Steffens-Preises mitgewirkt und zur Vermittlung skandinavischer Künstler und Intellektueller im deutschsprachigen Raum wesentlich beigetragen; er war Gründungsmitglied und stellvertretender Sprecher des Kieler Graduiertenkollegs *Imaginatio borealis* über »Perzeption, Rezeption und Konstruktion des Nordens« und Mitherausgeber der gleichnamigen Schriftenreihe, und er arbeitet im Kieler *Collegium philosophicum* mit; immer wieder war er zu Konferenzen und Vorträgen in Skandinavien eingeladen; in Zusammenarbeit mit Wissenschaftlern aus Skandinavien und anderen europäischen Ländern ist er Mitherausgeber der maßgeblichen Zeitschrift seines Faches in Deutschland, des *European Journal of Scandinavian Studies.*

Als Inhaber des Kieler Lehrstuhls für neuere Skandinavistik, des ältesten im deutschen Sprachraum, steht Lutz Rühling in einer großen Tradition, die fachwissenschaftliche, literarische und literaturkritische Arbeitsformen verbindet. Der dänisch-deutsche Dichter Jens Baggesen war es, der dieser Stelle in der Goethezeit ihr Profil gab; Dichter und Kritiker wie Christian Flor und Carsten Hauch hatten sie ebenso inne wie der einflussreiche Neuskandinavist Bernhard Glienke, dessen unmittelbarer Nachfolger Lutz Rühling 1998 wurde. Auch dies ist, wie seine eigene akademische Sozialisation, eine gleichermaßen skandinavische und weltliterarisch-weltoffene Tradition. Wie intellektuell einfallsreich und produktiv Lutz Rühling mit ihr umgegangen ist, zeigen die Beiträge des vorliegenden Bandes. Fiktionalität und Poetizität, Fantastik, Psychologie und Imagologie werden beispielhaft an skandinavischen Texten erörtert und zeigen, welch weitreichende Perspektiven der vergleichende Blick auf literaturtheoretische und -historische Fragen zu eröffnen vermag. Lutz Rühlings fünfundsechzigster Geburtstag am 9. Mai 2019 gibt Anlass, uns seinen grundlegenden Beiträgen mit neuer Aufmerksamkeit zuzuwenden.

Heinrich Detering / Karin Hoff / Klaus Böldl / Henrike Fürstenberg

Theoretische Grundlagen

Fiktionalität und Poetizität

1. Einleitung

1.1 Vorläufige Begriffsbestimmung

Was ist Literatur? Was unterscheidet einen literarischen Text von einem nicht-literarischen? Ist es wahr, dass die Dichter lügen, wie ihnen Platon einst vorwarf? Fragen dieser Art sind es, auf welche Theorien der Fiktionalität und der Poetizität eine Antwort zu geben versuchen; wir befinden uns hier also im Bereich der literaturwissenschaftlichen ›Grundlagenforschung‹. Fiktionale Texte bilden eine bestimmte Klasse von Texten, die, wie sich jedenfalls vorläufig sagen lässt, von erfundenen Figuren, Gegenständen, Ereignissen handeln; und Fiktionalität ist genau jenes Merkmal, das diese Klasse von Texten von solchen unterscheidet, in denen keine erfundenen Figuren, Gegenstände, Ereignisse vorkommen. Poetische oder literarische Texte hingegen (beide Begriffe seien im Folgenden als gleichwertig betrachtet) bilden genau die Klasse von Texten, die zum Bereich der Sprachkunst, der Literatur, gehören; und Poetizität oder Literarizität ist dann genau jenes Merkmal, das, wie sich ebenfalls vorläufig sagen lässt, künstlerische Texte von nicht-künstlerischen unterscheidet.

Häufig wird davon ausgegangen, dass die Begriffe ›Fiktionalität‹ und ›Poetizität‹ ko-extensional seien, dass also alle fiktionalen Texte zugleich auch literarisch seien und umgekehrt: dass alle literarischen Texte zugleich auch fiktional seien.[1] Eine solche Auffassung ist jedoch unplausibel. Es gibt vielmehr fiktionale Texte, die eindeutig nicht literarisch sind, wie etwa bestimmte philosophische Lehrdialoge des 18. Jahrhunderts, die einzig und allein den Zweck besitzen, dem Leser den Zugang zu den dargestellten Gedanken so weit als möglich zu erleichtern. Zum anderen aber gibt es auch literarische Texte, die eindeutig nicht fiktional sind, da sie keine erfundenen Figuren, Gegenstände, Ereignisse enthalten, wie etwa Tagebuchaufzeichnungen von Dichtern, Briefe, oder auch

1 So etwa Iser 1991, S. 18.

manche autobiographischen Werke. Daher gilt: Es gibt nicht-fiktionale Literatur, ebenso wie es auch nicht-literarische Fiktionen gibt.

1.2 Methodische Vorklärungen

Fiktionalität und Poetizität verweisen jeweils auf Phänomene, die keineswegs ausschließlich auf die Literatur beschränkt sind. Darstellungen von erfundenen Figuren, Gegenständen, Ereignissen kommen auch in anderen Kunstgattungen vor, etwa im Film, auf der Bühne oder in der bildenden Kunst. Und Poetizität auf der anderen Seite ist nur die auf Texte bezogene Variante einer Eigenschaft, die man als ›Ästhetizität‹ bezeichnen könnte, ein Merkmal, das Objekte der Kunst ganz allgemein von nicht zur Kunst gehörigen Gegenständen unterscheidet. Theorien der sprachlichen Fiktionalität und der Poetizität sind daher eigentlich nur Teilgebiet einer allgemeinen Fiktionalitätstheorie und einer allgemeinen Ästhetik. Daraus ergibt sich die Forderung, dass ihre Ergebnisse mit denen entsprechender Überlegungen zu den außerliterarischen Kunstgattungen jedenfalls nicht unverträglich sein sollten. Allerdings muss man einräumen, dass eine solche Forderung auf dem Gebiet der Fiktionalitätstheorien zur Zeit nur schwer zu erfüllen ist, da diese sich in der Vergangenheit nahezu ausschließlich sprachlichen Fiktionen gewidmet haben und es folglich vergleichbar elaborierte Theorien zu nicht-sprachlichen Fiktionen bisher nicht gibt.

Wie dies im Bereich der Grundlagenforschung nicht selten der Fall ist, besteht auf dem Gebiet der Fiktionalitäts- und Poetizitätstheorie ein Nebeneinander unterschiedlicher Disziplinen: von Literaturtheorie, Philosophie, Sprachwissenschaft und Semiotik, wobei die linguistische und semiotische Beschäftigung mit Fiktionalität und Poetizität zum ganz überwiegenden Teil allerdings innerhalb der Literaturtheorie stattfindet. Hingegen kommt es zwischen Literaturtheorie und Philosophie zu gewissen Kompetenzstreitigkeiten, genauer gesagt zwischen Literaturtheorie einerseits sowie philosophischer Ästhetik und analytischer Sprachphilosophie andererseits. Diese haben ihren Grund darin, dass die philosophische Ästhetik bereits seit etwa zweihundert Jahren eine eigenständige Disziplin bildet, während die philosophische Beschäftigung mit ästhetischen Fragen im Allgemeinen gar auf eine über zweitausendjährige Tradition zurückblicken kann, und dass die analytische Sprachphilosophie sich bereits in ihren Anfängen vor etwa hundert Jahren und seitdem kontinuierlich immer wieder mit dem Problem der Fiktionalität auseinandergesetzt hat.

Will man diese Konkurrenz zwischen Literaturtheorie und Philosophie bewerten, so lässt sich vielleicht feststellen, dass die philosophischen Theorien zur Fiktionalität und Poetizität den literaturwissenschaftlichen häufig hinsichtlich ihres Reflexions-und Argumentationsniveaus sowie der gedanklichen Klarheit und Schärfe überlegen sind, andererseits aber die philosophischen Theorien gerade der Fiktionalität an einer Beschränkung auf lediglich einen einzigen Typus fiktionaler Texte kranken, nämlich auf realistische Erzähltexte vornehmlich des 19. Jahrhunderts. Für eine angemessene Theorie der Fiktionalität wäre daher eine Verbindung der Stärken beider Disziplinen wünschenswert, so dass die spezifisch philosophischen Kompetenzen durch spezifisch literaturwissenschaftliche ergänzt werden.

Bedauerlicherweise gibt es trotz der langen Tradition bis auf den heutigen Tag weder eine allgemein anerkannte Theorie der Fiktionalität noch eine der Poetizität, so dass über beide Begriffe auch heute nicht anders zu schreiben möglich ist als wie »über ein noch ungelöstes Problem«, wie es Henning Boëtius mit Bezug auf die Ästhetik ausgedrückt hat.[2] Dies bedeutet indes nicht, dass es gar keinen Fortschritt gäbe; durch die Diskussion sind vielmehr insbesondere die argumentatorischen Schwächen der unterschiedlichen Ansätze deutlich zutage getreten. Man kann daher sagen: Wir wissen vielleicht noch nicht genau, wie eine befriedigende Theorie der Fiktionalität und der Poetizität auszusehen hätte, aber wir wissen recht genau, welcher Art von Problemen sie zu begegnen und welche Schwierigkeiten sie zu vermeiden hat.

Aus diesem Grund sollen im Folgenden, beginnend mit Theorien der Fiktionalität, einige der wichtigsten philosophischen und literaturwissenschaftlichen Positionen zum Problem der Fiktionalität und Poetizität knapp skizziert und in aller Kürze kritisch kommentiert werden. Im Anschluss an die Diskussion soll dann jeweils auf Probleme und Fragen aufmerksam gemacht werden, die für die Zukunft noch zur Lösung anstehen.

2. Fiktionalität

2.1 Merkmale der Fiktionalität?

Käte Hamburger hat in ihrem Werk *Die Logik der Dichtung*, das in Deutschland den Anfang der genuin literaturwissenschaftlichen Beschäftigung mit dem Problem der Fiktionalität markiert, die These vertreten, fiktionale Texte seien an einer Reihe von »echten objektiven Symptomen« zu erkennen, deren wichtigstes das sogenannte »epische Präteritum« sei, durch welches »das Präteritum seine grammatische Funktion, das Vergangene zu bezeichnen«, verliere.[3] Als Beispiel dafür dient ihr ein Satz wie »Morgen war Weihnachten«, in dem das präteritale »war« in Widerspruch zur futurischen Zeitangabe (»morgen«) stehe. Sie erklärt

2 Boëtius 1973.
3 Hamburger 1977, S. 61.

dieses Phänomen damit, dass sich das Erzählte auf einen fiktiven Erzähler beziehe und nicht auf den realen Autor.[4] Doch diese Erklärung ist offensichtlich wenig einleuchtend, denn auch ein realer Ich-Erzähler könnte den Satz »Morgen war Weihnachten« verwenden, wenn er etwa in erlebter Rede die Gedanken wiedergibt, die ihm an einem 23. Dezember durch den Kopf gegangen sind. Überhaupt lässt sich dieser Einwand gegen nahezu alle Beispiele vorbringen, die Hamburger in diesem Zusammenhang anführt, da es sich stets um Fälle von erlebter Rede handelt.

Einer anderen Theorie zufolge gibt ein fiktionaler Text seine Fiktionalität dadurch zu erkennen, dass er dem Leser vor Augen führt, »dass der Text auf einer abstrakten Schicht der Sachlage beruht oder dass nur wenige oder keine Teile der Sachlage des Textes wirklichen Erscheinungen der Lebenswelt entsprechen«.[5] Doch dies ist ebenfalls nicht notwendig, wie etwa das Beispiel Karl Mays zeigt, dessen Texte, obwohl fiktional, von vielen Lesern für wahr gehalten wurden, weil sie aufgrund der in einer exotischen Ferne angesiedelten Ereignisse der Romane gar keine Möglichkeit besaßen, festzustellen, »dass nur wenige oder keine Teile der Sachlage des Textes wirklichen Erscheinungen der Lebenswelt« entsprachen. Dieses Beispiel macht deutlich, dass es keine »echten objektiven Symptome« für Fiktionalität gibt: Fiktionalen Texten sieht man ihre Fiktionalität nicht notwendigerweise an, sondern sie können durchaus ununterscheidbar von Sachtexten sein. Gerade aus diesem Grund freilich sind sie häufig vom Autor durch Gattungsbezeichnungen auf dem Titelblatt, interne Inkohärenz und andere Signale bewusst als fiktional gekennzeichnet,[6] um eine angemessene Rezeptionsweise sicherzustellen.

Aus diesem Fehlen »echter objektiver Symptome« für Fiktionalität darf man freilich nicht den Schluss ziehen, eine Explikation von Fiktionalität sei prinzipiell unmöglich, wie dies etwa Harald Weinrich getan hat.[7] Als zusätzlicher Beleg für diese Behauptung wird häufig der Umstand angeführt, dass es Texte gibt, die wir heute als fiktional betrachten, die früher jedoch als Sachtexte angesehen wurden, wie dies etwa bei der Wiedergabe von Mythen der Fall sein kann. Doch ein solcher Schluss ist voreilig: Daraus, dass sich die Kriterien dafür, ob ein Text fiktional ist oder nicht, im Laufe der Zeit ändern können, folgt noch nicht, es sei prinzipiell unmöglich, zu explizieren, was ein fiktionaler Text ist.

4 Ebd., S. 66.
5 Gumbrecht 1975, S. 41.
6 Weinrich 1975.
7 Ebd., S. 525.

2.2 Fiktionalität und Fiktivität

Zu Beginn einer Skizze von Fiktionalitätstheorien empfiehlt sich zunächst eine Differenzierung zwischen den umgangssprachlich oft synonym verwendeten Ausdrücken ›Fiktionalität‹ als Substantiv zu ›fiktional‹ und ›Fiktivität‹ als Substantiv zu ›fiktiv‹. Das Prädikat ›fiktional‹ bezeichnet im Folgenden ausschließlich eine bestimmte Darstellungsweise, derart dass das Dargestellte nicht existiert. Das Prädikat ›fiktiv‹ hingegen bezeichnet im Folgenden ausschließlich eine, wie sich vorläufig sagen lässt, bestimmte Existenzweise von Gegenständen (im formalen Sinne), derart dass diese Gegenstände nicht existieren. Fiktive Gegenstände sind beispielsweise alle jene uns vertrauten Gestalten aus fiktionalen Texten wie etwa Don Quijote, Sherlock Holmes, Josef K., aber auch Gegenstände wie jenes Bartbecken, das Don Quijote fälschlicherweise für Mambrinos Helm hält.

Fiktive Gegenstände werden nicht allein in fiktionalen Texten erwähnt: Der Weihnachtsmann, der »Wolpertinger« oder eine Person, die sich ein Kind im Rollenspiel ausdenkt, sind fiktive Gestalten, zu denen nie ein fiktionaler Text existiert hat, und in der Literaturwissenschaft ist es sogar der Normalfall, dass (etwa in der Sekundärliteratur) fiktive Gegenstände erwähnt werden, ohne dass diese Texte deshalb fiktional wären. Aus diesem Umstand ergibt sich die Folgerung, dass die Erwähnung fiktiver Gegenstände in einem Text noch *kein hinreichendes* Merkmal für dessen Fiktionalität darstellt.

Hingegen ist häufig behauptet worden, die Erwähnung fiktiver Gegenstände sei notwendiges Merkmal für die Fiktionalität eines Textes. Doch dies ist zunächst offensichtlich falsch, da es fiktionale Texte gibt, in denen keinerlei fiktive Gegenstände vorkommen, wie etwa Bertolt Brechts Erzählung *Der verwundete Sokrates*, die eine Episode aus Platons *Symposion* nacherzählt. Die Anhänger einer solchen These nehmen daher häufig an, alle singulären Termini, die anscheinend historische Objekte bezeichnen (wie etwa der Eigenname »Napoleon« in Tolstois *Krieg und Frieden*), bezögen sich in Wahrheit auf fiktive Objekte, die den historischen lediglich sehr ähnlich, aber nicht mit ihnen identisch seien;[8] mit anderen Worten: in fiktionalen Texten könnten gar keine historischen Objekte vorkommen.[9] Eine solche Auffassung ist jedoch indirekt an bestimmte sprachphilosophische Thesen über die Natur von Eigennamen gebunden, um überhaupt den Anschein der Plausibilität erwecken zu können; Thesen, die sich bei näherem Hinsehen als äußerst fragwürdig herausstellen. Dazu nur ein Hinweis: Welchen Sinn sollte es für den Autor eines historischen Romans machen, sich eine Geschichte über eine fiktive Person auszudenken, die Napoleon heißt

8 Doležel 1989, S. 230.
9 Hamburger 1977, S. 93–95; Stern 1965, S. 206f.

und dem historischen Napoleon extrem ähnlich sieht, statt über den historischen Napoleon selbst? Diese Überlegungen machen deutlich, dass es sich bei Fiktionalität und Fiktivität um zwei logisch voneinander unabhängige Phänomene handelt. Dementsprechend sollen im Folgenden die Problemfelder der Fiktionalität und der Fiktivität getrennt voneinander behandelt werden.

2.3 Theorien der Fiktionalität

2.3.1 Die Grundfrage der Fiktionalitätstheorie

Nahezu alle Fiktionalitätstheorien rekonstruieren den fiktionalen Text als eine bestimmte Art von Rede des Autors. Dies gilt auch für fiktive Gespräche wie philosophische Lehrdialoge, Dramen als ›Lesetext‹ oder Ich-Romane. Ein fiktiver Dialog etwa wird als elliptisch in Bezug auf die Inquit-Formeln aufgefasst, also so, dass der Autor hier erzählt: »A sagt: ›...‹, dann sagt B: ›...‹, dann wieder A: ›...‹« und so weiter; und bei einem Ich-Roman wird angenommen, der Autor unterstelle, es gebe eine Person namens David Copperfield, die folgendes erzähle: »...«. Die Inquit-Formeln sowie die Unterstellung der Existenz einer erzählenden Person bilden dann gleichsam Äußerungen erster Stufe, die dem Autor direkt zugeschrieben werden, während die Dialogbeiträge der fiktiven Sprecher und die ganze Erzählung David Copperfields Äußerungen zweiter Stufe darstellen, die vom Autor *innerhalb* seiner Äußerungen erster Stufe lediglich zitiert werden. Auf diese Weise kommt man fast zwangsläufig zu dem Schluss, die Rede des Autors eines fiktionalen Textes besitze stets explizit oder implizit die Struktur einer Erzählung; da aber Erzählungen in Form von Behauptungssätzen abgefasst werden, ergibt sich als Grundform jeden fiktionalen Textes ebenfalls der Behauptungssatz. Solche dem Autor direkt zuzuschreibende Äußerungen in Form von Behauptungsätzen sollen im Folgenden der Kürze halber ›fiktionale Äußerungen‹ genannt werden.

Da, wie wir gesehen haben, die Erwähnung fiktiver Gegenstände kein notwendiges Merkmal für die Fiktionalität eines Textes darstellt, liegt es nahe, sich auf die Frage zu konzentrieren, welchen *illokutionären Sprechakt* der Autor mit seinen expliziten oder präsupponierten fiktionalen Äußerungen vornimmt. Da nun aber mit Behauptungssätzen in der Regel Behauptungen vorgenommen werden, also ein Sprechakt, der dazu führt, dass den Sätzen das Prädikat ›wahr‹ oder ›falsch‹ zugesprochen werden kann, ergibt sich als zweite Grundfrage der Fiktionalitätstheorie, ob fiktionalen Äußerungen ein *Wahrheitswert* zugeschrieben werden kann und wenn ja, welcher. Entscheidend für das Verständnis von Fiktionalität sind dieser Auffassung zufolge also lediglich fiktionale Äußerungen; die Äußerungen höherer Stufe hingegen sind unproblematisch, da mit ihnen dieselben illokutionären Sprechakte ausgeführt werden wie mit entsprechenden Äußerungen in nicht-fiktionalen Texten.

2.3.2 Fiktionale Äußerungen als wahre oder falsche Äußerungen

Der erste Typ von Fiktionalitätstheorie geht davon aus, dass mit fiktionalen Äußerungen ganz einfach jener Sprechakt ausgeführt wird, der normalerweise mit Behauptungssätzen vollzogen wird: der des Behauptens. Die älteste und zugleich wohl populärste Variante dieser Theorie, die bereits auf Platon zurückgeht und unter anderem von David Hume wiederholt wurde, nimmt zudem an, diese Behauptungen seien im buchstäblichen Sinne falsch und die Dichter daher »liars by profession« (Hume). Doch diese Auffassung ist im höchsten Maße unplausibel. Zwar ist es richtig, dass die fiktionalen Äußerungen, wenn sie denn behauptet würden, falsch wären;[10] doch es wäre inadäquat, wenn ein Leser auf sie so reagieren würde wie auf eine falsche Behauptung im eigentlichen Wortsinne. Ein solcher Leser würde damit vielmehr lediglich dokumentieren, dass er die Erzählung nicht als eine fiktionale rezipiert. Natürlich kann ein Leser wissen, dass all das, was in der Geschichte erzählt wird, sich niemals ereignet hat, und sie folglich falsch wäre, wenn sie behauptet würde; doch dies lässt es eher fraglich erscheinen, ob es sich bei fiktionalen Äußerungen tatsächlich um Behauptungen handelt.

Eine weitere Theorie, die fiktionale Äußerungen als Behauptungen auffasst, geht im Gegensatz zu der soeben skizzierten davon aus, diese Behauptungen seien wahr. Diese Auffassung lässt sich auf die unter anderem von Saul A. Kripke im Anschluss an Gottfried Wilhelm Leibniz entwickelte Theorie der »möglichen Welten« als einer Semantik für die Modallogik zurückführen. Danach konstituiert ein fiktionaler Text eine oder mehrere mögliche Welten; und die fiktionalen Äußerungen des Textes sind nur wahr in Bezug auf diese möglichen Welten, nicht jedoch in Bezug auf die wirkliche Welt.[11] Eine derartige Theorie ist allerdings so lange unbefriedigend, solange sie nicht zu erklären vermag, auf welche Weise präzise ein fiktionaler Text solche möglichen Welten konstituiert. Dies aber kann sie schon deshalb nicht, weil der für die Explikation so wesentliche Ausdruck »mögliche Welt« lediglich eine Metapher darstellt,[12] die in der Semantik der Modallogik ihre Berechtigung haben mag, sich für die Klärung des Fiktionalitätsbegriffs ohne weiterführende Überlegungen jedoch als wenig hilfreich erweist.

10 Goodman 1983, S. 336.
11 Martínez-Bonati 1973, S. 186.
12 Thürnau 1994, S. 29.

2.3.3 Fiktionale Äußerungen als vorgebende Äußerungen

Einwände wie diese lassen es fraglich erscheinen, ob man fiktionalen Äußerungen überhaupt die Prädikate ›wahr‹ oder ›falsch‹ zusprechen kann und ob es sich bei diesen folglich überhaupt um Behauptungen handelt. Auch dieser Zweifel ist nicht neu: »the poet [...] never affirmeth« heißt es in einem bereits 1595 erschienenen Essay des elisabethanischen Dichters Sir Philip Sidney zur Verteidigung der Literatur gegen Platons Vorwurf der Dichterlüge. Er kommt ebenfalls in einigen eher beiläufigen Bemerkungen des Begründers der modernen Logik, Gottlob Frege, zu Problemen der »Dichtung« zum Ausdruck, auf die zwei der wichtigsten zeitgenössischen Typen von Fiktionalitätstheorien zurückgehen. So heißt es bei Frege: »Wie der Theaterdonner nur Scheindonner, das Theatergefecht nur Scheingefecht ist, so ist auch die Theaterbehauptung nur Scheinbehauptung. [...] Sie [d.h.: der Schauspieler und der Dichter] tun nur so als behaupteten sie.«[13] Dieser Gedanke, fiktionale Äußerungen seien »Scheinbehauptungen«, ist insbesondere durch den amerikanischen Philosophen John R. Searle zu einer genuinen Fiktionalitätstheorie ausgebaut worden.

Searle zufolge gibt der Autor eines fiktionalen Textes vor (»pretend«), eine Reihe von illokutionären Akten zu vollziehen, woraus folge, dass das Kriterium dafür, ob ein Text fiktional sei oder nicht, notwendigerweise in den illokutionären Intentionen begründet liege.[14] Die illokutionären Akte, die der Autor des Textes Searle zufolge zu vollziehen vorgibt, sind solche des Behauptens, Aussagens, Beschreibens, der Identifikation, der Erklärung und zahlreiche andere. Zu prätendieren, einen solchen Akt zu vollziehen, heißt dann nichts anderes, als Behauptungssätze zu äußern, mit denen normalerweise ein derartiger illokutionärer Akt vollzogen wird, ohne aber diesen damit tatsächlich zu vollziehen. Dies ist deshalb möglich, weil es im Falle der Fiktionalität eine Reihe von Konventionen gibt, welche die »normalen Operationen suspendieren, die eine Verbindung zwischen den illokutionären Akten und der Welt herstellen«.[15] Für Searle bedeutet dies: Der Autor eines fiktionalen Textes tut nur so, als behaupte, beschreibe, erkläre er, und dies wird ihm ermöglicht durch eine pragmatische *Lizenz*, die im Falle der fiktionalen Äußerungen wirksam wird.

Gegen diese Theorie lassen sich vielfältige Einwände vorbringen. Zum einen ist durchaus strittig, ob es allein von den Intentionen des Autors abhängt, ob ein Text fiktional ist oder nicht; dagegen spricht jedenfalls der schon erwähnte Umstand, dass wir einige Texte, die ursprünglich als Sachtexte intendiert waren, heute als fiktional betrachten können, obwohl wir wissen, dass wir sie damit gleichsam gegen den Strich lesen. Zum anderen aber kann man sich fragen, was

13 Frege 1976, S. 36.
14 Searle 1975, S. 325.
15 Ebd.

mit dem »Vorgeben« eigentlich genauer gemeint ist. Searle selbst scheint hier wie Frege eher an eine Art Rollenspiel zu denken, wenn er den Dichter mit dem Schauspieler gleichsetzt. Doch die Annahme, der Autor spiele gleichsam einen Behauptenden, ist wenig überzeugend, zumal alle anderen Anzeichen des Rollenspiels, wie wir sie aus entsprechenden Situationen kennen, bei fiktionalen Äußerungen gänzlich fehlen; und geradezu widersinnig erscheint sie, wenn wir bedenken, dass im Standardfall der Rezeption fiktionaler Texte, bei der stillen Lektüre durch einen Leser, der Autor gar nicht als Person anwesend ist.[16]

2.3.4 Fiktionale Äußerungen als nicht-behauptende Äußerungen

Lässt man den Gedanken der »Scheinbehauptung« und des »Vorgehens« beiseite und konzentriert sich ausschließlich auf die Beschreibung, die Searle von diesem Vorgehen gibt, dann ist man schnell bei dem anderen auf Frege zurückgehenden Typ von Fiktionalitätstheorie. Searle hatte angenommen, mit fiktionalen Äußerungen würden Behauptungssätze geäußert, ohne dass mit ihnen beispielsweise der Sprechakt des Behauptens vorgenommen werde. Dieser Gedanke begegnet bei Gottlob Frege wieder, wenn er im Anschluss an die bereits wiedergegebene Äußerung über die »Scheinbehauptungen« fortfährt:

> Der Schauspieler in seiner Rolle behauptet, er lügt auch nicht, selbst wenn er etwas sagt, von dessen Falschheit er überzeugt ist. In der Dichtung haben wir den Fall, dass Gedanken ausgedrückt werden, ohne dass sie trotz der Form des Behauptungssatzes wirklich als wahr hingestellt werden [...].[17]

Da der »Gedanke« für Frege die Bedeutung (im Sinne von englisch »meaning«, bei Frege als »Sinn« bezeichnet) eines Behauptungssatzes ist, lässt sich seine These auch dahingehend verstehen, dass es sich bei fiktionalen Äußerungen um solche handelt, die zwar Bedeutung haben, aber nicht »mit behauptender Kraft« gesprochen werden,[18] also Sätze, die nichts weiter tun, als eine Proposition auszudrücken.

Man hat mehrfach versucht, diese Äußerungen Freges durch eine nähere Bestimmung dessen, was es heißt, Behauptungssätze ohne »behauptende Kraft«, also nicht-behauptend zu äußern, zu einer systematischen Theorie der Fiktionalität auszubauen.[19] Alle diese Versuche, ebenso wie die These Freges selbst, scheitern jedoch aus einem wesentlichen Grund: Eine Explikation fiktionaler Äußerungen als Äußerung von Behauptungssätzen, mit denen nichts behauptet

---

16 Weitere Einwände gegen Searle finden sich bei Klemm 1984, S. 55–170 und MacCormick 1988, S. 38–77.

17 Frege 1976, S. 36.

18 Frege 1969, S. 252.

19 Gabriel 1975, S. 45; Gale 1971, S. 335f.

wird, ist *defizitär.* Illokutionäre Sprechakte stellen sinnvolle Handlungen dar, und um eine Handlung als sinnvoll aufzufassen, ist es notwendig, zu wissen, welcher Zweck mit ihr erreicht werden soll. Über einen solchen Zweck aber sagt dieser auf Frege zurückgehende Typ von Fiktionalitätstheorie nichts, und folglich wird überhaupt kein illokutionärer Sprechakt spezifiziert, der mit dieser Art nicht-behauptender Rede vollzogen würde. Fiktionale Äußerungen wären daher Rede ohne jegliche Illokution, Sprechhandlungen ohne Sinn und Zweck, also gar keine sinnvollen Handlungen und vielleicht nicht einmal Rede im eigentlichen Sinne des Wortes. Eine solche Theorie muss daher so lange unbefriedigend bleiben, wie es ihr nicht gelingt, fiktionale Äußerungen als Vollzug einer sinnvollen Sprechhandlung darzustellen.

2.3.5 Ausblick

Das Defizit dieser Theorie ließe sich dadurch beheben, dass man einen anderen illokutionären Sprechakt annimmt, der mit Behauptungssätzen vollzogen und unabhängig davon charakterisiert werden kann, ob die Rede zusätzlich behauptend ist oder nicht. Ein solcher Sprechakt ist beispielsweise der des *Erzählens*; und da die unter 2.3.1 skizzierte Grundannahme der Fiktionalitätstheorie von der Erzählstruktur eines jeden fiktionalen Textes ausgeht, könnte man fiktionale Äußerungen so im Sinne der zuletzt referierten Theorie zwanglos als erzählende Sätze beschreiben, mit denen nichts behauptet wird. Ein fiktionaler Text wäre dann nichts weiter als eine Erzählung ohne Wahrheitsanspruch. Eine solche Lösung beruht auf der Möglichkeit, Texte aufgrund von rein formalen Kriterien als Erzählungen zu identifizieren, ohne dass wir dazu wissen müssen, ob der Autor behauptet, seine Erzählung sei wahr, oder ob die Erzählung tatsächlich wahr ist.

Man kann hier jedoch noch einen Schritt weitergehen, indem man diese Überlegungen auf andere Sprechakte als den des Erzählens ausdehnt; auf diese Weise könnte dann auch auf die Grundannahme verzichtet werden, alle fiktionalen Texte besäßen Erzählstruktur. Texte wie die bereits als Beispiel erwähnten philosophischen Lehrdialoge oder Dramen als ›Lesetexte‹ lassen sich nämlich ebenfalls aufgrund rein formaler Kriterien unabhängig davon als Gespräch identifizieren, ob dieses je stattgefunden hat oder nicht, oder ob jemand behauptet, es habe stattgefunden. Ganz allgemein könnten fiktionale Texte dann als solche Texte charakterisiert werden, die (1.) zu einem Typus von Sprechhandlung (in einem weiten Sinn) gehören, für die gilt, dass die Identifikation eines Textes als eben solche Sprechhandlung aufgrund rein formaler Kriterien möglich ist, und von denen (2.) der Autor mit den ihm zugeschriebenen oder präsupponierten Äußerungen erster Stufe nicht behauptet, das in ihnen Dargestellte sei wahr. Eine derartige Theorie entspräche im Übrigen auch unserer Intuition in

Bezug auf außersprachliche fiktionale Darstellungen und würde somit den eingangs aufgestellten Anforderungen an eine Fiktionalitätstheorie Genüge tun; denn es ist ja offensichtlich, dass ein Gemälde beispielsweise eine Schlacht darstellen kann, also rein formal als ein ›Schlacht-Gemälde‹ identifiziert werden kann,[20] ohne dass damit zugleich auch behauptet würde, diese Schlacht habe wirklich stattgefunden. Freilich liegt hier zugleich auch ein Problem. Wir sind bisher, wenn auch stillschweigend, davon ausgegangen, dass die fiktionalen Texte, mit denen wir es bei den hier skizzierten Theorien zu tun hatten, stets in irgendeinem Sinne ›darstellende‹ Texte waren. Nun stellt sich jedoch die Frage: Können nicht-darstellende Texte auch fiktional sein? Wie ist es beispielsweise mit solchen Texten, die ausschließlich aus Zitaten bestehen, wie es etwa in der Agitprop-Lyrik der Fall ist, oder gar mit literarischen Ready-mades wie Peter Handkes Gedicht *Die Aufstellung des 1. FC Nürnberg vom 27. 1. 1968:*

Die Aufstellung des 1. FC Nürnberg
vom 27. 1. 1968

Wabra

Leupold Popp

Ludwig Müller Wenauer Blankenburg

Starek Strehl Brungs Heinz Müller Volkert

Spielbeginn:
15 Uhr

Dass es sich bei Texten wie diesem um literarische Werke handelt, ist unbestritten – doch handelt es sich auch um fiktionale? Vielleicht lässt sich eine solche Frage gar nicht beantworten ohne eine bewusste Entscheidung, also einen Akt der Willkür; dann aber ist es möglich, dass unsere bisherigen Überlegungen zur Fiktionalität von Texten um ein weiteres, bislang noch unbekanntes Moment ergänzt werden müssen.

20 Goodman 1968, S. 39.

2.4 Theorien der Fiktivität

Im Gegensatz zu dem der Fiktionalität ist das Problem der Fiktivität fast ausschließlich aus philosophischer Perspektive untersucht worden. Zwei Typen von Auffassungen zu fiktiven Gegenständen lassen sich unterscheiden, die sich beide mit dem Problem befassen, ob diese existieren und worauf man sich mit einem Eigennamen wie ›Sherlock Holmes‹ bezieht.

2.4.1 Fiktivität als »Subsistenz«

Diese Theorie geht auf Überlegungen des österreichischen Philosophen Alexius Meinong (1853–1920) zurück. Meinong zufolge gibt es ein »Jenseits von Sein und Nichtsein«, eine Klasse von Gegenständen, die zwar in irgendeiner Weise »bestehen, in keinem Falle aber existieren«[21] und denen damit eine eigene Seinsweise der »Subsistenz« unabhängig von ihrer Existenz oder Nicht-Existenz zukommt. Obwohl die Argumente, die Meinong für die Annahme einer solchen Seinsweise anführt, vielfach kritisiert wurden, hat seine Theorie mit Bezug auf fiktive Gegenstände in den vergangenen zwei Jahrzehnten eine gewisse Renaissance erlebt. Die Rechtfertigung einer solchen Theorie wird darin gesehen, dass wir über fiktive Objekte wahre Aussagen machen können wie etwa »Sherlock Holmes raucht Pfeife« und eine solche Behauptung auf den ersten Blick mit der negativen Existenzaussage »Sherlock Holmes existiert nicht« unverträglich zu sein scheint.[22] Vielmehr scheint es ein berechtigter Einwand zu sein, auf die Leugnung der Existenz von Sherlock Holmes zu antworten: »Er existiert im Roman.«[23]

Dieser intuitiven Auffassung versucht Terence Parsons im Geiste Meinongs zu entsprechen, indem er zwei verschiedene Arten von Prädikaten einführt, »nukleare« und »extranukleare«: ›Mensch‹ oder ›grün‹ sind demzufolge nukleare Prädikate, ›möglich‹, ›fiktiv‹ oder eben ›existent‹ hingegen sind extranukleare Prädikate. Einer fiktiven literarischen Gestalt wie Sherlock Holmes kommt dann dieselbe Art nuklearer Prädikate zu wie existierenden Menschen, aber nicht dieselbe Art extranuklearer Prädikate, da Sherlock Holmes nicht existent ist.

2.4.2 Fiktivität als semantisches Problem

Der häufigste Einwand gegen eine meinongsche Theorie fiktiver Gegenstände lautet, dass sie zweifelhafte ontologische Annahmen mache, die für die Analyse

21 Meinong 1971, S. 486.
22 Parsons 1980, S. 37.
23 Ebd., S. 50.

wahrer oder falscher Aussagen über fiktive Gegenstände und die Erklärung der Fiktivität zudem überflüssig seien. Als Alternative wird eine Theorie entwickelt, der zufolge sich jede (nicht-fiktionale) Aussage über fiktive Gegenstände im Sinne der Kennzeichnungstheorie von Bertrand Russell 1905 behandeln lässt, indem der auf das fiktive Objekt verweisende Eigenname ersetzt wird durch eine definite Kennzeichnung,[24] die ihrerseits wieder durch eine Existenzaussage ersetzt werden kann. Aus der Aussage »Sherlock Holmes raucht Pfeife« wird dann etwa: »In den Romanen Arthur Conan Doyles gibt es die Beschreibung eines Detektivs, der Sherlock Holmes heißt und Pfeife raucht.« Mit dem singulären Terminus ›Sherlock Holmes‹ bezieht man sich dann also nicht mehr auf eine fiktive Person, sondern darauf, was den Romanen Conan Doyles zufolge über Sherlock Holmes gesagt wird, also auf eine Sherlock-Holmes-Beschreibung als auf einen »komplexen prädikativen Ausdruck«.[25]

2.4.3 Fiktivität als Existenzweise

Gegen diesen Typ von Theorie sind von den Anhängern der Auffassung von Fiktivität als einer bestimmten Existenzweise ihrerseits schwerwiegende Einwände geäußert worden, die insbesondere solche Aussagen betreffen, in denen fiktive und existierende Objekte zugleich erwähnt werden. Die Aussage »Sherlock Holmes ist berühmter als jeder existierende Detektiv« etwa lässt sich nicht mehr in der Weise analysieren, die Gabriel[26] vorgeschlagen hat, nämlich als: »Die fiktionale Beschreibung des Detektivs Sherlock Holmes ist berühmter als jeder existierende Detektiv«; denn wir wollen ja nicht den Ruhm der Beschreibung, sondern den des Beschriebenen mit dem eines jeden existierenden Detektivs vergleichen.

Um dieser Schwierigkeit zu begegnen, kann man nun annehmen, dass man sich auf den Gegenstand einer Beschreibung unabhängig davon beziehen kann, ob dieser existiert oder nicht; dieser Vorschlag weist gewisse Ähnlichkeiten mit dem unter 2.3.5 skizzierten zum Problem der Fiktionalität auf. Sherlock Holmes wäre demnach genau jene Gestalt, die in den entsprechenden Romanen Conan Doyles beschrieben wird, ein »reiner Referent oder ein grammatisches Objekt«.[27]

Fiktive Gegenstände unterscheiden sich dann von existierenden dadurch, dass die »Bedingungen der Identifizierung«, die für sie gelten, von denen für existierende Gegenstände abweichen:[28] Fiktive Gegenstände können nur mit Bezug auf einen bestimmten Kontext identifiziert werden, in dem sie beschrie-

24 Gabriel 1975, S. 33ff.
25 Ebd., S. 38.
26 Gabriel 1991, S. 142–146.
27 Crittenden 1991, S. 97.
28 Carl 1974, S. 205.

ben werden, etwa die Romane Conan Doyles. Dieser Kontext legt zugleich jenen Bereich fest, mit Hinblick auf welchen es sinnvoll ist zu sagen, dass fiktive Objekte existieren. Über fiktive Gegenstände sind daher zwei Typen von Existenzaussagen möglich: einmal eine ›normale‹ wie »Sherlock Holmes existiert«, die falsch ist, zum anderen jedoch auch eine qualifizierte, die den Existenzbereich angibt, in dem die fiktiven Gegenstände vorkommen, wie »Sherlock Holmes existiert in den Romanen Conan Doyles«, die wahr ist.

Die Frage nach der »Existenzweise« fiktiver Gegenstände lässt sich dann so beantworten: Fiktive Gegenstände existieren nicht, wenn man ›existieren‹ im normalen Sinne verwendet; sie existieren jedoch sehr wohl, wenn man damit auf bestimmte Redeweisen abstellt, die wir über solche ›reinen Referenten‹ haben. Mit anderen Worten: Die Aussage »Es gibt fiktive Gegenstände« lässt sich analysieren als »Es gibt (eine bestimmte Art von) Beschreibungen von Gegenständen, die es nicht gibt«. Auf diese Weise scheinen sich sowohl die Schwierigkeiten der semantischen Analyse als auch die metaphysischen Implikationen einer Theorie vom meinongschen Typ vermeiden zu lassen.

3. Poetitzität

3.1 Probleme der Explikation

Poetizität ist notwendiges und hinreichendes Merkmal zur Unterscheidung literarischer Texte von nicht-literarischen, also genau jene Eigenschaft oder Klasse von Eigenschaften, die allen literarischen Texten zukommt und allen nicht-literarischen abgeht. Zu explizieren, was Poetizität ist, heißt explizieren, was Literatur ist. Eine Explikation besteht stets in der Angabe notwendiger und hinreichender Merkmale des zu explizierenden Begriffs. Darauf noch einmal ausdrücklich hinzuweisen, gibt es gerade bei Theorien über Literatur und Kunst jeden Anlass, da hier auch andere Typen von Theorien begegnen, die keine notwendigen und hinreichenden Merkmale von Kunst und Literatur angeben – obwohl dies auf den ersten Blick keineswegs deutlich wird. So gehen einige Theoretiker beispielsweise unterschwellig von ihrem je eigenen Erleben des Ästhetischen an der Kunst aus, um dies dann theoretisch zu verallgemeinern. Paradigmatisch ist dies etwa in der *Ästhetischen Theorie* Theodor W. Adornos der Fall, wo Adorno unter anderem die Ansicht vertritt, Kunstwerke brächten eine Wirklichkeit zum Ausdruck, die noch nicht durch irgendwelche Verstandeskategorien oder gesellschaftliche Zwänge verstellt worden sei, so dass sich bei der Rezeption gelungener Kunstwerke ein »Glück jähen Entronnenseins« einstelle.[29] Einer solchen These liegt ein bestimmtes affektives Weltverhältnis, eine bestimmte ›Weltanschauung‹ zugrunde, so dass sie nur von solchen Personen geteilt werden kann, die ein ähnliches affektives Verhältnis zur Welt haben; andere Personen hingegen werden der These die Zustimmung versagen müssen, selbst wenn sie eine gewisse Sympathie für sie aufbringen sollten. Dies zeigt, dass eine auf einer subjektiven Weltanschauung basierende bloße Interpretation von Kunst nicht zur Grundlage einer allgemeinen Explikation werden kann. Damit ist freilich keine Geringschätzung dieser Art von Theorien verbunden, da in ihnen ja andere wesentliche Einsichten über Literatur und Kunst enthalten sein mögen, etwa solche über die psychologische, gesellschaftliche oder historische Funktion von Kunstwerken; nur: Diese Theorien können nicht erklären, was Kunst ist.

Die Explikation des Begriffs der Literatur beziehungsweise der Kunst führt jedoch auch eine Schwierigkeit mit sich, die in diesem selbst begründet ist: Er kann nämlich entweder rein klassifikatorisch oder aber normativ-evaluativ verwendet werden.[30] Klassifikatorisch wird er gebraucht, wenn er zur Kennzeichnung des Status eines Textes als literarisch dienen soll, unabhängig von der Qualität des jeweiligen Textes; normativ-evaluativ hingegen wird er verwendet, wenn er Texte kennzeichnen soll, die diesen literarischen Status und darüber hinaus noch hohe Qualität besitzen. Im klassifikatorischen Sinne etwa wäre ein Roman von Hedwig Courths-Mahler als Literatur anzusehen, im normativ-evaluativen hingegen nicht notwendigerweise. Es ist dann offensichtlich, dass eine Explikation des Begriffs der Literatur ebenso wie desjenigen der Kunst sich gleichsam *per definitionem* stets nur auf die klassifikatorische Verwendungsweise des Begriffs beziehen kann.

3.2 Literaturspezifische Theorien der Poetizität

Poetizität ist, wie wir eingangs sahen, das auf Texte bezogene Merkmal der Ästhetizität und Literatur somit nichts weiter als Kunst in einem bestimmten Medium, nämlich der Sprache. Daraus ergab sich für uns die Forderung, die Reflexion über Poetitzität einzubetten in eine allgemeine Kunsttheorie, die Ästhetik. Dennoch hat es in der Vergangenheit nicht an Versuchen gemangelt, eine Definition von Literatur zu geben, die unabhängig ist von einer Explikation des Kunstbegriffs. Zwei einflussreiche Typen solcher literaturspezifischer Theorien der Poetizität sollen im Folgenden skizziert werden, ehe wir uns dann literaturübergreifenden Kunsttheorien zuwenden.

29 Adorno 1970, S. 30.
30 Weitz 1956, S. 204.

3.2.1 Regelpoetiken

Der älteste Typ von Theorien zur Poetizität und der mit der bei weitem längsten Tradition sind die sogenannten Regelpoetiken. In ihnen werden der klassifikatorische und der normativ-evaluatorische Literaturbegriff implizit miteinander vermischt. Regelpoetiken nennen zum einen Normen, denen jeder literarische Text genügen sollte, um als guter literarischer Text angesehen zu werden, und geben zum zweiten Anweisungen, wie diese Normen praktisch erfüllt werden können. Texte, die diesen Anweisungen nicht Folge leisten und damit den angegebenen Normen nicht genügen, können daher entweder nicht mehr als Literatur im klassifikatorischen Sinne aufgefasst oder aber müssen im normativ-evaluatorischen Sinne als schlechte oder minderwenige Literatur aufgefasst werden. Regelpoetiken können daher allenfalls, wenn überhaupt, als Explikation eines zu einer Zeit vorherrschenden Literaturbegriffs angesehen werden, nicht jedoch als Explikation des Begriffs von Literatur überhaupt.

Bereits die älteste uns überlieferte Abhandlung über Literatur, die *Poetik* des Aristoteles, ist eine solche Regelpoetik. Schon im ersten Satz heißt es:

> Wir wollen hier von der Dichtkunst als solcher sprechen, ihren Gattungen und deren verschiedenen Wirkungen, ferner davon, wie man die Erzählungen aufbauen muß, wenn die Dichtung schön werden soll [...].[31]

Im Folgenden bestimmt Aristoteles die Kunst im Allgemeinen als »Nachahmung«, »Mimesis«, »handelnder Menschen«[32] und die Dichtkunst im Besonderen als Nachahmung, die unter anderem oder ausschließlich die Sprache verwendet. Wie sehr bei Aristoteles deskriptive und normative Sprache Hand in Hand gehen, ergibt sich aus seinen Ausführungen zur Tragödie: »Es kann [...] Furcht und Mitleid aus dem Bühnenbild entstehen oder auch aus dem Aufbau der Handlung selbst«, heißt es zunächst rein beschreibend; doch dann fährt er fort: »dies ist ursprünglicher und zeigt den besseren Dichter.«[33]

Für eine Explikation von Literatur sind Regelpoetiken nur von begrenztem Wert. Dies zeigt sich am deutlichsten dann, wenn neuartige Kunstwerke entstehen, die sich bewusst nicht mehr an die kanonisierten Normen halten wollen, wie dies insbesondere im Zeitraum vom Ende des 17. bis Mitte des 18. Jahrhunderts in der *Querelle des Anciens et des Modernes* der Fall ist. Der Sieg der einen Partei (in diesem Falle der der »Modernen« über die »Alten«) nämlich lässt die Regelpoetiken der unterlegenen zwangsläufig entweder zum Ausdruck der bloß subjektiven Präferenz einer bestimmten Art von Literatur werden oder aber erweist diese als Definition von Literatur mit einem Schlage als inadäquat.

31 Aristoteles 1976, S. 23.
32 Ebd., S. 24.
33 Ebd., S. 42.

3.2.2 Abweichungspoetiken

Ein anderer Typ von Poetizitätstheorie versucht den Begriff der Literatur durch die Angabe bestimmter Bedingungen zu explizieren, denen ein literarischer Text im Gegensatz zu einem nicht-literarischen gerade nicht genügen muss. Diese Theorien fassen Literatur also als in gewisser Hinsicht von normaler Sprachverwendung abweichend auf und versuchen gerade diese Abweichung für eine Explikation fruchtbar zu machen. Solche Abweichungspoetiken wurden insbesondere im Russischen Formalismus und den an diesen anschließenden verschiedenen strukturalistischen Strömungen diskutiert und verdanken sich der intensiven Auseinandersetzung mit modernistischer Literatur und Kunst.

Allerdings führt die Orientierung an modernistischer Literatur die formalistischen und strukturalistischen Abweichungspoetiken häufig in die Nähe von Weltanschauungstheorien. Ganz deutlich wird dies bereits im Russischen Formalismus bei Viktor Šklovskij, der »das Verfahren der Kunst« als das »Verfahren der ›Verfremdung‹ der Dinge« bestimmt und als »Verfahren der erschwerten Form«, »das die Schwierigkeit und Länge der Wahrnehmung steigert, denn der Wahrnehmungsprozess ist in der Kunst Selbstzweck und muß verlängert werden«.[34] Dies führt ihn schließlich zur Explikation der »dichterischen Sprache« als einer »schwierige[n], erschwerte[n], gebremste[n] Sprache«.[35] Für Šklovskij ermöglicht Literatur aufgrund ihrer innovativen, traditionsbrechenden Verfahrensweisen eine »Entautomatisierung« der Wahrnehmung und somit eine Wahrnehmung der Dinge, wie sie wirklich sind, unverstellt durch tradierte Beschreibungs- und Darstellungskonventionen. Dass hinter dieser Explikation eine unhinterfragte weltanschauliche, metaphysische Grundannahme steht, wird deutlich, wenn man bedenkt, dass es keineswegs notwendig ist, dass alle Leser gerade auf diesen verfremdenden Aspekt eines literarischen Textes aufmerksam werden müssen, ja dass es Texte gibt, bei denen eine solche Betrachtungsweise für ein angemessenes Verständnis zweitrangig ist, wie etwa bei engagierter Literatur. Im Grunde nennt Šklovskij nur gewisse Eigenschaften an literarischen Texten, auf die man seiner Ansicht nach besonders achten sollte, und empfiehlt damit eine bestimmte Rezeptionsweise von Literatur (ohne freilich deren Vorzüge vor etwaigen anderen explizit zu machen), um diese dann zur einzig möglichen und damit dem ›Wesen‹ der Literatur entsprechenden zu verabsolutieren.

Ein entsprechender Einwand trifft auch den Explikationsversuch von Roman Jakobson, die vielleicht berühmteste der strukturalistischen Definitionen von Literatur. Für Jakobson ist die Poetik »wesentlicher Bestandteil der Linguistik«,

---

34 Šklovskij 1919, S. 15.
35 Ebd., S. 33.

da sie es »mit Problemen der sprachlichen Struktur zu tun« habe,[36] und dies bedeutet für ihn insbesondere, dass eine Explikation von Literatur nur im Vokabular einer linguistischen Theorie vorgenommen werden kann. Für Jakobson besteht nun das Besondere der poetischen Sprachverwendung, das, was sie von der alltäglichen unterscheidet, darin, dass die »poetische Funktion« »das Prinzip der Äquivalenz von der Achse der Selektion auf die Achse der Kombination« überträgt.[37] Das heißt, dass die syntagmatische Reihung (»Kombination«) der Wörter im Text, die in nicht-literarischer Sprache durch das »Prinzip der Kontiguität« charakterisiert ist (also dadurch, dass die einzelnen Wörter einzig den syntaktischen und semantischen Sprachregeln gemäß kombiniert werden dürfen), nun nach dem ansonsten allein die Auswahl (»Selektion«) aus dem entsprechenden Paradigma von semantisch austauschbaren Wörtern (»Äquivalenzklasse«) bestimmenden »Prinzip der Äquivalenz« vollzogen wird. Jakobson veranschaulicht dies am Beispiel »horrible Harry«, das für ihn einen Fall poetischer Sprachverwendung darstellt: Hier werden die Wörter ›horrible‹ und ›Harry‹ deshalb kombiniert, weil sie in Bezug auf den Anfangsbuchstaben »äquivalent« sind, also weil sie denselben Anfangsbuchstaben besitzen. Dies zeigt, dass Jakobson das Besondere der »poetischen Sprachverwendung« und damit auch der Literatur im Allgemeinen darin sieht, dass im Text gewisse formale Bezüge hergestellt werden: etwa durch die Wiederholung einzelner Klänge, Wörter, Motive oder anderer Strukturelemente.

Abgesehen davon, dass sich der scheinbar streng wissenschaftliche Anstrich seiner Ausführungen ausschließlich der extrem unpräzisen Verwendungsweise von Schlüsselbegriffen wie »Äquivalenz« oder »Prinzip der Äquivalenz« verdankt, bedeutet eine Bestimmung von Literatur, die allein auf deren formale Eigenschaften abstellt, wiederum die Bevorzugung einer bestimmten Rezeptionsweise zuungunsten möglicher anderer. Es gibt sicher Texte, bei denen die Beachtung solcher Strukturen für ein angemessenes Verständnis des Textes unerlässlich ist; doch auf der anderen Seite gibt es ebenso sicher auch Texte, bei denen derartige Strukturen nur eine untergeordnete Rolle spielen, ja bei denen die ausschließliche Beachtung der formalen Bezüge sogar ein angemessenes Verständnis verhindert. Zudem mögen in einem alltäglichen Text etwa Alliterationen vorkommen, ohne dass diese an sich schon eine poetische Funktion besäßen, einfach deshalb, weil sie zufällig oder gar unbemerkt von Sprecher und Zuhörer zustande gekommen sind. Dies zeigt, dass solche strukturellen »Isotopien« zwar prinzipiell charakteristische, also häufig vorkommende Merkmale von literarischen Texten sein mögen, dass sie aber weder notwendige noch hinreichende Eigenschaften von Literatur darstellen.

---

36 Jakobson 1960, S. 100.
37 Ebd.

Die am weitesten ausgearbeitete Abweichungspoetik stammt von dem deutschen Literaturwissenschaftler Harald Fricke, der sich ähnlich wie Jakobson auf die Charakterisierung einer auch in nicht-literarischen Texten vorkommenden poetischen Sprachverwendung beschränkt und die Frage »Was ist Literatur?« ausdrücklich ausklammert. Fricke zufolge ist eine Sprachverwendung genau dann poetisch, wenn sie erstens die Abweichung von einer sprachlichen Norm darstellt und zweitens diese Abweichung eine bestimmte Funktion besitzt.[38] Die Funktion ist entweder eine »interne«, das heißt eine solche, die »Beziehungen nur zwischen Tatsachen innerhalb des betreffenden Textes« herstellt, oder eine »externe«, das heißt eine solche, die »Beziehungen zwischen Tatsachen im Text und Tatsachen außerhalb des Textes« herstellt.[39] Dies ist in jedem Fall eine Verbesserung gegenüber Jakobsons Vorschlag, der überhaupt nur interne Funktionen berücksichtigt hatte, während Fricke durch den Begriff der externen Funktion auch solche Phänomene wie satirische Anspielungen oder politische Literatur in den Blick bekommt.

Freilich steht auch diese Theorie sogleich wieder vor unübersteigbaren Schwierigkeiten. Zunächst scheint Fricke häufig sprachliche Handlungen, die gar nicht unter bestimmte Normen fallen, als »Verletzung« einer sprachlichen Norm aufzufassen, was ungefähr so plausibel ist wie »die Charakterisierung eines Mordes mittels eines Tennisschlägers als Verstoß gegen die Regeln des Tennisspiels«.[40] Dies in Rechnung gestellt, bliebe von seiner Explikation aber nichts weiter übrig, als dass in poetischer Sprachverwendung Sprache anders verwendet wird als in nicht-poetischer, gerade weil sie hier eine andere Funktion besitzt. Mit anderen Worten: Poetische Sprachverwendung besitzt eine andere Funktion als nicht-poetische Sprachverwendung. In einer solchen Explikation hinge dann alles ausschließlich von der Charakterisierung eben dieser Funktion ab, und da zeigt sich schnell, dass Frickes Begriff der poetischen Funktion viel zu vage und inhaltsleer ist, um ein hinreichendes Merkmal von poetischer Sprachverwendung spezifizieren zu können.

3.3 Anti-essentialistische Theorien

3.3.1 Ist eine Explikation von Literatur überhaupt möglich?

Alle der hier vorgestellten literaturwissenschaftlichen Theorien der Poetizität scheitern also daran, dass die von ihnen angegebenen Merkmale weder hinreichend noch notwendig für Poetizität noch überhaupt mit ausreichender Präzi-

38 Fricke 1981, S. 87.
39 Ebd., S. 91.
40 Martínez/Rühling 1986, S. 389.

sion charakterisiert sind. An dieser Stelle legt sich die Frage nahe, ob es überhaupt möglich ist, Literatur dadurch zu definieren, dass man eine Klasse von Merkmalen bestimmt, die allen literarischen Texten gemeinsam sind, ohne sich in unspezifischen Allerweltsformeln zu verlieren, oder ob man sich nicht vielmehr mit »Symptomen des Ästhetischen« begnügen muss, Merkmalen also, die zwar charakteristisch für Literatur, aber weder notwendig noch hinreichend sind;[41] von solchen »Symptomen« hätten die skizzierten Theorien dann immerhin einige angeführt. Ein starker Grund, sich gegen die Möglichkeit einer solchen *essentialistischen* Explikation von Literatur im Besonderen und von Kunst im Allgemeinen auszusprechen, liegt darin, dass diese anscheinend jederzeit von der Wirklichkeit überholt werden kann, »so dass nach irgendeiner Revolution in der Kunstwelt die gutgemeinte Definition an den kühnen neuen Kunstwerken einfach abprallt«.[42] Dies hat seine Ursache unter anderem darin, dass die Schriftsteller und Künstler gerade des 20. Jahrhunderts sich dem Prinzip der Innovation verschrieben und einander zum Teil in dem Bestreben überboten haben, neuartige Kunstwerke zu produzieren, die alle bisherigen Bestimmungen von Kunst sprengen. »Art is the Definition of Art«, hat der amerikanische Concept-Künstler Joseph Kosuth einmal programmatisch verkündet: Das Ziel der Kunst solle gerade darin bestehen, mit jedem neuen Kunstwerk die bisherigen Definitionen des Begriffs ›Kunstwerk‹ ad absurdum zu führen und so indirekt zu dessen jeweiliger Neubestimmung beizutragen.

3.3.2 Kunst als »Familienähnlichkeit«

Angesichts dieses Umstandes ist es schwierig, sich vorzustellen, wie eine essentialistische Theorie von Kunst und Literatur überhaupt beschaffen sein sollte, und man hat daher versucht, anti-essentialistische Alternativen zu entwickeln. Diese Alternativen, die nahezu ausschließlich für den Bereich der Kunst, nicht aber für den der Literatur vorgeschlagen wurden, gehen davon aus, dass eine Explikation von Kunst und entsprechend von Literatur grundsätzlich nicht möglich ist. Stattdessen schlägt etwa der Philosoph Morris Weitz im Anschluss an den späten Wittgenstein eine Analyse des Begriffs der Kunst vor, der zufolge dessen Verwendung keine Gemeinsamkeit aller der mit ihm bezeichneten Gegenstände zugrunde liegt, sondern vielmehr »ein kompliziertes Netz von Ähnlichkeiten, die einander übergreifen und kreuzen«:[43] Das Prädikat ›Kunst‹ ist ein »offener Begriff«, das heißt ein solcher, dessen »Anwendungsbedingungen ver-

41 Goodman 1968, S. 253–256.
42 Danto 1981, S. 12.
43 Wittgenstein 2001, § 66.

besserungsfähig und korrigierbar sind«.[44] Mit anderen Worten: Für die Bedeutung des Prädikats ›Kunst‹ selbst ist es wesentlich, dass sie durch jedes neuartige Kunstwerk ein Stück weit neu definiert werden kann.

Gegen diesen Vorschlag ist freilich einzuwenden, dass er nicht mehr Probleme löst, als er sogleich neue wieder aufwirft; denn zum einen ist die Annahme eines offenen Kunstbegriffs ebenso wenig notwendig, um das Auftauchen immer neuer Arten von Kunstwerken zu erklären, wie dieses Auftauchen an sich schon eine Explikation von Kunst unmöglich macht, da nämlich »die Ausdehnung des Begriffs nicht unbedingt dessen Bedeutung tangieren muß«.[45] Vielmehr könnte man sich auch hier wieder vorstellen, ähnlich wie bereits beim Begriff der Fiktionalität, dass sich im Laufe der Zeit einfach die Kriterien dafür gewandelt haben, wann für uns ein Gegenstand diesen Begriff erfüllt. Zum anderen aber lässt eine solche Theorie völlig ungeklärt, nach welchen Kriterien Entscheidungen darüber getroffen werden, ob ein neuer Fall als Kunstwerk zu bezeichnen ist oder nicht. Warum beispielsweise stellt die *Aufstellung des 1. FC Nürnberg vom 27. 1. 1968* einen literarischen Text dar, wenn sie in einem Gedichtband von Peter Handke abgedruckt wird, nicht hingegen, wenn sie am Vereinsbrett aushängt oder in der Tageszeitung bekannt gegeben wird? Auf Fragen dieser Art weiß dieser Typ von Theorie offensichtlich keine Antwort.

3.3.3 Institutionelle Theorien der Kunst

Gerade solche Fragen sind es jedoch, die für die zeitgenössische Ästhetik zum Kardinalproblem geworden sind: der Unterschied zwischen einem beliebigen Gegenstand und einem Kunstwerk. Dies hat damit zu tun, dass im 20. Jahrhundert, nach Marcel Duchamps Erfindung des Ready-mades und dem Aufkommen des Happenings in den späten fünfziger Jahren jeder beliebige Gegenstand, ja jede beliebige Handlung zum Kunstwerk werden kann. Dies gilt *mutatis mutandis* auch für die Literatur, wie sich an Peter Handkes Gedicht *Die Aufstellung des 1. FC Nürnberg vom 27. 1. 1968* gezeigt hat, obwohl dort Readymades bei weitem nicht die gleiche überragende Rolle gespielt haben wie in der Kunst. Institutionelle Theorien der Kunst, die ursprünglich auf einen Aufsatz des amerikanischen Philosophen Arthur C. Danto zurückgehen,[46] versuchen dort weiterzumachen, wo die Theorie vom offenen Begriff der Kunst aufhörte: Ihnen zufolge ist ein Kunstwerk ein von Menschen geschaffener Gegenstand, dem von einer Person (dem Künstler) der Status als Kunstwerk übertragen wurde.[47] Ein

44 Weitz 1956, S. 200f.
45 Lüdeking 1988, S. 77.
46 Danto 1964.
47 Dickie 1969, S. 254.

Kunstwerk ist dann folglich das, was vom Künstler als solches definiert wurde und in einem entsprechenden institutionellen Rahmen (etwa einem Museum oder einer Ausstellung) als solches präsentiert wird.

Ein Problem dieser Theorie besteht darin, dass sie nicht zu erklären vermag, warum es für die Übertragung des Kunststatus wesentlich zu sein scheint, wer diese vornimmt: Es macht einen Unterschied, ob eine beliebige Person Brillo-Schachteln ausstellt oder Fotoserien von Campbell's Suppendosen macht oder aber Andy Warhol – obwohl die handwerklichen Fähigkeiten dazu in der Tat jeder besitzt. (Für die Literatur hingegen scheint sich dieses Problem nicht zu ergeben, da hier tatsächlich jede beliebige Person die Aufstellung einer Fußballmannschaft zum literarischen Text deklarieren kann, indem er sie in seine eigene Gedichtsammlung aufnimmt – selbst wenn diese nie veröffentlicht werden sollte.) Ein noch schwerwiegenderer Einwand gegen diese Art von Theorie dürfte jedoch sein, dass sie nahezu tautologisch ist: Ihr zufolge ist etwas genau dann ein Kunstwerk, wenn jemand es als solches ausgibt. Jemandem, der nicht weiß, was ein Kunstwerk ist, ist mit einer solchen ›Erklärung‹ aber nicht geholfen, da ihm keinerlei inhaltliche Merkmale des Prädikats ›Kunst‹ spezifiziert werden, die dieses von anderen Prädikaten unterscheiden. Der gleiche Einwand gilt im Übrigen auch für die erste der hier skizzierten anti-essentialistischen Theorien: Indem sie jegliche Art von Explikation entweder vermeiden oder nur tautologische anbieten, lassen sie uns mit der Frage »Was ist Kunst, was ist Literatur?« allein.

3.4 Kunst als Zeichen

Anti-essentialistische Theorien scheinen also einerseits zwar keine befriedigende Alternative zu den vorher dargestellten essentialistischen zu bieten; andererseits aber sind die Argumente gegen die Möglichkeit von essentialistischen Theorien nicht von der Hand zu weisen. In dieser aporetischen Situation kam der zusammen mit Nelson Goodman wohl bedeutendste und einflussreichste analytische Kunstphilosoph der Gegenwart, der bereits erwähnte Arthur C. Danto, 1981 mit einem erstaunlichen Vorschlag, der alle genannten Probleme mit einem Schlage zu erledigen scheint. Dantos Lösung sieht so aus, dass er zwar die Ansicht der Anti-Essentialisten teilt, eine Explikation von Kunst sei unmöglich, solange diese sich noch weiter so entwickele, wie sie es in ihrer bisherigen Geschichte getan habe, jedoch der Meinung ist, diese Entwicklung sei definitiv zu einem Ende gekommen. Daher bestehe jetzt zum ersten Mal überhaupt die Möglichkeit einer Explikation von Kunst.[48]

48 Danto 1981, S. 12.

Auf der Basis dieser Annahme expliziert Danto den Begriff der Kunst wie folgt: Ein Kunstwerk ist 1. die Darstellung eines bestimmten Themas (»Sujet«), das sich 2. dem Rezipienten in einem Akt der Interpretation erschließt, die optimalerweise die bisherige Kunstgeschichte in Rechnung stellt; und 3. das Thema wird dargeboten in einem bestimmten Stil, der charakteristisch ist für den Künstler und seine Epoche. Mit den ersten beiden Punkten betont Danto den Zeichencharakter von Kunst: Sie ist stets »über« etwas (»about«),[49] und das, worüber sie ist, ist ausschließlich durch Interpretation zugänglich, so dass er in Anspielung auf Berkeleys berühmtes Postulat *Esse est percipi* deklarieren kann, das *esse* des Kunstwerks sei sein *interpretari.*[50] Gerade dieses Interpretiert-werden-können unterscheidet denn auch einen Text wie Handkes bereits mehrfach erwähntes Gedicht *Die Aufstellung des 1. FC Nürnberg vom 27. 1. 1968* vom gleichlautenden Text in einer Tageszeitung oder als Ankündigung am Vereinsbrett. Mit ›Interpretation‹ ist dabei freilich nicht das gemeint, was für gewöhnlich in den Geisteswissenschaften so genannt wird. Danto unterscheidet nämlich zwischen »Oberflächen-« und »Tiefeninterpretation«. Die Oberflächeninterpretation ist genau jene, welche das Konzept erläutert, das dem Künstler bei der Verfertigung seines Werkes vorschwebte; dieses kann aber nur mit Bezug auf die Autorität des Künstlers herausgefunden werden und erfordert daher ein bestimmtes Wissen seitens des Rezipienten; mit anderen Worten: Wir müssen wissen, welche Intentionen der Künstler mit seinem Kunstwerk verfolgt hat, aber wir müssen darüber hinaus auch den bisherigen Verlauf der Kunstgeschichte kennen. So muss man beispielsweise wissen, dass ein Großteil der Kunst des 20. Jahrhunderts keine Gefühle zum Ausdruck bringen wollte, sondern stattdessen die bisherige Auffassung von Kunst ironisch kommentieren oder eben die Grenzen der Kunst neu bestimmen wollte, um ein Gedicht wie das Handkes angemessen zu verstehen. Erst die für diese Art von Interpretation vorausgesetzte »richtige Art von Wissen gibt dem Werk seine Identität«.[51] Eine Tiefeninterpretation hingegen setzt eine solche korrekte Oberflächeninterpretation bereits voraus und strebt stattdessen nach einer Deutung, die sich nicht auf die Intentionen des Künstlers berufen muss. Eine solche Interpretation ist für eine angemessene Rezeption eines Textes oder Gegenstandes *qua* Kunstwerk Danto zufolge nicht notwendig; ja er lehnt sie sogar ab. Da es aber genau diese Tiefeninterpretation ist, die er als typisch hermeneutisch ansieht, verurteilt er jede Art von Hermeneutik[52] und stimmt dem berühmten Schlachtruf Susan

49 Ebd., S. 89.
50 Ebd., S. 193.
51 Danto 1986, S. 66.
52 Ebd., S. 60.

Sontags zu, dem zufolge »statt einer Hermeneutik« »eine Erotik der Kunst« notwendig sei.

Der Stil als drittes Explikationsmerkmal von Kunst spezifiziert die besondere Weise, in der Kunstwerke, im Gegensatz zu anderen Arten von Darstellungen wie insbesondere wissenschaftlichen, ihr Thema darstellen. Danto expliziert den Stil als eine Art metaphorischer Darstellung, und das Kunstwerk wird so für ihn zu einer Art *Gesamtmetapher.* »Das Kunstwerk verstehen« heißt dann, »die Metapher erfassen, die immer da ist«.[53] Wieder auf Handkes Gedicht bezogen, würde dies bedeuten: Dieses stellt metaphorisch dar (nämlich durch den Fakt, dass es eine Mannschaftsaufstellung ist, die in einen Gedichtband aufgenommen wurde),

1. dass auch eine Mannschaftsaufstellung ein Gedicht sein kann,
2. dass jeder beliebige Gegenstand ein Kunstwerk sein kann, wenn es vom Künstler dazu erklärt wird, und
3. dass das Gedicht zum Teil durchaus sogar traditionellen Definitionen von Lyrik entspricht, da es in einer Art ›Versform‹ verfasst ist, und Ähnliches mehr.

Ein Kunstwerk wie Handkes textuelles Ready-made bringt also »die Strukturen der Kunst zum Bewusstsein«, wie Danto in Bezug auf ein anderes Ready-made sagt.[54] Die Pointe dieser metaphorischen Darstellung aber im Gegensatz zur buchstäblichen besteht darin, dass der Leser des Textes diese »Strukturen der Kunst« anhand von diesem *selbst erkennen* muss, wenn er das Gedicht verstehen will – was wiederum ein entsprechendes Wissen vom Stand der Kunstgeschichte und von den Intentionen des Autors notwendig voraussetzt. Überspitzt ausgedrückt: Der Leser muss die *Ansichten* Handkes über die Kunst selbst einen Augenblick lang haben, um das Gedicht zu verstehen, auch wenn er sie nicht zu teilen braucht. Genau hier liegt denn auch die eigentliche Pointe von Dantos Ausführungen: Das Kunstwerk »veräußerlicht eine Weise, die Welt zu sehen«;[55] es macht diese Weltsicht für den Rezipienten gleichsam erlebbar, während sie sonst, in diskursiver Sprache, nur beschreibbar ist.

3.5 Ausblick

Dantos Unterscheidung zwischen Oberflächen- und Tiefeninterpretation sowie die Verurteilung letzterer zusammen mit dem sie betreibenden Berufsstand ist

53 Danto 1981, S. 262.
54 Ebd., S. 315.
55 Ebd.

sachlich sicher kaum haltbar. Die Ansicht, dass das Urteil eines Autors über seine Werke nicht in jedem Fall das letzte Wort sein muss, ist schließlich keine Idiosynkrasie hermeneutischen Denkens, sondern findet ihren Grund darin, dass Autoren sich bezüglich ihrer Absichten irren können: August Strindberg beispielsweise war der Meinung, sein Roman *Am offenen Meer* handele von einem Mann, der, obwohl seiner Umwelt intellektuell weit überlegen, an deren Engstirnigkeit zugrunde geht; ein sorgfältiger Leser hingegen wird unweigerlich zum Ergebnis kommen, dass der Roman von einem Mann handelt, der, obwohl möglicherweise seiner Umwelt intellektuell überlegen, an seiner eigenen Überheblichkeit und Überspanntheit zugrunde geht. Dies Beispiel macht auch deutlich, dass die Identifizierung des Sujets in der Literatur keineswegs immer so einfach ist, wie Danto glaubt und wie es in der bildenden Kunst vielleicht tatsächlich der Fall ist.

Doch abgesehen von solchen, eher die Details betreffenden Kritikpunkten lässt sich gegen diese Theorie auch noch ein schwerwiegenderer Einwand vorbringen. So ist nämlich Dantos Perspektive auf Kunst ohne Zweifel die eines Kenners und Liebhabers: Der Rezipient des von ihm definierten Kunstwerks ist jemand, der das Sujet eines jeden Textes, gegebenenfalls unter Heranziehung von erforderlicher Hintergrundinformation, identifizieren und literarhistorisch richtig einordnen kann. Diese Charakterisierung legt die Frage nahe, ob nicht auch hier wieder nur eine bestimmte Rezeptionsweise von Kunst verabsolutiert und zum Maß aller Dinge erklärt wird, ja ob hier nicht sogar ein normativ-evaluativer Kunstbegriff unterschwellig dem klassifikatorischen in die Quere kommt. Was etwa ist das Sujet eines mittelmäßigen Kriminalromans von Edgar Wallace? Die Suche nach dem Täter, würde Danto vermutlich antworten. Doch inwiefern wird dieses Sujet in metaphorischer Weise dargeboten? Vielleicht würde Danto sagen: allein dadurch, dass überhaupt eine Geschichte erzählt wird. Doch eine solche Antwort ist unbefriedigend, da dann sofort wieder der Unterschied zwischen einer literarischen Geschichte und einem fiktionalen philosophischen Lehrstück – etwa der knappen narrativen Ausschmückung unseres mehrfach als Beispiel angeführten Lehrdialogs – verwischt würde, das ja auch ein Sujet besitzt, nämlich dass der eine Gesprächspartner dem anderen Erkenntnisse vermittelt. Diese Schwierigkeit könnte man vermeiden, indem man Danto dahingehend interpretiert, dass die veräußerlichte »Weise, die Welt zu sehen«, eine »existentielle« sein müsse, »eine Vergegenwärtigung von Bedürfnis- und Wertperspektiven«.[56] Dann aber wäre erst recht nicht mehr verständlich, warum Produkte der Massenkultur wie Edgar Wallaces Kriminalroman *Der Hexer* zur Literatur gehören. Natürlich könnte man an dieser Stelle stehenbleiben und einfach behaupten, solche Werke würden gar nicht als zur Klasse der Kunstwerke

56 Koppe 1991, S. 99.

im klassifikatorischen Sinne gehörig betrachtet; es handele sich bei ihnen vielmehr um zwar fiktionale, aber keineswegs literarische Texte. Doch dies scheint, gerade auch nach den entsprechenden Perspektivverschiebungen der letzten drei Jahrzehnte in den Kulturwissenschaften, empirisch falsch zu sein.

Diese Überlegungen können als Hinweis darauf verstanden werden, dass es heutzutage eher Werke der bis vor kurzem noch so genannten ›Trivialkunst‹ zu sein scheinen, die eine Provokation für die Explikation des Begriffs der Kunst beziehungsweise Literatur darstellen, und nicht mehr so sehr die einer ästhetischen Avantgarde. Im Zeichen der »Postmoderne« sind diese Werke freilich längst in den Blick gerückt, und der Unterschied zwischen ›hoher‹ und ›niedriger‹ Kunst ist inzwischen obsolet geworden. In der Debatte jedoch um die Frage danach, was Kunst, was Literatur ist, hat diese Grenzverwischung bisher offensichtlich noch nicht die Aufmerksamkeit gefunden, die notwendig wäre, damit nicht wieder einmal, wie in der Geschichte der Ästhetik und Literaturtheorie so oft, bestimmte Kunstwerke von vornherein, wenn auch unterschwellig, aus der Klasse der zu definierenden Gegenstände ausgeschlossen bleiben. In jedem Fall aber scheint mir die Theorie vom Kunstwerk als Zeichen diejenige Kunst- und Literaturtheorie zu sein, die von den hier vorgestellten bei der zukünftigen Bearbeitung des »noch ungelösten Problems« (Boëtius) am meisten Aufmerksamkeit verdient.

Formen des Fantastischen

1. Fantastik

Die seit Herder populäre, von der Romantik gepflegte Idee einer autochthonen Nationalliteratur, in der so etwas wie der Charakter einer ›Nation‹, eines ›Volkes‹, einer Ethnie zum Ausdruck komme, erscheint uns heute in zunehmendem Maße obsolet – selbst wenn der Fortbestand von ›Nationalphilologien‹ an den deutschen Universitäten diese Idee bis auf den heutigen Tag mehr oder minder ungebrochen widerspiegelt.[1] Es ist im Grunde eine Selbstverständlichkeit, dass die in einer bestimmten Sprache geschriebenen Texte unterschiedlichsten Einflüssen ausgesetzt sind, die nicht nur von Texten dieser, sondern ebenso von Texten anderer Sprachen herrühren. Literaturen homogener Sprachgebiete bilden in der Regel zwar eigene Traditionen heraus – einfach aus dem Grund, weil die Zugehörigkeit zu einer gemeinsamen Sprache die in dieser Sprache verfassten Texte für die überwiegende Mehrzahl ihrer Sprecher leichter zugänglich macht als die anderer Sprachen –, doch diese Traditionen werden überlagert und gekreuzt von Traditionen von Literaturen aus anderen Sprachgebieten. Die meisten literarhistorischen Phänomene lassen sich daher gar nicht oder nur in sehr unvollkommener Weise verstehen, wenn man nicht den Blick über die Grenzen eines Sprachgebietes hinaus schweifen lässt. Insofern gibt es keine ›Nationalliteraturen‹. Die Beschränkung des Literaturwissenschaftlers auf literarische Texte einer Sprache bedeutet lediglich die willkürliche Beschränkung auf einen einzigen Traditionsstrang und ist ohnehin nur da möglich, wo sich solche Traditionsstränge überhaupt isolieren lassen; bei so genannten ›kleineren‹ Literaturen wie den skandinavischen hingegen ist sie von vornherein unproduktiv. Weder das skandinavische Drama des 18. Jahrhunderts, die dänische Romantik noch der Moderne Durchbruch etwa lassen sich ohne Bezug auf außerskandinavische Literaturen auch nur beschreiben, die Literatur des 20. Jahrhunderts schon gar nicht.

1 Vgl. dazu etwa BHABHA 2000, S. 7f.

Ich möchte hier eine Gattung inspizieren, für die das gerade Gesagte in besonderem Maße gilt: skandinavische fantastische Literatur. Anders als in Großbritannien und in Nordamerika, wo fantastische Texte seit der *Gothic novel* eine eigene Traditionslinie bilden, ist dies in Skandinavien nicht der Fall. Zwar werden auch hier seit Beginn des 19. Jahrhunderts – seit der Romantik – fantastische Erzählungen verfasst, doch diese bleiben lange Zeit hindurch Gelegenheitsarbeiten, sporadische Ereignisse innerhalb anderer Strömungen und anderer Gattungen,[2] die sich zumeist bewusst an ausländischen Mustern orientieren: der deutschen Romantik beispielsweise oder Edgar Allan Poe. Im 20. Jahrhundert, nach der Rezeption modernistischer Strömungen und Tendenzen mit ihrer internationalistischen Ausrichtung, verstärkt sich der außerskandinavische Einfluss noch weiter. Skandinavische Fantastik ist daher eine jener Gattungen, die sich unter komparativem Blickwinkel als solche überhaupt erst konstituieren.

Im Folgenden werde ich einige skandinavische fantastische Texte von der Romantik bis hin zur Gegenwart näher vorstellen. Dabei geht es mir nicht um eine mögliche Entwicklungsgeschichte fantastischer Texte in Skandinavien, auch nicht um eine komparative, sondern vielmehr um verschiedene Typen des Fantastischen und um die Funktion, die es für die Struktur des entsprechenden Textes besitzt. Den soeben explizierten Prämissen zufolge ist es selbstverständlich, dass ein solcher Überblick nicht auf die skandinavischen Literaturen beschränkt bleiben kann, sondern andere Literaturen mit einbeziehen muss. Einige Typen der Fantastik liegen paradigmatisch vor allem in außerskandinavischen Texten vor, und in solchen Fällen ist es unvermeidlich, mehr über diese zu sprechen als über die skandinavischen Texte desselben Paradigmas, auf die ich stattdessen nur verweise.

2. Fantastische Ereignisse und Eigenschaften

Die literarische Fantastik ist international etwa seit 1970 in verstärktem Maße Gegenstand der literaturwissenschaftlichen Aufmerksamkeit geworden, in Skandinavien seit den achtziger Jahren.[3] Dennoch muss, auch heute noch, jede

---

2 Eine gewisse Ausnahme von dieser Regel sind vor allem die *Eventyr og Historier* Hans Christian Andersens, von denen man einige, wie etwa *Skyggen*, möglicherweise der fantastischen Literatur zurechnen kann. »Möglicherweise« deshalb, weil sie zugleich auch immer märchenspezifische Züge aufweisen und von Andersen selbst häufig in einen solchen Kontext gestellt wurden.

3 Vgl. dazu insbesondere die Monographien von Johansen 1986 und Svensen 1991, die Berliner Dissertation von Schröder 1994 sowie den (nicht auf Skandinavien beschränkten) *Guide til fantastisk litteratur* (Dalgaard 2000).

Beschäftigung mit fantastischer Literatur notwendigerweise mit einer Definition beginnen, und zwar sowohl mit einer extensionalen als auch mit einer intensionalen. Dies macht ein Blick auf die Spannweite existierender Fantastik-Definitionen deutlich: Auf der einen Seite haben wir die berühmteste aller Bestimmungen des Fantastischen, die von Tzvetan Todorov, der dieses als »Unschlüssigkeit« definiert, »die ein Mensch empfindet, der nur die natürlichen Gesetze kennt und sich einem Ereignis gegenübersieht, das den Anschein des Übernatürlichen hat«:

> Das Fantastische liegt im Moment dieser Ungewißheit; sobald man sich für die eine [natürliche Erklärung] oder die andere Antwort [übernatürliche Erklärung] entscheidet, verläßt man das Fantastische und tritt in ein benachbartes Genre ein, in das des Unheimlichen oder das des Wunderbaren.[4]

Fantastisch wäre ein Text demzufolge also nur zu nennen, insofern und solange er diese Unschlüssigkeit zwischen ›natürlicher‹ und ›übernatürlicher‹ Erklärung aufrecht hält.

Auf der anderen Seite hingegen haben wir eine Definition wie die im bereits im neuen Jahrtausend erschienenen *Guide til fantastisk litteratur* von Niels Dalgaard, die unter Fantastik einfach die drei Genres »Science fiction, Fantasy und Horror« subsumiert.[5] Es ist offensichtlich, dass die Texte, die durch diese beiden Definitionen spezifiziert werden, nicht unbedingt irgendetwas gemein haben müssen; für Science Fiction und Fantasy ist eine »Unschlüssigkeit« im Sinne von Todorov vollkommen akzidentell, und auch für Texte des Horror-Genres, das zur »Unschlüssigkeit« zumindest eine gewisse Affinität aufweisen könnte, ist sie jedenfalls nicht notwendig. Dies lässt erkennen, dass jede Entscheidung für eine bestimmte Fantastik-Definition stets in einem unhintergehbaren Maße willkürlich ist und unvermeidlich zugleich eine Entscheidung darüber impliziert, mit welchen Texten man sich befassen will (und mit welchen nicht).

Ich verstehe unter fantastischen Texten im Folgenden fiktionale Texte, für die als notwendige Bedingung gilt, dass in ihnen auf der Ebene des Dargestellten (der *histoire*) ein oder mehrere *paranormale Ereignisse und/oder Gegenstände*[6] vorkommen, wobei »paranormale Gegenstände« solche sind, welche die Disposition haben, paranormale Ereignisse zu bewirken, oder die *paranormale Eigenschaften* besitzen. Diese Definition schließt »unschlüssige« Texte im Sinne Todorovs nicht von vornherein aus, sofern gewährleistet ist, dass das Vorkommen von übernatürlichen Ereignissen und/oder Gegenständen wenigstens nahegelegt wird. Statt des Begriffs des Paranormalen werden in der Fantastiktheorie häufig

4 Todorov 1972, S. 26.

5 Vgl. Dalgaard 2000, S. 11.

6 Unter Gegenständen verstehe ich hier Gegenstände im logischen Sinne (›Objekte‹), die also auch Lebewesen wie Personen, Tiere und Pflanzen einschließen.

auch die älteren Begriffe des »Übernatürlichen« sowie des »Wunderbaren« verwendet, wobei Letzterer sowohl in der christlichen Theologie als auch der Philosophie seit dem Mittelalter ausführlich im Zusammenhang mit dem Vorkommen von Wundern diskutiert wurde. Ich ziehe hier aber den moderneren Ausdruck ›paranormal‹ vor, da die beiden anderen Ausdrücke eine bestimmte Art des Paranormalen nahelegen – Geistererscheinungen, Gespenster, magische Verwandlungen –, die in fantastischer Literatur zwar häufig, aber eben nicht immer vorkommen.

Unter paranormalen *Ereignissen* verstehe ich solche, die entweder erstens »eine Verletzung der Naturgesetze« darstellen, wie es im Kapitel »Of Miracles« in David Humes *Enquiry concerning Human Understanding* aus dem Jahre 1748 heißt, einer der bekanntesten neuzeitlichen Abhandlung über Wunder überhaupt,[7] oder die zweitens, obwohl sie nicht offensichtlich gegen Naturgesetze verstoßen, zu dem Zeitpunkt, da sie eintreffen, epistemisch so unwahrscheinlich sind, dass ihr Eintreffen durch Naturgesetze allein nicht plausibel erklärt werden kann.[8]

Paranormale Ereignisse dieser zweiten Art trifft man vor allem in legendarischer Literatur häufig an, wie etwa im altisländischen *Hemings þáttr Áslákssonar,* wo sich das vorher ausdrücklich als wunderbares Rettungsmittel eingeführte Leinentuch des Heiligen Stefan beim Sturz des Titelhelden von einem Felsen aufbläht, an einem Felsen hängen bleibt und ihn auf diese Weise vor dem Tod bewahrt.

Paranormale *Eigenschaften* wiederum lassen sich in Anlehnung an paranormale Ereignisse als solche Eigenschaften definieren, die gegen die Naturgesetze verstoßen, wie etwa, um zwei Beispiele John Lockes anzuführen, ein Mann mit einem Pferdekopf oder ein Zentaur.[9] Der Begriff des Naturgesetzes legt nahe, dass es hier ausschließlich um die Verletzung von physikalischen oder chemischen Gesetzen gehe. Doch eine solche Definition des Paranormalen wäre für

7 Hume 1975, S. 114.

8 Zum Begriff der »epistemischen Wahrscheinlichkeit« in Bezug auf Wunder vgl. Mackie 1985, S. 23: »Die epistemische Wahrscheinlichkeit einer bestimmten Aussage relativ zu einer bestimmten Anzahl von Informationen stellt den Maßstab für den Grad der Absicherung dar, die diese Informationen der Aussage verleihen, oder für den Grad der Zustimmung, die man vernünftigerweise dieser Aussage auf der Basis der betreffenden Informationen geben sollte.«

9 Vgl. das dreißigste Kapitel des Zweiten Buchs seines *Essay concerning Human Understanding,* in dem Locke eine Definition von »fantastical or chimerical ideas« gibt: »*Fantastical or chimerical* I call such *[ideas]* as have no foundation in nature, nor have any conformity with that reality of being to which they are tacitly referred, as to their archetypes«; zitiert nach Locke 1972, S. 314f. Von John Locke stammen auch die beiden oben angeführten Beispiele: »[T]hose *[ideas]* are *fantastical* which are made up of such collections of simple *ideas* as were really never united, never were found together in any substance: v.g. a rational creature, consisting of a horse's head, joined to a body of human shape, or such as the *centaurs* are described« (S. 316).

unsere Zwecke zu eng, da in fantastischer Literatur auch Verletzungen anderer Gesetzmäßigkeiten vorkommen, etwa ontologischer oder logischer Grundannahmen etc., für die Marianne Wünsch den Begriff des »Basispostulats« eingeführt hat.[10] Um Missverständnisse zu vermeiden, empfiehlt es sich daher, in der oben angeführten Definition »Naturgesetze« durch den unverfänglicheren, weil weiteren Ausdruck »Basispostulate« oder ›Basisannahmen‹ zu ersetzen. Für solche Ereignisse und Eigenschaften als Teilklasse des Paranormalen, die eine Verletzung von physikalischen und chemischen Gesetzen, also von Naturgesetzen im engeren Sinne implizieren, behalte ich mir im Folgenden den althergebrachten Begriff des Übernatürlichen bzw. des Wunderbaren vor.

Um es noch einmal zu betonen: Das Vorkommen von paranormalen Ereignissen und/oder Gegenständen sowie von paranormalen Eigenschaften ist lediglich eine notwendige Bedingung von fantastischen Texten, nicht bereits auch eine hinreichende; es gibt viele fiktionale Texte, in denen paranormale Ereignisse auf der Ebene der *histoire* vorkommen, die aber dennoch in der Regel nicht als fantastische Texte aufgefasst werden, wie etwa mittelalterliche Legenden, Wundererzählungen, *Macbeth* oder *Hamlet* oder die Mythen der Völker.[11] Die Klasse des Paranormalen ist also noch viel zu weit gefasst, als dass sich auf diese Weise bereits all diese Texte aus dem Bereich des Fantastischen ausschließen ließen.

Der Grund dafür liegt unter anderem in einer Schwierigkeit, die der Ausdruck ›paranormal‹ mit sich führt: Es handelt sich dabei um einen *implizit epistemischen Begriff*, d.h. einen solchen, der indirekt Bezug nimmt auf das Wissen bzw. den Glauben von Personen. Wissen bzw. Glauben ist jedoch stets veränderbar – was heute für wahr gehalten wird, kann morgen als falsch gelten. Genau dies ist hinsichtlich der Paranormalität von Ereignissen und Dingen der Fall. Zum einen nämlich kann sich herausstellen, dass ein Ereignis, das zunächst etwa gegen physikalische Basispostulate zu verstoßen schien, sich sehr wohl physikalisch erklären lässt (was ja, wie die Geschichte der Naturwissenschaften zeigt, tatsächlich bei einer Vielzahl von Ereignissen der Fall gewesen ist); der Mann mit dem Pferdekopf, den Locke als Beispiel für fantastische Eigenschaften anführt,

10 Unter einem solchen versteht Wünsch die »gewichtigsten Annahmen innerhalb des Realitätsbegriffs«, wobei der »Realitätsbegriff« wiederum die »Gesamtheit aller *Gesetzmäßigkeiten* über die ›Realität‹ umfasst, die bewusst oder nicht bewusst, explizit oder implizit, intuitiv oder theoretisch begründet, in wissenschaftlicher oder nicht-wissenschaftlicher Form gemacht werden, seien diese Gesetzmäßigkeitsannahmen bloße statistische ›Regularitätsannahmen‹ oder Annahmen vom Typ nomologischer ›Gesetze‹, gleichgültig, ob sie Alltagserfahrungen oder fundamentale ontologische oder theologische Phänomene betreffen, gleichgültig, ob es sich um biologische oder soziologische oder psychologische usw. Gegenstandsbereiche handelt«; vgl. Wünsch 1991, S. 19.

11 Vgl. dazu auch Todorov 1972, S. 34.

kann morgen schon geklonte Wirklichkeit sein.[12] Zum anderen aber hat sich seit dem 17. Jahrhundert, seit der Aufklärung, ein wissenschaftlicher Paradigmenwechsel vollzogen: Erst seit dieser Zeit hat sich der neuzeitliche Begriff des ›Gesetzes‹ überhaupt etabliert, gilt der Grundsatz, dass alle Naturereignisse mit Bezug auf diese erklärt werden können – alles, was zum jetzigen Zeitpunkt nicht so erklärt werden kann, harrt entweder einer späteren Erklärung oder muss als »Aberglauben« verworfen werden. Vor diesem Zeitpunkt besteht daher noch keine Möglichkeit, Ereignisse überhaupt im oben dargelegten Sinne als ›paranormal‹ zu deklarieren, da sie nicht als gegen naturwissenschaftlich aufgefasste Gesetze verstoßend betrachtet werden.

Bei dem Begriff des paranormalen Ereignisses und der paranormalen Eigenschaft handelt es sich also um Begriffe, die sich auf bestimmte Personen oder Gruppen von Personen sowie auf Zeitpunkte beziehen, zu denen diese Personen bestimmte Überzeugungen besitzen. Jede Fantastik-Definition, die als notwendige Bedingung das Vorkommen paranormaler Ereignisse annimmt, scheint daher vor der Aufgabe einer Quadratur des Kreises zu stehen: Einerseits soll sie fantastische Texte aller Zeiten umfassen, also zeitlich invariant sein, andererseits muss sie dem Umstand Rechnung tragen, dass dem Begriff des Paranormalen die zeitliche Varianz von Überzeugungen inhärent ist.[13] Das Hauptproblem besteht darin, eine geeignete Person (oder Klassen von Personen) und einen oder mehrere Zeitpunkte anzugeben, auf den sich die im Begriff ›paranormal‹ implizierten Überzeugungen beziehen lassen. Dafür kommt meiner Ansicht nach

12 Aus diesem Grund ist auch die Definition von »okkultem Ereignis« ungenau, die Marianne Wünsch gibt: »*Okkultes Ereignis* soll hier jedes Phänomen heißen, dessen Realität behauptet wird und das im Rahmen des kulturellen Realitätsbegriffs als unmöglich und als nicht-erklärungsfähig gilt«; vgl. Wünsch 1991, S. 49. Hier wird das Phänomen des Theorienwandels außer Acht gelassen, das solche »okkulten Ereignisse« in der Wissenschaftsgeschichte häufig vorkommen lässt. Ein Beispiel aus der Gegenwart: Wünschs Definition zufolge wären etwa die Überschreitung der Lichtgeschwindigkeit oder die »Umkehrbarkeit der Zeit« (ihr Beispiel für ein »Basispostulat«) in mikrokosmischen Prozessen, deren Möglichkeit aufgrund jüngster Beobachtungen ja erwogen und diskutiert wird, bereits »okkulte Ereignisse« – eine Konsequenz, die sicher nicht beabsichtigt ist.

13 Aus diesem Grund und wegen der weiten Verbreitung des Glaubens an paranormale Phänomene in der Bevölkerung sucht Uwe Durst in seiner Fantastikdefinition jeden Bezug auf ein außertextuelles Wissen zu vermeiden; vgl. Durst 2001. Er setzt stattdessen auf die »Eigengesetzlichkeit« der Literatur, die keinen Vergleich mit der Wirklichkeit zulasse (S. 83); das Wunderbare ist bei ihm der »konventionsbedingte« Antipol zu einer tradierten Art und Weise, Realität literarisch darzustellen, und das Fantastische liegt, darin schließt er an Todorov an, auf der Mitte zwischen konventionalisierter Realitätsdarstellung und dem davon abweichenden Wunderbaren (S. 89). Abgesehen von der romantischen Grundvoraussetzung der »Eigengesetzlichkeit« von Literatur bleibt an dieser Auffassung unbefriedigend, dass »Realitätssystem« und Wunderbares hier lediglich als innerliterarische Phänomene aufgefasst werden, die einer näheren Bestimmung nicht weiter zugänglich sind (was Durst selbst einzugestehen scheint, vgl. S. 100).

jedoch nur eine begrenzte Anzahl von Personen und Zeitpunkten in Frage: die gegenwärtigen naturwissenschaftlichen Überzeugungen, so wie sie vom gegenwärtigen wissenschaftlichen Diskurs (d.h. von einer Reihe von Experten, denen wir vertrauen) formuliert werden; die im naturwissenschaftlichen Diskurs zur Entstehungszeit des Textes enthaltenen Überzeugungen, und schließlich die Überzeugungen des (realen oder impliziten) Autors.

Am nächsten liegt es vielleicht, sich auf die dem *gegenwärtigen wissenschaftlichen Diskurs* inhärenten Basispostulate zu beziehen, so dass all die Ereignisse als paranormal anzusehen wären, die wir nach heutigen Kriterien so auffassen. Unser jetziges Wissen als Bezugspunkt zu wählen entspricht, nicht nur in diesem Fall, gängiger Praxis, weil wir in Bezug auf unser naturwissenschaftliches Wissen davon ausgehen, dass wir heute mehr wissen über die Welt als früher. Doch mit einer Bezugnahme auf gegenwärtige Überzeugungen ist das oben angedeutete Problem nicht im Mindesten gelöst: Märchen und ältere Texte wie etwa *Macbeth* oder *Hamlet* bleiben auch dann noch Texte mit paranormalen Ereignissen, die von uns in der Regel nicht als fantastisch angesehen werden.

Warum eigentlich nicht? Deshalb, weil wir unterstellen, dass Shakespeare und seine Zeitgenossen die von uns als paranormal aufgefassten Ereignisse der Stücke selbst nicht als paranormal betrachtet haben, da der Begriff des Naturgesetzes zu dieser Zeit noch gar nicht etabliert war, Geistererscheinungen etc. vielmehr als Varianten ›natürlicher‹ Geschehnisse galten. Daraus könnte man folgern, dass nicht der gegenwärtige Kontext als Bezugspunkt für die Auffassung von Ereignissen und Gegenständen als paranormal zu wählen ist, sondern der des *zeitgenössischen* wissenschaftlichen Diskurses; um ein paranormales Ereignis würde es sich also dann handeln, wenn es zur Entstehungszeit des Textes als solches aufgefasst wird. Doch auch dadurch wird das Problem nicht beseitigt. Zum einen erscheint es vorderhand wenig einleuchtend, warum die zeitgenössische Auffassung eines Ereignisses als paranormal überhaupt relevant für die Paranormalität dieses Ereignisses sein sollte, wenn die zeitgenössische Auffassung eines Ereignisses als nicht-paranormal es nicht war, wie gerade gezeigt. Zum anderen aber kann es immer vorkommen, dass der zeitgenössische Kontext Ereignisse für paranormal hält, die es eindeutig nicht sind; dies als Kriterium für die Paranormalität von Ereignissen heranzuziehen wäre dann so, als wollten wir das Erstaunen fremder Ethnien bei der ersten Konfrontation mit der Welt der westlichen Technologie als Indiz für deren Paranormalität ansehen.

Das gleiche Problem, nur nochmals verstärkt, entsteht auch, wenn wir den *realen* oder den *impliziten Autor* als Bezugspunkt wählen. Schon im vorigen Beispiel hatten wir uns abhängig gemacht von den Auffassungen früherer Zeiten, konnten uns dabei jedoch immerhin noch auf die Autorität der großen Zahl und des zeitgenössischen wissenschaftlichen Diskurses berufen. Diese kann der implizite Autor nicht in Anspruch nehmen. Ein Ereignis in einem fiktionalen

Text wäre genau dann paranormal, wenn der implizite Autor es so darstellt, unabhängig davon, ob es sich dabei wirklich um ein solches handelt oder nicht. Auch damit ist nichts gewonnen. Wenn der implizite Autor ein Ereignis als paranormal darstellt, das nicht paranormal ist, oder – umgekehrt, aber seltener – ein Ereignis als natürlich darstellt, das paranormal ist, ist dies wiederum gleichzusetzen mit dem bereits angeführten Fall einer fremden Ethnie, die eine Lokomotive als magisches Wesen deutet, oder aber mit dem des Mesmerismus, der paranormale Ereignisse irrtümlicherweise als natürliche erklären zu können beanspruchte: Hier wie dort ist nicht einzusehen, warum daraus irgendein Kriterium für die Paranormalität von Ereignissen sollte abgeleitet werden können. Dies sieht man etwa an Edgar Allan Poes Erzählung *The Facts in the Case of M. Valdemar* (1845), in welcher der Ich-Erzähler den Zustand Valdemars als Ergebnis eines wissenschaftlichen Experiments darstellt, welches lautet: Ein tiefer Trancezustand kann über den Tod hinaus so lange bestehen bleiben, bis der Hypnotiseur das Medium wieder ›aufweckt‹ und damit dem Tod überantwortet – was indirekt mit der damals verbreiteten Theorie des Mesmerismus erklärt wird. Damit charakterisiert der implizite Autor ein paranormales Ereignis als ›natürlich‹ (wenn auch die Begründung auf tönernen Füßen steht und wir seine Ansicht kaum teilen), der Text könnte demnach kein fantastischer sein – ein Ergebnis, das wir schwerlich akzeptieren werden.

Beispiele wie diese machen deutlich, dass wir offensichtlich nur solche paranormalen Ereignisse als notwendig für einen fantastischen Text annehmen, die *sowohl vom impliziten Autor als auch von uns als zeitgenössischen Lesern in Übereinstimmung mit dem gegenwärtigen wissenschaftlichen Diskurs* als solche aufgefasst werden. Der implizite Autor schließt also gleichsam einen *epistemischen Pakt* mit dem Leser, dergestalt dass beide die im Text geschilderten Ereignisse übereinstimmend als paranormal ansehen. Ich werde solche paranormalen Ereignisse oder Gegenstände, die in dieser Weise vom impliziten Autor auch als paranormal dargestellt werden, im Folgenden als *fantastische Ereignisse* (oder Gegenstände) bezeichnen und mich in der weiteren Darstellung auf diese konzentrieren. Insbesondere werde ich nicht der Frage nachgehen, welche anderen Eigenschaften über das Vorkommen von fantastischen Ereignissen oder Gegenständen hinaus hinreichend für fantastische Texte sind.

Für fantastische Ereignisse ist der epistemische Pakt zwischen implizitem Autor und gegenwärtigem naturwissenschaftlichen Diskurs ein notwendiges Merkmal; sobald er nicht besteht, die Überzeugungen beider hinsichtlich der Klassifikation von Ereignissen oder Gegenständen als paranormal also voneinander abweichen, handelt es sich nicht mehr um fantastische Ereignisse oder Gegenstände. Ob es sich dennoch um paranormale Ereignisse und Gegenstände handelt, lässt sich nur nach Maßgabe des heutigen Wissensstandes beurteilen, die Ansichten des impliziten wie des realen Autors sowie die auf den damaligen wissenschaftlichen Diskurs gegründeten Ansichten des zeitgenössischen Publikums sind dafür irrelevant. Dabei ist der epistemische Pakt zwischen implizitem Autor und gegenwärtigem Leser sowohl instabil als auch kontingent – unsere eigenen Überzeugungen hinsichtlich der Paranormalität des Dargestellten können jederzeit von denen des impliziten Autors abweichen, und wenn sie das nicht tun, ist dies nichts weiter als ein historischer Zufall. Fantastische Ereignisse und Gegenstände sind daher ebenso wenig zeitunabhängige Konstanten wie fantastische Texte selbst, sondern ob wir einen Text als fantastisch auffassen oder nicht, hängt in irreduzibler Weise von unserem heutigen und dem Wissen zur Entstehungszeit des Textes ab. Insofern ist es vielleicht überraschend, dass solche ›Kategorienwechsel‹ im Laufe der neuzeitlichen Literaturgeschichte weniger häufig stattgefunden haben, als man zunächst vermuten würde.

3. Klassische Fantastik

Die überwiegende Zahl fantastischer Texte vom Ende des 18. Jahrhunderts, als das Genre mit der *Gothic novel* eine erste Blütezeit erlebte, bis etwa gegen Ende des 19. Jahrhunderts zeichnet sich durch gewisse Gemeinsamkeiten in Hinblick auf die in ihnen dargestellten fantastischen Ereignisse aus, die es rechtfertigen, von einem bestimmten Typ der Fantastik zu sprechen, den ich als *klassische Fantastik* bezeichnen möchte. Diese ist durch zwei Merkmale gekennzeichnet, ein notwendiges und ein typisches. Das erste und wichtigste, weil notwendige Merkmal besteht darin, dass die Paranormalität der dargestellten fantastischen Ereignisse oder Gegenstände besonders markiert wird: Sie sollen beim Leser Erstaunen und Verwunderung hervorrufen, häufig darüber hinaus gepaart mit Furcht und Entsetzen. Das paranormale Ereignis ist etwas Besonderes, das einen durch die vertraute Alltagswelt gehenden »Riß« bezeichnet, »der die Sicherheit einer Welt zerbricht, in der man bis dahin die Gesetze für allgültig und unverrückbar gehalten hat«.[14] Fantastische Texte dieses Typs postulieren erst die Allgemeingültigkeit einer bestehenden Ordnung, um sie dann durch die geschilderten fantastischen Ereignisse oder Gegenstände zu durchbrechen – darin besteht ihre Pointe. Dieser Bruch kommt einem provozierten ›Skandal‹ gleich, einer Störung der Weltenordnung, die ausgestellt und thematisiert wird. Ich spreche daher von einem *metaphysischen Skandalon,* das die Texte der klassischen Fantastik kennzeichnet.

Das zweite Merkmal, das, wenn schon nicht notwendig, so doch zumindest typisch für die klassische Fantastik ist, besteht darin, dass sie vorwiegend das Übernatürliche bzw. Wunderbare im oben definierten Sinne zum Gegenstand

14 So die berühmte Formulierung von Roger CAILLOIS 1974, S. 46.

hat. Darüber hinaus geht der Formenkreis der klassischen Fantastik häufig auf Vorstellungen der Volksmythologie zurück, wie sie dann von der Aufklärung als »Aberglauben« entlarvt und abgetan wurden: Sie ist ein Tummelplatz von Geistern, Wieder- und Doppelgängern, Werwölfen, Vampiren etc. Hinzu kommen naturmagische und animistische Vorstellungen, wie sie früher den meisten Völkern zu Eigen waren: etwa der Glaube, dass Wünsche magisch in Erfüllung gehen, dass andere Wesen von mir Besitz ergreifen können etc. Diese Phänomene bilden eine Teilmenge jener, die Freud in seinem bekannten Essay über »Das Unheimliche« als Auslöser eben dieses Gefühls aufgezählt hat.[15] Eine Folge davon ist, dass auf viele klassisch fantastische Texte eine Eigenschaft zutrifft, die Hume als weiteres Merkmal von Wundern nennt: Das Fantastische beruht auf der »Überschreitung eines Naturgesetzes durch einen besonderen Willensakt [...] oder durch Vermittlung einer unsichtbaren Wirkkraft« bzw., wie John Leslie Mackie es ausdrückt, auf dem Eingriff von »etwas von der natürlichen Ordnung Verschiedenem«.[16] Eine fremde Macht scheint in den natürlichen Lauf der Dinge einzugreifen, von der zunächst nicht feststeht, ob sie dem Menschen wohl oder übel gesonnen ist.

3.1 Integrative Fantastik I: Das Fantastische als Indikator einer höheren Macht

In der frühen klassischen Fantastik wird das metaphysische Skandalon des Bruchs der natürlichen Ordnung in der Regel nicht um seiner selbst willen provoziert, sondern es wird funktionalisiert als Zeichen eines anderen Bruchs: als *Indikator für eine Verletzung der moralischen Ordnung* – dass die Natur aus den Fugen geraten ist, zeigt an, dass jemand gegen grundsätzliche Normen verstoßen hat. Ähnlich wie in legendarischer Literatur besteht hier also noch ein wahrhaft ›wunderbarer‹, weil als allumfassend vorausgesetzter, gleichsam prästabilierter Tun-Ergehen-Zusammenhang, aufgrund dessen die Handlungen der Menschen unmittelbare Auswirkung auf ein höheres Gleichgewicht haben, eine höhere Weltordnung: Gute Taten befestigen sie, böse hingegen stören sie. Ein Beispiel für eine solche Störung bietet schon der Urtypus der *Gothic novel,* Horace Walpoles Roman *The Castle of Otranto* (1764), in dem der schurkische Manfred die schöne Isabella gegen ihren Willen dazu bringen will, seine Frau zu

15 Vgl. Freud 1970, der neben »dem Animismus, der Magie und Zauberei, der Allmacht der Gedanken, der Beziehung zum Tode« noch die »unbeabsichtigte Wiederholung« und – last, but not least – den »Kastrationskomplex« nennt (S. 265).

16 Vgl. Hume 1975, S. 115, Anm. 1: »A miracle may be accurately defined, *a transgression of a law of nature by a particular volition of the Deity, or by the interposition of some invisible agent*«, und Mackie 1985, S. 37.

werden, um so seinem Geschlecht die Nachkommenschaft zu sichern. Manfred fürchtet nämlich eine alte Weissagung, der zufolge das Schloss nur so lange im Besitz seiner Familie verbleibe, bis dem wahren Besitzer seine Behausung zu eng werde – sein Großvater hatte sich unrechtmäßig in den Besitz des Schlosses Otranto gebracht, indem er dessen rechtmäßigen Besitzer, den Kreuzritter Alfonso, umbrachte; das Geschlecht Manfreds hat also gegen die moralische Weltordnung verstoßen. Diese Weissagung geht denn auch am Ende in Erfüllung, wenn die Mauern des Schlosses einstürzen und die riesenhaft vergrößerte Gestalt des toten Alfonso »inmitten der Ruinen erscheint« und den Bauern Theodore als seinen Nachfahren und damit rechtmäßigen Erben Otrantos zu erkennen gibt:

> [A]nd having pronounced those words, accompanied by a clap of thunder, it ascended solemnly towards heaven, where the clouds parting asunder, the form of saint Nicholas was seen; and receiving Alfonso's shade, they were soon wrapt from mortal eyes in a blaze of glory.[17]

Nicht genug damit, dass die Himmelfahrt ja tatsächlich an bekannte Heiligendarstellungen erinnert, – das Wunder wird auch noch ausdrücklich von den Zuschauern beglaubigt, wenn es heißt: »The beholders fell prostrate on their faces, acknowledging the divine will« (S. 99). Der Frevel Manfreds und seines Geschlechts wird also auf wunderbare Weise gesühnt, der »göttliche Wille« setzt sich am Ende durch.

Hier begegnen wir jener *metonymischen Funktion* des Fantastischen, die Stephan Michael Schröder in seiner Untersuchung der skandinavischen Fantastik des 19. Jahrhunderts konstatiert hat: Das Wunderbare steht in Texten dieser Art für eine höhere, nicht selten sogar göttliche Macht, die stellvertretend durch das Paranormale in die Weltläufe eingreift und die verletzte moralische Ordnung wiederherstellt.[18] Schon in *The Castle of Otranto* geschieht dies auf zweifache Weise, *ex positivo* und *ex negativo*: *Ex positivo* dadurch, dass das Übernatürliche direktes Mittel zur Wiederherstellung der moralischen Ordnung ist, wie im gerade angeführten Beispiel; *ex negativo* dadurch, dass es auf seine Zeugen als Mahnung wirkt, die verletzte Ordnung wiederherzustellen, so wie es bei dem heiligen Einsiedler der Fall ist, der Frederic als Gerippe erscheint und ihn erschüttert (S. 93f.). Letzteres begegnet häufig in Gespenstergeschichten des 19. Jahrhunderts, in denen das Wunderbare die Verletzung der moralischen Ordnung durch einen Handelnden markiert, der nun beispielsweise als ›Untoter‹ für die Sünden seiner Vergangenheit bestraft oder aber durch eine entsprechende Erscheinung vor weiteren Vergehen gewarnt wird.

All diesen Fällen ist gemeinsam, dass das Fantastische hier eine *integrative,*

17 Zitiert nach Walpole 2001, S. 98f.

18 Vgl. Schröder 1994, S. 258, der sich dabei vor allem auf die Gespenstergeschichte bezieht.

mitunter gar restaurative Funktion besitzt; es dient dazu, die durch moralische Frevel gestörte Weltordnung zu reparieren, indem es die Störung beseitigt oder doch sühnt, so dass der ursprüngliche Gleichgewichtszustand am Ende wieder besteht. Der Bruch der (Natur-) Ordnung erfolgt nur, um die Existenz einer höheren Ordnung zu bestätigen, ähnlich wie es auch in legendarischen Erzählungen der Fall ist; er *ist* geradezu das Zeichen einer höheren Ordnung, die sich durch ihr eigenes Eingreifen selbst bestätigt. Dabei ist allerdings bezeichnend, dass diese Restauration häufig einhergeht mit der Verbreitung von Furcht und Schrecken, und zwar unabhängig davon, ob das Fantastische *ex positivo* oder *ex negativo* für die Wiederherstellung der Ordnung steht. Es ist so, als sollte die Verletzung der Ordnung zunächst lustvoll ausgekostet werden, ehe uns dann gezeigt wird, dass unser schauernder Zweifel an der höheren Weltordnung unbegründet ist. Dies kann im Sinne einer Theodizee gemeint sein, d. h. als tröstliche Versicherung, dass dem Bösen eben keine Omnipotenz zukommt, es vielmehr im Dienste eines allumfassenden Guten steht; es kann jedoch auch als Hinweis darauf verstanden werden, dass die Ordnung möglicherweise keineswegs so unverletzbar ist, wie sie erscheint, dass sie vielmehr von Kräften bedroht ist, die irgendwann die Integration in eine die Natur übersteigende höhere Ordnung scheitern lassen können. Der *sweet horror* der frühen Schauergeschichten mag in dieser Ambivalenz seinen Grund haben: In ihnen wird die Ordnung der Dinge in Frage gestellt, bleibt am Ende aber doch bewahrt.

3.2 Integrative Fantastik II: Ontologische Fantastik

In Skandinavien ist integrative Fantastik vom Typus der *Gothic novel* bzw. der ›metonymischen‹ Gespenstergeschichte zunächst nur durch volkstümliche, zumeist anonyme Erzählungen vertreten.[19] Die nennenswerte Produktion einer literarischen ›Kunstfantastik‹ beginnt hier, anders als etwa in Deutschland, Großbritannien oder Frankreich, erst mit der Romantik. Ich möchte im Folgenden ein Beispiel vorstellen, das man insofern als genuin romantisch bezeichnen könnte, als hier das Fantastische als metapoetische Darstellung romantischer Kunstauffassung funktionalisiert wird: Bernhard Severin Ingemanns Erzählung *Sphinxen* (*Die Sphinx*) aus dem Jahre 1820, im Untertitel ausgewiesen als »Ein Märchen (in der *Callot-Hoffmannschen* Manier)«. Trotz dieser Gattungsbezeichnung ist die Erzählung jedoch kaum als Märchen anzusehen, da sie, wie Ib Johansen zu Recht bemerkt, »auf mehreren Erzählebenen

19 Vgl. dazu Schröder 1994, der diesen Typ der Fantastik, mir nicht ganz einleuchtend, im Anschluss an Winfried Freund als »kathartisch« bezeichnet (S. 273); dort auch weitere Textbeispiele.

spielt, den Wirklichkeitscharakter der geschilderten Handlungen problematisiert und im ganzen Erzählverlauf zwischen unterschiedlichen Interpretationsmöglichkeiten hin und herpendelt« – ein Verfahren, das untypisch für das Märchen ist.[20] Ähnlich wie E.T.A. Hoffmanns sechs Jahre älteres »Märchen aus der neuen Zeit«, *Der goldene Topf*, auf den sich der Text ausdrücklich bezieht, Ludwig Tiecks Märchenspiel *Der gestiefelte Kater* (1797) oder auch Adam Oehlenschlägers *Sankt Hansaften-Spil* (1803) ist Ingemanns Erzählung vielmehr eine allegorische Darstellung romantischer Theorie und eine Kritik an der »philiströsen« Wirklichkeitsauffassung.

Der Student Arnold erwirbt in der Nähe von Hamburg von einem alten Weib einen Stock, dessen Knauf die Gestalt einer Sphinx besitzt. Diese erinnert Arnold zunächst an die Alte auf dem Marktplatz, nimmt dann jedoch unvermittelt die Züge der geheimnisvollen Gräfin Cordula an, zu deren in einem tiefen Wald gelegenen Schloss Arnold gelangt, ohne recht zu wissen, wie ihm geschieht. Cordula stellt ihm am nächsten Morgen die entscheidende Frage: »Arnold, Arnold! Wer bist du? und Wer bin ich?«[21] Als er daraufhin »verwirrt« bekennt, das Rätsel nicht lösen zu können, fährt die schöne Gräfin »mit ängstlicher Stimme« fort: »Arnold, Arnold! [...] könntest du mein Rätsel lösen, müsste ich vor deinen Augen vergehen, und doch muss ich dich fragen: Wer bist du, und Wer bin ich?«[22] Diese Aufgabe stellt sich als das zentrale Hindernis heraus, das Arnold zu überwinden hat, um mit Cordula vor dem Altar vereint zu werden. Zweimal weicht er davor zurück, und zweimal bleibt ihm der Weg zum Glück versperrt: Das erste Mal taumelt er wie betäubt aus dem Schloss, nur um sich, als er wieder zur Besinnung kommt, vor den Toren Hamburgs wiederzufinden, den Stock in der Hand, »und schien alles geträumt zu haben« (ebd.). Das zweite Mal hat er Cordula auf wunderbare Weise wiedergefunden und steht schon mit ihr vor dem Altar, bereit, das Jawort zu sprechen, als ihm die verfängliche Frage erneut in den Sinn kommt:

> »Nein, du bist kein Mensch, Cordula!« rief er entsetzt und sprang auf; im selben Augenblick erloschen alle Hochzeitsfackeln, der Hochaltar und die Braut verschwanden vor seinen Augen und er verlor das Bewusstsein[23] –

und findet sich stattdessen in seiner Dachkammer wieder, wo er gerade den seltsamen Stock durch das offene Fenster hat fallen lassen.

---

20 Johansen 1986, S. 17f. Alle Übersetzungen, sofern nicht anders gekennzeichnet, von mir.

21 »Arnold, Amold! Hvo er du? og Hvo er jeg?« – Alle Seitenangaben zu *Sphinxen* beziehen sich auf Ingemann 1989, hier S. 48.

22 »Arnold, Arnold! [...] kunde du løse min Gaade, maatte jeg forgaae for dine Øine og dog maae jeg spørge: Hvo er du, og Hvo er jeg?« (ebd.).

23 »›Nei, du er intet Menneske, Cordula!‹ raabte han forfærdet og sprang op; i samme Øieblik sluktes alle Brudefaklerne, Høialtret og Bruden forsvandt for hans Øine og han tabte baade Sands og Samling« (S. 54).

Die Lösung des von der Sphinx aufgegebenen Rätsels besteht nun gerade darin, es auf sich beruhen zu lassen. Nach diversen anderen Verwicklungen, in denen, wie schon in den zuvor geschilderten Episoden, haarsträubende Vermischungen unterschiedlicher Realitätsebenen vorkommen, erhält Arnold schließlich eine dritte und letzte Chance, die er jetzt endlich, inzwischen zur Einsicht gekommen, ergreift und somit die Geschichte glücklich enden lässt:

> fragt die Sphinx mich wieder: Wer bist du? und Wer bin ich? – sieh, da will ich auf die Sterne des Himmels zeigen und sagen: da kannst du es lesen, ich weiß es nicht, ich will und soll es jetzt nicht wissen; doch eines weiß ich, nämlich dass ich dich grenzenlos liebe und dich auf ewig lieben werde, schöne Unbegreifliche![24]

Worauf es dem Text zufolge ankommt, ist also gerade nicht, mit den Worten der ödipeischen Sphinx gesprochen, zu wissen, was der Mensch ist; wichtig ist alleine, sich seiner Liebe gewiss zu sein und seinen Gefühlen zu vertrauen. Die Frage »Wer bin ich und wer bist du?« ist eine des Verstandes, ihn gilt es zugunsten eines höheren Erkenntnisvermögens hinter sich zu lassen, so wie Arnold es vorher bei verschiedenen Gelegenheiten bereits ›geahnt‹ hatte, ohne dass er da freilich auch schon zu dieser Ahnung gestanden hätte. Als er vor seiner zweiten Begegnung mit Cordula seinen Stock zum Reitpferd macht, philosophiert er nämlich vor sich hin:

> Wäre man jetzt Kind, so könnte man, wenn man wollte, auf dem ersten besten Stock reiten und ebenso großes Vergnügen daran finden wie später auf dem prächtigsten Pferd der Welt, und wenn man glaubt, man reite, so reitet man ja doch im Grunde in Wahrheit auch, selbst wenn die ganze prosaische Welt darauf schwört, dass man geht.[25]

Arnolds Fehler war es, »sehen« zu wollen statt zu »glauben«, wie Cordula ihm vorwirft (S. 52), kurz bevor er sie dann folgerichtig zum zweiten Mal vor dem Altar im Stich lässt; und sein Erkenntnisfortschritt besteht am Ende darin, eher dem Herzen zu folgen als dem Verstand, also das, was ihm die eigene Empfindung als ›Wahrheit‹ eingibt, auch als solche zu akzeptieren.

In *Sphinxen* wird das Fantastische eingesetzt, um die Verzerrungen einer im romantischen Sinne verstandesgeleiteten, »prosaischen« (und damit zugleich auch philiströsen) Wahrnehmungsweise zu markieren; es existiert nur so lange, wie man allein dem Verstand vertraut und die Sprache des Herzen ignoriert. Das

---

24 »[…] spørger Sphinxen mig atter: Hvo er du? og Hvo er jeg? – see, da vil jeg pege op paa Himmelens Stjerner og sige: der kan du læse det, jeg veed det ikke, jeg vil og skal vel ikke vide det nu; men Eet veed jeg, og det er, at jeg elsker dig grænseløst og skal elske dig i Evighed, skjønne Ubegribelige!« (S. 71).

25 »Hvo der dog nu var et barn, saa kunde man ride, naar man vilde, paa den første den bedste Kjep, og have ligesaa stor Fornøielse deraf, som siden paa den deiligste Hest i Verden, og naar man troer, man rider, saa rider man jo dog igrunden i Aand og Sandhed, om ogsaa hele den prosaiske Verden bander paa, man gaaer« (S. 50).

Fantastische steht für eine sphingtische »Spaltung« der Wirklichkeit in Gefühl und Verstand,[26] die verschwindet, wenn man die Welt aus einer umfassenden und damit der – romantischer Auffassung zufolge – einzig richtigen Perspektive wahrnimmt. Fantastisch ist die Welt nur, solange man diesen Sprung noch nicht vollzogen hat, für den Romantiker hingegen ist sie in einem höheren Sinne »wunderbar« und märchenhaft, weshalb Cordula Arnold am Ende auch die paradoxe Wahrheit ins Stammbuch schreiben kann:

> Du hast nicht geträumt, mein Geliebter, dein Märchen ist wahr und wirklich erlebt; es ist nicht von dir auf menschliche Weise erfunden, sondern in dir und durch dich von anderen und mächtigeren Geistern geschaffen worden.[27]

Das Fantastische steht hier daher, anders als in den Texten des vorigen Abschnitts, als *Metapher* für die Beschränkungen menschlichen Erkenntnisvermögens; diese können und müssen überwunden werden, will man die Welt sehen, wie sie eigentlich beschaffen ist, dann verschwindet auch das Fantastische. Die Pointe dieses genuin romantischen Verfahrens besteht darin, dass es gerade die vertraute, aber »prosaische« Welt in eine verkehrte verwandelt, die durch eine in Unordnung geratene Ontologie gekennzeichnet ist und erst durch die romantische Sichtweise wieder geheilt wird. Obwohl wir es damit auch hier mit einem Fall von integrativer Fantastik zu tun haben, ist der Unterschied zwischen den integrativ-metonymischen Texten und denen einer romantisch ontologischen Fantastik doch beträchtlich: Ist das Fantastische dort Zeichen einer höheren Macht, die entweder stellvertretend durch dieses das verletzte Gleichgewicht wiederherstellt oder aber dadurch die Verletzung dieser Ordnung markiert, so bezeichnet es hier eine von vornherein desintegrierte Wirklichkeit, die durch die richtige, und das heißt eben: integrale Sichtweise in eine höhere Ordnung zurückgeführt werden muss. Integrative Fantastik dieses Typs bestätigt daher ebenfalls eine bestehende Ordnung, doch im Gegensatz zu der des vorigen Abschnitts ist dies nicht die des Commonsense, sondern die einer sich selbst so definierenden geistigen Elite, die mit einem besonderen Erkenntnisvermögen ausgestattet ist.

3.3 Integrative Fantastik III: Metaphern des Bürgerlichen

Ein Großteil der fantastischen Texte des poetischen Realismus kombiniert die beiden in den beiden vorigen Abschnitten skizzierten Funktionen des Fantas-

26 So auch Johansen 1986, S. 18.

27 »Ikke har du drømt, min Elskede, dit Eventyr er sandt og virkelig oplevet; det er ikke opfundet af dig paa menneskelig Viis, men skabt i dig og ved dig af andre og mægtigere Aander« (S. 72).

tischen, die metonymische und die metaphorische, miteinander, indem das Fantastische hier zwar, *ex positivo* oder *ex negativo,* auch wieder zum Stellvertreter einer höheren moralischen Ordnung wird, aber zugleich auf einen alltäglichen, bürgerlichen Bereich verweist. Die Zahl der Beispiele für diese Kombination ist groß, auch aus anderen als den skandinavischen Literaturen: Jeremias Gotthelfs *Die schwarze Spinne* (1842) etwa, Wilhelm Raabes *Die schwarze Galeere* (1865) oder Erzählungen Theodor Storms wie *Bulemanns Haus* (1863) oder *Der Schimmelreiter* (1888).[28]

Ein früher skandinavischer Text in dieser Reihe ist Thomasine Gyllembourgs Novelle *Den magiske Nøgle* (*Der magische Schlüssel*) aus dem Jahre 1828. Sie handelt vom Studenten Rudolph R., der mit dem namenlosen Ich-Erzähler in Kopenhagen in einer Art Wohngemeinschaft zusammenlebt, und eines Abends im Theater eine geheimnisvolle Schöne sieht, die sogleich sein Herz entflammt. Er will ihr beim Hinausgehen seine Aufwartung machen, kann sie jedoch nirgends mehr antreffen. Stattdessen findet er einen kleinen Schlüssel, der, wie sich noch am selben Abend herausstellt, zu einer Tür in einer Mauer passt – es zeigt sich, dass die unbekannte Schöne dahinter wohnt. Sie wird Rudolphs Geliebte. Von Stund an wird die Wohnung der beiden Freunde von unsichtbaren Kräften verschönt »und was das Erstaunlichste war: alles war wie durch unsere eigenen Wünsche hervorgebracht«.[29] Doch Rudolph beginnt seines neuen Glücks überdrüssig zu werden, als er bemerkt, dass die Dame, deren Name Aura ist, »obwohl sie klug ist wie wenige«, »doch nichts vom Höheren, dem Wichtigsten« versteht, »dem, das eigentlich die Seele in jeder Vereinigung ausmacht«.[30] Schließlich beschließt er sie zu verlassen und wirft den magischen Schlüssel fort. Von da an verkehrt sich das Glück der Freunde in sein Gegenteil, und schien es vorher so, als fügten unsichtbare Geister alles zu ihrem Besten, so sehen sie sich nun den widerwärtigsten Schicksalsschlägen ausgesetzt.

Eine Wende in dieser Lage tritt erst ein, als Rudolph sein Verhalten Aura gegenüber bereut, und zwar nicht, weil er sich erneut zu ihr hingezogen fühlte, sondern aus moralischen Gründen, weil er sie so überstürzt verlassen hat. Er sucht wieder nach dem Schlüssel und findet ihn schließlich in einem Kellergewölbe. Hier liegt auch der sterbenskranke, aber schwerreiche Herr L. aufgebahrt,

28 Dies zeigt die Unplausibilität der bisweilen anzutreffenden Ansicht, die fantastische Literatur entwickele sich im Laufe der Zeit fort vom »Wunderbaren« über das »Unwahrscheinliche« hin zum »Seltsamen«; vgl. etwa HAUGEN 1998, der unter Bezug auf Rosemary Jackson und Neil Cornwell behauptet, im 19. Jahrhundert überwiege das Unwahrscheinliche (»det utrolige«) (S. 22 u. 33).

29 »[…] og som var det Besynderligste: det var Altsammen som født af vore egne Ønsker.« Alle Zitate aus *Den magiske Nøgle*, GYLLEMBOURG 1884, hier S. 234.

30 »[…] skjøndt hun er klog som Faa, forstaaer hun dog ikke Noget af det Høiere, det Vigtigste, Det der egenlig udgjør Sjælen i enhver Forening« (S. 238).

um den sich sein Diener Zacharias sowie zwei Ärzte kümmern. Es stellt sich heraus, dass Rudolph in Wahrheit der uneheliche Sohn Herrn L.s ist, der diesen nach dessen absehbarem Tod beerben wird. Das Beste an dieser Fügung besteht darin, dass Rudolph damit nun nicht mehr der leibliche Sohn Herrn R.s und damit der Bruder von dessen Tochter Pauline ist, die er seit langem liebt; einer Heirat zwischen Rudolph und Pauline steht daher nichts mehr im Wege. Diese erfolgt; Jahre später treffen sich die Freunde in Rudolphs Haus wieder, wo dieser über sein Leben räsoniert: »auf dem Wege der Leidenschaften und der Reue fand ich doch den Schlüssel zu meinem Lebensglück«, worauf der Ich-Erzähler im letzten Satz der Novelle deren Quintessenz preisgibt:

> Ich habe oft gedacht, [...] dass es für uns Menschen keinen anderen Weg zu einem im besseren Sinne genussreichen Leben gibt als diesen und dass keine Psyche den Olymp erreicht, ohne vorher durch die Schrecken der Unterwelt erprobt worden zu sein.[31]

Anders als in den zuvor betrachteten Beispielen agiert das Fantastische hier offensichtlich nicht mehr stellvertretend für höhere Mächte, und es dient auch nicht mehr unmittelbar der Reparatur oder der Markierung einer verletzten moralischen Ordnung. Auf der anderen Seite ist jedoch auch deutlich, dass Rudolph sich mit seiner Beziehung zu Aura durchaus in ein moralisch zumindest heikles Verhältnis begibt (wie der Ich-Erzähler wiederholt anmerkt[32]), indem er sich sexuellen Ausschweifungen und einer gefährlichen, weil die Ehenormen der damaligen Zeit unterlaufenden Libertinage überlässt. In diesem Kontext ist das Fantastische in Gestalt der rätselhaften Aura Metapher für die Verlockungen eines ausschließlich an Genuss und den eigenen Bedürfnissen orientierten Lebens, das sich den ›höheren‹ Forderungen verschließt und daher nur kurzfristig Erfüllung bieten kann. Diese metaphorische Funktionalisierung des Fantastischen führt nun dazu, dass man den Inhalt der Erzählung als Veranschaulichung der Überwindung von Schwierigkeiten auf dem Lebenswege lesen kann: Rudolphs Beziehung zu Aura, so verfehlt sie auch sein mag, ist doch notwendig als *Bildungserlebnis* des Protagonisten und trägt damit zu seiner charakterlichen Reifung bei, die denn auch, epochentypisch, mit einer Heirat als dem zentralen Sozialisationsereignis belohnt und abgeschlossen wird.

Dieser metaphorische Bezug zu bürgerlichen Bildungsstationen ermöglicht

31 Im Zusammenhang: »›[...] Ja, feilet har jeg, men bødet har jeg ogsaa, og – forunderligt! paa Lidenskabernes og Angerens Vei fandt jeg dog Nøglen til mit Livs Lykke.‹ – ›Jeg har ofte tænkt‹, svarede jeg, ›at der for os Mennesker ingen anden Vei findes end denne til et i en bedre Forstand nydelsesrigt Liv, og at ingen Psyche naaer Olympen, uden først at være prøvet i Underverdenens Rædsler‹« (S. 278).

32 Vgl. z. B. S. 233, wo es heißt: »At Forbindelser af denne Natur bør behandles varligere end Ild og Gift, da de mangengang fortære de Skatte, mod hvilke disse Intet formaae, var en Betragtning, som Rudolph og jeg ofte i vort Bekjendtskab havde haft Leilighed til at anstille, og som vi tidt havde afhandlet i vor Samtale.«

eine ›realistische‹ Lesart der Erzählung, die bei den Texten der beiden vorhergehenden Typen noch nicht möglich oder sogar ausgeschlossen war. Allerdings spielt sich die Bildung Rudolph R.s im nach wie vor prästabilierten Zusammenhang mit einer höheren Ordnung ab; was ihm widerfährt, stellt sich tatsächlich am Ende der Geschichte, wenn er auf wahrhaft wunderbare (weil haarsträubend von der Autorin motivierte) Weise seine ihm vorbestimmte Braut zum Altar geführt hat, dar, als sei es von einer höheren Macht gelenkt – gerade so wie es der Ich-Erzähler ihm vorher gewünscht hatte:

> Ich […] sagte mir, wie Charlotte in Göthes Wahlverwandtschaften: *Die Macht, welcher Das Recht ist, was uns als Unrecht erscheint,* wird ihn möglicherweise auf diesem Weg zu Sieg und Frieden leiten.[33]

Die Aura-Episode erscheint aus dieser Perspektive wie eine von jener »Macht« absichtsvoll bewirkte Fügung, die dazu beiträgt, auf lange Sicht für Rudolph alles zum Besten zu stellen. Insofern besteht auch hier wieder eine Ähnlichkeit zu den Texten der vorigen Abschnitte, mit dem wesentlichen Unterschied allerdings, dass die höheren Mächte, die durch Vermittlung des Fantastischen in das Geschehen eingreifen, in den Texten des poetischen Realismus rein *ideell* sind, d. h. sie stehen für eine Weltsicht, der alles harmonisch geordnet *erscheint,* ohne jedoch vorauszusetzen, dass es dies auch in buchstäblichem Sinne *ist.*[34] Da zudem Rudolphs Reue, Aura so schnöde verlassen zu haben, und sein Bestreben, das von ihm an ihr begangene Unrecht wieder gutzumachen, sein Schicksal nachhaltig positiv beeinflussen, besteht auch hier wiederum ein wunderbarer Tun-Ergehen-Zusammenhang, der in *Den magiske Nøgle* ebenso wenig in Frage gestellt wird wie in den vorigen Beispielen.

3.4 Desintegrative Fantastik

In den fantastischen Erzählungen des poetischen Realismus erfolgt der Eingriff einer höheren Macht zumeist *ex negativo,* als Markierung eines moralischen Frevels. Häufig nimmt dessen Beschreibung und die rhetorische Ausschmückung des Unheimlichen so viel Raum ein, dass der Leser froh sein kann, wenn der Erzähler am Ende doch noch den Weg zurück in die prästabilierte Harmonie des wunderbaren Tun-Ergehen-Zusammenhangs weist. Genau dies geschieht in

33 »Jeg […] sagde ved mig selv, som Charlotte i Göthes Wahlverwandtschaften: ›*Den Magt, for hvem Det er Ret, som synes os Uret,* vil muligviis ad denne Vei føre ham til Seier og Fred.‹« (S. 233).

34 Vgl. dazu ausführlich meine Analyse von Hans Christian Andersens Roman *De to Baronesser,* der die Verlagerung einer objektiven harmonischen Weltordnung in die bloß subjektive Perspektive des Erzählers geradezu paradigmatisch vorführt; in Rühling 2002, S. 135ff.

Texten einer *desintegrativen* Fantastik nicht mehr, dort ist ein solcher Zusammenhang obsolet geworden. Notwendiges Merkmal einer solchen Fantastik ist vielmehr, dass das Fantastische für die Verletzung einer Ordnung steht, die nicht nur vom Erzähler oder vom impliziten Autor nicht gerechtfertigt wird, sondern die darüber hinaus entweder als Triumph eines ›bösen Prinzips‹ gedeutet oder aber schlechterdings unerklärlich, rätselhaft bleibt und gerade durch diese Rätselhaftigkeit die Integrität der Weltordnung in Frage stellt.

Der Beginn dieser Fantastik liegt wiederum in der Romantik, wo Texte wie Tiecks *Der blonde Eckbert* (1797), E.T.A. Hoffmanns *Der Sandmann* (1817) oder Achim von Arnims *Die Majoratsherren* (1820) einschlägige Beispiele sind. Eine besondere Blüte jedoch findet die desintegrative Fantastik wiederum im angelsächsischen Raum, etwa bei Charles Dickens, Sheridan Le Fanu oder Robert Louis Stevenson, wo sich ja mit den Bezeichnungen *tales of horror* und *weird tales* sogar Fachtermini für Spielarten desintegrativer Fantastik ausgebildet haben. Der erste große Meister rein desintegrativer Fantastik ist neben Hoffmann, mit dem er zunächst verglichen wurde, ohne Zweifel Edgar Allan Poe, obwohl nur ein kleiner Teil seiner Erzählungen als fantastisch im hier definierten Sinne anzusehen sind. Mit dem Einbruch eines bösartigen oder schlechterdings unerklärlichen Übernatürlichen einher geht bei ihm häufig ein Verstoß gegen bestehende moralische oder ästhetische Normen, so etwa in der bereits kurz erwähnten späten Erzählung *The Facts in the Case of M. Valdemar* (1845), wo sich am Ende die vom »Mesmeristen« hypnotisierte Titelfigur in eine »fast flüssige Masse von ekelerregender – von widerwärtiger Verwesung« verwandelt, oder in *The Black Cat* (1843), wo der Mörder seiner Frau neben dem Opfer auch eine Katze mit möglicherweise dämonischen Fähigkeit in die Wand einmauert. In diesen Erzählungen wird durch das Fantastische keine Ordnung mehr restauriert; es wird im Gegenteil zur Metapher der Imperfektion einer ganz und gar unheilen Welt, die in keiner Weise und durch kein Mittel mehr aufhebbar ist.

Dabei werden freilich Unterschiede deutlich: Ist in *The Facts in the Case of M. Valdemar* keinerlei Tun-Ergehen-Zusammenhang erkennbar – das Fantastische ist hier nichts weiter als der Einbruch des unerklärlichen Grauenvollen – ist dies in einigen der bekanntesten Erzählungen Poes anders. Die Behandlung des Übernatürlichen hier ist wegweisend für die gesamte Fantastik der nächsten Jahrzehnte. In *The Black Cat* oder *The Fall of the House of Usher* (1839) nämlich ist das Fantastische lesbar als Metapher für verbotene und daher verdrängte Impulse der menschlichen Seele, die eine mörderische Zerstörungskraft entwickeln. Mehr noch: Es scheint seine Entstehung selbst intrapsychischen Kräften zu verdanken und nichts als deren projektive Externalisierung zu sein, ganz so, wie Freud es in seinem Aufsatz über *Das Unheimliche* analysiert hat.[35] Die

35 Vgl. dazu Freud 1970, S. 271.

Dämonie der schwarzen Katze mit dem sprechenden Namen »Pluto« etwa, die der Ich-Erzähler aufgrund einer durch seinen Alkoholmissbrauch immer stärker werdenden, geradezu irrationalen Boshaftigkeit schließlich an einem Baum erhängt, wird so deutbar als Metapher für die Dämonie einer sich selbst entfremdeten und unheimlich gewordenen Psyche, der Riss, der durch die Wand des Hauses Usher geht, als Zeichen des frevelhaften Tabubruchs durch seine Bewohner. Damit wird erneut ein Tun-Ergehen-Zusammenhang hergestellt, der jetzt allerdings nicht mehr auf einer prästabilierten Harmonie beruht, sondern seinen Ursprung allein im Menschen hat: Dieser selbst ist es, der das Menetekel seiner Taten auf die Wand schreibt und daran zugrunde geht, seine Bösartigkeit extrapoliert sich als Störung der Naturordnung.

Es liegt geradezu in der Logik dieser Entwicklung, wenn die intrapsychischen Gefahren nicht mehr vom impliziten Autor, sondern vom Protagonisten selbst als fantastisches Ereignis externalisiert werden, so dass die Externalisierung als psychische Abwehrleistung zutage tritt. Poe hat dies in *The Tell-Tale Heart* vorgeführt, doch dies ist aufgrund des offensichtlichen Wahnsinns des Erzählers keine fantastische Erzählung mehr. Das Mittel der Wahl ist vielmehr häufig eine todorovsche Unschlüssigkeit, wie schon in *The Black Cat*, wo man zumindest Zweifel daran hegen kann, ob die Katze tatsächlich dämonische Eigenschaften besitzt, oder ob sich der Erzähler dies nur einbildet – auch wenn einiges in der Erzählung tatsächlich für einen magischen Zusammenhang spricht.[36] Das bekannteste skandinavische Beispiel für solch psychologisch funktionalisierte Unschlüssigkeit ist ohne Zweifel J. P. Jacobsens Novelle *Et Skud i Taagen* (*Ein Schuss im Nebel*, 1875), in der der Protagonist, der unglückliche Henning Lind, nachdem er den Verlobten der von ihm begehrten, ihn aber zurückweisenden Agathe aus Rache im Nebel erschossen, ihren späteren Mann ins Schuldgefängnis und sie selbst auf die Bahre gebracht hat, sich am Ende im Nebel verirrt und dann von »etwas Weißem« umgebracht wird:

> Und aus dem Nebel kam es, formlos und doch erkennbar, schlich sich über ihn, schwer und langsam. Er versuchte sich zu erheben, da griff es ihn an die Kehle mit kalten, weißen Fingern…[37]

36 So schreibt der Ich-Erzähler gleich zu Beginn der ›Aufzeichnungen‹ beschwörend über seine Erlebnisse: »[…] I will not attempt to expound them. To me, they have presented little but horror – to many they will seem less terrible than *baroques*. Hereafter, perhaps, some intellect may be found which will reduce my phantasm to the commonplace – some intellect more calm, more logical, and far less excitable than my own, which will perceive, in the circumstances I detail with awe, nothing more than an ordinary succession of very natural causes and effects«; zitiert nach Poe 1975, S. 223. Gerade der letzte Satz suggeriert natürlich schon, dass die Umstände, die hier mitgeteilt werden, auf mehr beruhen als auf »sehr natürlichen Ursachen und Wirkungen«.

37 »Og ud af Taagen kom det, formløst og dog kjendeligt, snigende sig over harn tungt og

Der Kunstgriff des Erzählers besteht darin, die die Erzählung beschließenden Ereignisse »im Nebel« in erlebter Rede, aus der Perspektive Hennings, zu schildern, die in den skandinavischen Sprachen, ähnlich wie im Deutschen, grammatisch nicht von der Erzählerrede zu unterscheiden ist. Zu Beginn der Passage werden die einzelnen Redeteile in ihrem Status durch kontextuelle Merkmale klar markiert, diese Markierung wird jedoch im Laufe der Schilderung wieder eliminiert, so dass der Leser kein zuverlässiges Kriterium besitzt, um zu entscheiden, ob »das Weiße« nur der Einbildung Hennings entspringt, also auf der Projektion seiner Schuldgefühle beruht, oder ob es sich tatsächlich um eine fantastische Erscheinung handelt. Allerdings könnte man gerade die Tilgung der Unterscheidbarkeit der einzelnen Redesegmente auch hier wieder als Mittel des Erzählers deuten, zumindest zu suggerieren, dass Hennings Tod auf übernatürliche Ursachen zurückgeht.

Ob man sich für diese Lesart entscheidet oder nicht – in jedem Fall werden auf diese Weise psychische Phänomene mit fantastischen Ereignissen gleichgesetzt und dadurch dämonisiert. Die von den Protagonisten begangenen Normenverstöße machen deutlich, dass es keine prästabilierte moralische Ordnung mehr gibt, sondern der Mensch eine solche durch sein Handeln radikal zerstört. Die Dämonisierung der Handlungen lässt diese geradezu als Ausdruck einer bösen Gegenmacht erscheinen, die dem Wahren, Schönen, Guten auf Erden den Weg abschneidet und Chaos und Verderben über die Menschen bringt; die objektive moralische Weltordnung ist unwiederbringlich zerstört und ihr Fehlen wird in den Wahnsinnstaten der Handelnden manifest.

3.5 Transzendentale Fantastik

Gegen Ende des vorvorigen Jahrhunderts machen sich Tendenzen innerhalb der Literatur der klassischen Fantastik geltend, die eine Veränderung in der Funktion des Fantastischen ankündigen. In Texten dieser Art stehen die fantastischen Ereignisse weder für innerweltliche Phänomene – psychische Zustände, verschiedene menschliche Erkenntnisvermögen, moralische Verpflichtungen etc. – noch für unerklärliche, irrationale Kräfte, die in die vertraute Welt einbrechen und sie verunsichern; vielmehr bleibt das, worauf sich das Fantastische bezieht, von vornherein unklar, unbestimmt, undefinierbar und spielt in die Sphäre des Metaphysischen, manchmal auch des Numinosen. Ich bezeichne derartige Texte als *transzendentale* Fantastik.

Transzendentale klassische Fantastik gibt es bis in die Gegenwart hinein; ein

langsomt. Han søgte at rejse sig, saa greb det ham i Struben med klamme, hvide Fingre…«; zitiert nach Jacobsen 1993, hier S. 151.

gutes skandinavisches Beispiel dafür ist etwa Lars Jakobsons Roman *Kanalbyggarnas barn (Kinder der Nacht,* eigentlich: »Die Kinder der Kanalbauer«, 1997), ein Hybridtext zwischen Fantastik und Science Fiction. Mit die ersten Texte dieser Art in Skandinavien dürften allerdings in den *Troll*-Geschichten Jonas Lies zu finden sein wie beispielsweise der nur etwa drei Seiten langen Erzählung *Andværs-Skarven* (*Die Andvær-Scharbe* oder *Der Andvær-Kormoran*) aus dem Jahre 1892: In der Nähe von Andvær in Nordnorwegen sah man in früheren Zeiten auf einem Vogelholm stets zwölf Kormorane sitzen; den dreizehnten hingegen, der »auf einem Stein draußen im Seenebel« saß, sah man nur dann, »wenn er emporstieg und hinausflog«.[38] Auf der Schäre wohnte damals auch ein Fischermädchen, dessen Augen an die eines Kormorans erinnern, wie die Leute sagen. Mehrere junge Männer aus der Gegend halten um ihre Hand an, doch sie will nur den zum Mann nehmen, der ihr einen Goldring aus dem Bauch eines gesunkenen Schiffes verschafft, das draußen in der heftigsten Brandung liegt. Zwei Männer lehnen ab, weil es ihnen zu gefährlich ist; der dritte, ein Schiffbrüchiger, der unter Mithilfe des Mädchens vorm sicheren Tod gerettet wurde, wagt schließlich das gefährliche Unternehmen. Das Mädchen, das ihn liebt, erleichtert ihm dies mit offensichtlich magischen Kräften. Er steckt ihr den Ring an den Finger und sie gehen miteinander ins »Brautbett«; doch als die Sonne beginnt unterzugehen, erscheint es ihm mit einem Mal, »als werde sie älter und älter und schwinde gleichsam dahin. Als die Sonne unter dem Meereshorizont versank, lagen nur noch ein paar Leinenfetzen vor ihm auf der Schäre. // Still war die See, und in der hellen Sankt-Hansnacht flogen zwölf Kormorane übers Meer«.[39]

In seiner Einleitung zu *Troll* erklärt Jonas Lie, dass er sich in seinen Erzählungen für den ›Troll‹ in der menschlichen Psyche interessiert habe (S. 315); dieser stünde demnach für deren Abgründe. Doch auf diese Erzählung, die, ganz im Sinne der skandinavischen Neuromantik, Anleihen macht bei einheimischen Sagen- und Märchenstoffen, scheint dies kaum zuzutreffen. Die magische Verbindung zwischen dem Mädchen und dem dreizehnten Kormoran auf der Schäre, die hier angedeutet wird, wird vielmehr nie vollständig expliziert. Am nächsten liegend ist wohl die Vermutung, dass das Mädchen eine Art Naturgeist ist, dessen Seele sich als Kormoran ›materialisiert‹ hat, während sie selbst menschliche Gestalt annimmt; im Gegensatz zu ihren Geschwistern, den übrigen zwölf Kormoranen, ist sie sowohl an den menschlichen als auch den tierischen

38 »Der blev aldrig hverken flere eller færre end tolv, og paa en Sten ude i Sjørøgen sad den trettende, saa en ikke saa den uden hver Gang, den lettede sig og fløi udover.« Zitate aus *Andværs-Skarven* nach Lie 1914, hier S. 348.

39 »Han syntes med ét, hun blev ældre og ældre og ligesom svandt hen. Da Solen gik under i Havsranden, laa der kun noget smuldret Lintøi foran ham paa Skjæret. // Stille var Sjøen, og i den lyse Sankthansnat fløi der tolv Skarver udover Havet« (S. 351).

Bereich gebunden und daher in keiner Hinsicht frei. Doch ansonsten bleibt die Verbindung zwischen Mädchen und Kormoran rätselhaft und deutet naturmystische Zusammenhänge an, die wir nicht verstehen können. Einerseits ist *Andværs-Skarven* daher desintegrativ, da der Bruch der Naturordnung hier kein vorübergehender ist, der durch irgendein Ereignis geheilt werden könnte; die Erzählung endet ja gerade mit dem metaphysischen Skandalon des gegen alle Naturgesetze verstoßenden Todes des Mädchens. Auf der anderen Seite jedoch verweist dieses Skandalon möglicherweise wieder auf eine andere, höhere, die sichtbare transzendierende Ordnung, ohne dass freilich, wie in der integrativen Fantastik, ein eindeutiger Tun-Ergehen-Zusammenhang sichtbar würde. Die höhere Ordnung ist ihrerseits unergründlich. Die Gedanken des Lesers werden über die bestehende Wirklichkeit hinausgelenkt, ohne an einem bestimmten Ziel anzukommen – Lie selbst spricht in diesem Zusammenhang denn auch von religiösen Gefühlen, die durch das Fantastische evoziert würden.[40]

In fantastischen Texten dieser Art wird das metaphysische Skandalon genutzt, um auf eine unbekannte, ja unerkennbare Transzendenz zu verweisen, die sich im Fantastischen zu erkennen gibt; die Unerklärlichkeit der Ereignisse spiegelt deren Unergründlichkeit wider. Anders als in den bisher betrachteten Texten wird damit der »Riß« in der natürlichen Ordnung selbst eher als etwas Positives gedeutet und nicht so sehr als Störung der Weltordnung, die entweder, als Verletzung eines höheren Gleichgewichts, beseitigt werden muss oder aber, als bedrohlich empfunden, bestehen bleibt. In dieser Bewertung gleicht die transzendentale Fantastik den alten Legendenerzählungen, in denen das Wunder ja nicht Ausdruck einer Störung, sondern vielmehr der von göttlicher Weisheit, Güte und Allmacht ist. Während dort jedoch dieser Nexus direkt und unmittelbar gesehen wird, ist er hier indirekt, gleichsam mit einem Fragezeichen versehen und entspricht damit der Unsicherheit, welche die Existenz und die Natur einer transzendenten Macht umgibt.

3.6 Dekonstruierende und karnevaleske Fantastik

Schon früh innerhalb der skandinavischen klassischen Fantastik gibt es zumindest einen Text, der die Merkmale der Gattung absichtlich ad absurdum führt und damit *dekonstruiert*. Es handelt sich um die Novelle *Skällnora Qvarn* (*Die Skällnora-Mühle*) von Carl Jonas Love Almqvist (1838), eine »Erzählung aus dem

40 Allerdings nennt er als deren »Grundlage« die »Daseinsangst«, die »unaufhörlich Gestalt und Namen« wechsle, »je nach den unterschiedlichen Aufklärungsstadien« (S. 316). Dies spricht dafür, dass Lie selbst dem Fantastischen in seinen *Troll*-Erzählungen eine eher desintegrative Funktion zuschreibt.

Volksleben« (»folklivsberättelse«), die im Allgemeinen als Übergangswerk Almqvists gilt, einerseits bereits geprägt vom poetischen Realismus, andererseits aber auch noch mit Stilmerkmalen versehen, die auf die Romantik zurückverweisen. Damit übersieht man meiner Meinung nach allerdings die radikalen, eher schon auf die Postmoderne vorausdeutenden Merkmale von bewusst dekonstruierenden Verfahrensweisen, die diese Erzählung kennzeichnen. Die Dekonstruktion betrifft mehrere Aspekte. Da wäre zum einen die Handlung, die nur auf den ersten Blick realistisch ›schlüssig‹, auf den zweiten hingegen reichlich krude wirkt: Der namenlose Ich-Erzähler begegnet auf einer seiner Wanderungen, die offensichtlich ausschließlich dem Zweck dienen, die schwedische Provinz und ihre Bewohner zu studieren, der Magd Brita, der er hilft, einen schwer beladenen Karren einen steilen Weg hinabzusteuern. Später trifft er sie in der titelgebenden Skällnora-Mühle wieder, wo sie unwissentlich in ein haarsträubendes Komplott verwickelt ist: Sie wird von dem Bauern Jan Carlson des Giftmordes an ihrer verstorbenen Bäuerin beschuldigt, den sie zusammen mit deren Ehemann begangen haben soll. Allerdings wird Carlson von ganz und gar eigennützigen Motiven getrieben, da er sich selbst zum Herren über den Besitz der Verstorbenen aufschwingen will und zudem möglicherweise selbst der Mörder ist. Der Ich-Erzähler findet Brita auf dem Dachboden besagter Mühle, betäubt von einem Gift, das ihr ins Kleid eingenäht wurde. Nachdem er sie gerettet hat, ohne seine Anwesenheit zu offenbaren, was ausführlich geschildert wird, begibt er sich fort, um im Freien, ein paar Meilen von der Mühle entfernt, zu nächtigen.

Hier wird er nach einiger Zeit davon geweckt, dass Jan Carlson mit der gefesselten Brita auf dem Schauplatz erscheint, um von ihr ein Geständnis des Giftmordes zu erpressen. Bei dem Versuch, Brita zu retten, gerät der Erzähler auf einen hohen Baumstamm, der »vertikal aufgerichtet wie ein Pfahl« mitten in einem Bach steht und von dem er nicht mehr alleine herunter kann. So muss er hilflos mit ansehen, wie Carlson Brita auf eine mechanische Säge legt, die sich in bester poescher Manier langsam auf das Opfer zubewegt, dann aber unglücklich ausrutscht und selbst ums Leben kommt. Die Säge bewegt sich weiterhin auf die Gefesselte zu – doch da erscheint ein Vogel, dessen Physiognomie an die von Jan Carlson erinnert; er fliegt hin zur Säge und bringt diese zum Stillstand. Daraufhin kann auch der Erzähler sich aus seiner unglücklichen Position befreien. Nach dem Abschied von Brita wandert er weiter.

Mehrere Handlungsstränge bleiben hier unabgeschlossen – wir erfahren zum Beispiel nicht eindeutig, ob die Bäuerin überhaupt eines unnatürlichen Todes starb. Zudem sind mehrfach erotische Untertöne im Verhältnis zwischen dem Ich-Erzähler und Brita im Spiel, ohne dass diese Thematik aber weiter entfaltet würde. Haarsträubend ist zum Teil auch die Motivation der Geschehnisse – die vielen Zufälle, die den Erzähler gerade zum rechten Zeitpunkt an die richtigen

Schauplätze führen. Zu diesem Aspekt gehören auch die fantastischen Elemente der Erzählung, von denen es zwei gibt: zum einen besagter Vogel mit der Physiognomie Jan Carlsons, der die vom Tode bedrohte Magd auf wunderbare Weise rettet,[41] zum anderen ein seltsames Fußstampfen, das der Erzähler auf dem Dachboden der Mühle hört, dort, wo er auch die betäubte Brita findet:

> Ich beugte mich herab, um sie aufs Neue durch einige Worte zur Rede und zur Aufdeckung ihrer Taten zu bringen – als ich plötzlich ein zweifaches lautes Stampfen auf dem Boden hörte, wie von Füßen dicht neben mir.[42]

Der Erzähler erwägt die möglichen Ursachen der Geräusche, prüft sogar, ob Brita Holzschuhe an den Füßen hat – sie ist barfuß. »Doch was – was in Gottes Namen hatte dann gestampft?«[43]

> Kaum hatte ich diesen Gedanken zu Ende gedacht, als es aufs Neue zweimal stampfte und, wie mir schien, noch näher zu uns hin auf dem Boden. Das Herz wollte mir stehen bleiben – es wurde mir schwarz vor Augen – hatten wir denn eine unsichtbare Furie in der Nähe? Direkt vor uns? Oder über uns? Oder hinter uns her?[44]

Der Erzähler fasst indes Mut und stampft nun seinerseits, mit der Folge, dass die Erscheinung sich zurückzieht, »und gleich darauf, falls meine Ohren nicht vom Mühlenlärm genarrt wurden, schien mir, als plumpse etwas mit einem gewaltigen Bums zwischen den Rädern hinab und als verdoppele der Strom sein

41 Almqvist selbst will den Leser im Unklaren darüber lassen, ob der Vogel tatsächlich so etwas wie die Reinkarnation Jan Carlsons darstellt oder doch nur eine zufällige Erscheinung ist. So heißt es in einem Brief aus dem Jahre 1838: »Poemet vill här alldeles icke antyda någon bestämd metempsychosis, så att J. C.s ande flugit in i denna fågel, hvilken nu, sedan den förre jordiskt dött, vill göra hans ogerning god igen, genom att *ställa till rätta* allt och frälsa flickan. Detta är endast mystiskt angifvet, emedan en sådan sak ej annorlunda kan och bör […] – Ser nu en läsare fågeln så, så inkommer han i Styckets högre mysterier; – ser han honom åter *endast* som en fågel, så går det också ganska väl an. Det är då en historia, som slutar på det välförtjenta sätt, att skurken faller ett offer för sina egna stemplingar: man behöfver då ej se någonting vidare, det är nog med det«; Almqvist 1968, S. 133. »Die Erzählung will damit auf keinen Fall eine Art Metempsychose andeuten, in der J. C.s Geist in diesem Vogel weiterlebte und nach seinem irdischen Tod seine Untat dadurch wieder gutmachte, dass er *alles in Ordnung bringt* und das Mädchen rettet. Das wird nur dunkel angedeutet, weil eine solche Sache nicht anders sein kann und darf […] – Sieht ein Leser den Vogel auf diese Weise, dann erreicht er die höheren, unerklärlichen Sphären des Stücks, – sieht er ihn *ausschließlich* als Vogel, dann ist das auch gut. In diesem Fall ist es eine Geschichte, die auf eine wohlverdiente Weise endet, indem der Schurke Opfer seiner eigenen Verschwörung wird: Man muss dann nichts darüber hinaus sehen, es ist genug damit«.

42 »Jag lutade mig ned för att ånyo väcka henne till tal och sjelfupptäckt genom några ord – då jag hastigt hörde tvenne starka stampningar på golfvet såsom af fötter tätt utmed mig.« *Skällnora Qvarn* zitiert nach Almqvist 1996, hier S. 347.

43 »Men hvad – hvad i Guds namn hade då stampat?« (ebd.).

44 »Knappt hade jag uttänkt denna mening, då det ånyo stampade två tag, och, som jag tyckte, på golfvet änn närmare oss. Det klack mig i bröstet – det ville blixtra för ögonen – hade vi då en osynlig furie i grannskapet? midt för oss? eller öfver oss? eller på oss?« (ebd.).

Rauschen«.[45] Das ist alles – das Stampfen taucht nicht mehr auf, wird im Folgenden überhaupt nicht mehr erwähnt.

Gerade bei diesem Auftreten ist das Fantastische ein mehr oder weniger blindes Motiv, das zusammen mit den unabgeschlossenen Handlungssträngen die Konstruiertheit des Plots offen ausstellt und somit geradezu eine metafiktionale Funktion annimmt. Damit wird das metaphysische Skandalon, das hier ansonsten ja äußerst effektvoll in Szene gesetzt ist, wie schon in der transzendentalen Fantastik nicht mehr als zu eliminierende oder bedrohliche Störung behandelt. Anders als dort verweist es jedoch nicht mehr auf etwas außer- oder gar oberhalb der natürlichen Ordnung, sondern wird ironisiert und damit gleichsam binnenliterarisch funktionalisiert. Der Bruch der Naturordnung ist nicht mehr Indiz für etwas ganz Anderes, sondern allein für die Brüchigkeit von Gattungskonventionen, die zwar nicht außer Kraft gesetzt werden, denen aber dennoch keine allgemeingültige Verbindlichkeit mehr zugetraut wird. Das Fantastische erhält dadurch eine weit stärkere Bedeutung als in den bisherigen Texten: Statt bloß zum Anlass für eine Diskussion der Weltordnung zu werden, wie dies in den bisherigen Texten der Fall gewesen war, indem der Bruch der Ordnung auf Ebene der *histoire* einfach geschildert wird, exemplifiziert es hier einen Ordnungsbruch auf Ebene des *discours*, auf der des Textes; die Darstellung einer Störung innerhalb der Naturordnung wird potenziert zur Störung des Textes selbst. Möglich ist dies freilich wohl nur, weil die Unvollkommenheit einer jeden Ordnung hier bereits stillschweigend vorausgesetzt und als Selbstverständlichkeit achselzuckend abgetan wird.

Eine ähnliche Funktion kommt dem Fantastischen auch in einigen anderen Texten zu, die sich auf den ersten Blick erheblich von *Skällnora Qvarn* unterscheiden, bei näherem Hinsehen allerdings mit diesem verwandt sind. Diese Texte, die aus den Jahren gegen Ende des 19. Jahrhunderts bzw. zu Beginn des 20. Jahrhunderts stammen, könnte man als *karnevaleske Fantastik* bezeichnen, wozu etwa Lewis Carrolls *Alice's Adventures in Wonderland* (1863) und *Through the Looking Glass* (1873), August Strindbergs »Märchen« *Lotsens vedermödor* (*Die Mühsale des Lotsen*, 1903), aber auch kanonische Texte der Kinder- und Jugendliteratur wie Astrid Lindgrens *Pippi Långstrump* (1945) gehören. Hier werden nicht nur die Gattungskonventionen des poetischen Realismus unterminiert, sondern darüber hinaus die der viel älteren Gattung Märchen, in der das Wunderbare von vornherein in seinem Element ist. Die eigentliche Pointe dieses Subgenres liegt nicht in der Subversion literarischer Normen und dem Nachweis der Unvollkommenheit von Ordnungsvorstellungen, sondern vielmehr in deren

45 »[...] och straxt derpå, om ej mina öron dårades af qvarnbullret, tyckte jag att något med en förfärlig duns damp ned mellan hjulen, och att vattenforsen ökade sig med en fördubblad brusning« (S. 348).

provozierendem Bruch. Das Fantastische wird hier als Mittel eingesetzt, um gegen bestehende Normen zu protestieren und ihre Aufhebung spielerisch in die Tat umzusetzen. Es ist daher nicht verwunderlich, dass in diesen Texten zum Teil Grenzverwischungen wie in der ontologischen Fantastik der Romantik praktiziert werden, die jetzt freilich nicht mehr, wie dort, zur Veranschaulichung der Begrenzungen eines »prosaischen« Erkenntnisvermögens dienen, sondern einer triumphierenden Demonstration des impliziten Autors, dass er bestehende Grenzen der Sprache, der Logik, der Gesellschaft zu missachten gedenkt.

3.7 Neofantastik

Sowohl in der transzendentalen als auch in der dekonstruierend-karnevalesken Fantastik hat das Fantastische insofern eine andere Funktion als in der übrigen klassischen Fantastik, als, wie wir sahen, das metaphysische Skandalon hier nicht mehr als bloße Störung bewertet wird. Insbesondere die dekonstruierende Fantastik bildet denn auch schon einen Grenzbereich, der implizit auf die Überwindung der klassischen Fantastik vorausverweist. Diese Überwindung wird zu Beginn des 20. Jahrhunderts manifest und bezeugt sich in Franz Kafkas Satz »Als Gregor Samsa eines Morgens aus unruhigen Träumen erwachte, fand er sich in seinem Bett zu einem ungeheueren Ungeziefer verwandelt«. Das Neuartige in Kafkas Erzählung *Die Verwandlung* (1915) besteht darin, dass die beiden oben genannten Merkmale der klassischen Fantastik modifiziert werden bzw. ganz fortfallen:

1. Das metaphysische Skandalon wird *ignoriert* bzw. *verleugnet.* Zwar fragt sich auch Gregor Samsa, nachdem er »seinen gewölbten, braunen, von bogenförmigen Versteifungen geteilten Bauch« und »seine vielen, im Vergleich zu seinem sonstigen Umfang kläglich dünnen Beine« gesehen hat: »Was ist mit mir geschehen?«,[46] doch diese Verwunderung ›verpufft‹ gleichsam im Laufe der Erzählung. Sie interessiert sich mehr dafür, wie es jemandem, der eines Morgens als Käfer erwacht, ergeht, als dafür, was die Ursache dieser Verwandlung ist. Der Erzähler suggeriert damit, dass, selbst wenn wir uns allem Anschein nach in einem durch und durch kleinbürgerlichen Prag befinden, dies eine Welt ist, wo die Verwandlung eines Menschen in einen Käfer ein Malheur neben anderen darstellt. Das Skandalon eines Verstoßes gegen die Ordnung der Natur mag allenfalls für den Protagonisten des Textes bestehen, für den Erzähler und den impliziten Autor ist es hingegen verschwunden. Demgegenüber wird gerade der Umstand, dass das Ungeheuerliche keinen Anstoß mehr erregt, dass das Paranormale zum Normalen wird, bei Kafka zum Skandalon, das die ganze Erzählung

46 Zitiert nach Kafka 1994, S. 115.

kennzeichnet und beim Leser Bestürzung hervorruft.[47] Diese Bestürzung rührt gerade daher, dass für ihn wie für den impliziten Autor das metaphysische Skandalon ja weiter besteht, es vielmehr von Letzterem ignoriert bzw. verleugnet wird.

2. Das Paranormale ist nicht mehr in den meisten Fällen identisch mit dem Übernatürlichen bzw. Wunderbaren, und sein Formenkreis entstammt auch nicht mehr zumeist der Volksmythologie oder ›primitiven‹ Denkweisen. Die Verwandlung des Handlungsreisenden Gregor Samsa in einen Käfer ist ein Ereignis, das nicht mehr von älteren Vorstellungen des ›Aberglaubens‹ geprägt ist, sondern in gewisser Weise eine geschichtslose Singularität darstellt. In der Literatur des 20. Jahrhunderts wird der Formenkreis des Fantastischen scheinbar grenzenlos ausgeweitet – es kann alles Mögliche sein: angefangen eben von einer ›wunderbaren‹ Verwandlung über ein fantastisches Geruchsvermögen bis hin zum Verschwinden einer Turmspringerin beim Eintauchen ins Becken. Und wenn die Fantastik sich doch einmal aus dem Fundus des klassisch Fantastischen bedient, dann erscheint dieses häufig ironisch gebrochen oder verfremdet.

Ich bezeichne solche Formen von fantastischen Ereignissen oder Eigenschaften, die durch das erste der beiden genannten Merkmale gekennzeichnet sind, in Übernahme eines durch den spanischen Literaturwissenschaftler Jaime Alazraqui eingeführten Terminus als *neofantastisch*.[48] Obwohl für neofantastische Texte nur die erste Bedingung notwendig ist, trifft die zweite doch häufig zu. Eine Konsequenz aus der Ignorierung des metaphysischen Skandalons besteht darin, dass das Ereignis, welches gegen die Naturgesetze verstößt, in die dargestellte Welt integriert wird, so dass diese als eine erscheint, in der ein solcher Verstoß ›normal‹ ist (was seinerseits dann wieder befremdlich wirkt).[49]

Die Änderung in der Natur des Fantastischen führt in der Neofantastik auch zu einer Änderung von dessen symbolischer Funktion: Während in der klassischen Fantastik der Bruch der Naturordnung zum symbolträchtigen Phänomen wurde, ist es in der Neofantastik gerade der Umstand, dass das Skandalon dieses Bruches verleugnet wird, das interpretationsbedürftig ist, häufig aber, gerade wegen seines ubiquitären Vorkommens, gar nicht mehr interpretiert werden kann. Es scheint allein eine *symptomatische* Bedeutung zu besitzen, aus der man zwar eine grundlegende Änderung des Weltverhältnisses des Menschen im 20. Jahrhundert erschließen kann – mehr aber auch nicht. Ein gutes Beispiel dafür sind die fantastischen Erzählungen Karen (im deutschen Sprachraum:

47 Vgl. dazu ähnlich auch Barbetta 2002, S. 82.

48 Vgl. Alazraqui 1983. Diese Abweichungen von der klassischen Fantastik haben einige Theoretiker – wie ich finde, zu Unrecht – dazu veranlasst, die Zugehörigkeit neofantastischer Texte zur Fantastik überhaupt in Frage zu stellen oder gar zu verneinen; vgl. z. B. Todorov 1972, S. 155, oder Wünsch 1991, S. 39.

49 Vgl. dazu nochmals Barbetta 2002, S. 83.

Tania) Blixens, die wohl als die erste Meisterin der Neofantastik in Skandinavien angesehen werden kann, auch wenn ihr Debütband mit dem symptomatischen Titel *Syv fantastiske Fortællinger* (*Sieben fantastische Erzählungen*) aus dem Jahre 1935 nur zwei enthält, die im hier zugrunde gelegten Sinne als fantastisch zu bezeichnen sind: *Aben* (*Der Affe*) und *Et Familieselskab i Helsingør* (*Eine Familiengesellschaft in Helsingør*). In der ersten Erzählung stellt sich am Ende heraus, dass die Äbtissin des Klosters Seven sich offensichtlich »von Zeit zu Zeit, insbesondere im Herbst« in den Affen verwandelt, den sie sich als Haustier hält, während dieser gleichzeitig die Gestalt der Äbtissin annimmt (dieser Zusammenhang wird allerdings nicht explizit gemacht, sondern nur durch den Erzähler nahe gelegt). Diese Verwandlung erklärt im Nachhinein, warum die scheinbare Äbtissin mit besessener Energie an dem äffischen Unterfangen gewirkt hat, ein Paar zusammenzubringen, das offenkundig wenig füreinander bestimmt ist, da beide, wie unterschwellig suggeriert wird, mehr dem eigenen Geschlecht zugetan sind als dem anderen. Wenn am Ende, nachdem das ehrgeizige Projekt der ›Äbtissin‹ gescheitert ist, diese und der von seinen alljährlichen Erkundungsfahrten heimkehrende Affe zur Überraschung des Lesers wie der beiden Protagonisten ihre Gestalt tauschen, dann führt paradoxerweise gerade dies Ereignis Boris und Athene mehr zusammen, als es die närrische Äbtissin je gekonnt hätte: »Zwischen ihr und ihm, auf der einen Seite, die sie beide während der Geschehnisse der letzten Minuten zugegen gewesen waren, und der ganzen übrigen Welt auf der anderen Seite, die nicht dort gewesen war, war von nun an eine unübersteigbare Grenze gezogen«.[50]

Das fantastische Ereignis wird hier, darin ähnlich der Begegnung Rudolph R.s mit der seltsamen Aura in *Den magiske Nøgle*, zum Anlass eines gemeinsamen Bildungserlebnisses, doch anders als in der mehr als hundert Jahre älteren Novelle wird dessen ›wunderbarer‹ Anlass vom Erzähler weder weiter thematisiert noch metaphorisch funktionalisiert. Durch diese Ignorierung des metaphorischen Skandalons wird die Künstlichkeit der dargestellten Welt noch betont, die der ganzen Erzählung, ähnlich wie auch schon bei Kafka, einen parabolischen Anstrich gibt. Es fällt schwer, zwischen buchstäblicher und metaphorischer Sprachverwendung zu unterscheiden – auch dies ein Zug, der für neofantastisches Erzählen typisch ist.[51] Dem paranormalen Ereignis kommt hier dadurch, dass es ja nicht mehr als ein solches markiert wird, anders als in der klassischen Fantastik keine spezifische Bedeutung mehr zu: Dass Äbtissin und Affe ihre

50 »Mellem, paa den ene Side, hende og ham, der sammen havde været tilstede ved de sidste Minutters Tildragelser, og paa den anden Side hele den øvrige Verden, som ikke havde været der, var der fra nu af trukket et uoverstigeligt skel.« Zitiert nach Blixen 1988, S. 170.

51 Vgl. dazu nochmals Barbetta 2002, die vom »Überblenden einer wortwörtlichen und einer übertragenen Ebene« spricht. »Diese Gleichzeitigkeit erzeugt eine Spannung, auf die die traditionelle Phantastik in der Regel verzichtet« (S. 83).

Gestalt tauschen, ist nur noch als außergewöhnliches und daher umso nachdrücklicheres Bildungsereignis für die beiden Protagonisten von Bedeutung; seine Paranormalität hingegen ist für die Erzählung strukturell insofern ohne Belang, als in der dargestellten Welt die herkömmliche Grenzziehung zwischen natürlichen und paranormalen Ereignissen gar keine Rolle mehr spielt. Vielleicht kann man die eigentliche Funktion des Neofantastischen in dieser *Ausweitung der Erzählmöglichkeiten* sehen, einem Erzählen, das sich an die Gebote der Mimesis eben nicht mehr halten will – es ist Symptom für antimimetische Tendenzen, wie sie für Moderne und Postmoderne generell charakteristisch sind.[52]

Dafür spricht auch der Umstand, dass die Fantastik qua Neofantastik im 20. Jahrhundert keine spezifische Gattung mehr darstellt wie in den anderthalb Jahrhunderten zuvor; neofantastische Elemente kommen vielmehr in Texten der verschiedensten Autoren vor, die aber gleichzeitig auch weiter ›nicht-fantastische‹ Literatur verfassen: angefangen vom südamerikanischen »Magischen Realismus« hin zur Gegenwartsliteratur, wo die Neofantastik nochmals aufzublühen scheint (Patrick Süskind, Christoph Ransmayr, Margriet de Moor, Peter Høeg, Lars Jakobson etc. etc.). Dies heißt nicht, dass es keine klassische Fantastik mehr gibt – im Gegenteil, diese persistiert im Grunde in all ihren hier aufgeführten Formen bis auf den heutigen Tag, vielleicht mit einem gewissen Schwerpunkt auf der desintegrativen Fantastik. Doch sie bleibt nach wie vor eine gesonderte Gattung, während Neofantastik heutzutage ein ubiquitäres Phänomen ohne gattungsdefinierende Eigenschaften ist.

3.8 Parafantastik

Es gibt eine Form der Neofantastik, die sich von der soeben skizzierten dadurch unterscheidet, dass hier die Art des paranormalen Ereignisses oder der paranormalen Eigenschaften nochmals modifiziert wird. Ich möchte sie *Parafantastik* nennen. In allen bisherigen Beispielen, auch denen aus dem Bereich der klassischen Fantastik, war das Paranormale ja durch einen Verstoß gegen »Basispostulate« gekennzeichnet oder aber dadurch, dass die geschilderten Ereignisse zu dem Zeitpunkt, da sie eintreffen, epistemisch so unwahrscheinlich sind, dass ihr Eintreffen durch Naturgesetze nicht plausibel erklärt werden kann. Es finden sich jedoch Texte, in denen die dargestellte fiktive Welt eindeutig auf eine

52 Barbetta unterscheidet zwischen einer surrealistischen Früh- und einer postmodernen Spätform der Neofantastik: Die frühe Neofantastik sei gekennzeichnet durch »die dichterische Umsetzung einer Surrealität, hinter der vor allem auch der Wunsch« stehe, »diese in der außerfiktionalen Welt zu erleben«; die der Spätphase hingegen zeichne sich dadurch aus, dass der »tiefere Sinn [...] Sprachspiel geworden« sei (ebd., S. 76).

fantastisch erscheinende Art und Weise von der uns vertrauten abweicht, ohne dass hier scheinbar fantastische Ereignisse oder Eigenschaften im definierten Sinne anzutreffen wären. Der fiktive Essay *Pierre Menard, autor del Quijote* (*Pierre Menard, Autor des »Quijote«*) etwa aus Jorge Luis Borges' *Ficciones* (*Fiktionen*, 1944) ›handelt‹ vom »unsichtbaren Werk« besagten Menards, dessen größtes Verdienst darin besteht, den *Don Quijote* von Cervantes »Wort für Wort, Zeile für Zeile« ›neu‹ geschrieben zu haben – wobei, wie uns der fiktive Verfasser des Essays belehrt, das große Werk, »vielleicht das bedeutendste unserer Zeit«, bedauerlicherweise fragmentarisch geblieben ist, da sein Autor es zu nicht mehr als zu zwei und einem halben Kapitel aus dem Ersten Teil des *Don Quijote* gebracht hat.

Das Abenteuerliche dieser »Fiktion« liegt darin, dass Menard den Text von Cervantes ja nicht nur abschreibt, sondern dass er »seine Skrupel und durchwachten Nächte darauf« verwendet, »in einer fremden Sprache ein schon vorhandenes Buch zu wiederholen«: »Er erging sich in einer Vielzahl von Entwürfen, er korrigierte hartnäckig und zerriß Tausende handgeschriebener Seiten«.[53] Das Fantastische besteht hier nicht darin, dass es äußerst unwahrscheinlich ist, dass sich jemand jemals an ein derart unsinniges Unterfangen begeben würde, sondern darin, dass seine Möglichkeit überhaupt behauptet wird: Man *kann* eigentlich nicht »ein schon vorhandenes Buch wiederholen« in dem Sinne, wie Menard es tut, und dies liegt daran, dass der Ausdruck »ein vorhandenes Buch wiederholen« in unseren Sprachen, dem Spanischen wie dem Deutschen, allenfalls die Bedeutung von ›abschreiben‹ besitzt. Der Ausdruck wird hier also in einer neuen Weise verwendet, und zwar so, dass diese neue Verwendungsweise in der fiktiven Welt Sinn ergibt.

Dies kann man auch anders ausdrücken: Die Parafantastik nutzt die Tatsache, dass die syntaktischen Möglichkeiten einer Sprache um ein Vielfaches reicher sind als die semantischen, und fingiert zu einer semantisch nicht besetzten syntaktischen Konstruktion eine Bedeutung, die es eigentlich nicht gibt oder die sogar unmöglich ist. Parafantastisch wäre es daher auch, eine Welt zu erfinden, in der 2+2=7 (obwohl niemand weiß, was das eigentlich bedeuten sollte), oder eine Welt, in der der König des Schachspiels nicht matt ist, wenn er nicht mehr ziehen kann, obwohl *alle* ›normalen‹ Regeln des Schachspiels gelten (was logisch unmöglich ist), oder eine Welt, in der die Farben Gelb und Blau zusammengemischt Rot ergeben (was nicht physikalisch, sondern nach den Gesetzen der Farbenlehre analytisch unmöglich ist). Während die klassische Fantastik und die bisher betrachtete Form der Neofantastik lediglich materiale »Basispostulate« außer Kraft setzen (also solche, die im weitesten Sinne die dargestellten Gegenstände betreffen), bricht die Parafantastik mit *formalen Basispostulaten:* also mit lo-

53 Zitiert nach Borges 1994, S. 44.

gischen und semantischen Gesetzmäßigkeiten. Parafantastik betrifft daher immer auch die Ebene des *discours* und die Prinzipien der Darstellung selbst: Nicht nur die dargestellte Welt ist nicht mehr die unsere, wie in der klassischen Fantastik und teilweise auch noch in der übrigen Neofantastik, sondern schon die Brille, durch die uns die Welt gezeigt wird, ist derart beschaffen, dass eine vertraute Wahrnehmung nicht mehr möglich ist. Daraus ergibt sich, nebenbei, als weiteres Kennzeichen von Parafantastik, dass das zweite, lediglich fakultative der oben angeführten Merkmale der Neofantastik, dass nämlich die fantastischen Ereignisse und Eigenschaften nicht mehr solche der Volksmythologie und des ›Aberglaubens‹ seien, hier zu einem notwendigen wird.

Auf diese Weise ist Parafantastik häufig einerseits subtiler als die übrige Neofantastik, andererseits aber auch rätselhafter und verstörender. Dies sieht man an einem der bedeutendsten parafantastischen Texte Skandinaviens, Solvej Balles aus vier Erzählungen (»Paragrafen«) bestehendem Prosaband *Ifølge loven (Nach dem Gesetz,* 1993), an denen der neologische Aspekt der Parafantastik besonders deutlich zutage tritt. So wird etwa im zweiten »Paragrafen« behauptet, jeder Mensch heutzutage wisse, »dass die Bosheit in Turin wohnt, der Wille in Basel, die Leere in Paris, der Zufall in Kopenhagen und der Schmerz in Barcelona«.[54] Tanja L., die Protagonistin dieser Erzählung, begibt sich denn auch nach Barcelona, weil sie den Schmerz kennen lernen will, nachdem sie auf dem Baseler Bahnhof einen Mann von einem Schmerz hat zusammenbrechen sehen, den sie ihm offensichtlich selbst zugefügt hat – was immer damit genau gemeint sein mag. Auf ihrer Reise beobachtet sie, wie Menschen in ihrer Umgebung ebenfalls zusammenbrechen, und fürchtet, sie habe daran Schuld, was sich jedoch als Irrtum herausstellt. Allerdings lernt sie auf diese Weise nicht den Schmerz kennen. Ihre Suche kommt erst an ein Ende, als sie einen Unbekannten trifft, mit dem sie am Ende in einem Café Schach spielt; nun versteht sie, »dass sie die rechte Bewegung gefunden« hat: »Wieder und wieder betrachtete sie das Gesicht ihres Gegenspielers, erriet seine nächsten Züge und versetzte ihre Spielfiguren von Feld zu Feld. Das war es, was sie auf dem Bahnsteig gesehen hatte. Nicht ein Körper, der für immer zerstört wurde, sondern die Reaktion eines Menschen auf einen unerwarteten Zug«.[55] Auch in diesem Fall wird nie richtig klar, was damit

54 »Ethvert europæisk menneske af Tanja L.s generation ved, at Ondskaben bor i Torino, Viljen i Basel, Tomheden i Paris, Tilfældigheden i København og Smerten i Barcelona.« Zitiert nach BALLE 1993, S. 43f.

55 »Da Tanja L. nogle timer senere rettede sit første lammende træk mod sin modstander, forstod hun, at hun havde fundet den rette bevægelse. Gang på gang betragtede hun sin modstanders ansigt, gættede hans næste træk og flyttede sine brikker fra felt til felt. Dette var, hvad hun havde set på perronen. Ikke en krop, der blev kvæstet for altid, men et menneskes reaktion på et uventet træk« (S. 66f).

eigentlich genau gemeint ist; die Grenze zwischen buchstäblichem und übertragenem Sprachgebrauch ist fließend.

Der dritte »Paragraf« handelt vom Mathematiker René G., der sich wünscht, »niemand zu sein« – wieder eine semantische Unschärfe, es wird aber so getan, als hätte der Ausdruck eine klare und fest umrissene Bedeutung: »Er wünschte, niemand zu sein. Eine durchsichtige Glasscheibe. Ein luftiger Wind«.[56] Die Erzählung schildert, wie René G. (vergeblich) versucht, diesen Wunsch in die Tat umzusetzen. Besonders nahe kommt er dessen Erfüllung, als er morgens vor dem Spiegel steht und sich rasiert, da er dabei mit seinem Spiegelbild unbewusst »eine mathematische Operation« vollzieht:

> Vor dem Spiegel stehend und oft im Halbschlaf, zog er das Metall des Spiegels vom Metall des Rasiermessers und den René G. des Spiegels vom René G. im Halbschlaf ab. Anstatt, wie Menschen es für gewöhnlich tun, Gegenstände gleicher Art so zu zählen, dass sie sie addieren, zog er die symmetrische Anzahl der Rasiergegenstände voneinander ab und erhielt so mit Hilfe der Subtraktion als Fazit des Rasierens eine ganz kleine Menge: ein durchsichtiges Stück Glas. Auf diese Weise entging er der unangenehmen Verdopplung durch den Spiegel, näherte sich der Freude des Verschwindens und konnte ungehindert weiter durch seinen vereinfachten Tag gehen.[57]

Auch dies ist wohl eine Operation, die der gesunde Menschenverstand nur schwer nachvollziehen kann. Die Geschichte endet damit, dass René G. eine Frau trifft, offensichtlich die Tanja L. des zweiten »Paragrafen«, mit der er zunächst Schach spielt und mit der er dann schläft; als sie gegangen ist, heißt es nur noch lapidar:

> Was über diesen Menschen gesagt werden kann, wurde gesagt. Er heißt René G. Er beugt sich über den Tisch. Er richtet sich auf und sieht durch die Scheibe. Es regnet.[58]

Die Funktion des Fantastischen in der Parafantastik ist nicht wesentlich von der der übrigen Neofantastik unterschieden: Die Möglichkeiten des Denkens, der Sprache, der Darstellung werden einerseits erweitert, andererseits wird der vertraute Alltag und seine Wahrnehmung extrem verfremdet. Doch eine spezifische Funktion hat das Fantastische auch hier nicht, es ist wie dort zum allgemeinen Symptom geworden. Spätestens seit Borges ist die Parafantastik denn

56 »Han ønskede at være ingen. En gennemsigtig glasrude. En luftig vind« (S. 86).

57 »Stående foran spejlet og ofte halvt i søvne trak han spejlets metal fra barberknivens metal og spejlets René G. fra den halvsøvnige René G. I stedet for, som mennesker har for vane, at opregne genstande af samme art ved at lægge dem sammen, trak han barberingens symmetriske antal af genstande fra hinanden og fik ved substraktionens hjælp barberingens facit til at udgøre en ganske lille mængde: et gennemsigtigt stykke glas. På denne måde undgik han spejlets ubehagelige fordobling, nærmede sig forsvindingens glæde og kunne uhindret passere videre gennem sin forenklede dag« (S. 80).

58 »Hvad der kan siges om dette menneske er sagt. Det hedder René G. Det bøjer sig ind over bordet. Det retter sig op og ser gennem ruden. Det regner« (S. 87).

auch eine gleichberechtigte und häufig zu beobachtende Spielart der Neofantastik, die ebenfalls in den letzten zwei Jahrzehnten an Häufigkeit noch zugenommen hat. In Skandinavien jedenfalls zählen einige der bedeutendsten Erzähltexte dieser Zeit zur Parafantastik, neben Solvej Balles *Ifølge loven* etwa Jan Kjærstads Roman *Rand* (1990) oder einige aus Peter Høegs *Fortællinger om natten* (*Reise in ein dunkles Herz,* eigentlich: »Erzählungen von der Nacht«, 1990).

4. Fazit

Die hier präsentierte (und notwendigerweise unvollständige) Typologie enthält sowohl systematische als auch historische Gesichtspunkte, die sich teilweise überschneiden. Historisch gesehen treten die entsprechenden Typen der Fantastik zum ersten Mal ungefähr zu der Zeit auf, aus der die jeweiligen Beispieltexte stammen; dies bedeutet jedoch nicht, dass sie einander zeitlich ablösen. Integrative klassische Fantastik existiert im 19. Jahrhundert über größere Zeiträume neben desintegrativer klassischer Fantastik und nimmt erst im 20. Jahrhundert ab; ebenso bestehen die einzelnen Formen der integrativen klassischen Fantastik über weite Strecken gleichzeitig nebeneinander. Und im 20. Jahrhundert dauern, wie bereits erwähnt, vor allem in populären Genres Formen der klassischen Fantastik neben solchen der Neofantastik fort, sogar ohne dieser in zahlenmäßiger Hinsicht nachzustehen.

Was nun den systematischen Aspekt der Typologie betrifft, so habe ich hier das Fantastische nach drei verschiedenen Gesichtspunkten differenziert: einmal danach, welche »Basispostulate« durch die paranormalen Ereignisse und Gegenstände verletzt werden, also nach der *Art der Paranormalität;* zum anderen nach dem *Vorhandensein bzw. Fortfall des metaphysischen Skandalons;* und drittens schließlich nach der *symbolischen Funktion in Bezug auf Ordnungsvorstellungen.* Dabei ergeben sich die einzelnen hier genannten ›Haupttypen‹ der Fantastik – klassische, Neo- und Parafantastik (als Teilklasse der Neofantastik) – allein aus einer Kombination der ersten beiden Gesichtspunkte, die Untertypen hingegen zumeist (mit Ausnahme der ontologischen Fantastik der Romantik) aus deren zusätzlicher Kombination mit dem dritten. Schematisch dargestellt:

	Art der Paranormalität: Verstoß gegen	Metaphysisches Skandalon
klassische Fantastik	(zumeist) materiale Basispostulate	+
Neofantastik	(nicht überwiegend) materiale Basispostulate	–
Parafantastik	formale Basispostulate	–

Man sieht, dass hier die Kombinationsmöglichkeiten nicht vollständig ausgenutzt werden; was wäre beispielsweise mit einer Fantastik, die gegen formale Basispostulate verstößt und zugleich ein metaphysisches Skandalon evoziert? Da die hier angeführten Merkmale ja lediglich notwendig, nicht aber bereits auch hinreichend für die jeweilige Spielart der Fantastik sind, wäre zu überlegen, ob man eine solche Fantastik als klassisch, neofantastisch oder als weitere, hier noch nicht genannte Art der Fantastik klassifizieren sollte.

Noch mehr Kombinationsmöglichkeiten ergeben sich, wenn man die Funktionen des Fantastischen berücksichtigt. Die Untertypen ›integrative‹, ›desintegrative‹, ›transzendentale‹ und ›dekonstruierende Fantastik‹ waren bisher nur in Bezug auf die klassische Fantastik expliziert worden, so wie sich ›ontologische‹, ›metonymische‹ und ›metaphorische Fantastik‹ ihrerseits wiederum nur auf integrative Fantastik bezogen. Dies mag zwar in historischer Hinsicht gerechtfertigt sein, in systematischer hingegen ist es das ganz sicher nicht. So stellt sich beispielsweise die Frage, ob es eine integrative Neo- oder gar Parafantastik gibt – oder ist diese schlechterdings immer desintegrativ, wie sich zunächst nahelegt? Transzendentale und dekonstruierende Fantastik, von mir hier jedenfalls zum Teil als Übergangsformen von der klassischen hin zur Neofantastik gedeutet, ist mit Sicherheit nicht nur ein Phänomen der klassischen Fantastik, sondern begegnet auch in der Neofantastik; ein Beispiel aus den skandinavischen Gegenwartsliteraturen sowohl für ›normale‹ Neo- als auch für Parafantastik wäre etwa die kurze Erzählung *Tårnspringeren* (*Die Turmspringerin*) von Trine Andersen aus deren »Novellensammlung« *Hotel Malheureux* (1995).

Und schließlich: Wie steht es mit wegen der damit verbundenen historischen Konnotationen auf den ersten Blick abenteuerlich anmutenden Kombinationen wie einer Neofantastik, die zugleich metonymisch stellvertretend für eine höhere Macht steht? Fragen wie diese machen deutlich, dass die hier skizzierte Typologie in systematischer Hinsicht vielfach ergänzt werden müsste, wollte man dieses Feld auch nur halbwegs vollständig und fruchtbar zu Ende beackern.

Man liest häufig, alle fantastische Literatur stelle per se bestehende Ordnungen subversiv in Frage; dies wird daraus geschlossen, dass fantastische Ereignisse und Eigenschaften stets den Verstoß gegen »Basispostulate«, grundlegende Annahmen die Realität betreffend implizieren.[59] Es dürfte jedoch deutlich geworden sein, dass diese Ansicht einseitig ist und eher auf desintegrative und dekonstruierende Fantastik zutrifft als auf die anderen Typen. Das Fantastische besitzt nicht *eo ipso* und *a priori* eine bestimmte Funktion. Was man allenfalls sagen kann, ist, dass in fantastischer Literatur das metaphysische Skandalon häufig zum Anlass genommen wird, um Vorstellungen von der Ordnung der Welt zu *diskutieren,* sei es dadurch, dass es evoziert wird, wie in klassisch fantastischer Literatur, oder dadurch, dass es ignoriert wird, wie in der Neofantastik. Ordnungsvorstellungen werden im Laufe des Textes in Frage gestellt, um am Ende bestätigt oder unterminiert zu werden. Zu mehr als solchen schwebenden Aussagen hinsichtlich der *allgemeinen* Funktion des Fantastischen kann man meiner Ansicht nach kaum kommen – dazu sind Formenreichtum und Vielfalt der fantastischen Literatur zu groß.

59 Am bekanntesten in dieser Hinsicht ist vielleicht die psychoanalytisch inspirierte Abhandlung von Jackson 1981; ähnlich aber auch noch Freund 1999, wo es gleich zu Beginn über fantastische Literatur heißt: »Erbarmungslos, alle Erlösungsvisionen abschneidend, enthüllt die Welt ihr Schreckensgesicht der Vernichtung« (S. 10); oder jüngst noch Lachmann 2002, die fantastischer Literatur allgemein die Funktion zuschreibt, das »Andere der Kultur« zum Ausdruck zu bringen (S. 9f.).

Psychologie und Literaturwissenschaft

1. Einleitung

Das Verständnis von literarischen Texten wie von Kunstwerken überhaupt setzt stets eine Art von Verstehen voraus, das auf Personen bezogen ist: das Verstehen von *Handlungen* und das Verstehen von *Ausdruck*. Die Handlung einer Person verstehen heißt erklären können, *was* jemand tut, *wie* er es tut oder *warum* er es tut; den Ausdruck (etwa eines Gesichtes oder einer Gebärde) verstehen heißt erklären können, *was* jemand fühlt oder *warum* er es fühlt.[1] Dass diese beiden Arten des Verstehens eine notwendige Voraussetzung für jedes Verständnis literarischer Texte darstellen, hat drei Gründe: Zum einen kommen in den meisten literarischen Texten Figuren vor, deren Handlungsweise und Gefühlsäußerungen wir in irgendeiner Weise nachvollziehen müssen, wenn wir den Text als ganzen verstehen wollen; zum anderen kann der Text selbst Gefühle oder Erlebnisse seines Verfassers zum Ausdruck bringen, so wie dies häufig etwa bei Gedichten der Fall ist; und zum dritten ist jeder literarische Text selbst das Ergebnis einer Handlung seines Autors. In Bezug sowohl auf den Ausdruck als auch auf Handlungen gibt es eine besondere Art des Verstehens, die man als *psychologisch* bezeichnen kann. Dabei handelt es sich um ein Verstehen, das erstens nach dem ›Warum‹, dem Grund für die Handlung oder für den Ausdruck fragt und sich zweitens bei der Erklärung auf allgemeine Gesetzmäßigkeiten der menschlichen Psyche bezieht. Zwar ist demnach nicht jede Art von Ausdrucks- oder Handlungsverstehen als psychologisch zu bezeichnen, doch dieses besitzt für unser kognitives und emotionales Verhältnis zu unseren Mitmenschen einen eminenten Stellenwert. Das gleiche gilt prinzipiell auch für unser Verhältnis zu literarischen Texten und den in diesen vorkommenden Personen, so dass die Behauptung gerechtfertigt erscheint, kein Interpret eines literarischen Textes

1 Haussmann 1991, S. 141–146.

komme »ohne psychologische Termini aus« und müsse »wohl oder übel Psychologie irgendwelcher Art betreiben«.[2]

Freilich ist mit »Psychologie irgendwelcher Art« hier zunächst noch nichts weiter als normale Menschenkenntnis gemeint, wie wir sie durch alltägliche Erfahrungen erwerben. Hilfe bei der Psychologie als der ›Wissenschaft vom Menschen‹ zu suchen wird hingegen erst dann ratsam erscheinen, wenn uns diese Menschenkenntnis im Stich lässt und wir beispielsweise die Handlungsweisen oder Gefühlsäußerungen der im Text vorkommenden Personen nicht mehr ohne weiteres verstehen. Die Erklärung komplexer Gefühlsäußerungen und Handlungen aber ist nun fast ausschließlich Domäne der Psychoanalyse oder der Tiefenpsychologie, so dass Literaturpsychologie im hier erläuterten Sinne als Erklärung von auf den ersten Blick unverständlichen Handlungen und Gefühlsäußerungen als nahezu identisch mit Literatur-*Psychoanalyse* aufgefasst werden kann. Die gegenseitige Affinität von Literaturwissenschaft und Psychoanalyse wird zusätzlich dadurch verstärkt, dass die Psychoanalyse »durch bestimmte Struktureigenheiten ihrer Theoriengenerierung der Literaturwissenschaft im Speziellen – und der hermeneutischen Wissenschaftsstruktur allgemein – starke Berührungspunkte« bietet.[3]

Im Folgenden werden unter ›Tiefenpsychologie‹ oder ›Psychoanalyse im weiteren Sinne‹ alle psychologischen Strömungen verstanden, die *unbewussten* Wünschen und Gefühlen einen zentralen Platz bei der Erklärung menschlicher Handlungen und Gefühlsäußerungen einräumen. Als ›klassische Psychoanalyse‹ hingegen wird ausschließlich jene tiefenpsychologische Richtung bezeichnet, die sich seit ihren Anfängen bis heute auf Sigmund Freud als ihren Gründer und wichtigsten Theoretiker beruft. Obwohl alle tiefenpsychologischen Richtungen ursprünglich auf Freud zurückgehen, haben sich einige seiner Schüler im Laufe der Zeit von ihm abgewandt und eigene Theorien entwickelt, die den Grundüberzeugungen Freuds in wesentlichen Punkten widersprechen. Insbesondere zwei dieser nicht-psychoanalytischen Richtungen haben Bedeutung für die Literaturpsychologie erlangt und sollen im Anschluss an die klassische Psychoanalyse kurz skizziert werden: die »analytische Psychologie« Carl Gustav Jungs und die »strukturale Psychoanalyse« Jacques Lacans; der Schwerpunkt der Darstellung liegt jedoch auf der klassischen Psychoanalyse.

Die folgende Skizze versteht sich nicht als Einführung in die Grundgedanken der entsprechenden tiefenpsychologischen Theorien. Vielmehr soll die Frage im Mittelpunkt stehen, was und auf welche Weise solche Theorien zum Verständnis literarischer Texte beitragen können. Vorderhand lassen sich zwei Arten eines solchen Beitrags unterscheiden. Die eine besteht in der *Anwendung* tiefenpsy-

2 Matt 1972, S. 46.
3 Groeben 1972, S. 84.

chologischer Theorien auf den Text: Mithilfe tiefenpsychologischer Konzepte werden die Handlungen und Gefühlsäußerungen der im Text vorkommenden fiktiven Figuren, des Autors oder des Lesers erklärt, also diese Personen einer ›Psychoanalyse‹ unterworfen. Die andere besteht in einer spezifisch tiefenpsychologischen *Kunst- und Literaturtheorie*: Mithilfe tiefenpsychologischer Konzepte wird die psychologische Funktion von Kunst und Literatur für Autor und/oder Leser erklärt. Da in der klassischen Psychoanalyse eine solche Kunst- und Literaturtheorie die Voraussetzung für deren Anwendung auf den Autor ist, erfolgt die Darstellung der Psychoanalyse des Autors erst im Zusammenhang mit dieser.

2. Anwendungen der klassischen Psychoanalyse auf literarische Texte

2.1 Analyse literarischer Gestalten

Am Anfang der Literaturpsychoanalyse steht die Beschäftigung mit den im Text vorkommenden Gestalten. Schon in der *Traumdeutung* greift Freud des Öfteren auf literarische Beispiele zurück, um seine Thesen zu illustrieren. Und in seiner umfangreichsten literaturpsychologischen Abhandlung überhaupt rechtfertigt er sein Vorgehen, fiktive Gestalten »in allen ihren seelischen Äußerungen und Tätigkeiten« grundsätzlich so zu behandeln, »als wären sie wirkliche Individuen und nicht Geschöpfe eines Dichters«,[4] mit dem Umstand, dass Psychoanalytiker und Dichter »wahrscheinlich aus der gleichen Quelle« schöpften, »das nämliche Objekt« bearbeiteten, »ein jeder von uns mit einer anderen Methode, und die Übereinstimmung im Ergebnis scheint dafür zu bürgen, dass beide richtig gearbeitet haben.«[5]

Die Psychoanalyse literarischer Gestalten kann »nomenklatorisch« oder »explanatorisch« verfahren.[6] *Nomenklatorisch* heißt sie, wenn Charakter oder Verhalten einer literarischen Figur gemäß der psychoanalytischen Charakter- und Neurosenlehre klassifiziert werden, indem man etwa Gustave Flauberts Madame Bovary als eine ›typische Hysterikerin‹ diagnostiziert. Der Erkenntniswert solcher diagnostischer Etikettierungen besteht darin, dass sich aus ihnen Folgerungen über bestimmte unbewusste Motive und Wünsche der Figuren ergeben, die nicht ausdrücklich im Text erwähnt werden, deren Kenntnis jedoch die Handlungsweise der betreffenden Figuren verständlicher macht. Ange-

4 Freud 1987a, S. 41.
5 Ebd., S. 82.
6 Wünsch 1977, S. 49f.

nommen, alle Hysterikerinnen litten an einer ödipalen Fixierung, die sich unter anderem darin äußert, dass sie sich Fantasien von einem heldenhaften Märchenprinzen als ihrem Ehemann hingeben, die in der Realität nicht einzulösen sind: dann könnten wir, wenn wir davon ausgehen, dass Madame Bovary eine Hysterikerin ist, verstehen, warum sie stets in einer Traumwelt lebt und auch durch ihre außerehelichen Liebesverhältnisse nicht wirklich zufriedenzustellen ist. Auch eine nomenklatorische Verfahrensweise kann also erklärende Kraft haben, und ihre »literaturwissenschaftliche Fruchtbarkeit« muss keineswegs »sehr gering« sein, wie Norbert Groeben meint.[7]

Eine *explanatorische* Analyse literarischer Figuren hingegen »erklärt de facto, warum jemand etwas sagt oder tut«.[8] Eines der besten Beispiele für ein solches Verfahren ist Freuds Analyse der Rebecca West aus Henrik Ibsens Drama *Rosmersholm*, deren Verhalten in der Tat jedem Leser Rätsel aufgibt: Die freigeistige, scheinbar über den Normen der Gesellschaft stehende Rebecca kommt als eine Art Gouvernante auf den Herrensitz Rosmersholm, wo sie sich alsbald in den Besitzer, den verheirateten Pastor Johannes Rosmer, verliebt und seine schwächliche Gattin Beate skrupellos in den Tod treibt. Als Rosmer ihr nach einem Jahr gemeinsamen Zusammenlebens einen Heiratsantrag macht, reagiert sie zwar einen Augenblick lang euphorisch, lehnt dann aber kategorisch mit dem vagen Hinweis auf ein früheres sexuelles Verhältnis ab. »Wie konnte es kommen«, fragt Freud, »dass die Abenteurerin mit dem mutigen, freigeborenen Willen, die sich ohne jede Rücksicht den Weg zur Verwirklichung ihrer Wünsche gebahnt, nun nicht zugreifen will, da ihr angeboten wird, die Frucht des Erfolges zu pflücken?«[9] Aufgrund einer scharfsinnigen Textanalyse kommt er zu dem Schluss, das sexuelle Verhältnis, auf das sich Rebecca bei ihrer Ablehnung bezieht, habe zu ihrem Adoptivvater bestanden, der sich im Laufe des Dramas überraschenderweise als ihr leiblicher Vater herausstellt. Freuds Fazit:

> Nachdem sie erfahren hat, daß sie die Geliebte ihres eigenen Vaters gewesen ist, unterwirft sie sich ihrem jetzt übermächtig hervorbrechenden Schuldgefühl. Sie […] verzichtet endgültig auf das Glück, zu dem sie sich durch Verbrechen den Weg gebahnt hatte, und rüstet zur Abreise.[10]

Mit anderen Worten: Freud deutet den Verzicht Rebeccas auf die Heirat mit Rosmer als eine Selbstbestrafung für den Inzest mit ihrem Vater.

Diese Hypothese ist insofern aufschlussreich, als sie deutlich macht, dass eine Psychoanalyse des Verhaltens literarischer Gestalten tatsächlich zum Verständnis des Textes als ganzem beizutragen vermag; denn ohne Verständnis der

7 Groeben 1972, S. 85f.
8 Wünsch 1977, S. 50.
9 Freud 1987c, S. 245.
10 Ebd., S. 248.

Handlungsweise Rebeccas in dieser entscheidenden Situation bliebe auch Ibsens Drama unverständlich. Dies lässt sich verallgemeinern: Eine Psychoanalyse literarischer Gestalten wird sich grundsätzlich bei solchen Texten als besonders fruchtbar erweisen, in denen das Verständnis bestimmter, auf den ersten Blick rätselhafter Verhaltensweisen wesentlich ist für das Verständnis des Textes selbst; und es ist daher nicht erstaunlich, dass es gerade Gestalten wie Hamlet oder die Brüder Karamasow sind, die das Interesse der Psychoanalyse bereits seit ihren Gründertagen erregt haben.

Auf der anderen Seite kann Freuds Analyse von Rebecca West freilich auch den Unterschied verdeutlichen, der zwischen der Psychoanalyse fiktiver Gestalten und derjenigen realer Personen besteht: Die Psychoanalyse fiktiver Gestalten kann sich stets nur auf die Informationen stützen, die der Text zur Verfügung stellt; und wenn diese Informationen aufgrund der prinzipiellen Indeterminiertheit fiktiver Gestalten nicht eindeutig sind, so wie es fast immer der Fall ist, dann bleibt die Analyse notwendigerweise spekulativ und entzieht sich einer definitiven Überprüfung. Bei realen Personen hingegen besteht jedenfalls grundsätzlich die Möglichkeit, Erklärungshypothesen über ihr Verhalten zu verifizieren oder zu falsifizieren. Mit anderen Worten: Hypothesen, die das Verhalten und die Gefühlsäußerungen realer Personen erklären, sind empirische Aussagen, solche über literarische Gestalten hingegen nicht; und dieser Unterschied macht die Grenze von Freuds Methode sichtbar, fiktive Gestalten so zu behandeln, »als wären sie wirkliche Individuen und nicht Geschöpfe eines Dichters«.

2.2 Analyse des Lesers als Gegenübertragungsanalyse

Die emotionalen Reaktionen der Leser auf ein und denselben Text können bekanntermaßen ganz unterschiedlich ausfallen, da sie vor dem Hintergrund der jeweiligen psychischen Lebensgeschichte, den jeweils durchlittenen Traumata, deren Verarbeitung und den sich daraus ergebenden Charakterstrukturen stattfinden. Diese vielfältigen Reaktionsweisen werden von der psychoanalytischen Rezeptionstheorie untersucht, wie sie insbesondere von Norman N. Holland ausgearbeitet worden ist. Nun ist offensichtlich, dass eine solche Rezeptionstheorie an sich noch nichts zum uns hier ausschließlich interessierenden Verständnis des Textes beitragen muss. Dies ändert sich erst, wenn man die emotionalen Reaktionen des Lesers in Anlehnung an entsprechende Phänomene im therapeutischen Prozess als »Gegenübertragung« deutet, worunter ursprünglich die Reaktion des Therapeuten auf die »Übertragung« des Patienten verstanden wird. Als Übertragung bezeichnet man das Phänomen, dass dem Therapeuten durch den Patienten eine bestimmte Kommunikationsrolle zugeschrieben wird, die aus der Wahrnehmung des Therapeuten durch den Patienten resultiert und von dessen unbewussten infantilen Fantasien und Fixierungen geprägt ist; der Patient wiederholt also mit Bezug auf den Therapeuten bestimmte Interaktionsmuster, die er aus seiner eigenen Kindheit übernommen hat.

Die Gegenübertragung des Therapeuten kann nun ihrerseits auf eigenen unbewussten Gefühlen und Wünschen basieren, die durch infantile Fantasien und Fixierungen des Therapeuten geprägt sind. Diese Art von Gegenübertragung stellt also eine unangemessene Form der emotionalen Reaktion auf die Übertragung des Patienten dar, die dieser entspricht. Die Gegenübertragung kann jedoch auch eine angemessene emotionale Reaktion sein, die dem Therapeuten hilft, die Übertragung des Patienten besser zu verstehen. Für den Erfolg des therapeutischen Prozesses ist es daher notwendig, dass der Therapeut seine Gegenübertragung ständig aufmerksam beobachtet und analysiert, um angemessene Reaktionen von durch seine eigene psychische Geschichte motivierten zu unterscheiden. (Wenn der Therapeut etwa bemerkt, dass ihn eine bestimmte Verhaltensweise des Patienten verärgert, dann muss er durch eine »Gegenübertragungsanalyse« herausfinden, ob seine Reaktion nur eine subjektive, auf seiner eigenen Vergangenheit beruhende Empfindung darstellt oder ob sie ein Indiz dafür ist, dass der Patient beispielsweise unterschwellig versucht, ihn zu dirigieren und zu manipulieren.)

Wenn man nun Übertragung und Gegenübertragung nicht nur auf den therapeutischen Prozess bezieht, sondern sie vielmehr als »ubiquitär auftretende Phänomene zwischenmenschlicher Beziehungen des Alltags« auffasst,[11] dann kann man den literarischen Text als eine Form der Übertragung interpretieren, durch welche dem Leser implizit eine bestimmte Rezipientenrolle zugewiesen wird; die Reaktionen des Lesers werden dann entsprechend als Form der Gegenübertragung gedeutet. In Analogie zum therapeutischen Prozess ergibt sich dann für den Interpreten als demjenigen, der sich in der ›Therapeuten‹-Rolle befindet, die Notwendigkeit einer Gegenübertragungsanalyse und -kontrolle. Bei mangelhafter Kontrolle der eigenen Gegenübertragung besteht insbesondere die Gefahr, dass die Analyse des Textes unbewusst von *Abwehrmechanismen* gegen die durch diesen im Interpreten hervorgerufenen Gefühle geleitet ist.[12] Ein Beispiel für Textanalysen als Form der Abwehr ist die frühe Rezeption von Becketts Dramen, insbesondere von *En attendant Godot* und *Fin de partie*: Sie zeigt, dass sich die Interpreten offensichtlich gegen die durch diese Stücke bei

11 Goeppert/Goeppert 1981, S. 102.
12 Pietzcker 1992, S. 28–32.

ihnen hervorgerufenen Gefühle der Leere und Sinnlosigkeit zur Wehr setzen mussten.[13]

Eine Gegenübertragungsanalyse ist daher notwendig, um »erkenntnisverhindernde Wirkungen der Gegenübertragung« auszuschalten; doch »sie will mehr: Gegenübertragung als Erkenntnisinstrument nutzen«,[14] und sie steht auch darin in Analogie zum therapeutischen Prozess. Wenn die Lektüre eines Textes im Interpreten zunächst etwa Widerwillen und Langeweile hervorruft (»negative Gegenübertragung«), dann kann dieser sich fragen, ob es zur Strategie des Textes gehört, gerade diese Gefühle in ihm wachzurufen, und so etwa zu der Erkenntnis gelangen, dass der Text Leere und Sinnlosigkeit darstellt. Gerade bei Texten, mit denen man zunächst ›nicht viel anfangen‹ kann, ist eine solche Gegenübertragungsanalyse unter Umständen von erheblichem heuristischen Wert, da sie den Text aufzuschließen und so den Weg zu einem genaueren Verständnis zu bahnen vermag.

3. Psychoanalytische Kunst- und Literaturtheorie

3.1 Die Theorie Freuds

Der aus literaturwissenschaftlicher Sicht sicher originellste Beitrag der Psychoanalyse zum Verständnis von Kunst und Literatur ist ihre Theorie von der allgemeinen *psychologischen Funktion* des Kunstwerks für Autor und Leser. Erst diese Theorie nämlich gestattet es, statt lediglich einzelner Aspekte das ganze Kunstwerk psychoanalytisch zu betrachten.

Freud fasst den literarischen Text in Analogie zum Traum auf und kann daher von seinen bereits früher formulierten Prinzipien der Traumdeutung ausgehen. Danach ist jeder Traum die Erfüllung unbewusster, ursprünglich anstößiger Wünsche, die in diesem durch die »Traumarbeit« entstellt zum Ausdruck gebracht werden, so dass sie vom Träumer nicht mehr unmittelbar erkannt werden können. Als Ausdruck einer Wunscherfüllung gelten Freud dabei allerdings auch Angst- und Alpträume, da in ihnen Wünsche des Über-Ichs, also des Gewissens befriedigt würden. Die Traumarbeit hat die Funktion, die Wünsche einerseits zwar zu artikulieren, ihnen andererseits aber das Anstößige zu nehmen und auf diese Weise etwaige Skrupel des Träumers zu umgehen. Der »manifeste Trauminhalt« ist somit aufgrund der beiden Herren – anstößigen Wünschen und Skrupeln des Träumers – dienenden Traumarbeit das Ergebnis einer Kompromissbildung.

13 Goeppert/Goeppert 1981, S. 92, 103ff.
14 Pietzcker 1992, S. 35.

Diese Hypothesen werden nun von Freud auf den literarischen Text, ja auf jedes Kunstwerk überhaupt übertragen. In einem ersten Schritt interpretiert er dazu den Tagtraum und »das Phantasieren« als traumanalog: Der wichtigste Unterschied zum Nachttraum besteht lediglich darin, dass der Wunsch, der im Tagtraum zum Ausdruck kommt, häufig nicht für den Fantasierenden selbst, sondern nur für seine soziale Umgebung verpönt und damit »ich-synton« ist; obwohl der Tagträumer seine eigenen Wünsche durchaus anerkennt, sucht er sie vor anderen zu verbergen und schämt sich ihrer. In einem zweiten Schritt wird dann der literarische Text als Tagtraum aufgefasst: Das Kunstwerk ist demnach nichts weiter als die Erfüllung eines ursprünglich verpönten Wunsches, dessen »egoistischer« und nicht zuletzt bereits dadurch für andere anstößiger Charakter durch »Abänderungen und Verhüllungen« gemildert wird,[15] die denen der Traumarbeit entsprechen.

Freud sieht nun freilich selbst sogleich, dass die Analogie dieser »Abänderungen und Verhüllungen« zu den Entstellungen der Traumarbeit noch nicht ausreicht, um verständlich zu machen, warum wir bei der Lektüre eines literarischen Textes nicht nur nicht abgestoßen werden, sondern im Gegenteil sogar »hohe, wahrscheinlich aus vielen Quellen zusammenfließende Lust« empfinden.[16] Zur Erklärung greift er auf Hypothesen zurück, die er drei Jahre zuvor bereits für den Witz formuliert hatte und die er daher im Zusammenhang mit dem literarischen Kunstwerk nicht mehr näher auszuführen braucht: Der Dichter »besticht« den Leser zunächst »durch rein formalen, d. h. ästhetischen Lustgewinn«, der »eine[r] *Verlockungsprämie* oder eine[r] *Vorlust*« entspricht.[17] Als »Vorlust« beim Witz bestimmt Freud die »Möglichkeit der Lustentwicklung«, die zu einer Situation hinzutritt, »in welcher eine andere Lustmöglichkeit« aufgrund der Zensur der Person »verhindert ist, so daß diese für sich allein keine Lust ergeben würde«. Statt zu dieser »anderen [gehemmten] Lustmöglichkeit« kommt es zunächst nur zur »Vorlust«, die dann aber den verpönten Wunsch gleichsam mitreißt; und »das Ergebnis ist eine Lustentwicklung, die weit größer ist als die der hinzugetretenen Möglichkeit«, also als die »Vorlust«.[18] Die »ästhetische Lust« am Text ist eine solche »Vorlust«, die dem Leser einerseits einen Genuss an dessen formalen Qualitäten verschafft, andererseits aber zu einer anderen und tieferen Art der Befriedigung allererst hinführt.

Diese tiefere Befriedigung als den »eigentliche[n] Genuß des Dichtwerkes« sieht Freud in einer »Befreiung von Spannungen in unserer Seele«. Worin diese Befreiung bestehe, wird indes nicht näher ausgeführt; Freud beschränkt sich

15 Freud 1987b, S. 179.
16 Ebd.
17 Ebd.
18 Freud 1986, S. 111.

lediglich auf die Mutmaßung, »zu diesem Erfolge« des Dichtwerkes trage vielleicht nicht wenig bei, »daß uns der Dichter in den Stand setzt, unsere eigenen Phantasien nunmehr ohne jeden Vorwurf und ohne Schämen zu genießen«.[19] Die »Befreiung von Spannungen in unserer Seele« lässt sich demnach als kathartischer Effekt auffassen, der auf der zeitweisen Bewusstwerdung von ursprünglich anstößigen und daher unbewussten Wünschen beruht; dass dabei Energien, die zur Unterdrückung dieser Wünsche notwendig waren, jedenfalls zeitweise freigesetzt werden, trägt zusätzlich zum »Genuß« am literarischen Kunstwerk bei.

Der literarische Text kann dieser Theorie zufolge dann als Darstellung einer Wunscherfüllung charakterisiert werden, wobei die soziale Anstößigkeit des Wunsches 1. durch der Traumarbeit analoge Mechanismen abgemildert wurde und 2. die Darstellung ihrem Leser Lust verschafft, nämlich 2.1 Vorlust durch ihre rein formalen Qualitäten und 2.2 eigentliche Lust durch »Befreiung von Spannungen in unserer Seele«.

3.2 Kritik und Modifizierungen der freudschen Literaturtheorie

Diese Theorie Freuds ist in mehrfacher Hinsicht kritisiert und, als Reaktion auf diese Kritik, modifiziert worden. Dabei standen insbesondere drei Punkte im Vordergrund: 1. die Konsequenzen von Freuds Theorie für die literaturwissenschaftliche Deutungspraxis, 2. die Analogisierung von literarischem Text und Tagtraum und 3. die Analyse der literarischen Form mithilfe des Begriffs der »Vorlust«.

3.2.1 »Biographismus«?

Impliziert Freuds Theorie notwendigerweise eine biographistische Vorgehensweise? Dieser Vorwurf ist der psychoanalytischen Literaturbetrachtung häufig gemacht worden, etwa von Theodor W. Adorno: Er spricht von der »Banausie feinsinniger Ärzte«, die »auf das untauglichste Objekt, auf Lionardo oder Baudelaire« übertragen werde.[20] Der Vorwurf basiert auf dem Umstand, dass aufgrund von Freuds Theorie die Möglichkeit besteht, den literarischen Text als nichts weiter denn als ›Material‹ aufzufassen, in dem das Unbewusste des Autors zum Ausdruck kommt und gemäß der Traumdeutung analogen Regeln dechiffriert werden kann. Vor allem die ältere Literaturpsychoanalyse hat von dieser Möglichkeit reichlichen Gebrauch gemacht und den Autor gleichsam auf die

19 Freud 1987b, S. 179.
20 Adorno 1970, S. 19.

Couch gelegt. Ein Musterbeispiel dafür ist die Edgar-Allan-Poe-Studie von Marie Bonaparte, in der dem Autor von *The Fall of the House of Usher* bescheinigt wird, er werde in der Geschichte dafür bestraft, »daß er seiner Mutter untreu geworden ist, indem er Madeline-Virginia liebt«.[21]

Gegen solche Studien lässt sich jene Kritik vorbringen, die in diesem Zusammenhang auch gegen jede andere Form der biographischen Methode vorgebracht werden kann: dass nämlich ein biographischer Reduktionismus nichts zum Verständnis des Werks selbst beiträgt; vielmehr steht hier der Autor im Mittelpunkt des Interesses, und der Text ist nur insofern von Belang, als er uns die Psyche des Autors erschließt. Doch dieses Stehenbleiben beim Autor ist keine Konsequenz, die sich aus der Psychoanalyse des Autors und damit aus Freuds Literatur- und Kunsttheorie notwendigerweise ergeben würde. Unter anderem Carl Pietzcker hat in seiner ausführlichen Deutung von Jean Pauls *Rede des toten Christus vom Weltgebäude herab, daß kein Gott sei* gezeigt, wie »es dem Autor gelingt, seine Erfahrung und die Struktur seines psychischen Verhaltens in der Struktur des ideologischen Materials darzustellen, also zu einer Verdichtung subjektiver und objektiver Momente auf der Basis ihrer Strukturgleichheit zu kommen«.[22] Der in der Analyse herausgearbeitete psychische Konflikt des Autors wird hier also als typisch für eine ›objektiv‹ bestehende historische Situation interpretiert, bei der es sich um eine materiell-ökonomische, soziale, literarhistorische oder ideengeschichtliche handeln kann. Die Psychoanalyse des Autors dient so als Vorbereitung für eine historische Verortung des Autors und seines Textes, deren literaturwissenschaftlicher Erkenntnisgewinn weit über den eines bloßen ›Biographismus‹ hinausgeht.

Doch nicht einmal die Psychoanalyse des realen Autors ist eine notwendige Konsequenz aus Freuds Theorie, wenn man sich nämlich auf die theoretisch weniger folgenreiche Feststellung beschränkt, der literarische Text gestalte in der von Freud beschriebenen Weise die psychischen Konflikte eines vom Autor verschiedenen Erzählers, eines Ichs oder ganz allgemein des impliziten Autors. Heuristisch längst bewährte Unterscheidungen wie diese gestatten die Annahme, dass in einem Text psychische Erfahrungen dargestellt werden können, ohne zu der Schlussfolgerung zu verpflichten, diese seien auch die des Autors.[23] Der von einem literarischen Text dargestellte psychologische Inhalt ist vielmehr »prototypisch« in dem Sinne, dass er überindividuelle Erfahrungen und Verarbeitungsmechanismen repräsentiert,[24] was unter anderem erklären mag, warum er das Interesse des Lesers gewinnen kann. Der besondere Vorzug einer solchen

21 Bonaparte 1981, II, S. 63.
22 Pietzcker 1985a, S. 203.
23 Matt 1974, S. 35.
24 Wyatt 1976, S. 348.

Modifikation der ursprünglichen Theorie liegt darin, dass sie, anders als eine Psychoanalyse des Autors, die unüberschaubaren Schwierigkeiten vermeidet, die in einer empirischen Überprüfung von Hypothesen über die Psyche des realen Autors bestehen. Denn Erklärungshypothesen über die Gefühlsäußerungen des impliziten Autors sind ebenso wie solche über das Verhalten fiktiver Gestalten keine empirischen Aussagen.

3.2.2 »Tagträume«?

Auch die These Freuds, der literarische Text sei als »Tagtraum« zu betrachten, ist vielfach kritisiert worden. Selbst wenn literarische Texte ihren Ursprung in einer Fantasie oder einem Tagtraum ihres Verfassers haben und es darüber hinaus plausibel erscheint, dass diese Fantasie »in ihrer Entfaltung oder als Prozeß dem Phantasieren dem Inhalt und der Struktur nach ähnelt«, so reicht diese »Ähnlichkeit aber noch nicht aus, die formale, ästhetische, eigenständige Qualität der Literatur damit hinreichend zu erklären«.[25] Ein Grund dafür liegt darin, dass ein Tagtraum das Ergebnis spontaner Fantasietätigkeit ist, während ein Kunstwerk zumeist erst aus einem komplexen Bearbeitungsprozess hervorgeht, bei dem ästhetische, historische, soziale oder intertextuelle Gesichtspunkte eine Rolle spielen, die mit der ursprünglichen Fantasie des Autors in keinem Zusammenhang mehr zu stehen brauchen. Angenommen, Edgar Allan Poes berühmtes Gedicht *The Raven* sei tatsächlich Ausdruck einer ödipalen Fantasie, in welcher der Rabe für den kastrierenden (Adoptiv-)Vater John Allan steht, der den Sohn (das Ich des Gedichtes) besiegt[26] – dann bleibt jedenfalls die Widerlegung der romantischen Dichtungstheorie, die Poe den Aussagen seiner »Philosophy of Composition« zufolge mit dem Gedicht angestrebt hat, ein rein innerliterarischer Aspekt, der von der ursprünglichen Fantasie unabhängig ist. Dies zeigt, dass die Vorstellung des Autors, welche Form sein Werk annehmen soll (»Opus-Phantasie«), die Fantasie mit Ursprung in der Psyche des Autors (»Ich-Phantasie«) überlagern, ja dominieren kann.[27]

Im Hinblick auf moderne Kunstwerke lässt sich noch ein weiterer Einwand gegen die Tagtraum-Theorie formulieren: Es gibt Kunstwerke, denen keine Fantasie im freudschen Sinne zugrunde liegen kann, weil sie einem ganz anderen künstlerischen Konzept verpflichtet sind als jene, die Freud als Paradigmen dienten. Dies sind solche, denen es gar nicht mehr um den Ausdruck der künstlerischen Persönlichkeit geht, sondern beispielsweise um eine Erweiterung des Kunstbegriffs. Ready-mades und »Concept Art« sind dafür Beispiele: Solche

25 Ebd., S. 346.
26 Bonaparte 1981, I, S. 225f.
27 Matt 1979, S. 200ff.

Kunstwerke lassen sich nicht mehr psychologisch im Sinne von Freuds Theorie interpretieren, wenn man nicht ihren Sinn gänzlich verfehlen will; hinter Marcel Duchamps »Fountain« (einem vom Künstler signierten und ausgestellten Pissoir) wird überhaupt keine Fantasie, kein ›latenter‹ Kunstgehalt mehr sichtbar, der dargestellt würde.

Beide Einwände bestreiten lediglich die Allgemeingültigkeit von Freuds Theorie, *jeder* literarische Text sei verursacht von oder Ausdruck einer Fantasie, die ihn zur Analogie eines Tagtraums mache; sie bestreiten hingegen nicht, dass es *einige* Texte geben mag, die auf diese Weise gedeutet werden können.

3.2.3 »Vorlust«?

Beruht das Vergnügen an der ästhetischen Form auf »Vorlust«? Von allen Thesen der freudschen Kunsttheorie ist diese sicher die angreifbarste. Schon von ästhetischem Vergnügen oder gar ästhetischer »Lust« zu sprechen ist äußerst fragwürdig, da die Wertschätzung, die wir für gewöhnlich den formalen Qualitäten eines Werks entgegenbringen und die sich in einem positiven Werturteil äußert, kein Korrelat in einer bestimmten Empfindung, einem bestimmten Gefühl zu haben braucht;[28] Freud übernimmt hier einfach ungeprüft gewisse Annahmen der zeitgenössischen Ästhetik. Hinter der Redeweise Freuds vom »ästhetischen Lustgewinn« verbergen sich denn auch zwei ganz unterschiedliche Probleme: zum einen die Frage nach den psychologischen Gründen dafür, dass wir die formalen Qualitäten eines literarischen Kunstwerks überhaupt schätzen, und zum anderen die Frage nach der psychologischen Funktion dieser formalen Qualitäten im Allgemeinen oder für ein bestimmtes Werk.

Auf die erste Frage ist die psychoanalytische Literaturtheorie, soweit ich sehe, bisher eher am Rande eingegangen. Andeutungen zu diesem Problem finden sich allerdings schon bei Freud, der, wiederum in Analogie zum Tagtraum, auf das Spielerische der Literatur verweist;[29] ähnlich begreift auch Walter Schönau als eine »Wurzel der ›technischen‹ Meisterschaft des Dichters [...] die als sprachliche *Funktionslust* beibehaltene kindliche Freude am Spiel mit den Klängen und semantischen Werten der Sprache«.[30]

Im Gegensatz dazu ist die Anzahl unterschiedlicher Theorien zur psychologischen Funktion formaler Eigenschaften eines literarischen Textes beträchtlich. Vier Hauptpositionen lassen sich unterscheiden, die jeweils auf unterschiedliche Aspekte der formalen Eigenschaften abstellen und für die alle Freuds Konzept der »Vorlust« keine wesentliche Rolle mehr zu spielen scheint: 1. Die formalen

28 Savile 1983, S. 99ff.
29 Freud 1987b, S. 171–173.
30 Schönau 1991, S. 27.

Eigenschaften des Werks stehen im Dienste des Über-Ichs, das sich durch Formstrenge zur Geltung bringt und so das Ich von bestehenden Schuldgefühlen entlastet;[31] diese These betont also die Form*strenge* mancher Kunstwerke. 2. Die formalen Eigenschaften des Werks stehen im Dienste der Abwehr, da gerade aufgrund von dessen formaler Durchdachtheit die vorhandenen Wünsche gezügelt und kanalisiert werden. 3. Die formalen Eigenschaften sind Ausdruck narzisstischer Allmachtsfantasien, da sich in ihnen die absolute Herrschaft des Autors über seinen Stoff ausdrückt.[32] 4. Die formalen Eigenschaften stellen eine Grenze dar, welche die im Werk ausgedrückte Fantasie zum einen von der sie umgebenden Realität abgrenzt und diese damit vor ihr schützt, andererseits aber den Leser zugleich auch zur Fantasie hinführt; diese bildet so eine Art »Schonung«, die nie in die Realität einbrechen kann und in die man sich als Leser gerade daher mit der Sicherheit hineinbegeben kann, auch wieder herauszukommen.[33]

Für all diese Theorien, auch Pietzckers eigene, gilt, dass sie »bei allem Reichtum ihrer Ergebnisse unvollkommen und nicht frei vom Anschein des Willkürlichen« sind.[34] Überhaupt stellt sich die Frage, ob es möglich ist, die Funktion der formalen Eigenschaften eines literarischen Textes insgesamt zu bestimmen, oder ob dies nicht vielmehr immer nur in Bezug auf ein bestimmtes Werk oder eine Gruppe ähnlicher Werke gelingen kann. Eine solche, nur auf einen bestimmten Text gerichtete Vorgehensweise hätte darüber hinaus den Vorteil, dass sie präzisieren könnte, worin die zu analysierenden formalen Eigenschaften eigentlich exakt bestehen. Um diese Präzisierung nämlich hat sich die »Psychoanalyse der literarischen Form« bisher kaum gekümmert, so dass nicht selten ganz unterschiedliche Phänomene über einen Kamm geschert werden.

4. Andere tiefenpsychologische Ansätze

4.1 Die analytische Psychologie Carl Gustav Jungs

Obwohl sich die von Jung entwickelte Theorie des Kunstwerks grundsätzlich von der Freuds unterscheidet, besteht auch die Analyse des literarischen Textes gemäß den Prinzipien der »analytischen Psychologie« in nichts anderem als in einer Anwendung der Theorie auf den Text. Allerdings wendet sich Jung ent-

31 Lesser 1970, S. 266.
32 Sachs 1951, S. 49; ähnlich auch Adorno 1970, S. 21f.
33 Pietzcker 1990.
34 Pietzcker 1985b, S. 197.

schieden gegen jede Analyse des Autors; sie sieht er als irrelevant für den künstlerischen Gehalt des Textes an. Lediglich die Analyse literarischer Gestalten und des Kunstwerks selbst lässt er gelten. Die Analyse des Autors führt ihm zufolge ins »Persönliche«; dieses aber »ist eine Beschränkung, ja sogar ein Laster der Kunst«: »Das Wesen des Kunstwerkes besteht nämlich nicht darin, daß es mit persönlichen Besonderheiten behaftet ist [...], sondern daß es sich weit über das Persönliche erhebt und aus dem Geist und dem Herzen und für den Geist und das Herz der Menschheit spricht.«[35]

Im Sinne dieser Bemerkung entwickelt nun Jung seine eigene Theorie der psychologischen Funktion von Literatur: Das Überpersönliche und Überindividuelle sieht er in *Symbolen* verkörpert die auf das »kollektive Unbewußte« verweisen. Dieses ist »nichts als eine Möglichkeit, jene Möglichkeit nämlich, die uns seit Urzeiten in der bestimmten Form der mnemischen Bilder oder, anatomisch ausgedrückt, in der Gehirnstruktur vererbt ist«.[36] Es handelt sich also um archaische Strukturen und Vorstellungen, wie sie insbesondere in den Mythen der Völker zum Ausdruck kommen und die Jung daher auch »Archetypen« nennt. Solche Archetypen können sich im literarischen Text auch »in moderner Bildsprache verbergen«, so dass »der Kampf der Drachen« zum »Eisenbahnzusammenstoß«, »der Held, der den Drachen erschlägt«, zum »Heldentenor am Stadttheater« werden.[37] Sie sind als Symbole »Möglichkeit und Andeutung eines noch weiteren, höheren Sinns jenseits unseres derzeitigen Fassungsvermögens«.[38] Dieser »höhere Sinn« bezieht sich nun auf die Sozialisations- und Individuationsgeschichte des Menschen: Sozialisation bedeutet nämlich für Jung eine Anpassung an bestimmte »Kollektivnormen«, in deren Vollzug andere Seiten der Persönlichkeit abgespalten und nicht mehr wahrgenommen werden. Auf diese Weise besteht die Gefahr einer Entfremdung von sich selbst, der nur durch Bewusstwerdung von und verstärkte Hinwendung zu diesen abgespalteten Persönlichkeitsanteilen begegnet werden kann – einen Prozess, den Jung »Individuation« nennt. Die im Text vorhandenen archetypischen Motive und Strukturen sind Symbole insofern, als sie auf jene Anteile verweisen, die in einer bestimmten historischen Epoche aufgrund der Beschaffenheit des »Zeitgeistes« von den in ihr lebenden Menschen abgespalten wurden.

Auf diese Weise wird der Dichter zum Erzieher des Lesers wie des »Zeitgeistes«, der »es sozusagen jedem ermöglicht [...], wieder den Zugang zu den tiefsten Quellen des Lebens zu finden, die ihm sonst verschüttet wären«.[39] Und entsprechend, so darf man wohl hinzufügen, wird auch der Interpret zum Er-

35 Jung 1972, S. 94.
36 Jung 1973, S. 36.
37 Jung 1972, S. 91.
38 Jung 1973, S. 31.
39 Ebd., S. 38.

zieher, der mit der Analyse des Werks auf die Defizite der Epoche hinweist und Entwicklungen anmahnt. Später lässt Jung den Dichter (und entsprechend den Interpreten) zum Erzieher nicht nur des »Zeitgeistes«, sondern insbesondere auch »seines Volkes« werden, dessen »seelische[s] Bedürfnis« sich »im Werke des Dichters« erfüllt;[40] das weist auf die anti-rationalistischen, anti-modernistischen und prä-faschistischen Tendenzen hin, die sich bei Jung finden. Diese waren indes kein Hindernis für die umfassende Rezeption seines Werkes vor allem in den USA, wo die Textanalyse nach den Prinzipien der analytischen Psychologie relativ weit verbreitet ist.

4.2 Die strukturale Psychoanalyse Jacques Lacans

Die Theorie Lacans ist derart komplex und bietet so viele Schwierigkeiten, dass es unmöglich ist, ihre Grundgedanken im Rahmen dieser Skizze psychoanalytischer Textzugänge in verständlicher Weise darzustellen. Im Folgenden sollen daher lediglich die wesentlichen Unterschiede zur freudschen Psychoanalyse angedeutet werden; für eine ausführliche Einführung in Lacans Werk sei hingegen auf die Monographien von Lang 1973 und Weber 1990 sowie die Kurzdarstellung in Mellard 1991, S. 1–68, verwiesen.

Lacan versucht mit seinem Projekt einer »Rückkehr zu Freud« die klassische Psychoanalyse mithilfe der Zeichentheorie Saussures zu re-interpretieren, wodurch sie jedoch in entscheidender Hinsicht modifiziert oder »ent-stellt«[41] wird. Dies äußert sich insbesondere in einem Vorgang, den man als ›strukturalistische Allegorisierung‹ bezeichnen könnte: Während sich bei Freud Ausdrücke wie ›Vater‹ oder ›Penis‹ zunächst auf konkrete Personen oder Körperteile beziehen, die eine bestimmte Rolle in der Entwicklung des Kindes spielen, ist etwa ›der Vater‹ bei Lacan keine konkrete Person mehr, sondern lediglich abstrakter Aktant in einem bestimmten strukturellen Geschehen, ebenso wie ›der Phallus‹ keinen erigierten Penis mehr bezeichnet, sondern Symbol ist für eine bestimmte Art von Erfahrung, die jede Person notwendigerweise durchläuft. Freilich muss man zugeben, dass diese Allegorisierung bei Freud bereits angelegt ist, wenn auch keinesfalls in diesem Maße; der Ausdruck »Kastrationsangst« etwa bezieht sich schon in der klassischen Psychoanalyse nicht allein auf eine Angst vor dem konkreten Akt der Penis- oder Hodenamputation, sondern bezeichnet auch eine »Verschiebung« dieser Angst auf jede Art von körperlicher Verletzung, unabhängig vom Geschlecht der Person, die sich fürchtet. Dies zeigt, dass Lacans

40 Jung 1973, S. 97.
41 Weber 1990.

»Zurück zu Freud« im Grunde eine Überspitzung von bereits bei diesem vorkommenden Gedanken einschließt.

Ferner übernimmt Lacan von Saussure eine wichtige Prämisse, die er aber in einer charakteristischen und auch für andere Strömungen des 20. Jahrhunderts typischen Weise radikalisiert: Die Sprache spielt eine fundamentale, gleichsam transzendentale Rolle für jegliche Erkenntnis, da sie diese ›a priori‹ strukturiert und damit bestimmt, wie wir die Wirklichkeit überhaupt erfahren. Die so aufgefasste Sprache wird nun gerade in ihrer transzendentalen Funktion für das Individuum psychologisch interpretiert, indem Lacan die von ihm allegorisierten Begriffe Freuds auf sie anwendet.

Auf diese Weise bekommt Lacans Psychologie einen stark spekulativen, um nicht zu sagen: metaphysischen Zug, der sie grundsätzlich von der klassischen Psychoanalyse unterscheidet. Während diese nämlich von ihrem Anspruch her eine *empirische* Theorie über die Psyche des Menschen, ihre Entwicklung und ihre Störungen ist, lässt sich die strukturalistische Psychoanalyse Lacans eher mit der »Fundamentalontologie« Martin Heideggers vergleichen; überspitzt könnte man sagen: Sie stellt eine Art ›Fundamental‹- oder ›Transzendentalpsychologie‹ dar und damit eine in ihren Grundzügen eher *apriorische* Theorie über die psychologische Verfasstheit des Menschen und die Rolle, welche die Sprache für diese spielt.

Ein einziges Beispiel mag diese Eigentümlichkeiten von Lacans Gedanken illustrieren. In *Jenseits des Lustprinzips* schildert Freud, wie sein kleiner Enkel eine Garnrolle fortwirft und sie anschließend wiederholt, wobei er die Laute »ooo« und »da« äußert, die von der Umgebung als »fort« und »da« gedeutet werden. Freud interpretiert die Szene so, dass die Garnrolle symbolisch für die Mutter stehe und der Junge mit seinem Spiel deren Abwesenheit verarbeite. Lacan nun fasst die gleiche Szene als Allegorie für die Funktion der Sprache für den Menschen überhaupt auf: Die Garnrolle bedeutet für das Kind »die Anwesenheit eines Abwesenden«, das heißt die Anwesenheit von etwas, das jemand Abwesenden symbolisiert. Doch die Garnrolle *ist* andererseits nicht die Mutter, und daher bedeutet die Garnrolle zugleich auch »die Abwesenheit eines Anwesenden«, das heißt die Abwesenheit von jemandem, der nur als Symbol vorhanden ist.[42] Diese Ambivalenz aber ist Lacan zufolge charakteristisch für jede Art von Symbolisierung, gerade auch die sprachliche: Symbolisierung bedeutet immer zugleich die Linderung eines Verlustes *und* dessen Festschreibung, da sie das, wofür das Symbol steht, ja nicht wirklich anwesend sein lässt. Im Individuum entsteht so eine Sehnsucht nach einer unmittelbaren Anwesenheit, die durch die Sprache nie gestillt werden kann und die Lacan »Begehren« (»désir«) nennt. Umgekehrt ergibt sich daraus die Konsequenz, dass jede Sprache, jede

42 Lacan 1973, S. 23.

Symbolisierung durch dieses *per definitionem* unstillbare »Begehren« gekennzeichnet ist.

Lacan selbst hat, im Unterschied zu Freud und Jung, keine eigene Kunst- und Literaturtheorie ausgearbeitet. Dennoch eignet sich seine ›Transzendentalpsychologie‹ in besonderer Weise für eine Anwendung auf literarische Texte. Denn aufgrund der Bedeutung, die sie der Sprache beimisst, stellt sie eine »Kongruenz zwischen Psychoanalyse und Textanalyse« her, welche »die Arbeit des nach Lacan vorgehenden Literaturwissenschaftlers viel verträglicher mit den üblichen Vorgehensweisen der Literaturwissenschaft macht« als die klassische Psychoanalyse.[43] Freilich unterscheidet sich auch eine Textanalyse im Sinne Lacans nicht notwendigerweise von den Verfahren, die wir bisher kennengelernt haben, selbst wenn sie sich ebenso wie die jungsche Interpretationsweise eher auf die Analyse literarischer Figuren und die Herausarbeitung des prototypischen psychologischen Gehalts im Text beschränkt und eine Analyse des Autors ablehnt. Andererseits wurde Lacans Theorie zu einer Grundlage für das von Jacques Derrida entwickelte Verfahren der dekonstruktivistischen Textlektüre, dem eine Kritik und Weiterentwicklung der strukturalistischen Psychoanalyse zugrunde liegt.

5. Zur Kritik an der Tiefenpsychologie

Kaum eine wissenschaftliche Disziplin ist seit ihren Anfängen so umstritten wie die Psychoanalyse, und Entsprechendes gilt erst recht für die anderen tiefenpsychologischen Richtungen.[44] Da eine Textanalyse immer nur so gut sein kann wie die Theorie, die sie anzuwenden versucht, stellt sich die Frage, wie verlässlich auf der Basis der hier skizzierten Theorien durchgeführte Analysen überhaupt sind. Dazu nur zwei knappe Hinweise:

1. Eine Art der Kritik betrifft lediglich die *Allgemeingültigkeit* der von der Theorie aufgestellten Thesen; der Kritiker bezweifelt zwar, dass die Aussage für alle in Frage kommenden Gegenstände, nicht jedoch, dass sie für einige zutrifft. Falls diese Art der Kritik berechtigt ist, bleibt es immerhin noch möglich, die entsprechende Hypothese weiterhin als *heuristisches Prinzip* zu verwenden, also nach genau jenen Texten zu suchen, auf die sie zutrifft. Ein Beispiel: Selbst wenn man daran zweifelt, dass tatsächlich in allen literarischen Texten archetypische Symbole vorkommen, die abgespaltene Ich-Anteile bezeichnen, kann man vor dem Hintergrund dieser These auf solche Symbole achten und so zu Erkenntnissen geführt werden, zu denen man sonst nicht gelangt wäre.

43 Mellard 1991, S. 56.
44 Vgl. dazu auch die Monographie von Grünbaum 1988.

2. Eine zweite Art der Kritik bestreitet nicht allein die Allgemeingültigkeit der These, sondern behauptet sogar, dass sie auf *keinen der entsprechenden Gegenstände* zutrifft. Falls die Kritik berechtigt ist, wäre für eine Textanalyse gemäß den Grundsätzen der Theorie nur dann überhaupt etwas zu retten, wenn diese andere Hypothesen enthielte, die einer solchen Kritik nicht anheimfallen; man zieht sich damit also auf den unproblematischen Teil der Theorie zurück.

Es scheint mir nun verhältnismäßig unstrittig, dass alle drei hier skizzierten tiefenpsychologischen Theorien Thesen enthalten, die sich als heuristische Prinzipien verwenden lassen; einige Beispiele dafür wurden bereits angeführt. Wesentlich schwieriger hingegen ist die Frage nach dem unproblematischen Bereich der einzelnen Theorien zu beantworten, nach jenen Aussagen, in Bezug auf welche weder die erste noch die zweite Art von Kritik berechtigt ist. Da scheint es mir, dass die strukturalistische Psychoanalyse Lacans zwar faszinieren mag, aber nicht wegen der Konsistenz und Wohlbegründetheit ihrer Behauptungen, und dass die analytische Psychologie Jungs den Geist ihrer Entstehungszeit allzu offen auf der Stirn trägt, als dass sie wissenschaftlich noch in ganzem Umfang ernstgenommen werden könnte. Für die klassische Psychoanalyse hingegen gibt es einen zentralen Bereich fundamentaler Aussagen, die man wohl kaum bezweifeln kann: Sie betreffen die Existenz unbewusster Gefühle und Wünsche, die Funktion der Abwehrmechanismen, den Einfluss der frühen Kindheit auf den Charakter oder die Bedeutung unverarbeiteter Traumata für das seelische Wohlbefinden. Dieser Bereich ist daher offensichtlich groß genug, dass die Anwendung der klassischen Psychoanalyse auf literarische Texte auch über heuristische Zwecke hinaus gerechtfertigt zu sein scheint, sofern beim Interpreten ein entsprechendes Problembewusstsein vorhanden ist.

Literarische Imagologie

1. Einleitung

Imagologie ist die wissenschaftliche Erforschung von ›Bildern‹ oder Vorstellungen, kurz *Imagines*, von Personengruppen wie Ethnien, Regionen, Orten etc. Da Personengruppen zusammen mit dem Ort oder der Region, die sie bewohnen, Konstituentien desjenigen sind, was in den Geowissenschaften, der Europäischen Ethnologie oder der Geschichtswissenschaft als ›Raum‹ bezeichnet wird, könnte man auch verkürzt sagen: Imagologie untersucht die Imagines von Räumen und ihren Bewohnern. Dies ist eine weite Definition ihres Untersuchungsgegenstandes, denn ursprünglich untersuchte die Imagologie lediglich Imagines von Nationen (so etwa heute noch die Definition von Leerssen).[1] Die Beschränkung auf einen derart enggefassten Gegenstandsbereich halte ich jedoch in systematischer Hinsicht für überflüssig, da die Methode dieselbe bleibt, ob nun Nationen, Ethnien oder Räume betrachtet werden. Nur mit einer solchen weiten Definition kommt die Imagologie für die Untersuchung von Heimaträumen überhaupt in Betracht.

Auch eine andere von der ›klassischen‹ Imagologie ererbte Einschränkung erweist sich in methodischer Hinsicht als überflüssig: ihre Konzentration auf Reales. Denn Räume, von denen Imagines bestehen, können auch *imaginär* sein: zum einen *illusionär* – das sind solche, die es zwar gibt, die aber mit positiven und/oder negativen Eigenschaften ausgestattet sind, die sie de facto nicht besitzen; zum anderen *fiktiv* – das sind solche, die es nicht gibt und zu denen insbesondere Utopien, Allotopien oder Dystopien gehören. Imaginäre Räume sind häufig Gegenstand von positiver oder negativer Idealisierung.

Der Raumbegriff auch dieser erweiterten Imagologie unterscheidet sich stark von dem in Teilen der Humangeographie, der Kultur- oder der sogenannten ›Raumwissenschaften‹ seit einigen Jahren gebräuchlichen: Während ›Raum‹ in jener eine (mit Ausnahme der imaginären Räume) unabhängig vom Betrachter

1 Vgl. Beller 2007, S. 7, oder Leerssen 2007, S. 17.

existierende Entität bezeichnet, wird er in diesen als vom Betrachter vollzogenes *Konstrukt* vorausgesetzt. Der Grund für dieses Postulat liegt darin, dass in den ›Raumwissenschaften‹ aufgrund ihres phänomenologischen Erbes vor allem interessiert, als was Räume *erlebt* werden oder wie über sie gesprochen wird (und das ist nun einmal nicht betrachter- bzw. sprecherunabhängig).[2] Nichts spricht allerdings dagegen, den Fokus der Imagologie auf solche Erlebnisräume auszudehnen; die Erweiterung des Vokabulars, die dafür notwendig wäre, ist meiner Ansicht nach problemlos mit der im nächsten Abschnitt vorgestellten Begrifflichkeit verträglich.

Im Folgenden soll es um die Frage gehen, welchen Beitrag die Imagologie für die Untersuchung von Heimaträumen leisten kann. Dabei geht es mir nicht so sehr um konkrete Beispiele einer Geschichte oder einer Typologie von konkreten Heimatbildern, sondern darum, ob und, wenn ja, wie die Imagologie methodologisch auf die Heimatforschung übertragbar ist. Dem imagologischen Ansatz entsprechend stehen dabei natürlich nicht die Räume selbst im Fokus, sondern die Imagines, die sich verschiedene Personen und Gruppen von Personen von diesen gemacht haben.[3]

2. Imagines, Stereotype und ihre Funktionen

2.1 Imagines

Zunächst: Was sind eigentlich ›Imagines‹? Meiner Ansicht nach können damit vier verschiedene Dinge gemeint sein:[4] *1.1* das, was eine Person P erstens von bestimmten Dingen mit der Eigenschaft F oder von einem einzelnen Gegenstand a weiß, glaubt oder zu wissen glaubt, und zweitens von dem sie glaubt, dass es für Fs oder für a charakteristisch bzw. *typisch* sei. ›Typisch‹ bedeutet hier: Ich glaube, es sei wahrscheinlicher, dass Fs (oder a) das Merkmal G besitzen, als dass irgendwelche Hs (oder irgendein x) dieses Merkmal besitzen. Der Glaube, dass es wahrscheinlicher sei, Fs (oder a) besäßen die Eigenschaft G, als irgendein anderer Gegenstand, ist dabei häufig eine unüberprüfte, unüberprüfbare oder gar irrationale Annahme. Solche Imagines *identifizieren* also mehr oder minder bestimmte Räume und ihre Bewohner mit bestimmten Eigenschaften. Zu diesem Glauben tritt häufig eine bestimmte affektive bzw. evaluative Einstellung hinzu –

2 Vgl. dazu etwa Werlen 2008, S. 191ff.

3 Aufgrund des begrenzten hier zur Verfügung stehenden Platzes können die folgenden Ausführungen nur skizzenhaft und kursorisch sein und die ein oder andere notwendige Differenzierung muss *nolens volens* dem Leser überlassen werden.

4 Vgl. zum Folgenden Rühling 2004, S. 279ff. Ich benutze die Gelegenheit, um meine Theorie zu präzisieren, zu ergänzen sowie gelegentlich zu korrigieren.

die wenigsten Leute haben eine ganz neutrale Vorstellung von etwas, sondern eine, die immer in der einen oder anderen Richtung ›getönt‹ ist. Imagines dieses ersten Typs sind also bestimmte geglaubte oder gewusste Propositionen plus gegebenenfalls einer bestimmten affektiven oder emotionalen Einstellung dazu. Ich werde solche Imagines im Folgenden als *Vorstellungsimagines* (VIs) bezeichnen; sie stehen bisher vor allem im Fokus der Imagologie.[5]

Der gerade skizzierte Typ von VIs ist propositional. Es gibt jedoch auch *1.2 nicht-propositionale* VIs: Wenn ich beispielsweise an mein Heimatdorf S*** denke, stelle ich mir dies als einen Ort mit trostlosen Kneipen vor, aus denen bäuerliche Gestalten treten, um volltrunken auf ihrem Moped nach Hause zu fahren. Dies bedeutet nicht notwendigerweise, dass ich dies auch glaube, – ich denke eben nur so an S*** bzw. stelle es mir so vor. Für diesen nicht-propositionalen Untertyp von VIs gilt daher: P stellt sich Fs (a) stets *als* Gs (G) vor bzw.: Wenn P sich Fs (a) vorstellt, dann stellt sie sich Fs (a) stets als Gs (G) vor.

2.1 Der zweite Typ von Imagines ist in der Regel nicht-propositional. Es handelt sich dabei um *Darstellungen* von etwas als etwas, wobei das, was nach dem Ausdruck ›als‹ kommt, sozusagen den Gehalt der Imago bezeichnet. Dazu gehören Darstellungen (Reiseschilderungen, Romane, Gemälde...), die etwa das Bild von Barcelona als »Stadt des Schmerzes« zeichnen, von Moskau als »kalte Stadt«, der Heimat als Bereich der Mutter oder des Vaters etc. Solche Imagines bezeichne ich als *Darstellungsimagines* (DIs). Sie haben gegenüber VIs lediglich die schwächere, weil unspezifischere Form: ›Das Medium M stellt a (Fs) als G (Gs) dar‹. Obwohl DIs zumeist nicht-propositional sind, können sie auch propositional sein, wenn sie sprachlich geäußert werden.

Die Besonderheit von DIs gegenüber VIs besteht darin, dass sie mit keiner bestimmten *Einstellung* des realen oder impliziten Autors von M dem gegenüber verknüpft sind, was die Imago darstellt. Beispielsweise kann es sein, dass mir bei einer bildlichen Darstellung eines Franzosen nichts Besseres einfällt, als ein kleines Männchen mit Moustache, Baskenmütze und Ringelpulli zu zeichnen; – daraus folgt insbesondere nicht, dass ich glaube, was ich mit meiner Zeichnung den Franzosen zuschreibe.

2.2 Stereotype

Für imagologische Untersuchungen ist charakteristisch, dass es ihnen darum geht, *Hypothesen über Regularitäten* aufzustellen, mithilfe derer dann beispielsweise Erklärungen einzelner Ereignisse generiert werden können. ›Regularität‹ heißt hier: Es handelt sich nicht um *strikte* Gesetze, sondern lediglich um

5 Vgl. dazu etwa BELLER 2007, S. 4.

unspezifisch statistische – solche, die nicht eine exakte Häufigkeit angeben, mit der ein Ereignis auftritt (»64,3 %«), sondern lediglich eine ungefähre (»die meisten«, »eine Mehrheit«, »viele« etc.). Eine solche Suche nach Regelmäßigkeiten führt in Bezug auf Imagines geradezu zwangsläufig dazu, dass trotz der Bezeichnung als *Imagologie* nicht bloß Imagines im Allgemeinen im Zentrum der Aufmerksamkeit stehen, sondern *Stereotype*. Die Definition von Stereotypen ist in verschiedenen aneinander angrenzenden Wissenschaften wie der Kognitions-, der Sozialpsychologie oder der Soziologie stark umstritten. In der Sozialpsychologie beispielsweise werden Stereotype vorzugsweise über ihre Funktion definiert: Es soll sich um Imagines handeln, die dazu dienen, durch soziale Kategorisierung »Menschen z. B. in Angehörige von Eigen- und Fremdgruppen aufzuteilen«.[6] Man könnte auch sagen: Stereotype sollen dazu dienen, mithilfe von negativen Fremdbildern – Heteroimagines – einer bestimmten Gruppe positive Selbstbilder – Autoimagines – zu schaffen.

Diese Definition erscheint mir zu eng. Das, was wir in einem landläufigen Sinne als Stereotyp bezeichnen, braucht sich ja gar nicht auf Gruppen, sondern kann sich auch auf Regionen beziehen – etwa: »Am Rhein ist es immer ein paar Grad wärmer als anderswo in Deutschland«. Aber selbst wenn sich ein Stereotyp auf Gruppen bezieht, muss es nicht die gerade beschriebene Funktion besitzen – etwa: »Der Rheinländer ist immer fröhlich!«. Ich schlage daher eine andere Definition von ›Stereotyp‹ vor. Zunächst gehe ich davon aus, dass Stereotype und Imagines lediglich eine *Schnittmenge* bilden und es folglich Stereotype gibt, die keine Imagines sind, wie es auch umgekehrt Imagines gibt, die keine Stereotype sind. Stereotype, die keine Imagines sind, wären beispielsweise bestimmte figurative Darstellungen, wie sie auf vielen skandinavischen Runensteinen vorkommen – Ornamente, die an eine Schlange erinnern, verschlungene Verzierungen etc. Stereotype Imagines, die allein Gegenstand der Imagologie sind, lassen sich wie folgt bestimmen:

Zunächst müssen wir unterscheiden, ob wir es mit stereotypen VIs (SVIs) oder stereotypen DIs (SDIs) zu tun haben. SVIs von Fs (SVI(F)) bzw. von a (SVI(a)) sind am leichtesten zu charakterisieren. Für propositionale Imagines gilt zunächst wieder, was ohnehin für propositionale VIs gilt, nämlich: P glaubt (weiß), 1. dass Fx→Gx bzw. dass Ga und 2. dass *G* eine typische Eigenschaft von Fs bzw. von a ist (vgl. oben, S. 94). Aus einer VI wird genau dann ein Stereotyp, wenn wir als weitere Bedingungen formulieren: I. P glaubt über einen *hinreichend langen Zeitraum T* hinweg, dass 1. und dass 2., und entweder IIa.: Es gibt eine *hinreichend große Gruppe von Personen* P…, die glauben, dass 1. und dass 2., oder IIb.: dieser Glaube ist in P… über einen *hinreichend langen Zeitraum T* vorhanden. IIa. und b. zusammengenommen bezeichnen das Merkmal der

6 Petersen/Six 2008, S. 21.

doppelten *Rekurrenz*, welches die *Konstanz* (IIa.) und/oder die *Dispersivität* (IIb.) von propositionalen VIs (F) charakterisiert. Konstanz ist dabei ein notwendiges Merkmal von SVIs, das sich allerdings auf jeweils verschiedene Dinge bezieht: hinsichtlich Einzelpersonen wie angegeben, hinsichtlich Gruppen hingegen darauf, dass der Glaube *in der gegebenen Gruppe* konstant ist, nicht jedoch hinsichtlich der einzelnen Mitglieder der Gruppe. Propositionale SVIs sind damit relativ auf P... und T: Es handelt sich um eine bestimmte, bei einer Person oder in einer Gruppe zu einem bestimmten Zeitpunkt bestehende Überzeugung zu a oder zu Fs.[7] Nicht-propositionale SVIs lassen sich analog zu propositionalen charakterisieren.

Propositionale SVIs können damit im Laufe der Zeit sowohl ihren stereotypen als auch ihren Imago-Charakter verlieren, und zwar auf zweifache Weise: zum einen dadurch, dass P (P...) von Fs (a) nicht mehr glaubt, dass 1., und/oder dass P (P...) von Fs (a) nicht mehr glaubt, dass 2. Im ersten Fall würde die Vorstellung einfach verschwinden, im zweiten hingegen würde sie ihren Imago-Charakter verlieren.

SDIs sind demgegenüber dadurch gekennzeichnet, dass bei ihnen natürlich Merkmal I. *per definitionem* ersetzt wird durch I*: P stellt Fs (a) als G dar. Zudem kommt ein anderes Merkmal hinzu, das damit zusammenhängt, dass DIs ja ebenfalls *per definitionem* in irgendeiner Weise geäußert werden. Wir müssen daher das Merkmal der doppelten Rekurrenz mit ihren beiden Unterformen wie folgt abändern: II*. Die DI wird von Sprecher S oder einer Gruppe von Sprechern S... meist verwendet, um Fs bzw. a zu *beschreiben*. SDIs sind also bei einer Person oder in einer Gruppe von Personen über einen bestimmten Zeitraum immer wiederkehrende Beschreibungen von Fs bzw. von a.

2.3 Funktionen

Imagines, die keine Stereotype sind – im Folgenden von mir als *idiosynkratische* Imagines bezeichnet –, können vollkommen unterschiedliche Funktionen besitzen – so unterschiedlich, dass es schwer sein dürfte, diese in irgendeiner Weise systematisch darzustellen. Einer Systematisierung leichter zugänglich sind die eigentlichen Untersuchungsgegenstände der Imagologie: stereotype Imagines (SIs). Diese dienen in der Regel folgenden typischen Funktionen:[8] 1. *kognitive*

7 Die Redeweise von ›Gruppen‹ ist möglicherweise irreführend, weil man dabei zunächst an Klassen von Personen denkt, die eine bestimmte Eigenschaft gemeinsam haben (›die Deutschen, Franzosen, Holländer‹ etc. oder ›weibliche Personen zwischen 20 und 30 Jahren‹). Für mein Verständnis von ›Gruppe‹ genügt es hingegen, dass die einzige Gemeinsamkeit der Personen darin besteht, das entsprechende Stereotyp zu besitzen.

8 Zu Beispielen vgl. RÜHLING 2004, S. 291–296.

Funktionen, deren wichtigsten 1.1 die ›Komplexitätsreduktion‹ und 1.2 die *Alteritätsreduktion* darstellen, sowie 2. *identitätsbildende* Funktionen. Während die kognitiven Funktionen, im Prinzip jedenfalls, unabhängig davon sind, wie diejenigen, die das Stereotyp besitzen, sich selbst beschreiben, besteht im Fall von identitätsbildenden Funktionen zwischen Hetero- und Auto- bzw. zwischen Auto- und Heteroimagines ein reziproker Zusammenhang, wie er aus der Psychologie der interpersonalen Wahrnehmung und der Sozialpsychologie bekannt ist. Dieses aufeinander bezogene, funktionale Verhältnis von Auto- und Hetero-SIs kann verschiedene Formen annehmen, von denen ich hier nur vier nennen möchte: 2.1 *Abwertung des Fremdbildes* zugunsten des Selbstbildes; 2.2 *Aufwertung des Fremdbildes* zulasten des Selbstbildes; 2.3 *neutrales Verhältnis* zwischen Selbst- und Fremdbild und schließlich 2.4 *inkonsistentes Verhältnis*, d.h. die einzelnen Auto- und Hetero-(S)VIs oder -(S)DIs widersprechen sich, entweder im selben Zeitraum oder in verschiedenen Zeiträumen. Bei 2.3 ist insbesondere der Fall einer gleichzeitigen positiven Bewertung von Auto- und Hetero-SIs hervorzuheben: Das Fremdbild ist positiv, *damit* auch das Selbstbild positiv sein kann; das andere wird also idealisiert, damit eine Identifikation damit möglich wird. Beispiel: Die USA nach dem Zweiten Weltkrieg als Vorbild für Freiheit und Demokratie, dem es nachzustreben gilt. Zu 2.4 zählen nicht nur alle möglichen Formen von Ambivalenz, sondern auch isolierte SVIs, die in einer Gruppe nebeneinander existieren, ohne dass diese sich des Widerspruches bewusst ist: P oder P… können zur selben Zeit einander ausschließende Imagines von etwas haben, ohne sich des Widerspruchs bewusst zu sein. Schweden beispielsweise war nach dem Krieg nicht bloß durch das idyllisierende, auf der Rezeption der im südschwedischen Småland spielenden Kinderbücher Astrid Lindgrens beruhende, sogenannte »Bullerbü-Syndrom« gekennzeichnet, sondern auch durch das entgegengesetzte Stereotyp als Ort der ›absoluten Moderne‹ mit Frauenemanzipation, technischem Hyperfortschritt, Superpragmatismus, sozialem Ausgleich etc.

3. ›Imagologie der Heimat‹

3.1 ›Heimaträume‹

Was kann nun die Imagologie zur Erkundung von Heimaträumen beitragen? Nach den Ausführungen des vorigen Abschnitts sollte ein Teil der Antwort bereits klar sein: Sie hilft bei der Analyse von Stereotypen von Heimaträumen und ihren Funktionen. Dazu muss man zunächst verschiedene Typen von Heimat unterscheiden. ›Heimat‹ ist ein indexikalischer Ausdruck, der sich auf einen Raum R bezieht, zu dem eine bestimmte Relation durch eine Person P besteht, so dass R ›Heimat‹ für P ist. Lediglich drei solcher Relationen scheinen mir infrage zu kommen:[9] 1.1 P wurde in R geboren oder 1.2 P hat den größten (prägenden) Teil ihrer Kindheit in R verbracht; 2. P fühlt sich in R zu Hause. 2. ist nichts weiter als eine metaphorische Übertragung des ersten Heimatbegriffs auf einen Raum, der nicht notwendigerweise mit dem von 1. identisch sein muss: In einer Heimat (2) fühlt man sich *so, wie* man sich paradigmatischerweise in der Heimat (1) fühlt (oder fühlen sollte). Man könnte daher auch von 1. als *originärer* und von 2. als *emotionaler* Heimat sprechen (was nicht ausschließt, dass zur originären Heimat nicht auch eine starke emotionale Bindung bestehen kann). Schließlich gibt es auch eine noch weitergehende metaphorische Übertragung des Ausdrucks auf Gegenstandsbereiche, die nur noch metaphorisch überhaupt als ›Räume‹ bezeichnet werden können, etwa wenn man davon spricht, dass ›ihre Heimat die französische Kultur‹ sei; um diesen weiten Heimatbegriff geht es mir im Folgenden nicht.

›Heimat‹ im originären Sinne bezeichnet stets, was man als singulären geographischen Raum bezeichnen könnte,[10] ›Heimat‹ im emotionalen Sinne hingegen kann sich entweder auf unterschiedliche *singuläre* Räume, auf Raum*typen* oder aber auf *konditionierte* Räume beziehen: Wer etwa sagt: »Nur in der Natur fühle ich mich wirklich zu Haus«, bezieht sich auf einen Raumtyp; wer sagt: »Zu Haus fühle ich mich überall, wo ich mir eine Zigarette anstecken kann«, bezieht sich auf Räume, die durch die Erfüllung einer bestimmten Bedingung definiert sind (nämlich die, dass es ihm dort gestattet ist, zu rauchen, etc.); ich spreche hier im Folgenden von *unbestimmten Räumen.* Natürlich schließen diese drei Typen von Raum im zweiten Sinne einander nicht aus, denn der einzige Raum, wo es jemandem erlaubt ist, eine Zigarette zu rauchen, kann ja ein singulärer Raum oder ein bestimmter Typ von Raum sein (etwa irgendein Parkplatz).

Heimaträume können unterschiedlich groß sein und andere einschließen: Mein Geburtsort liegt am Niederrhein, der zum Bundesland NRW, zu Deutschland und schließlich zu Europa gehört. All diese Orte und Regionen kann ich als meine originäre Heimat bezeichnen und sie damit von anderen abgrenzen, die nicht meine Heimat sind. Zwei originäre Heimaträume sind stets besonders populär gewesen: Zum einen die engere Region um den Geburtsort bzw. die Region, wo man den größten Teil seiner Kindheit verbracht hat, zum anderen die weitere politische Region, die diesen Ort oder Bereich umfasst – schon in der Antike als »Vaterland« (»patria«) bezeichnet. Während der engere Bezirk der *parentalen Heimat* vor allem ab der zweiten Hälfte des 18. Jahrhunderts als Reaktion auf die negativen Folgen des Modernisierungsprozesses zu-

9 Vgl. zum Folgenden Mitzscherlich 2010, S. 10.

10 Darunter verstehe ich einen Raum, der durch geographische Koordinaten eindeutig bestimmt werden kann.

meist Gegenstand nostalgischer Verklärung, aber auch – in einer ambivalenten Absetzbewegung gegen diese – der bitteren Abrechnung mit dieser geworden ist, ist die *patriotistische Heimat* schon seit vorchristlicher Zeit ein Gebilde mit besonderen Loyalitätsansprüchen an seine Bewohner – zumindest an diejenigen, die als berechtigte Mitglieder der dieses konstituierenden Gemeinschaft angesehen wurden. Aus imagologischer Perspektive sind gerade SIs der patriotistischen Heimat gut dokumentiert, etwa in Form der ›Nationallandschaften‹, wie sie im 19. Jahrhundert als Inbegriff des Siedlungsraums der eigenen Nation auch von offiziellen Stellen propagiert wurden.[11]

Auch bei emotionalen Heimaträumen gibt es verschiedene Untertypen: etwa die sogenannte ›soziale Heimat‹, also der Ort, wo ich zusammen mit meinen Freunden oder mit meiner Familie lebe etc., oder die ›habitäre Heimat‹, also der Ort, an dem ich wohne und an dem ich mich deshalb ›zu Hause fühle‹, wie es in dem bekannten englischen Sprichwort zum Ausdruck kommt: »My home is my castle«. Soziale und habitäre Heimat stimmen häufig miteinander überein, doch dies ist nicht notwendigerweise so (ich kann mich zumindest in meiner Wohnung zu Hause fühlen, wenn ich auch sonst im ganzen Ort keine Menschenseele kenne).

3.2 Typen von Heimat-SIs

Imagologisch gesehen zeichnen sich Heimat-SIs durch zwei Besonderheiten gegenüber einer Vielzahl anderer SIs aus: zum einen dadurch, dass es sich nur um solche der eigenen Heimat handeln kann, nicht hingegen um solche einer fremden Heimat; dies gilt *per definitionem* nur für VIs. Wenn R für P Heimat ist, aber nicht für P', kann man zwar danach fragen, wie P' R sieht, doch dieser Raum ist ja für P' gerade keine Heimat. Für P gibt es daher zwar sowohl Auto- wie Hetero-SVIs von R als Heimat, jedoch weder Auto- noch Hetero-SVIs von R' als Heimat, wenn R' für P keine Heimat ist. Hetero-SVIs von Heimat sind also stets SVIs, die andere von meiner Heimat haben, Heimat-SVIs daher stets Imagines vom *Eigenen.* Für die Imagologie von Heimaträumen sind insbesondere Auto-SVIs, also wie andere ›ihr‹ Eigenes, ihre Heimat sehen, interessant sowie *Meta*-SVIs, also SVIs über SVIs von anderen. Wer beispielsweise bei ›Heimat‹ sogleich an reaktionäre Heimatbünde oder bierselige Geselligkeit denkt, hat eine Meta-SVI, die sich auf SVIs bezieht, die andere von (ihrer) Heimat besitzen.

Zum anderen zeichnen sich Heimat-SIs dadurch aus, dass hier stärker als bei anderen SIs der Charakter des Raums als *Erfahrungsraum* in Form des *Sozial-*

11 Vgl. dazu etwa Hroch 2005, S. 227ff.

raums im Vordergrund steht;[12] dies gilt sowohl für VIs als auch für DIs. Heimat ist in entscheidendem Maße geprägt durch die Erlebnisse, welche die Betreffenden in ihrer Heimat machen oder gemacht haben und deren Qualität in irreduzibler Weise von der ihrer dortigen sozialen Beziehungen abhängt. VIs von Heimat beziehen sich daher weniger auf objektive Eigenschaften, die die Person den Dingen um sich herum zuspricht oder zugesprochen hat (wie Landschaft, Häuser, Städte etc.), sondern auf affektive und situativ bedingte Qualitäten (»Heimat ist der Ort, wo es sonntagnachmittags immer ein Riesenstück Kirschtorte gab«). Solche Erlebnisqualitäten sind häufig stark individuell und prägen in der Regel individuelle oder kleingruppenspezifische SVIs (die Anzahl derjenigen, die bei ›Heimat‹ als erstes an ein ›Riesenstück Kirschtorte am Sonntagnachmittag‹ denken, dürfte auf bestimmte Familienmitglieder begrenzt sein), aus denen überindividuelle SVIs durch Abstraktion erst extrapoliert werden müssen (etwa ›gemütliches Beisammensein mit der Familie‹). Solche *affektiven SVIs* von Heimat besitzen meist eine der im vorigen Abschnitt skizzierten identitätsbildenden Funktionen, denn sie tragen dazu bei, zu definieren, als was sich die entsprechende Person selbst sieht; es handelt sich um Imagines des *Selbst.* Affektive VIs von originärer Heimat beziehen sich zwar häufig auf parentale Heimat, können jedoch auch von patriotistischer Heimat vorkommen und hier sogar in Bezug auf unbestimmte Räume, wie Raumtypen (»Mir wurde's warm ums Herz, als ich zum ersten Mal nach so vielen Jahren wieder den herrlichen *deutschen Wald* betrat!«).[13]

SIs solcher unbestimmten Räume können unterschiedliche Grade von *lokaler Konkretion* aufweisen: Eine SI des Raumtyps »Waldesheimat« etwa könnte bestimmte Baumarten, Licht-, Wetter- und klimatische Verhältnisse etc. umfassen; eine SI des konditionierten Raums »Zigarettenpausenheimat« hingegen wird eher von geographischen Orten ungebundene Merkmale wie ›Möglichkeit, Asche loszuwerden‹, ›Rückzugsmöglichkeit‹, ›Entspannung‹ etc. enthalten. In der Tat scheinen mir VIs unbestimmter Räume bisher allenfalls ansatzweise erforscht.[14] Das gleiche gilt möglicherweise auch für SIs von ›maximal unbestimmter‹ Heimat, also solche, die auf die ganz allgemeine Frage antworten: »Wie stellst du dir ›Heimat‹ vor?« oder »Was ist für dich ›Heimat‹?« bzw. die der Aufforderung nachkommen: »Stelle ›Heimat‹ dar!«

Das von Heimat-SVIs Gesagte gilt im Prinzip auch für Heimat-DIs, mit dem Unterschied, dass die durch sie dargestellten Erlebnisqualitäten nicht unmit-

12 Vgl. zum Sozialraum grundlegend etwa die Einführung von Riege 2012.

13 Das Beispiel zeigt, dass man hier weiter differenzieren könnte: »Deutschland« bezeichnet einen singulären geographischen Raum, »deutscher Wald« (= ›Wald in Deutschland‹) hingegen einen Raumtyp, also einen unbestimmten Raum innerhalb eines bestimmten (singulären).

14 Vgl. dazu das Forschungsprogramm bei Binder 2010, S. 203f.

telbar auf bestimmte Personen oder Gruppen von Personen bezogen werden können. Affektive Heimat-SDIs sind daher keine Imagines des Selbst, sondern nur solche des Eigenen. Man kann zwar feststellen, dass in P... stets DIs eines hinreichend umfassend definierten R – des Eigenen – als Heimat vorkommen, jedoch können Heimat-DIs *per definitionem* nicht identitätsbildend sein, da aus DIs keine bestimmte Einstellung in P... gegenüber R folgt. Jedoch kann man aufgrund der Rekurrenz von DIs auf zugrunde liegende propositionale oder nicht-propositionale SVIs schließen, wenn man dies möchte. Eine andere Möglichkeit, mit SDIs umzugehen, wäre beispielsweise eine eher diskursanalytisch motivierte Geschichte der Abfolge solcher SDIs, ihre Kartographierung, Feststellung ihrer Gruppenspezifität etc.

Affektive Heimat-SIs leiten bereits über zu SIs von emotionaler Heimat als dem Raum, wo ich mich ›zu Hause‹ fühle. Alle bisher angeführten Beispiele für SIs von originärer waren auch solche für SIs von emotionaler Heimat, und insofern gilt das von jenen Gesagte *mutatis mutandis* auch für diese. Doch dass emotionale zugleich auch originäre Heimat ist, ist keineswegs eine Notwendigkeit, da, wie wir bereits festgestellt haben, emotionale Heimat ja auch aus unbestimmten Räumen bestehen kann; gerade in Zeiten unbegrenzter Mobilität wird die *Aneignung* unbestimmter Räume als emotionale Heimat immer wichtiger.[15]

SIs von *imaginären emotionalen Heimaträumen* haben gewisse Ähnlichkeiten mit denen unbestimmter Heimaträume, unterscheiden sich von diesen jedoch durch ihren impliziten Wunschcharakter; sie antworten auf die Frage: »Wie sollte der Raum, in dem du dich wohl fühlst, idealerweise beschaffen sein?« Ein Großteil des internationalen Tourismus seit mindestens zweieinhalb Jahrhunderten speist sich aus solchen projektiven »Sehnsuchtsbildern«, also aus SIs von illusionären singulären Räumen, die als emotionale Heimat vorgestellt werden: Italien, Schottland, Amerika, Australien, Skandinavien, Neuseeland... Solche SIs gehen Hand in Hand mit denen von realen Räumen, so dass man geradezu sagen kann: Die Imagologie von Räumen ist *grundsätzlich* auch eine Imagologie illusionärer Räume.

Fiktive Heimaträume spielen imagologisch gesehen in zweifacher Hinsicht eine Rolle: Zum einen kann man fiktive Orte in Kunstwerken daraufhin untersuchen, welche SIs von unbestimmter emotionaler Heimat sich an ihnen manifestieren; zum anderen können derartige SIs mit einem fiktiven Raum verbunden sein, der auf die Welt projiziert wird – etwa als Ort, »der allen in die Kindheit scheint und wo noch keiner war« – »gesucht, geahnt und nie gekannt«. Daher sind Darstellungen fiktiver Heimaträume in den Künsten hervorragend

---

15 Vgl. dazu Binder 2007.

geeignet, um daraus imagologisch auf SIs einer bestimmten Zeit, bestimmter Personen oder bestimmter Gruppen von Personen zu schließen.

4. Fazit

Diese wenigen Bemerkungen mögen genügen, um anzudeuten, dass eine Imagologie, die in dem Sinne, wie hier angedeutet, modifiziert wurde, ein geeignetes Instrument für die Erforschung von Heimaträumen darstellen kann. Insbesondere ist sie in der Lage, einen (weiteren) Begriffsapparat bereitzustellen, mithilfe dessen Heimaträume wissenschaftlich beschrieben werden können. Dies gilt insbesondere, wenn man die Imagologie nicht auf eine bestimmte Zugangsweise festlegt, sondern sie als im Prinzip jedenfalls offen für unterschiedliche literaturwissenschaftliche, sozialpsychologische oder ethnologische Methoden ansieht. Auf der anderen Seite dürfte jedoch auch klar sein, dass die Analyse von Stereotypen für die Erforschung von Heimaträumen einen zentralen Stellenwert besitzt. Da Heimat stets eine Relation zwischen einem Raum und Personen impliziert, die in der Regel dazu neigen, diesen Raum emotional aufzuladen, ist Heimat tatsächlich etwas, was ›nur in den Köpfen‹ dieser Personen existiert: Den entsprechenden geographischen Raum gibt es zwar personenunabhängig, aber eben nicht *qua* Heimat. Wer Räume *qua* Heimat untersuchen möchte, kommt daher nicht darum herum, danach zu fragen, was diejenigen, für die diese Räume Heimat sind, sich unter ihrer Heimat vorstellen und welche emotionale Einstellung sie dazu haben. Von daher mag die Imagologie zwar eine Zugangsweise von mehreren sein, mit deren Hilfe sich Heimaträume analysieren lassen; doch eine Erforschung von Heimaträumen unter völliger Ausblendung von imagologischen Aspekten scheint mir nicht möglich zu sein.

Literarische Modellanalysen

Triumph des Zeichens: Henrik Ibsens *Gespenster*

1

Gespenster (norw. *Gengangere,* wörtl. eigentl. »Wiedergänger«) aus dem Jahre 1881 ist Henrik Ibsens drittes Gesellschaftsdrama. Es rief unmittelbar nach seiner Uraufführung (in Chicago) einen Skandal hervor; in Norwegen konnte das Stück erst zwei Jahre nach seinem Erscheinen auf die Bühne gebracht werden. Das, was den öffentlichen Disput auslöste – die Syphilis, die Osvald von seinem Vater geerbt hat, und die durch das Drama aufgeworfene Diskussion der freien Liebe, überdies zwischen Halbgeschwistern –, dies ist aus heutiger Sicht allenfalls als Kennzeichen des damaligen geistigen Klimas in Norwegen von Interesse, zumal die Darstellung von Osvalds Krankheit ohnehin auf Voraussetzungen beruht (nämlich dass Syphilis vererbt werden könne), die sich inzwischen als medizinisch unhaltbar herausgestellt haben. Dieser Skandal nimmt sich heute lediglich als eine der vielen kuriosen Randerscheinungen aus, an denen die Literaturgeschichte so reich ist; an ihn muss man sich nicht mehr erinnern, wenn man das Drama liest oder auf der Bühne aufgeführt sieht.

Hingegen dürfte es jedem Leser/Zuschauer auch hundertfünfundzwanzig Jahre nach Erscheinen des Stücks bereits auf den ersten Blick klar sein, dass es sich bei den *Gespenstern* um ein literarisches Meisterwerk handelt, sicher eines der gelungensten Stücke Ibsens überhaupt, vielleicht sogar eines der besten Dramen der Weltliteratur, das darüber hinaus die poetische Methode seines Autors ebenso wie den thematischen Kern eines Großteils seiner späten Stücke in geradezu paradigmatischer Weise enthüllt. Da wäre beispielsweise Ibsens viel gerühmte, später zwar noch erreichte, aber nie mehr übertroffene *dramatische Ökonomie,* mit der die Handlung auf die Bühne gebracht wird: Das Drama enthält kein Element – keine einzige Replik, kein einziges bühnenbildnerisches Detail –, das nicht funktional mit dem Thema des Stücks zu tun hat und darauf verweist. Alles ist bedeutsam, alles trägt bei zu einem großen Gesamtzusammenhang, jede Einzelheit erweist sich als notwendiges Element einer ausgeklügelten Konstruktionsmaschinerie, die am Ende mit unerbittlicher Konsequenz den Paukenschlag des Schlusses hervorbringt.

Was ist das Thema, das der Text dermaßen raffiniert etabliert? Am nächstliegenden scheint es, *Gespenster* als Gegenstück zu *Nora (Ein Puppenheim)* aufzufassen, ein Gegenstück, das uns anschaulich vor Augen führt, was geworden wäre, wenn Nora nicht die Konsequenz aus dem Scheitern ihrer Ehe gezogen, sondern stattdessen dem Drängen Helmers nachgegeben hätte und geblieben wäre; so hat es Ibsen selbst, so haben es schon die Zeitgenossen gesehen. Die Folge, das wird uns am Schicksal von Noras ›Nachfolgerin‹ Helene Alving, »Witwe des Hauptmanns und Kammerherrn Alving«, und ihres Sohnes Osvald gezeigt, wäre eine Katastrophe gewesen, eine »Lebenslüge«, wie es später bei Ibsen heißen wird, mit tödlichem Ausgang. Und dieser Ausgang, so versucht das Drama zu demonstrieren, ist bereits von Anfang an vorgezeichnet, obwohl Frau Alving doch nur mit den allerbesten Absichten gehandelt hat. Sie, die den wahren Charakter ihres Mannes – eines Frauenhelden und Trunkenboldes, der seine Eskapaden nach der Heirat keineswegs beendete – eigentlich schon kurz nach der Eheschließung durchschaut hat, bleibt nicht nur um des schönen Scheins willen und weil die gesellschaftlichen Normen es so verlangen im Haus, sondern gleichermaßen wegen ihres Sohnes Osvald: Ihm zuliebe hat sie bis auf den Tag der Dramenhandlung den wahren Zustand ihrer Ehe verborgen gehalten, er soll vom liederlichen Lebenswandel seines Vaters nichts erfahren, damit er das Andenken des toten Kammerherrn in Ehren halten und seinen Vater lieben und ehren kann, wie es geschrieben steht.

Damit opfert Helene Alving, ganz anders als Nora, ihr persönliches Glück erst so genannten gesellschaftlichen Pflichten, dann auch ihrem Sohn Osvald, der schon als Knabe außer Hauses gebracht wird, damit er von den Kümmernissen der elterlichen Ehe verschont bleibt – sicher ein weiteres Opfer für die Mutter Helene Alving, zudem eines, für das sie mit lebenslangen latenten Schuldgefühlen büßt. Es gehört daher zu dem von Ibsen hier wie auch in vielen anderen Stücken meisterhaft eingesetzten Verfahren der *dramatischen Ironie,* wenn er Helenes Gegenspieler, den bornierten Pfarrer Manders, ihr im ersten Akt ganz unberechtigterweise vorwerfen lässt:

> »Alles, was Sie in Ihrem Leben belastet hat, haben Sie rücksichtslos und gewissenlos abgeworfen, wie eine Bürde, über die Sie selber zu bestimmen hatten. Es behagte Ihnen nicht länger, Ehefrau zu sein, und Sie verließen Ihren Mann. Es war Ihnen beschwerlich, Mutter zu sein, und Sie gaben Ihr Kind in die Fremde« (S. 31).[1]

1 Alle Seitenzahlen beziehen sich auf die Reclam-Ausgabe von *Gespenster* aus dem Jahr 1992.

Mit analytischer Enthüllungstechnik wird uns klar gemacht, dass das Gegenteil davon wahr ist, und deshalb setzt sich Helene Alving in dieser Szene auch entschieden gegen Manders zur Wehr.

Doch die Aufopferung ihrer eigenen Interessen bedeutet nicht, dass sie sich selbst freisprechen dürfte von aller Schuld; diese besteht nur in etwas ganz anderem, als was der Pastor und die von ihm repräsentierte gute Gesellschaft dafür halten. »Ich hätte den Lebenswandel von Alving nie verheimlichen dürfen«, klagt sie sich im zweiten Akt an. »Aber ich hatte mich damals nicht getraut – auch meinetwegen nicht. So feige war ich« (S. 42). »Feigheit« gegen Mut zur Wahrheit – das sind die Schlüsselwörter, die nicht nur den Konflikt der »Kammerherrin« bezeichnen, sondern ebenso ein Grundthema des Dramas selbst. Sie verweisen zugleich auf ein Leitmotiv des so genannten Modernen Durchbruchs, jener durch den Literaturkritiker Georg Brandes zu Beginn der siebziger Jahre des 19. Jahrhunderts eingeläuteten, spezifisch skandinavischen Epoche der Literaturgeschichte, in der die gesamteuropäischen Strömungen des Realismus, Naturalismus und Impressionismus »wiedergehen« und dem auch Ibsen selbst sich bis zu Beginn der achtziger Jahre zugehörig fühlte; sie verweisen aber auch zurück auf ein Thema, das bereits in Ibsens früheren Werken anklingt: die Verpflichtung des Individuums, im Streit mit gesellschaftlichen Erwartungen und Normen zunächst und zuallererst ›es selbst‹ zu sein, eine Haltung, die auf die Bekanntschaft des Autors mit den Gedanken Kierkegaards zurückzuführen ist. Indem Frau Alving Rücksichten auf die Meinung ihrer Umgebung nimmt, statt wie Nora das Haus mit einem Knalleffekt zu verlassen, hat sie sowohl ›die Wahrheit‹ als auch sich selbst verraten; sie hat die Augen vor der Realität verschlossen, den »Abgrund« ihrer Ehe »überdeckt« (wie Pastor Manders im 1. Akt feststellt, S. 33) und ihre eigenen Bedürfnisse hintangestellt, somit die äußere wie die innere, nämlich ihre eigene, Realität verleugnet. Diese Verleugnung ist der Kern der »Lebenslüge«.

Die Folgen dieser Lüge sind freilich wesentlich fataler, als es Helene Alving selbst zum Zeitpunkt ihrer Auseinandersetzung mit dem konservativen Pastor schon bewusst ist. Nicht allein sie nämlich, so enthüllt das Stück mit geradezu atemberaubender Folgerichtigkeit, ist das Opfer ihrer Feigheit, sondern auch und vor allem ihr Sohn Osvald, um dessentwillen sie doch die ganze Maskerade sowie die Opferung ihrer eigenen Bedürfnisse auf sich genommen hat. Mit einem dramatischen Schlusspunkt, der dem von *Nora (Ein Puppenheim)* gewiss in keiner Hinsicht nachsteht, macht uns das Stück deutlich, dass Osvald durch die »Feigheit« seiner Mutter zum geistigen Tode verurteilt wurde. Statt ihren Sohn zu retten, hat sie ihn unwissentlich dem Verderben überantwortet, und Frau Alvings Selbstopfer erweist sich in Wahrheit als Opferung ihres eigenen Kindes, dem doch nach allen landläufigen Vorstellungen ein besonderer, schon biologisch begründeter Schutz zusteht. So gerät sie unfreiwillig nur umso heftiger in

Konflikt mit den gesellschaftlichen Normen, die sie um alles in der Welt hatte einhalten wollen. Sie strebt Ziele an, die sie, wie sich am Ende des Stückes herausstellt, durch ihre Handlungen nicht nur gründlich verfehlt, sondern geradezu in ihr Gegenteil verkehrt: Ihrem guten Willen zum Trotz bewirkt sie letztendlich ein Übel.

Mit diesem Handlungsschema nähert sich das Drama *Gespenster*, wie häufig festgestellt wurde, der antiken Tragödie. Frau Alving ist, ähnlich wie etwa der König Ödipus des Sophokles, eine tragische Heldin, die unschuldig schuldig wird. Allerdings hat Ibsen den Verlauf der klassischen antiken Tragödie insofern modifiziert, als in diesem Gesellschaftsdrama die Einsicht der Heldin in das ganze Ausmaß ihrer Verfehlung, die Anagnorisis, buchstäblich erst im letzten Augenblick und damit gleichzeitig mit der Einsicht des Zuschauers in ihre Verstrickung erfolgt: Erst mit den letzten Worten Osvalds kommt die Enthüllungsmaschinerie des ibsenschen analytischen Dramas zum Stillstand, wird uns die furchtbare Konsequenz der Lebenslüge Frau Alvings in aller Deutlichkeit sichtbar gemacht.

2

Diese Modifikation des Tragödienschemas hat indes dramentechnisch gesehen ihren guten Grund. Der Schock des Schlusses nämlich führt nicht nur zur Katharsis des Zuschauers, sondern ebenso zu dessen *Indignation* über die offenkundige Ungerechtigkeit der Welt und zur Reflexion darüber, ob nicht ein anderer Ausweg möglich gewesen wäre. Der tragische Verlauf der Handlung evoziert die *Tendenz* des Stückes, welche da lautet: Die eigentliche Schuld an der Katastrophe trägt in Wahrheit nicht Helene Alving mit ihrer »Feigheit«, sondern die gutbürgerliche Gesellschaft mit ihrem rigiden Normenkosmos. Frau Alvings Fehler war lediglich, diese Normen so zu internalisieren, dass ein Aufbegehren gegen sie nicht wirklich in Frage kam, sie sich vielmehr von deren Repräsentanten, Pastor Manders, überreden lassen konnte, in den »überdeckten Abgrund« ihrer Ehe zurückzukehren.

Doch Ibsen geht noch einen Schritt weiter und lässt sein Stück zu einer scharfen Polemik gegen das Bürgertum seiner Zeit werden. Die böse Pointe des Dramas besteht nämlich darin, dass ausgerechnet Helene Alving, die ja wirklich nur versucht hat, den gesellschaftlichen Normen treu zu folgen, für diese Skrupulosität bitter bestraft wird; während jene, die es mit dem Gewissen nicht ganz so genau nehmen, die eigentlichen Gewinner sind. Dies gilt schon für den verstorbenen Kammerherrn Alving, der seinerzeit auf Kosten seiner Frau und seines Sohnes der Lust und dem Laster frönte, es gilt aber erst recht für die beiden präsenten Bühnenfiguren Pastor Manders, der stets die hehren Worte von Pflicht und Gewissen im Munde führt, und den durchtriebenen Tischler Engstrand, der mit genialer Verschlagenheit den Pastor zum Erfüllungsgehilfen seiner eigenen Interessen zu machen weiß.

Beide sind Kontrastfiguren zu Helene Alving, an denen uns vorgeführt wird, wie man sich der gesellschaftlichen Normen für seine eigenen Zwecke bedienen kann, wenn man sie nicht verinnerlicht hat. Allerdings erfolgt diese Vorteilsnahme bei Manders und Engstrand in unterschiedlicher Weise. Der Pastor ist ein selbstgefälliger Spießer, dem es zuallererst darum geht, seinen eigenen Ruf zu wahren – in dieser Hinsicht ist er viel feiger als Frau Alving –; und im Gegensatz zu dieser käme es ihm gar nicht in den Sinn, sich wegen seiner Fehler und Versäumnisse in der Vergangenheit Vorhaltungen zu machen: Sie sind ihm nicht einmal bewusst. Manders besitzt keine authentische, mit sich selbst identische Persönlichkeit, er ist vielmehr wie Peer Gynt nur »sich selbst genug«, ein charakterschwacher, vielleicht auch bindungsunfähiger Opportunist, der Helene, für die er ja offensichtlich einmal eine gewisse Neigung empfand, in ihre zerrüttete Ehe zurückschickt, weil er Angst davor hat, dass sie bei ihm bleiben könnte. Die Berufung auf so genannte Pflichten entspringt lediglich ängstlicher Kleingeisterei.

Engstrand hingegen ist ein schlitzohriger Gauner, der diese Schwäche von Manders sehr genau durchschaut und sie für seine Zwecke auszunutzen versteht. Obwohl in der Sekundärliteratur häufig seine ›diabolischen‹ Züge hervorgehoben werden (beispielsweise hinkt er), ist er vielleicht eher einer Reihe von Komödien-, man könnte fast sagen Boulevardfiguren zuzurechnen, die bereits in den frühen Stücken Ibsens ihren Anfang nimmt und bis zum dilettantischen Hobbymaler Ballested aus der *Frau vom Meer* reicht. Ein gutes Beispiel ist etwa die Szene im zweiten Akt, wenn Engstrand dem Vorwurf des Pastors, er habe ihm vorenthalten, dass er gar nicht Regines Vater sei, mit der gespielt treuherzigen Versicherung begegnet, dies sei alles nur zum Wohle von Mutter und unehelichem Kind geschehen. Das ist bester Boulevardstil. Der Tischler lügt, dass sich die Balken biegen, und macht gerade dadurch, dass er die moralischen ›Prinzipien‹ von Manders nach Belieben gegeneinander ausspielt, deren Hohlheit sichtbar. Unübertroffen der letzte Akt, wenn er den Pastor durch geschicktes Intrigieren auch noch dazu bringt, sich für sein »Seemannsheim« einzusetzen, das nichts anderes werden wird als ein Edelbordell (wiederum dramatische Ironie!). Erneut wird dadurch die Tendenz des Dramas auf den Punkt gebracht: Diejenigen, die die gesellschaftlichen Normen (in diesem Fall die der Kirche) tatsächlich verinnerlicht haben, werden an ihnen zugrunde gehen; demjenigen jedoch, der sie skrupellos für seine eigenen Zwecke verbiegt und ihrem Geist Hohn spricht, wird es wohl ergehen.

Damit wiederholt Ibsen indes nur die Kritik an der bestehenden norwegischen Gesellschaft, die er schon in seinen früheren Stücken von *Brand* (1866) an immer wieder in unterschiedlicher Form zum Ausdruck gebracht hatte und die dann im Modernen Durchbruch wie auch im zeitgleichen europäischen Naturalismus gleichsam zum Allgemeingut werden sollte: Die bürgerliche Gesellschaft ist geprägt durch eine Kluft zwischen moralischem Anspruch ihrer Repräsentanten und deren gelebter Realität; die wohlklingenden Phrasen von Allgemeinwohl und Altruismus, auf denen das Gemeinwesen beruht, dienen nur der Verschleierung der wahren, ganz und gar eigennützigen Interessen. Die Lebenslüge Frau Alvings ist daher nicht bloß deren privates Problem; sie ist vielmehr Ausdruck einer viel umfassenderen Problematik, einer Lebenslüge der ganzen bürgerlichen Gesellschaft, die es aufzudecken und anzuklagen gilt. *Gespenster* als *Indignationsstück* ist damit – darin ähnlich den früheren Dramen *Die Stützen der Gesellschaft* und *Nora (Ein Puppenheim)* – auch ein Appell an das Publikum, sich gegen diese Heuchelei zu empören.

3

So weit das Offensichtliche des Dramas. Über dieses hinaus geht es hier jedoch auch um Dinge, die sich vielleicht nicht unbedingt auf den ersten Blick erschließen. So verweist schon die Indignation des Stücks darauf, dass es einer bestimmten Tradition der europäischen Ideengeschichte verpflichtet ist, die zeitlich weit über diesen Text hinausreicht: der *Aufklärung*. Es ist dem Drama daran gelegen, Missstände anzuprangern, also dem Publikum Wissen beizubringen, und idealerweise durch dieses Wissen die Gesellschaft zu verbessern. In *Gespenster* kommt dieser aufklärerische Zug sinnfällig sowohl im Inhalt als auch in der *Symbolik* zum Ausdruck. Nicht nur der Grundkonflikt »Mut zur Wahrheit« vs. »Feigheit der Lüge«, den nicht in rechter Weise gelöst zu haben Helene Alving sich selbst vorwirft, deutet auf die Aufklärungsthematik hin, sondern schon der Titel des Dramas. Einen Hinweis darauf, wie dieser zu verstehen ist, erhalten wir in der Fortsetzung jenes Dialogs zwischen Frau Alving und Pastor Manders im zweiten Akt; da stellt sie nämlich fest:

> ich glaube fast, wir sind allesamt Gespenster, Pastor Manders. Es ist ja nicht nur, was wir von Vater und Mutter geerbt haben, das in uns herumgeistert; auch alte, abgestorbene Meinungen aller Art, alte, abgestorbene Überzeugungen und ähnliches. Sie sind nicht lebendig in uns; aber sie sitzen doch in uns fest, und wir können sie nicht loswerden. [...] Die [Gespenster] scheinen im ganzen Land zu leben. Sie scheinen so zahllos zu sein wie Sandkörner. Und darum sind wir alle so gottserbärmlich lichtscheu; wir alle miteinander. (S. 45)

›Licht‹, das ist die zentrale Metapher der Aufklärung schlechthin. Sie hat ihren Ursprung in der radikalen Aufwertung des »lumen naturale«, wie der scholastische Ausdruck für die Vernunft lautete, die René Descartes zu Beginn des 17. Jahrhunderts in seinen *Meditationes de prima philosophia* gegenüber dem »lumen divinum«, der göttlichen Weisheit, vorgenommen hatte. Hinter dieser Aufwertung steht der Anspruch, das ›Licht‹ der Vernunft möge in alle ›dunklen‹ Ecken ›leuchten‹, auf dass ungeprüfte und sich ›bei näherem Hinsehen‹ als rational nicht begründbar erweisende Meinungen und Behauptungen insbesondere der traditionellen Autorität Kirche zurückgewiesen werden können. Ziel dieser ›Ausleuchtung‹ ist indes nicht allein eine rational begründete Wahrheitsfindung, sondern viel mehr noch die *Emanzipation* von traditionellen Autoritäten, denen unterstellt wird, dass sie ihre Vormachtstellung im intellektuellen Diskurs ebenso wie in der Gesellschaft gar nicht hinreichend zu legitimieren imstande seien.

Die Wahrheit zu finden und Emanzipation von unbegründeten Autoritäten zu erreichen, das ist auch das zentrale Anliegen des Modernen Durchbruchs, wie es unter sinnfälliger Verwendung der Lichtmetaphorik in einem epigrammatischen Zweizeiler von Ibsens Zeitgenossen, dem dänischen Dichter Jens Peter Jacobsen (1847–1885), zum Ausdruck gebracht wird:

> Lys over Landet!
> Det er det, vi vil!
>
> (Licht überm Land!
> Das ist's, was wir wollen!)

Genau dieses Anliegen treibt Helene Alving, die ohnehin ›aufgeklärte‹ (d.h. politisch liberal gesinnte) Bücher liest, dazu, die Gespenster der »alten, abgestorbenen Überzeugungen« zu verjagen und sich auf diese Weise vom ungerechtfertigten Herrschaftsanspruch bestimmter bürgerlicher Normen und von diese vertretenden Institutionen wie der Kirche zu befreien. (Wie schon der eigentlichen Aufklärung im 17. und 18. Jahrhundert gilt auch dem Modernen Durchbruch des späten 19. Jahrhunderts gerade die Kirche als einer der, wenn nicht gar als *der* Hauptgegner beim Kampf um persönliche Freiheiten, als die bevormundende Instanz schlechthin.) Dass diese Ansichten als »Gespenster«, als ›Wiedergänger‹ bezeichnet werden, ist nun im Zusammenhang mit dem aufklärerischen Impetus von Frau Alvings Handeln auf zweifache Weise motiviert: Zum einen treiben sich Gespenster gerne an dunklen Plätzen herum, sind also ›von Natur aus‹ lichtscheu, weshalb sie dann mithilfe der Wunderwaffe der Aufklärung in die Flucht geschlagen werden können; zum anderen aber gibt es für den aufgeklärten Zeitgenossen ja gar keine Gespenster, sie sind der Aufklärung nichts weiter als ›Aberglaube‹. Das ›Licht‹, welches die Gespenster so scheuen, vermag diese also, der der Rhetorik des Stücks innewohnenden Logik zufolge, in zweifacher Hinsicht zu vertreiben: indem es sie verjagt und indem es zeigt, dass es keine Gespenster gibt.

Doch – und darin erneut liegt ihre Tragik – Frau Alving hat die Lampe zu spät entzündet. Osvalds Zusammenbruch ist in Wahrheit die verspätete Folge ihres zu späten Aufruhrs gegen die Pflichtmoral von Pastor Manders und die Lüge der Gesellschaft. Die perfide Logik des Stücks besteht gerade darin, uns klar zu machen, dass eine verspätete Rebellion so gut oder so schlecht wie keine ist; die Versäumnisse der Vergangenheit lassen sich, einmal in die Welt gesetzt, nicht mehr ausräumen, sie ›gehen‹ dann eben als Untote ›wieder‹. Das Stück demonstriert dies an einer beklemmenden Bedeutungsverschiebung der ›Gespenster‹-Trope. Zunächst ist es ja Frau Alving selbst, die den Ausdruck ›Wiedergänger‹ als Metapher für »alte, abgestorbene Überzeugungen und ähnliches« einführt sowie für diejenigen, die diese Überzeugungen vertreten, und diese Metaphorik scheint zunächst in sich konsistent. Doch schon vor dieser gleichsam ›offiziellen‹ Einführung ist der Ausdruck von ihr auch auf andere Dinge angewendet worden, wenn sie etwa »das Paar im Blumenzimmer – wiedergehen« lässt, wie es Ende des ersten Aktes wörtlich (und abweichend von der deutschen Übersetzung) im Norwegischen heißt. Das bezieht sich auf Regine und Osvald, die gerade dabei sind, im »Blumenzimmer« (deutsch als »Wintergarten« wiedergegeben) eine ähnliche Beziehung einzugehen wie seinerzeit ihr gemeinsamer Vater mit Regines Mutter Johanna – damals auch Dienstmädchen im Hause Alving. Wenn Helene dieses verstorbene Paar in den beiden Lebenden »wiedergehen« sieht, dann zollt sie damit dem Umstand Rechnung, dass beide eine analoge soziale Position im Haus einnehmen wie der Kammerherr und Johanna. Es kommt als weitere Analogie hinzu, dass beide von Frau Alving auch als Repräsentanten ihrer Eltern gesehen werden: Osvald als der seines Vaters, Regine als die ihrer Mutter. Und eine dritte Analogie besteht schließlich darin, dass ein Verhältnis zwischen Osvald und Regine ähnlich unheilvoll wäre wie das zwischen ihren Eltern, wenn auch aus anderem Grund: Der Kammerherr und Johanna hatten zwar eine gesellschaftlich geächtete, ja sogar ungesetzliche Beziehung; eine Verbindung zwischen Osvald und Regine jedoch würde einen Tabubruch ›wider die Gesetze der Natur‹ darstellen, der bis auf den heutigen Tag von den meisten als solcher betrachtet wird. In einem solchen Falle wären die ›Wiedergänger‹ schlimmer als die Lebenden.

»Wiedergänger« im Sinne von sozialen wie biologischen Repräsentanten Verstorbener, die eine noch fatalere Verbindung miteinander eingehen, als es schon die Toten getan hatten, das wäre demnach die zweite (wenngleich zeitlich früher eingeführte) von Helene Alving geschaffene Bedeutung des Ausdrucks. Der Zusammenhang dieser Verwendungsweise mit der erstgenannten – »alte, abgestorbene Überzeugungen« – besteht darin, dass überhaupt erst durch die Unterwerfung unter diese Ansichten das Verhalten des Kammerherrn derartige

Konsequenzen haben konnte; erst durch Frau Alvings Versagen droht die verhängnisvolle Affäre seiner beiden Kinder zustande zu kommen. So geht denn in deren Verhältnis nicht nur die Sünde ihres Vaters wieder, sondern ebenso das Versäumnis Frau Alvings.

Nun lässt diese allerdings bereits in den letzten Worten des ersten Akts einige der aufgeklärten Implikationen hinter sich, die im Wort ›Wiedergänger‹, ›Gespenster‹ liegen und die ich eben erläutert habe. Einem aufgeklärten Denken sind Gespenster nichts weiter als Aberglaube. Doch wenn Frau Alving voller Schrecken das »Paar im Wintergarten« »wiedergehen« sieht, dann bestätigt sie damit verbal wie auch durch ihre eigene emotionale Reaktion unwillkürlich die Existenz solcher »Wiedergänger«, wenn auch nur auf metaphorischer Ebene. Infolgedessen erweisen sich nun die beiden folgenden Akte als ein beständiger Kampf gegen diese metaphorischen Gespenster, in den auch ihr verstorbener Ehemann mit einbezogen wird, wenn sie es für »ihren Jungen« Osvald so einrichten will, als habe »der Tote nie in diesem Haus gelebt« (S. 37f.). Diese Ausdrucksweise ist hier natürlich mehr als doppeldeutig, da sie auch suggerieren kann, der Tote habe nach seinem Tod tatsächlich im Haus weitergelebt – eben als Untoter oder Wiedergänger. Und wenn am Ende Osvald auf der Bühne sitzt wie »lebendig tot«, wie er selbst es im zweiten Akt nennt (S. 57), dann erleben wir darin den definitiven Ausgang dieses Kampfes mit den ›Gespenstern‹, nämlich deren Triumph über die Aufklärerin Helene Alving: Sie hat sie nicht bannen können, wird vielmehr selbst von ihnen gebrochen.

In diesem Zusammenhang kann man die am Ende aufgehende Sonne nur als Zeichen zutiefst »tragischer Ironie« (wie man es genannt hat) ansehen. Die Sonne ist nämlich das ganze Stück hindurch mit einer metaphorischen Bedeutung aufgeladen worden – schon dadurch, dass sie nie scheint (weil es ständig regnet, wie die Regieanweisungen mit Nachdruck deutlich machen). So klagt denn auch Osvald im zweiten Akt, als er das Leben in Paris mit dem in Norwegen vergleicht, über sein Heimatland: »Und dann dieser ewige Regen. Woche um Woche kann das ja so gehen; ganze Monate. Daß man keine Sonne sieht. Die Male, wo ich zu Hause war, kann ich mich nicht erinnern, daß da je die Sonne geschienen hätte« (S. 60). Hier verweist die Sonne sicher auf die in Norwegen fehlende »Lebensfreude«, von der Osvald an anderer Stelle spricht und an deren Mangel Frau Alving zufolge auch schon sein unseliger Vater gelitten hat und der, so wird uns angedeutet, ihn sogar erst zu dem hat werden lassen, der er war. Das Regenwetter, die fehlende Sonne werden so zum Sinnbild des tristen ›ennui‹, der Daseinsleere und der bigotten Pflichterfüllung, die Pastor Manders repräsentiert. Auf der anderen Seite aber ist die Sonne natürlich das Symbol des Lichts schlechthin und damit Verkörperung des aufklärerischen »lumen naturale«. Bereits das Bühnenbild in *Gespenster* charakterisiert die norwegische Gesellschaft im Allgemeinen und das Alving'sche Heim im Besonderen somit durch das Fehlen dieses doppelten Symbols als Ort einer unaufgeklärten Tristesse, wo das wahre Leben ausgeschlossen ist.

Wenn die Sonne dann schließlich nach dem »ewigen Regen« der vergangenen Tage doch noch aufgeht, gleichsam als allerletzte Handlung des Dramas, so ist dies keineswegs als definitiver Durchbruch von Lebensfreude und Aufklärung zu verstehen, die sich nun endlich doch noch ihren Weg bahnen. Die dumpf gestammelte und aufgrund der Naturgesetze unmöglich buchstäblich zu erfüllende Aufforderung Osvalds, »Mutter, gib mir die Sonne«, macht vielmehr grausam deutlich, dass für die Angehörigen der Familie Alving beides nicht zu haben ist: Die Aufklärung führt zu nichts, weil sie zu spät kommt, und mit der Lebensfreude ist es ohnehin ein für alle Male vorbei. Die Sonne beleuchtet am Ende den Triumph jener Kräfte, deren Gegenteil sie bedeutet, und lässt so den katastrophischen Charakter dieses Triumphes nur noch umso klarer hervortreten. Dieser hatte sich im Übrigen bereits im Brand des geplanten Kinderheims angekündigt, das ausgerechnet auf einem Grund namens »Solvik« stand, wörtlich »Sonnenbucht«: Frau Alvings Idee, die Sünden ihres Mannes zu sühnen, die fehlende Lebensfreude zu restituieren und damit ›Licht‹ zu bringen, war schon hier im wahrsten Sinne des Wortes in Rauch aufgegangen.

4

Frau Alvings Niederlage zeigt sich schließlich in einem letzten Punkt, dem nun allerdings eine weit über dieses Drama hinausgehende Bedeutung zukommt. Wir hatten gesehen, dass Frau Alving in der fiktiven Welt des Stücks diejenige ist, welche die Wiedergänger-Metapher allererst erfindet, und wir hatten ferner gesehen, dass sie diese Bedeutung allmählich über die ursprünglich eingeführte hinaus ausweitet. Doch die Bedeutung, die das Wort »Wiedergänger« mit dem »lebenden Toten« Osvald erhält, der stumpfsinnig auf der Bühne sitzt und von der Mutter »die Sonne« einfordert, ist eine, die weder von Helene Alving intendiert ist noch überhaupt von ihr geschaffen wurde. Die Pointe am Ende des Stücks besteht gerade darin, dass Frau Alving die Bedeutung der von ihr selbst eingeführten Wiedergänger-Metapher nicht mehr überblicken und damit auch nicht mehr beherrschen kann: Diese macht sich im Laufe des Dramas selbstständig. Helene Alving wird die Gespenster, die sie rief, nicht mehr los.

Dies ist natürlich zunächst nichts weiter als ein literarischer Trick des Autors, der darin besteht, den Geltungsbereich der Metapher von der Figurenebene auf die des impliziten Autors auszudehnen, über die natürlich, *per definitionem*, die Figuren keine Macht besitzen. Der implizite Autor also ist es, der die Geister, die er schuf, über die Protagonistin siegen lässt. Man kann diesen Kunstgriff so interpretieren, dass damit die Niederlage Frau Alvings vor der Gesellschaftslüge versinnbildlicht werden soll – und dies ist sicher auch der Fall. Doch die Konsequenz dieser poetischen Verfahrensweise geht über die bloße Bebilderung der Tendenz des Stückes hinaus. Die »Wiedergänger« werden von Helene Alving ja als Metapher eingeführt, die ihre eigene Situation und die der Gesellschaft, in der sie lebt, auf den Begriff bringen soll, als ein ›Zentralsymbol‹, wie man es nennen könnte. Der Umstand, dass die Bedeutung solcher Zentralsymbole zur Charakterisierung der Welt und des eigenen Lebens nicht mehr von dem beherrscht werden kann, der sie erfunden hat, erscheint dann in *Gespenster* als Signum einer abgründigen Nicht-Verstehbarkeit der Welt. Die eigentlich zum Verständnis der Dinge eingeführten Begriffe wachsen den Menschen, die über sie verfügen wollen, über den Kopf, folglich haben sie die Dinge nicht mehr im Griff.

Einem allerdings geht es hier noch anders, einer verfügt noch, sogar in unvergleichlicher Souveränität, über solche Zentralsymbole, an deren fehlerhafter Deutung die Hauptfigur des Dramas zugrunde geht: der implizite Autor, der im Gegensatz zu Helene Alving genau weiß, was die Wiedergänger-Metapher noch alles bedeutet, und der die verschiedenen Bedeutungen virtuos gegeneinander auszuspielen versteht. Dieses Ausspielen kann ja nur deshalb als poetisches Verfahren so erfolgreich sein, weil der allgemeine Mechanismus der Zeichen hier noch als funktionierend vorausgesetzt wird, weil die Welt ihre Deutbarkeit noch nicht verloren hat und die Position des Individuums in ihr klar bestimmbar erscheint. Tatsächlich erweist sich Ibsen denn auch in anderen Stücken als Herrscher über die Zeichen, als ein Meister im Jonglieren mit Bedeutungsverschiebungen von Metaphern, die den Status solcher Zentralsymbole besitzen. Etwa in der *Wildente* (1885), wo der titelgebende Seevogel für Hedvig und Greger Werle eine diametral entgegengesetzte Bedeutung besitzt, was für die tragische Entwicklung des Dramas entscheidend ist; oder in dem darauf folgenden *Rosmersholm* (1886), wo es die »weißen Pferde« sind, die von Rebecca West und der abergläubischen Haushälterin Madam Helseth in unterschiedlicher Weise interpretiert werden und die Macht einer schuldbeladenen Vergangenheit über die Lebenden versinnbildlichen.

Das Bemerkenswerte besteht nun darin, dass in den darauf folgenden Stücken der implizite Autor allmählich den Herrschaftsanspruch über seine Zentralsymbole aufgibt. Dies geht einher mit einer implizit schon im *Volksfeind* (1882), ganz deutlich dann aber mit der *Wildente* beginnenden Kritik an den Aufklärungsbestrebungen von Figuren wie Helene Alving, die in *Gespenster* ja noch der Sympathie ihres Autors gewiss sein durfte. Von der *Wildente* an steht hingegen die Frage im Mittelpunkt, inwiefern der unbedingte Wahrheitsanspruch, der dem aufklärerischen Impetus dieser Figuren zugrunde liegt, überhaupt berechtigt ist; und die Antwort, zu der Ibsen dann in *Rosmersholm* zu gelangen scheint, lautet, dass jedes Aufklärungsbemühen deshalb zum Scheitern verurteilt ist, weil es dem Aufklärer nicht einmal gelingt, seine eigenen seelischen Untiefen auszuleuchten. Und wo ihm dies doch gelingt, da wird er mit Schrecken gewahr, was als Konsequenz bereits in *Gespenster* angelegt ist: dass nämlich die Geister, die er bannen will, immer schon in seinem eigenen Inneren gehaust haben.

Als Folge davon werden die Metaphern in den späteren Stücken vieldeutiger, vager, nicht mehr eindeutig zu interpretieren. Der implizite Autor ist jetzt kein Besserwisser mehr, der seine Figuren mit Bedeutungen konfrontiert, die er allein kennt. Jetzt geht er vielmehr selbst durch jenen »Wald von Symbolen«, von dem in Baudelaires Programmgedicht *Correspondances* die Rede ist; aber anders als für die Symbolisten wird ihm diese Vagheit keineswegs zu einem Ausweg aus einem profanen Leben, sondern, wie für Helene Alving, zum Indiz für die desillusionierende Unverstehbarkeit der Welt. Von da an steht er mehr oder weniger auf einer Wissensstufe mit der Protagonistin aus *Gespenster*: Die Gesellschaftskritik des »Familiendramas in drei Akten« ist verpufft, der Aufklärungsanspruch hat sich als nicht einlösbar erwiesen; das Ende ist Ratlosigkeit angesichts einer fremd gewordenen Welt. Es ist daher sicher kein Zufall, wenn gerade die letzten Worte von Ibsens Verfasserschaft aus jenem traditionellen Gruß bestehen, der zugleich einen Abschied wie auch einen Wunsch zum Ausdruck bringt, von dem hier ungewiss bleibt, ob er in Erfüllung gehen kann: »Pax vobiscum« – »Friede sei mit euch«.

Weiße Pferde: Henrik Ibsen und das Projekt der Aufklärung

1

Aufklärung ist bekanntlich der »Ausgang des Menschen aus seiner selbstverschuldeten Unmündigkeit«; und »*selbstverschuldet* ist diese Unmündigkeit, wenn die Ursache derselben nicht am Mangel des Verstandes, sondern der Entschließung und des Mutes liegt, sich seiner ohne Leitung eines andern zu bedienen«.[1] Das Ziel der Aufklärung war es immer, diese Unmündigkeit zu beheben – »das Licht zu vermehren, die dunkeln Körper, die ihm den Durchgang verwehren, soviel möglich, wegzuschaffen und besonders alle finstern Winkel und Hölen sorgfältig zu beleuchten – in welcher das [...] lichtscheue Völkchen sein Wesen treibt«, wie es Christoph Martin Wieland zeitgleich mit Kant ausgedrückt hat.[2] Eine solche Aufklärung ist keineswegs auf das 17. und 18. Jahrhundert beschränkt, sondern hat als Inbegriff des »unvollendeten« »Projekts der Moderne« (Habermas)[3] auch in späteren Zeiten Bestand, bis in die Gegenwart hinein.

Aufklärung, darauf verweisen schon der deutsche Begriff, stärker noch die Begriffe anderer Sprachen wie *enlightenment*, *l'âge de l'illumination* oder *des lumières* oder *l'illuminismo* –, Aufklärung strebt danach, dass es hell werde, dass das Licht der menschlichen Vernunft, das »lumen naturale« der scholastischen Philosophie, in die finstersten Ecken der Welt scheine und das »lichtscheue Völkchen« des Aberglaubens, der ungerechtfertigten Meinungen, des blinden Gehorsams auf ewig vertreibe. Man könnte hier auch, in Anlehnung an die Einteilung der kantischen Philosophie, von einer *theoretischen* und einer *praktischen* Seite der Aufklärung sprechen. Auf die theoretische bezieht sich Wieland, wenn er unter dem Licht der Vernunft, dem »Licht des Geistes«, wie er es auch

1 Kant 1983, S. 53.
2 Wieland 1789, S. 100. Zitiert nach der digitalen Online-Version der Universität Bielefeld (http://www.ub.uni-bielefeld.de/diglib/aufkl/teutmerk/teutmerk.htm).
3 Vgl. Habermas 1981, S. 452ff.

nennt, »die Erkenntniß des Wahren und Falschen, des Guten und Bösen« versteht und die Aufklärung daher als »so viel Erkenntniß« definiert, »als nöthig ist, um das Wahre und Falsche immer und überall unterscheiden zu können«.[4]

Auf die praktische Seite der Aufklärung hingegen nimmt die Metapher des »lichtscheuen Völkchens« Bezug, die diese zu »Feinden des Lichts« (so der Titel eines Gedichts des schwedischen Aufklärungsdichters Johan Henric Kellgren) werden lässt, Wesen, die kein Interesse am Hellwerden haben, sondern die es dunkel lassen wollen, weil sie auf ihren eigenen, häufig genug politisch motivierten Vorteil aus sind: »jene Vormünder, die die Oberaufsicht [...] gütigst auf sich genommen haben [...], [n]achdem sie ihr Hausvieh zuerst dumm gemacht haben und sorgfältig verhüteten, dass diese ruhigen Geschöpfe ja keinen Schritt außer dem Gängelwagen, darin sie sie einsperreten, wagen durften«, wie es bei Kant heißt.[5] Theoretische Aufklärung zielt auf Erkenntnis des Wahren und Richtigen, praktische Aufklärung hingegen auf die vernünftige Umsetzung und Anwendung dieses Erkannten;[6] sie ist ohne theoretische daher nicht möglich: Theoretische Aufklärung ist die Voraussetzung aller praktischen. Praktische Aufklärung heißt zunächst: Befreiung, Emanzipation von unberechtigten Autoritäten und Herrschaftsansprüchen, Autonomie und Selbstwerdung des Subjekts. Sie ist daher zuallererst Opposition und Kampfansage an »jene Vormünder«, denen Wieland den verbalen Fehdehandschuh entgegenschleudert, wenn er polemisch feststellt:

> es giebt Leute, die in ihrem Werke gestört werden, sobald Licht kommt; es giebt Leute, die ihr Werk unmöglich anders als im Finstern, oder wenigstens in der Dämmerung, treiben können; – z.B., wer uns schwarz für weiß geben, oder mit falscher Münze bezahlen, oder Geister erscheinen lassen will.[7]

Auch die Zeit, in der Ibsen jene Dramen veröffentlichte, die rezeptionsgeschichtlich gesehen als erste seinen Weltruhm begründeten, der sogenannte Moderne Durchbruch, war zweifellos eine Epoche des Projekts der Aufklärung[8]:

4 Wieland 1789, S. 98.

5 Kant 1983, S. 53f.

6 Ähnlich aus soziologischer Perspektive Habermas 1981, S. 453: »Das Projekt der Moderne, das im 18. Jahrhundert von den Philosophen der Aufklärung formuliert worden ist, besteht nun darin, die objektivierenden Wissenschaften, die universalistischen Grundlagen von Moral und Recht und die autonome Kunst unbeirrt in ihrem jeweiligen Eigensinn zu entwickeln, aber gleichzeitig auch die kognitiven Potentiale, die sich so ansammeln, aus ihren esoterischen Hochformen zu entbinden und für die Praxis, d.h. für eine vernünftige Gestaltung der Lebensverhältnisse zu nutzen«.

7 Wieland 1789, S. 99.

8 Moderner Durchbruch: die beiden Jahrzehnte zwischen 1871 und 1891, als sich in Skandinavien wie anderswo in Europa realistische und naturalistische Strömungen mit sozialkritischem Anspruch durchsetzen; der Ausdruck selbst geht auf Georg Brandes zurück, der als der eigentliche Initiator des Modernen Durchbruchs anzusehen ist. Die kurze Epoche hat einige

Der gleiche Wunsch, den Feinden des Lichts den Garaus zu machen, der bei Wieland zum Ausdruck kommt, beseelt auch die Autoren des Modernen Durchbruchs, wenn sie Probleme zur Debatte gestellt wissen wollen, die den gesellschaftlichen Fortschritt behindern und die Menschen in Unwissenheit und Abhängigkeit von unbeglaubigten gesellschaftlichen Autoritäten belassen. Ibsen selbst gehört dieser an sich schon kurzen Epoche nur mit einem kleinen Teil seiner Werke an, und sein Verhältnis zu ihr und ihren Zielsetzungen war mehr als ambivalent. Dennoch kann man kaum übersehen, dass das Projekt der Aufklärung in seinen Dramen in signifikanter Weise thematisiert wird – und zwar auch in jenen, die nach dem Ende des Modernen Durchbruchs verfasst wurden.

Diese Thematisierung äußert sich in zweifacher Form. Zum einen begegnen in seinen Dramen häufig die klassischen *Metaphernantagonisten* Licht und Schatten.[9] Zum Bereich des Schattens zählen auch jene »Geister«, auf die sich Wieland als Musterbeispiel für den Mummenschanz der Lichterfeinde bezieht; sie finden sich auch bei Ibsen. Ich habe bereits an anderer Stelle auf die häufige Anwesenheit dieser Gegenspieler der Aufklärung in seinen Gegenwartsdramen hingewiesen, die vielen bedrohlichen Wesenheiten aus der Volksmythologie, des Aberglaubens oder der fantastischen Literatur, die seine Dramen bevölkern oder auf die angespielt wird.[10] Schon die Titel vieler Stücke sind in dieser Hinsicht einschlägig, angefangen von *Gengangere* (*Gespenster*, wörtlich: »Wiedergänger«) über *Fruen fra havet* (*Die Frau vom Meer*) bis hin zum »dramatischen Epilog« *Når vi døde vågner* (*Wenn wir Toten erwachen*); auch *Rosmersholm* könnte man hinzurechnen, dessen Ortsname an einschlägige Schreck- und Schauerplätze erinnert wie das ›Castle of Otranto‹ oder ›Metzengerstein‹. Aber auch an Gestalten aus dem Bereich des Fantastischen mangelt es bei Ibsen nicht: die weißen Pferde auf Rosmersholm, der seltsame Seemann Friman aus *Fruen fra havet*, dessen unheimliche Augen im verstorbenen Kind Ellidas und Wangels ›wiedergegangen‹ sind, Baumeister Solness, der glaubt bzw. fürchtet, seine Wünsche könnten auf magische Weise in Erfüllung gehen, die hexenhaft-dämonische Rattenmamsell aus *Lille Eyolf*, die »Eisenhand«, die John Gabriel Borkmanns Leben beendet oder schließlich die Diakonisse aus *Når vi døde vågner*, der »Schatten« Irenes, mit ihren »braunen, stechenden Augen« und zombiehaften Bewegungen.[11]

international bekannte und gefeierte skandinavische Autoren hervorgebracht: neben Ibsen unter anderem August Strindberg, Jens Peter Jacobsen, Herman Bang, Jonas Lie und Alexander Kielland.

9 Die Metaphorik der Aufklärung war in Norwegen nicht zuletzt durch das populäre Gedicht *Sandhedens Armeé* (*Die Armee der Wahrheit*) des späten Romantikers (!) Henrik Wergeland eingeführt, das Ibsen gekannt haben dürfte.

10 Vgl. dazu Rühling 1998.

11 Vgl. dazu auch Kittang 2002, insbesondere S. 234ff., der als einer der ganz wenigen auf die

All dies sind Beispiele für das »lichtscheue Völkchen«, vom Licht selbst als der Zentralmetapher der Aufklärung ist hier hingegen noch nicht die Rede. Dies kommt jedoch sogleich ins Spiel, wenn wir uns dem zweiten Bezug zum Projekt der Aufklärung zuwenden, der sich in Ibsens Werk findet. Ihn sehe ich in der Figur des *Aufklärers*/der *Aufklärerin*, die für viele seiner Stücke charakteristisch ist. Nicht nur in den Gegenwartsdramen nämlich werden ›Helden‹ in die Welt hinausgeschickt, die diese verbessern wollen[12]: Brand etwa ist ein solcher, ebenso Julian, Helene Alving, Gregers Werle, Rebecca West... Einige dieser Helden sind Lichtbringer im Sinne der historischen Aufklärung, die also danach streben, durch »die Erkenntnis des Wahren und Falschen, des Guten und Bösen« den Menschen von der »Oberaufsicht« durch die ›Vormünder‹ zu befreien, ihn von falschen und unbegründeten Ansichten und deren Herrschaft zu emanzipieren. Diese Figur des Aufklärers ist vor allem präsent in den vier Dramen von *Gengangere* über *En folkefiende* (*Ein Volksfeind*) und *Vildanden* (*Die Wildente*) bis hin zu *Rosmersholm*, in denen sich Ibsens Auseinandersetzung mit dem Projekt der Aufklärung meiner Ansicht nach in besonderem Maße und in einer das ganze spätere Werk bestimmenden Art und Weise vollzieht. Dreien von ihnen will ich mich im Folgenden etwas genauer zuwenden, während ich das vierte (*En folkefiende*) nur im Vorbeigehenden streifen werde. Da diese Dramen zu den bekanntesten gehören, die Ibsen überhaupt geschrieben hat, setze ich die wesentlichen inhaltlichen und formalen Details dieser Stücke als bekannt voraus und werde mich ausschweifender Zitate enthalten.

2

Die erste Aufklärerin, um die es hier gehen soll, ist Helene Alving, eine Heldin wider Willen, ein gebranntes Kind, das die Konsequenzen aus ihrer gescheiterten Ehe ziehen und deren Lehren weitertragen will. Gegenüber ihrem konservativen Widerpart, Pastor Manders, befindet sie sich zunächst in einer defensiven Position, die sie nur aufgibt, weil sie sich zu Unrecht von diesem beschuldigt fühlt. Erst nachdem sie die Verhältnisse ihrer Ehe offen gelegt hat, geht sie in die Offensive mit der Einführung der titelgebenden ›Wiedergänger‹ und offeriert dem erstaunten Manders ihre berühmte Theorie zur Erklärung des gesellschaftlichen Stillstands:

Affinität von Ibsens Dramen zur fantastischen Literatur aufmerksam gemacht hat. Zuvor war vor allem auf Anklänge aus der Volksmythologie hingewiesen worden; vgl. dazu vor allem Holtan 1970.

12 Auch dazu vgl. Kittang 2002, S. 12.

> Men jeg tror næsten vi er gengangere alle sammen, pastor Manders. [...] Det er alle slags gamle afdøde meninger og alskens gammel afdød tro og sligt noget. Det er ikke levende i os; men det sidder i alligevel og vi kan ikke bli kvit det. [...] Der må leve gengangere hele landet udover. Der må være så tykt af dem som sand, synes jeg. Og så er vi så gudsjammerlig lysrædde allesammen. (Bd. 9, S. 92)[13]

> Aber ich glaube fast, wir sind alle zusammen Wiedergänger, Pastor Manders. [...] Das sind allerlei alte abgestorbene Meinungen und alle möglichen abgestorbenen Ansichten und so was. Es lebt nicht in uns; doch es sitzt trotzdem in uns fest, und wir können es nicht loswerden. [...] Es müssen im ganzen Land Wiedergänger leben. Es muss so viele von ihnen geben wie Sand am Meer. Und dann sind wir alle zusammen so gottserbärmlich lichtscheu.[14]

»Lichtscheu«: Damit haben wir einen weiteren Schlüsselbegriff der Aufklärung zur Brandmarkung ihrer Feinde. Merkwürdig allerdings, dass Frau Alving ihn auf sich selbst anwendet und sich damit selbst zum Gespenst, zum Wiedergänger macht. Hinter dieser Selbstbezichtigung lässt sich jedoch unschwer eine aufgeklärte Position erkennen: Hier spricht eine Person, die sich sehr wohl bemüht, Wahres und Falsches, Gutes und Böses voneinander zu unterscheiden, die aber seinerzeit gescheitert ist, weil sie zu »feige« gewesen war und ihre Erkenntnisse nicht beherzt genug in die Praxis umsetzte (d. h. den »verdeckten Abgrund« ihrer Ehe mit dem Kapitän und Kammerherrn Alving nicht rechtzeitig verließ). Auch ›Feigheit‹ ist wiederum ein aufklärerischer Begriff, erinnert er doch an das Selbstverschuldete jener Unmündigkeit, von der Kant gesprochen hatte: »Faulheit und Feigheit«, so heißt es denn auch bei ihm weiter, »sind die Ursachen, warum ein so großer Teil der Menschen, nachdem sie die Natur längst von fremder Leitung freigesprochen [...], dennoch gerne zeitlebens unmündig bleiben«.[15]

Das Stück zeigt dann, wie Helene Alving diese ihre Feigheit doch noch überwindet, indem sie insbesondere Osvald reinen Wein über sich und seinen Vater einschenkt – und wie vergeblich dieses zu spät gekommene Aufklärungsbemühen ist. Die Feigheit von damals ist nicht wiedergutzumachen, so die unbarmherzige These des Dramas; wer zu spät handelt, der wird bestraft. Nun erfolgt diese Verurteilung der Feigheit und der durch sie bewirkten Unterlassung der Aufklärung natürlich selbst aus einer aufklärerischen Position heraus im Sinne praktischer Aufklärung: Das Stück ist ja ein Tendenzstück, eine ›Bestrafungstragödie‹, das – darin in gewisser Weise der Verlachkomödie des 18. Jahrhunderts verwandt – dadurch, dass es zeigt, wie es nicht sein sollte, im

---

13 Alle Ibsenzitate beziehen sich auf Ibsen 1928ff.; die erste Zahl in Parenthese bezeichnet den entsprechenden Band, die zweite die Seite. Vgl. dazu den Beitrag S. 107–118 in diesem Band.

14 Alle Übersetzungen, sofern nicht anders gekennzeichnet, von mir.

15 Kant 1983, S. 53.

Zuschauer den Impuls zu einem Handeln wecken will, das jene Fehler vermeidet, von denen das Drama handelt.

In diesem Licht, als aufklärerisches Tendenzstück, ist *Gengangere* denn auch jahrzehntelang gesehen worden. Doch eine solche Lesart greift zu kurz, da sie ein Verfahren der Symbolbehandlung vernachlässigt, das überaus typisch für Ibsens spätere Gesellschaftsdramen ist, mit dem er jedoch bereits hier meisterhaft hantiert. Ich möchte dies Verfahren als *dramatische Verkennung* bezeichnen. Damit ist gemeint, dass die *dramatis personae* bestimmte Symbole miss- oder falsch verstehen. Das Missverständnis ist natürlich ein alter Theatertrick, der etwa in der Verwechslungskomödie immer schon effektvoll eingesetzt wurde; und es ist ferner Teil einer Rezeptionslenkung, die nicht nur bei Ibsen auftritt, für ihn aber sehr typisch ist: der dramatischen Ironie. Doch als alter Theatertrick und als ein Aspekt von dramatischer Ironie scheint mir die Symbolverkennung bei Ibsen zu harmlos bezeichnet; er setzt dieses Verfahren vielmehr auf eine höchst signifikante und, wie ich finde, einzigartige Weise ein.

Es ist ja häufig beobachtet worden, dass die Figurenrede bei Ibsen in charakteristischer Weise doppelt konnotiert ist, so dass sie eine gleichsam ›tiefere‹ Bedeutung erhält, als den Personen selbst bewusst ist.[16] Dies lässt sich schon an der zitierten Replik Frau Alvings studieren: Der Ausdruck ›Wiedergänger‹ wird erst zur Kennzeichnung jener »alten abgestorbenen Ansichten und Meinungen« verwendet, dann aber auf die Träger dieser Ansichten selbst angewandt, so dass man sich fragen kann, wer oder was denn nun die Wiedergänger sind – die Ansichten oder die, die sie haben? Darüber hinaus werden jedoch auch Regine und Osvald als Wiedergänger bezeichnet, und zwar als diejenigen von Osvalds Vater, dem Kapitän, sowie von Regines Mutter, seinerzeit ebenfalls Dienstmädchen im Hause Alving wie heute Regine. Und schließlich bezeichnet Osvald den Zustand geistiger Zerrüttung, dessen definitiven Ausbruch er fürchtet, als ›lebendiges Totsein‹ (»Være som levende død!«) – was wären Wiedergänger anderes?

Die Pointe dieses Vexierspiels mit unterschiedlichen Bedeutungen, Konnotationen und Referenzen des Ausdrucks ›Wiedergänger‹ besteht nun darin, dass es zwar Helene Alving ist, die ihn als Metapher einführt (in obigem Zitat), dass ihr der implizite Autor jedoch bald die Verfügungsgewalt darüber nimmt, und zwar in einer durchaus beklemmenden Weise: indem er nämlich die metaphorische Bedeutung innerhalb des Bühnendialogs überführt in ein theatralisches Zeichen, dem metaphorische Bedeutung in ganz anderer Hinsicht zukommt – den zusammengebrochenen Osvald der Schlussszene. Was Helene Alving als bloße, zudem doppeldeutige Metapher eingeführt hatte – ›*Wir* sind alle Wiedergänger, weil wir abgestorbene Meinungen in uns herumtragen‹ –, hat sich am

16 Vgl. dazu etwa Henriksen 1974, S. 66f.

Ende des Stücks grausig bewahrheitet, wenn Osvald im wortwörtlichen Sinne zum »lebendigen Toten« geworden ist, als den er sich vorher schon selbst bezeichnet hatte.[17]

In *Gengangere* erfolgt also eine Verschiebung der Bedeutung von ›Wiedergänger‹ und zugleich damit eine Verschiebung von der diskursiven hin zur theatralischen Metapher; die Wiedergänger springen gleichsam aus der Figurenrede auf die Bühne, wenn auch immer noch in übertragener Bedeutung. Diese Verschiebung entspricht nun einer Verkennung, nämlich der Bedeutung der Metapher ›Wiedergänger‹, die darin besteht, dass der implizite Autor sie in einer viel weiter reichenden Weise verwendet, als er es seinem eigenen Geschöpf bewusst sein lässt. Beides zusammen genommen, theatralische Metaphorisierung der ›Gespenster‹ und die Verkennung ihrer Bedeutung, kommt in gewissem Sinne einem Triumph jenes »lichtscheuen Völkchens« gleich, das das Projekt der Aufklärung im Allgemeinen und die Aufklärerin Helene Alving im Besonderen doch eigentlich bekämpfen wollte; und das aufklärerische Bemühen der Protagonistin erfährt genau darin eine katastrophale Niederlage. Die wahre dramatische Ironie des Stückes besteht in einer fatalen Dialektik der Aufklärung, darin, dass die Arbeit der Aufklärerin erst das etabliert, was sie vernichten sollte: dass ein Licht (die aufgehende Sonne) die Existenz dessen ein für alle Mal enthüllt, was durch das ›Licht des Geistes‹ ausgelöscht werden sollte.

Ich hatte bereits darauf hingewiesen, dass der Grund für diese Niederlage in *Gengangere* eindeutig und der Logik der historischen Aufklärung gemäß beim Namen genannt wird: Er liegt in der Feigheit Helene Alvings, es ist ihre Schuld. Die Rückkehr des Wiedergängers am Ende ist daher zugleich die Reinkarnation von Helenes Versäumnis in der Vergangenheit, die zerrüttete Ehe mit ihrem nach ›Lebensfreude‹ dürstenden Mann nicht rechtzeitig verlassen zu haben. Die Selbstvorwürfe, die sie sich im Gespräch mit Pastor Manders macht, erweisen damit ihre finstere Berechtigung.

3

Diese Verfahrensweisen werden nun in den folgenden Dramen eingesetzt, um das Projekt der Aufklärung zu diskutieren und in Frage zu stellen, wenn auch nicht in allen gleichzeitig. In dieser Diskussion wird ein Zweifel am Projekt verstärkt, der in *Gengangere* bereits unterschwellig vorhanden ist, so dass mir die darauffolgenden Stücke mit diesem unmittelbar zusammengehörig erscheinen. In *En folkefiende* wird zunächst das Scheitern der Aufklärerin, das in

17 Østerud 2005, der diese Verbindung nicht sieht, sondern stattdessen schon Osvald vor seinem Zusammenbruch als Gespenst auffasst (S. 270 f.).

Gengangere für die Katastrophe verantwortlich gewesen war, in eine Distanzierung des impliziten Autors vom Projekt der Aufklärung umgemünzt, indem dieses ins Lächerliche gezogen wird. Der aufgeklärte Weltverbesserer Dr. Stockmann ist ein türenschlagender Clown, dessen kohlhaassche Rechthaberei, die in ihrer Rücksichtslosigkeit und mangelnden Güterabwägung an *Brand* erinnert, allerdings nicht in Tragik mündet, sondern farcehafte Züge trägt. Die eigentliche Auseinandersetzung mit dem Projekt der Aufklärung findet jedoch erst in den beiden folgenden Dramen statt, zunächst in *Vildanden*, in dem schon die in *Gengangere* so eindrucksvoll in Szene gesetzte Symbolverkennung einen Höhepunkt in Ibsens gesamtem Schaffen erfährt.

Dieses Stück wie auch das unmittelbar darauffolgende *Rosmersholm* ist zumeist mit Hinblick auf Ibsens Auseinandersetzung mit dem Ideal analysiert worden, der »idealen Forderung« wie sie von Gregers Werle genannt wird.[18] Dass das Drama jedoch insbesondere von Aufklärung handelt, wird schon durch seine viel gerühmte Lichtsymbolik deutlich: Wie ebenfalls bereits in *Gengangere* bewegt sich die Bühnenbeleuchtung zwischen Kunstlicht und Tageslicht, und wie im früheren Stück beleuchtet das Tageslicht am Ende eine tragische Realität; hinzu kommen die bekannten Anspielungen aufs Sehen, das Fotografendasein Hjalmars, seine Retuschierkünste, Hedvigs Sehschwäche etc., die alle zusammen auf die These hinauslaufen, zu viel ›natürliches Licht‹ – »lumen naturale« –, mithin zu viel Aufklärung tue nicht allen Menschen gut. Gregers Werle ist als fanatischer Aufklärer die unerfreuliche und weniger komische Fortsetzung Dr. Stockmanns – unerfreulich vor allem deshalb, weil seine Unfähigkeit, Güter angemessen gegeneinander abzuwägen, hier geradewegs in die Katastrophe führt. Das Drama scheint damit an der Figur Gregers' einen zentralen Anspruch der theoretischen Aufklärung *ad absurdum* zu führen, nämlich »das Wahre und Falsche immer und überall unterscheiden zu können«, als Grundvoraussetzung für praktische Emanzipation und Glückseligkeit.

Aber warum sollte die Erkenntnis des Wahren und Falschen schlecht sein? Die Antwort des Dramas, vorgetragen von Dr. Relling in seiner berühmten Replik:

> »Tar De livsløgnen fra et gennemsnitsmenneske, så tar De lykken fra ham med det samme« (Bd. 10, S. 145)

> »Nehmen Sie einem Durchschnittsmenschen die Lebenslüge, so nehmen Sie ihm gleichzeitig sein Glück«

18 Vgl. dazu auch Moi 2006, die einen zentralen Teil von Ibsens Werk als kritische Distanzierung von der idealistischen Ästhetik des 19. Jahrhunderts und deren Verklärung des Wahren, Guten, Schönen verstanden sehen will. Moi geht so weit, den gesamten Modernismus als Versuch der Überwindung dieser Ästhetik zu definieren (vgl. etwa das Kapitel ›Rethinking Literary History‹).

spielt ihren Trumpf mit gezinkten Karten, indem sie eine Kontinuität mit der Thematik von Ibsens früheren gesellschaftskritischen Dramen unterstellt, die in Wahrheit nicht besteht. Was nämlich dort als »Lebenslüge« bezeichnet wurde (obwohl der Ausdruck selbst noch nicht vorkommt), war ein aus persönlichem Eigennutz erfolgender Betrug an anderen – ganz im Sinne des Diktums, »jene Vormünder, die […] ihr Hausvieh zuerst dumm gemacht haben« (Kant), hätten womöglich ein egoistisches Interesse daran, »uns schwarz für weiß [zu] geben oder mit falscher Münze [zu] bezahlen oder Geister erscheinen [zu] lassen« (Wieland). Der Selbstbetrug Hjalmars und des alten Ekdal ist hingegen für andere eher harmlos, eine Selbsttäuschung und Illusion, die einzig den Zweck hat, die Protagonisten über die Unzulänglichkeiten des Daseins hinwegzutrösten.

Das bedeutet allerdings nicht, dass das Drama diese Form der Lebenslüge propagieren würde; wie fast immer bei Ibsen gibt es auch in *Vildanden* keine klare Opposition zwischen Gut und Böse, Richtig und Falsch, sondern es steht nur einer schlechten Alternative eine weniger schlechte gegenüber. Hjalmar und der alte Ekdal sind lächerliche Gestalten – Gestalten, die im Drama lächerlich gemacht und daher unserer Verachtung preisgegeben werden. Der Grund für diese Verachtung liegt gerade in ihrer Unfähigkeit, einer Wahrheit ins Gesicht zu sehen, die für sie selbst nicht erfreulich ist.[19] Sie besitzen damit nicht eine der für die Moderne zentralen Grundtugenden – ein Punkt, der mir für Ibsens gesamte Auffassung des Aufklärungsprojekts entscheidend zu sein scheint und auf den ich im fünften Abschnitt zurückkommen werde.

Die Pointe von *Vildanden* besteht demnach nicht in einer Kritik am Projekt der Aufklärung an sich, sondern an der Person des Aufklärers. Gregers Gegenspieler ist ja Dr. Relling, der sehr wohl imstande ist, »das Wahre und Falsche unterscheiden zu können« – wenn auch nicht »immer und überall«[20] –, der jedoch anders als Gregers nicht den Anspruch hat, mit diesen Erkenntnissen seine Mitmenschen zu beglücken. Gregers ist ein ›verkehrter‹ Aufklärer. Sein Drang, Licht auch in solche Kammern scheinen zu lassen, die aus Gründen der Mitmenschlichkeit besser im Dunkeln verbleiben sollten, beruht wiederum auf einer Verkennung der Realität, ähnlich derjenigen, die sich Helene Alving hatte zuschulden kommen lassen, und sie wird wie in *Gengangere* wieder demonstriert an einer Symbol- bzw. Metaphernverkennung. Hier wie dort ist diese Metapher titelgebend, dort die Wiedergänger, hier die Wildente.

Nun ist ja schon häufig darauf hingewiesen worden, dass diese Wildente für die verschiedenen Figuren des Stücks eine ganz unterschiedliche Bedeutung

---

19 Vgl. dazu auch Rønning 2006, S. 369.

20 Vgl. dazu Rønning (ebd.), der darauf hinweist, dass auch Relling einen blinden Fleck hat, nämlich wenn es um die Wahrheiten seiner eigenen Seele geht (S. 370).

besitzt.[21] Wichtig ist in diesem Zusammenhang vor allem die Bedeutung, die sie für Gregers und für Hedvig hat: *Gregers* identifiziert die Familie Ekdal mit der Wildente. Sie ist für ihn das im Sumpf der Unwahrheit untergegangene Tier, das sich am »Grunde des Meeres« im Gras festgebissen hat, um dort in seiner »Lebenslüge« zu sterben; und er sieht sich infolgedessen als Hund, der dieses Tier wieder an die Oberfläche und damit ins Leben zurückführt. Zudem hat die Wildente noch eine weitere Bedeutung für Gregers, die er ebenfalls auf die Ekdals überträgt, nämlich die eines ursprünglich wilden, daher freien Tieres (»*vild*and« – »*Wild*ente«), das nun sein Leben in Gefangenschaft fristen muss; und er hofft entsprechend darauf, durch seine praktische Aufklärungsarbeit die Ekdals befreien und zu einem ursprünglicheren, weniger selbstentfremdeten Leben zurückführen zu können und damit die Bedingungen für eine neue, wie er meint, angemessenere Form der Glückseligkeit zu schaffen.

Für Hedvig hingegen ist die Wildente ein *Selbst*symbol; sie identifiziert sich mit dem Tier, »das niemanden hat, an das es sich halten kann«, weil sie in ihm ihre eigene Einsamkeit und ihr Unverstandensein, die das Drama ansonsten nur sehr subtil andeutet, spiegelt.[22] Dies freilich wird von Gregers völlig verkannt. Seine in jeder Hinsicht uneinfühlsame Aufforderung, die Wildente ihrem Vater zu opfern, kann daher von ihr nur als Aufforderung zum Selbstopfer verstanden werden, der sie nachkommt und mit der sie die schwerwiegende Kränkung durch ihren ebenfalls uneinfühlsam handelnden Vater ausagiert. Wieder führt missglückte praktische Aufklärung zum Untergang, und, was in diesem Zusammenhang noch wichtiger erscheint: Wieder führen die Anstrengungen des Aufklärers, seine Aufklärungsarbeit in die Katastrophe (allerdings ist die Verkennung der Wildente durch Gregers eine andere als die der Wiedergänger durch Helene Alving: Diese verkennt die Zeichen, jener seine Mitmenschen, nur das Resultat ist jeweils dasselbe).

Wie Helene Alving hat daher auch Gregers' *Schuld* an seinem Versagen als Aufklärer; doch während diese Schuld bei Frau Alving in der durch ihre »Feigheit« bedingten Unterlassung von aufgeklärtem Handeln bestand, ist es bei Gregers gerade seine Aufklärungswut, die ihn zum Schuldigen werden lässt. Die Schuld der einen ist, dass sie zu wenig, die des anderen, dass er zu viel Aufklärungsarbeit leistet. Man hat dies, vor allem in der älteren Ibsenforschung, so gedeutet, als markiere *Vildanden* einen Bruch zwischen den gesellschaftskritischen Dramen des Modernen Durchbruchs und den ›späten‹ Stücken, die das

21 Vgl. dazu wiederum ebd., S. 373.

22 Vgl. dazu z. B. Kramarz 1990, S. 120. Der erste, der darauf aufmerksam gemacht hat, war übrigens Jonas Lie in einem Brief an Erik Werenskiold vom 15. November 1884 (vgl. Nærup [2]1915, S. 198).

Individuum und seine psychische Verfasstheit zum Gegenstand haben.[23] Doch diese Deutung übersieht wiederum den inneren Zusammenhang, der zwischen den Dramen *Gengangere*, *En folkefiende* und *Vildanden* besteht. Gregers' Versagen als Aufklärer, das aus dem bloßen Fehler Frau Alvings eine wirkliche, auch moralische Verfehlung werden lässt, ist nämlich in besonderer Weise motiviert: Es erwächst, daran lässt das Stück keinen Zweifel, aus seiner schlechten Vaterbeziehung, genauer: aus dem obsessiven Verlangen, die angebliche, aber nirgends im Stück bewiesene Schuld seines Vaters am Tod der Mutter einerseits zu sühnen und sich andererseits am Vater zu rächen.[24] Hinzu kommt bezeichnenderweise der tiefe Selbsthass, den die unglückselige Konstellation zwischen Vater und Mutter in seiner Kindheit und Jugend offenkundig bewirkt hat (weil er der Mutter nicht helfen konnte? weil er sich mit dem Namen des Vaters identifiziert?) und den er mit seiner Befreiungstat beschwichtigen will: Gregers will sich mit sich selbst aussöhnen. Doch auch dies ist ihm am Ende missglückt – er ist und bleibt »der Dreizehnte zu Tisch«. Er scheitert aufgrund seiner Verstrickung in die eigene Vergangenheit, derer er sich nicht bewusst ist und die er, psychologisch gesprochen, nicht aufarbeiten, sondern deren Folgen er nur nachträglich ungeschehen machen will. Verstrickung, so könnte man eine der Thesen des Dramas interpretieren, führt zur Verkennung, zur Blindheit, macht schuldig und lässt so die Aufklärungsarbeit scheitern. Dies macht deutlich, dass auch im Falle von Gregers dem scheinbaren Zuviel an Aufklärung in Wahrheit ein Zuwenig zugrunde liegt – nur ist das, worüber er unzulänglich, und zwar in theoretischer Hinsicht, aufgeklärt ist, in diesem Fall er selbst.

Wer die Welt verbessern will, so kann man daraus folgern, muss in gewisser Weise selbst ein besserer Mensch sein, zumindest die Prinzipien der Aufklärung, in diesem Falle der theoretischen, auf sich selbst anzuwenden imstande sein. Dabei geht es auch um die Frage der *Legitimation:* Wenn wir selbst blind sind gegenüber den Motiven, die uns zur Weltverbesserung treiben, dann *können* wir, dann *dürfen* wir auch keine anderen darüber belehren, wie die Welt beschaffen ist und wie sie gut leben und Sünd und Missetat vermeiden sollen. Das Projekt der Aufklärung scheitert damit am Aufklärer, genauer: daran, dass dieser nicht über die notwendigen inneren theoretischen, aber, als Konsequenz aus diesem Mangel, auch praktischen Voraussetzungen für sein Aufklärungsprojekt verfügt.

Die Entwicklungslinie, die von *Gengangere* über *En folkefiende* bis zu *Vildanden* reicht, lässt sich damit so zusammenfassen: In *Gengangere* wird beklagt, dass Helene Alving ihre Aufklärungsarbeit versäumt hat; in *En folkefiende* dis-

23 Diese Meinung wird gestützt durch Ibsens eigenes Insistieren auf dem vollkommen neuen Verfahren der Symbolbehandlung, das er in *Vildanden* eingeführt habe (vgl. seinen Brief an Fredrik Hegel vom 2. September 1884, Bd. 18, S. 32).

24 Vgl. dazu z. B. auch Haakonsen 1981, S. 214f.

tanziert sich der implizite Autor vom Aufklärer und seinem Projekt, indem er ihn lächerlich macht; in *Vildanden* wird der Aufklärer selbst in Frage gestellt, da er zur Aufklärung aus theoretischen wie praktischen Gründen nicht legitimiert ist. Wir haben also eine immer stärkere Fokussierung auf den Aufklärer selbst; man könnte geradezu sagen: Während die Gesellschaftsdramen bis *Gengangere* noch die Frage stellten, wie Aufklärung möglich ist, thematisieren die Stücke ab *Gengangere* die Frage: Wie ist der Aufklärer, als stillschweigende Voraussetzung der Aufklärungsarbeit, möglich? In *Gengangere* hatte Ibsen diese Thematik dadurch bearbeitet, dass er die Dramenhandlung auch zu einer metaphorischen Auseinandersetzung mit den Antipoden der Aufklärung hatte werden lassen, die am Ende einen beklemmenden Sieg hatten feiern dürfen. In den beiden darauffolgenden Dramen war die Metaphorik der Aufklärung nur in *Vildanden* in Form der Lichtsymbolik vorgekommen, die Geister fehlten. Im nächsten Stück nun, in dem Ibsen eine vorläufig abschließende Antwort auf die Frage gibt, wie der Aufklärer als Voraussetzung von Aufklärungsarbeit möglich sei, feiern die Wiedergänger eine definitive und wiederum katastrophale Auferstehung: in *Rosmersholm.*

4

In diesem Stück greift Ibsen eines seiner Lieblingsmotive auf, das sowohl in *Gengangere* als auch in *Vildanden* bereits präsent war: die Zerrüttung der Ehe durch den Mann, der seine Ehefrau in den Wahnsinn treibt, als Movens für die Gegenwartshandlung. Während aber in den vorangegangenen Dramen die Bühnenfiguren entweder Opfer waren (Helene Alving) oder aber falls Täter, so nur Nebenfiguren (der alte Werle), so holt Ibsen in *Rosmersholm* gleich zwei veritable Täter als Hauptfiguren auf die Bühne und lässt sie die Folgen nicht fremder, sondern eigener Verfehlungen austragen. Dabei sind der »abgefallene« Pastor Rosmer und seine Hausdame Rebecca wieder Erzaufklärer, die den in den vorigen Dramen exponierten fatalen Zusammenhang zwischen der Schuld der Aufklärer und dem Scheitern des Projekts der Aufklärung nun voll thematisieren dürfen. Rosmer ist Aufklärer, weil er sich das heroische Ziel gesetzt hat, alle Menschen zu »frohen Adelsmenschen« zu machen, indem er »ihre Sinne befreit und ihre Willen läutert« und sie so in »die große Welt der Wahrheit und der Freiheit« führt, die ihm selbst inzwischen offenbart wurde (Bd. 10, S. 367f.). Was dies eigentlich genau bedeutet, ist schwer zu sagen, doch die Nennung zweier Kardinaltugenden, ›Wahrheit und Freiheit‹, sowie der Kontext legen die Annahme nahe, dass damit das liberale Aufklärungsgeschäft der Emanzipation und die Verabschiedung von Doppelmoral und Lebenslüge gemeint sind, die allerdings beide, wie so häufig bei Ibsen, in ihrem positiven Gehalt blass und unbestimmt bleiben.

Dieses neue Lebensziel ist Rosmer durch Rebecca vermittelt worden, die zweite Aufklärerin des Stücks, die ihrerseits Rosmer zunächst nur als Mittel zum Zweck benutzt, um ihre eigene liberale Anschauung überhaupt ins Werk setzen zu können, da sie sich als Frau ansonsten zu praktischer Wirkungslosigkeit verurteilt sieht. An Rosmer bekämpft sie allerdings nicht Doppelmoral und Lebenslüge, sondern vielmehr, man fühlt sich versucht zu sagen: deren Gegenteil – ein lähmendes Verhaftetsein in moralischer Skrupulosität, die zudem dem Gut Rosmersholm selbst zugeschrieben wird, wo die Kinder seit eh nicht lachen und keinen Lärm machen. Die Emanzipation, die sie, aber vielleicht auch Rosmer sich zum Ziel gesetzt haben, ist also weiter gefasst als bei den früheren Aufklärern: Es geht hier um die Befreiung von solchen »abgestorbenen Ansichten und so was« im Individuum selbst, welche die Entwicklung der Persönlichkeit hemmen und verhindern.

Auch dieses ehrgeizige Projekt scheitert aufgrund der Schuld der Aufklärer. Allerdings bedarf es hier mehr als in den vorigen Fällen eines psychologisch geschulten Auges, um zu sehen, worin diese Schuld eigentlich besteht. Im Falle Rebeccas haben Freud und vorher schon sein Schüler Otto Rank plausibel den Kern dieses Schuldgefühls aufgedeckt: Sie hat Rosmers Ehefrau Beate durch infame Anspielungen in den Selbstmord getrieben, um ihren Platz einzunehmen. Dieses ödipale Motiv determiniert deutlich die gesamte Rebecca-Figur, da sie einst unwissentlich bereits ein Verhältnis mit ihrem Vater hatte, das, nachdem es ihr durch einen Hinweis Rektor Krolls entdeckt wurde, jetzt seinerseits nur ein schon vorher vorhandenes ödipales Schuldgefühl konkretisiert. Kein Wunder also, dass sie am Ende ›Beates Weg‹ gehen will: Ihre Selbsttötung ist auch als Selbstbestrafung anzusehen.

Rosmer andererseits leidet unter Schuldgefühlen, weil er noch zu Beates Lebzeiten eine »geistige Ehe« mit Rebecca geführt hat: »Derfor er der brøde hos mig. Jeg hade ikke ret til det – ikke lov for Beates skyld« (Bd. 10, S. 406) – »Deshalb habe ich Schuld. Ich hatte kein Recht dazu – durfte es nicht um Beates willen«. Ähnlich wie Rebecca könnte man daher auch Rosmer als einen jener ansehen, »die am Erfolge scheitern«, auch er »verzichtet endgültig auf das Glück, zu dem […] [er] sich durch Verbrechen den Weg gebahnt« hat, um Freuds Charakterisierung Rebeccas zu zitieren,[25] selbst wenn sich sein Verbrechen nur in Gedanken abgespielt hat. Sowohl Rebecca wie auch Rosmer sind also ›Verbrecher‹, obwohl das Vergehen Rebeccas ›objektiv‹ gesehen sicher schwerer wiegt als das Rosmers.

Nun führt Rebecca den Durchbruch ihres Schuldgefühls und den damit

25 Freud 1969, S. 386.

verbundenen Verzicht auf den Lohn ihrer Intrigantentätigkeit im Hause Rosmers auf dessen Einfluss zurück, den Einfluss der »rosmerschen Weltanschauung«, die die Menschen adele, aber das Glück zerstöre – und dies stellt sie dar als einen Erfolg von Rosmers eigenen Aufklärungsbemühungen (die ja ihrerseits wiederum durch sie veranlasst waren...). Dies ist zum einen erneut dramatische Ironie, weil Rosmers Projekt der Aufklärung ja Schuldfreiheit zum Ziel hatte und nicht Einsicht in die eigene Schuld. Doch bei genauerem Hinsehen hat die Anerkennung der »rosmerschen Weltanschauung« noch eine andere Pointe: Rosmers Aufklärung führt zur Selbsterkenntnis, diese wiederum, da sie die Anerkennung von Schuld bedeutet, zum Verzicht auf alle weiteren Aufklärungsbemühungen und somit schließlich zum Triumph jenes *ancien régime*, von dem Rosmer sich und seine Mitmenschen ja gerade hatte befreien wollen und dessen Herrschaft durch die Ahnengalerie an den Wänden von Rosmersholm repräsentiert wird. Der Aufklärer, so könnte man dies zusammenfassen, beginnt sein Werk mit einem Blick in das eigene Ich, und was er da sieht, lässt ihn nicht nur von jeder weiteren Aufklärungsarbeit Abstand nehmen, sondern führt geradeswegs zu seiner Selbstauslöschung als Aufklärer.

Es ist vielleicht kein Zufall, dass das Drama diesen Gedankengang gerade an einem Fall von *ödipaler* Schuld darstellt. Schon in der sophokleischen Tragödie wird ja das Scheitern eines ›Aufklärers‹ vorgeführt – desjenigen überdies, der als Lösung des Rätsels der Sphinx hatte sagen können, was der Mensch ist. Doch die Lösung dieses Rätsels wird dadurch *ad absurdum* geführt, dass Ödipus sich selbst und seine eigene Schuld nicht kennt und so die Stadt Theben mit dem Fluch der Götter nur wieder einem neuen Verhängnis anheim fallen lässt. Wer die Grundvoraussetzung für die Erkenntnis des Wahren, Guten, Schönen nicht besitzt und sich selbst nicht kennt, damit also den Imperativ über dem Orakel von Delphi nicht erfüllen kann, der kann auch das Rätsel der Sphinx nicht wirklich lösen. Genau so ergeht es Rebecca und Rosmer: Die einzige Erkenntnis, derer sie fähig sind, ist die ihrer eigenen Schuld; die theoretische Aufklärung, die sie sich selbst bringen, führt zur Selbstauslöschung jeglichen Anspruchs auf praktische Aufklärung und zur Einsicht in ihre eigene Unmöglichkeit als Aufklärer.

Noch deutlicher als die in *Vildanden* besitzen die Protagonisten in *Rosmersholm* weder die moralische Legitimation für ihre emanzipatorische Arbeit noch die Fähigkeit, ihre Wünsche und Triebe so zu durchschauen, dass beizeiten eine vernünftige Handlungssteuerung möglich wäre. Sie sind verstrickt in einem undurchschaubaren Gewirr von Motiven, das als einzig mögliche Konsequenz »Beates Weg« erscheinen lässt. Der Gang auf den Mühlsteg ist daher ebenso Selbstbestrafung wie resignierende Anerkennung der eigenen Ohnmacht – »det grunder vi aldrig ud tilbunds« (Bd. 10, S. 438) – »das ergründen wir nie«, lautet denn auch bezeichnenderweise eine der letzten Repliken des Dramas.

Es ist daher nur konsequent, wenn Ibsen dieses Stück wiederum mit einem definitiven Triumph der Antipoden der Aufklärung enden lässt – den Kreaturen des Aberglaubens. *Rosmersholm* wiederholt einerseits die Anwendung der Verkennungstechnik auf die Metaphorik des Fantastischen, die schon in *Gengangere* begegnete, steigert diese andererseits aber noch dadurch, dass das Fantastische hier am Ende nicht mehr bloß als metaphorisches theatralisches Zeichen erscheint, sondern zudem als reale Gegenwart – wenn auch nur in der Perspektive Madam Helseths, die Rebeccas weißen Schal als Erscheinung der »weißen Pferde« deutet.[26] Die Verkennung der Metaphern äußert sich darin, dass die weißen Pferde für Rebecca erst lediglich Verwandte der Wiedergänger aus dem gleichnamigen Stück sind – überlebte, also reaktionäre Ansichten und Meinungen –, dann Rosmers Schuldgefühle, die sie als »Familienskrupel« identifiziert; für Madam Helseth hingegen sind sie realer Spuk, der einerseits den baldigen Tod eines Familienmitglieds ankündigt, andererseits aber auch mit den Verstorbenen in Verbindung zu stehen scheint – siehe ihre Schlussreplik »Salig fruen tog dem« (»Die selige Frau hat sie geholt«). Genau diese Bedeutung der weißen Pferde, die voraufgeklärtem Aberglauben geschuldet ist und der Rebecca den Kampf angesagt hatte, ist es, die am Ende dramaturgisch obsiegt – wie in *Gengangere* haben die Geister die Grenzen des bloßen Diskurses überwunden und sich der Bühne bemächtigt, indem sie nun tatsächlich den Tod zweier ›Familienmitglieder‹ verkünden. Wie Helene Alving hat auch Rebecca die Macht der Geister fatal unterschätzt und wird nun das Opfer dieser Verkennung.

Ich fasse zusammen: Ibsen thematisiert in den hier erwähnten vier Dramen ein Scheitern des Projekts der Aufklärung. Dieses Scheitern wird mit zunehmender Konsequenz und mit zunehmender ›Vertiefung‹ der Figur des Aufklärers analysiert, eine Analyse, die in *Rosmersholm* zu einem gewissen Abschluss kommt. Das Projekt scheitert, weil es keine Aufklärer gibt: weil diejenigen, die sich diesem Projekt verschrieben haben, weder über die moralische Legitimation verfügen, um anderen sagen zu können, was das Wahre und Falsche, das Gute und Böse ist, noch weil sie überhaupt in der Lage sind, sich selbst zu erkennen. Aufklärung anderer jedoch ist ohne Selbstaufklärung, ohne Selbsterkenntnis nicht gerechtfertigt und nicht möglich.

Im Gegenzug dürfen die Antipoden der Aufklärung als theatralische Metaphern triumphieren. Es ist die gleiche Dialektik der Aufklärung, die wir schon von *Gengangere* her kennen: Wie dort werden auch in *Rosmersholm* die Geister und Gespenster erst durch die Anstrengung der Aufklärer unfreiwillig ans Tageslicht gebracht, wo sie keineswegs zugrunde gehen, sondern dem Zuschauer böse ins Gesicht springen oder in den Ohren klingen. Nimmt man noch das Ergebnis von Gregers' Aufklärungsbemühungen in *Vildanden* hinzu, dann scheint die Arbeit der Aufklärer geradeswegs in die Hervorbringung von Un-

26 Vgl. dazu auch meinen Aufsatz Rühling 1998, S. 283f.

vernunft zu münden. Dies wirft die Frage auf, welche Art von Unvernunft dies ist, mit anderen Worten: wofür die vielen unheimlichen Gestalten eigentlich stehen, die das Werk Ibsens in ständig zunehmendem Maße nicht mehr bloß als diskursive, sondern als theatralische Metaphern bevölkern. Was ist die Funktion dieses Fantastischen?

5

Zunächst: Geister sind zur Zeit Ibsens *en vogue*. Sie kommen nicht nur im Werk international bekannter Autoren wie Guy de Maupassant, Gustav Meyrinck, August Strindberg oder Bram Stoker vor, sondern werden im Zusammenhang eines ausufernden Okkultismus real beschworen – so etwa im Kreis um Madame Blavatsky, der neben vielen anderen Prominenten auch Strindberg als Mitglied zählte. Diese Hinwendung zum Irrationalismus kann zum einen als Abkehr vom Projekt der theoretischen (und als Folge davon auch der praktischen) Aufklärung angesehen werden, als Ausdruck einer allgemeinen Sinnkrise und Hinwendung zu neuen ›Wissensquellen‹ – aufgeklärtes Denken scheint keine Erkenntnis der Welt mehr liefern zu können. So ist es mit Sicherheit bei Strindberg, der sich ja während seines Paris-Aufenthaltes mit alchimistischen Praktiken befasste und dessen mythisch-okkultistische Spekulationen sein gesamtes Werk nach der so genannten Infernokrise durchziehen.

Doch die Gespenster sind zum anderen zugleich auch Insignien eines neuen psychologischen Bewusstseins, Ausdruck einer noch nicht fassbaren seelischen Realität, deren Darstellung zu dieser Zeit überall gefordert wird; bekanntestes Zeugnis davon in Skandinavien ist Knut Hamsuns Essay *Fra det ubevidste Sjæleliv* (*Aus dem unbewussten Seelenleben*). So hat etwa Rainer Maria Rilke in seinem *Malte Laurids Brigge* Ibsens »dramatischen Epilog« gerühmt als Versuch, »die mit Greifbarem überladene Bühne um des Unfasslichen willen« symbolisch aufzuladen.[27] Auch diese Redeweise verweist wiederum auf eine Abkehr vom Projekt der Aufklärung, da eine vernünftige Ausleuchtung der Welt nun nicht mehr in der Lage scheint, alle Aspekte der Wirklichkeit zur Geltung zu bringen – dem aufgeklärten Denken müssen, je nachdem, wohin der Kegel des natürlichen Lichts fällt, stets gewisse Aspekte der Wirklichkeit verborgen bleiben.

Ich glaube allerdings nicht, dass Ibsen einem dieser beiden Lager zuzurechnen ist, dass seine Wiedergänger und Gespenster Ausdruck des willentlichen Versuchs sind, die Grenzen der Aufklärung zugunsten eines neuartigen ›Unfasslichen‹ zu überwinden. Andererseits glaube ich auch nicht, dass Atle Kittang mit seiner anthropologischen Deutung des Fantastischen bei Ibsen Recht hat,

27 Rilke 1975, S. 785.

wenn er behauptet, dieses sei Ausdruck einer, mit einem Terminus Heideggers gesprochen, ›ontologischen Schuld‹, Zeichen dafür, dass jede menschliche Existenz nach der Realisierung unendlich vieler Möglichkeiten strebe, jedoch immer nur eine begrenzte Anzahl realisieren könne. Werde dies bewusst, so werde zugleich deutlich, dass sich jedes Leben notwendigerweise über dem Abgrund eines Mangels vollziehe. Das Unheimliche sei damit »etwas, das aufrüttelnd und verstörend in unsere sichere und heimelige Realität eingreift, unsere geordneten Leben dazu bringt, aus den Fugen zu geraten und – vielleicht – zu offenbaren, dass *unter dem Faktischen das Potenzielle haust*«.[28] Für Kittang wird so das Fantastische bei Ibsen zum Zeichen einer zutiefst beunruhigenden, absoluten Unerfüllbarkeit und damit zur Rückkehr eines ›Verdrängten‹.

Eine solche Deutung wie auch der Versuch, Ibsens Geister dem okkultistischen Umfeld des *Fin de siècle* einzuverleiben, scheinen mir jedoch den tieferen Zusammenhang zu übersehen, der zwischen dem Fantastischen und dem Projekt der Aufklärung bei Ibsen besteht. Wenn meine bisherige Argumentation richtig ist, dann entspringt das Fantastische nicht dem Bestreben, das Projekt der Aufklärung zu überwinden, sondern der Anstrengung, es festhalten zu wollen – einer vergeblichen Anstrengung allerdings. Was in Ibsens Werk zum Ausdruck kommt, ist eben das Scheitern der theoretischen Aufklärung als Voraussetzung jeder praktischen, ein Scheitern, das tragisch zu nennen ist, nicht im Sinne des Ödipus, des unschuldig Schuldigen, sondern des Sisyphus, desjenigen, der sich am Absurden abarbeitet. Dass dies Scheitern überhaupt als tragisch empfunden wird, hat seinen Grund darin, dass Aufklärung bei Ibsen nach wie vor ein Gut darstellt, an dem man eigentlich festhalten möchte. Die Gespenster sind daher nichts anderes als die Negation dieses Gutes auf der Bühne – kein neues, das dem der Aufklärung entgegengesetzt wird; sie zeigen an, dass sich die Hoffnung des praktischen Aufklärers, durch seine Arbeit den Menschen befreien und ihn näher an die Glückseligkeit heranführen zu können, gründlich zerschlagen hat. Am Ende seiner Arbeit grinst ihm das, was er hatte besiegen wollen, frech ins Gesicht, un-toter denn je.

Dass das Projekt der Aufklärung am Aufklärer selbst scheitert, ist insofern besonders fatal, als, wie insbesondere an Rebecca und Rosmer deutlich wird, die Integrität von dessen Person eine weitere Grundvoraussetzung von theoretischer wie praktischer Aufklärung darstellt. Ibsen kann sich hier auf eine alte Denktradition berufen. Schon der delphische Spruch wird ja von der griechischen Aufklärung und deren erstem Philosophen Sokrates so gedeutet, dass die Erkenntnis der Welt mit der Selbsterkenntnis beginnen muss; wer nicht ›Herr im eigenen Hause‹ ist, wie der aufklärerische Ibsen-Bewunderer Freud die Ohnmacht des Individuums vor seinem eigenen Unbewussten umschrieben hat, der

28 Kittang 2002, S. 239.

kann auch die Welt nicht erkennen. Søren Kierkegaard, von dessen Gedanken Ibsen ja beeinflusst war, beruft sich ironisch (aber wohl zustimmend) auf die gleiche Tradition im dritten Kapitel seiner *Philosophiske Smuler* (*Philosophische Brocken*).[29]

Das Scheitern des aufklärerischen Projekts am Aufklärer selbst verweist zugleich auf eine ambivalente Einstellung gegenüber dem menschlichen Erkenntnisvermögen, die mir nun überaus charakteristisch für die Moderne zu sein scheint. Die Spuren des Fantastischen bei Ibsen sind einerseits kein Zeichen dafür, dass Erkenntnis der Welt schlechterdings nicht möglich sei – schließlich stehen sie ja selbst für eine zugleich schockierende wie schockhafte Erkenntnis. Das Ergebnis dieses Erkenntnisprozesses ist vielmehr in allen hier analysierten Ibsen-Dramen die Einsicht in eine frustrierende Mangelhaftigkeit der Welt, die nicht nur die sozialen Verhältnisse und die moralische Beschaffenheit der Menschen betrifft, sondern vor allem die Abwesenheit jeglicher ›Idealität‹. Die Konsequenz dieser Abwesenheit besteht darin, dass die Welt »falsch, grausam, widersprüchlich, verführerisch, ohne Sinn« erscheint, wie es Friedrich Nietzsche im Zuge seiner Nihilismuskritik (und als Entwurf eines Vorwortes zum geplanten *Willen zur Macht*) formuliert hat.[30] Als Einsicht in eine »so beschaffene Welt« als »die wahre Welt« (ebd.) kann theoretische Aufklärung daher immer nur in Desillusionierung resultieren.

Diese Mangelhaftigkeit zu enthüllen, sie nicht durch eine biedermeierliche Verklärung zu übertünchen, dazu bedarf es in der Tat einer Aufklärungs*arbeit*, die sich über erhebliche Widerstände hinwegsetzen muss; nicht umsonst sind alle Aufklärer Ibsens am Ende ihrer Arbeit mehr oder weniger sozial isoliert. Sie dennoch zu tun, um der Mangelhaftigkeit der Welt ins Gesicht zu sehen, sie zu ertragen und die Konsequenzen dieser Einsicht zu tragen, darin besteht der heroische Impetus der meisten Ibsen-Stücke, der bereits im radikalen »Allt eller Intet« – »Alles oder Nichts« Brands seinen extremen Vorläufer findet. Dass sie dies nicht können, ist die Kritik, die Figuren wie Hjalmar und den alten Ekdal trifft. Was Ibsen von seinen Personen verlangt, ist eine Form des von Baudelaire sogenannten »Heroismus des modernen Lebens«, der auch Nietzsches Nihilismuskritik prägt – Heroismus deshalb, weil das »Aufsuchen der furchtbaren und

29 Vgl. Kierkegaard 1997, S. 242f.

30 Nietzsche 1967–[2017], Bd. VIII/2, S. 435. Die Kritische Gesamtausgabe wird im Folgenden zitiert als KGW Abteilung/Teilband, Seitenzahl. Dass die Einsicht in eine sinnlose Welt selbst eine Erkenntnis darstellt, ist ein Gedanke, der sich natürlich nicht bei Nietzsche findet, da für ihn jede angebliche Erkenntnis ja ›Lüge‹ und ›Fälschung‹ bedeutet. Auf den impliziten Selbstwiderspruch, der sich aus dieser Annahme für sein Werk ergibt, und die Versuche, ihn zu umgehen, gehe ich hier nicht ein.

fragwürdigen Seiten des Daseins«[31] als unbedingte »Voraussetzung« hat: »Tapferkeit, Geduld, keine ›Rückkehr‹, keine Hitze nach vorwärts«.[32]

Diese aufklärerische Kraft, ja Pflicht, der Wahrheit ins Gesicht zu sehen, sei sie wie sie wolle, und damit verbunden eine Auseinandersetzung mit der idealistischen Ästhetik des poetischen Realismus, die in eine triumphierende Desillusion mündet (triumphierend deswegen, weil sie sich eben auf die Einsicht in den »Gesammtcharakter des Daseins« [Nietzsche] berufen zu dürfen meint), steht am Beginn der Moderne, worauf Toril Moi noch einmal zu Recht hingewiesen hat.[33] Sie hat nun allerdings auf der anderen Seite bei Ibsen ihren Gegenpol in einer Ratlosigkeit gegenüber der Frage, wie mit den »furchtbaren und fragwürdigen Seiten des Daseins« umzugehen ist. Die theoretische Aufklärung führt in eine Aporie. Diese entspricht dem, was Nietzsche als »passiven Nihilism« bezeichnet hat: »ein Zeichen der Schwäche: die Kraft des Geistes kann ermüdet, *erschöpft* sein, so daß die *bisherigen* Ziele und Werthe unangemessen sind und keinen Glauben mehr finden«[34] – und, so kann man hinzufügen, *neue* Ziele und Werte noch nicht sichtbar werden.

Aus dieser Krise gibt es in Ibsens Dramen keinen Ausweg. Ihr scheinen mir vielmehr die Spuren des Fantastischen zu korrespondieren – die Geister, die die Aufklärungsarbeit der Protagonisten hervorbringt, entspringen der Ratlosigkeit, die sie hinterlässt, sie sind Zeichen eines »passiven Nihilism«. Anders als bei vielen seiner Zeitgenossen – Nietzsche, Baudelaire, Rimbaud, Mallarmé, aber auch Strindberg – findet sich bei Ibsen keine Idee, wie man den passiven in einen »activen Nihilism« verwandeln könnte; er bleibt der Frager, der keine Antworten weiß, als den er sich selbst stets beschrieben hat. Daher kommt in der Beharrlichkeit, mit der er nach *Rosmersholm* weiter am Fantastischen festhält, auch so etwas wie eine ›*Angstlust*‹ zum Vorschein, um einen Terminus Freuds zu gebrauchen: eine paradoxale Lust an dem, vor dem man eigentlich zurückscheut. Sie entstammt der ambivalenten Einstellung dem Projekt der Aufklärung gegenüber, die darin besteht, den »Gesammtcharakter des Daseins« in einer heroischen Attitüde zur Kenntnis zu nehmen, selbst wenn ihm mit aufklärerischen Mitteln womöglich zunächst nicht beizukommen ist.

31 Ebd., S. 121.
32 KGW VIII/1, S. 321.
33 Vgl. Moi 2006, insbes. S. 100ff.
34 KGW VIII/2, S. 15.

Adoleszenz und Melancholie: Selma Lagerlöfs *Nils Holgersson*

Der vierzehnjährige Nils Holgersson, Sohn eines armen Kätners aus dem südlichsten Schonen, wird in einen Däumling verwandelt, weil er sich grausam gegen das Wichtelmännchen des Hofes verhalten hat. Von Stund an kann er die Sprache der Tiere sowohl verstehen als auch sprechen. Wildgänse, die gerade über die Ostsee gezogen kommen, versuchen aus Schabernack die zahmen Gänse des Hofes zum Mitfliegen zu bewegen, doch nur ein Gänserich namens Martin fühlt sich aufgerufen, der Verlockung zu folgen. Der Junge will ihn davon abhalten und umklammert seinen Hals; die Folge: Er wird selbst empor in die Lüfte getragen.

Damit beginnt die wunderbare Reise, die dem Jungen nach dem ersten Schreck als willkommene Möglichkeit erscheint, seiner Schande zu entgehen. Kreuz und quer geht es über das Land, bis schließlich das Reiseziel, ein Tal im äußersten Norden Schwedens, erreicht ist, wo die Gänse brüten. Der Junge hat inzwischen erfahren, unter welchen Bedingungen er wieder Mensch werden kann: Er muss den Gänserich wohlbehalten zurück zum Hof seiner Eltern bringen, damit er dort auf die Schlachtbank gelegt wird. Angesichts dieser anscheinend grausamen Bedingung beschließt er, auf seine Menschwerdung zu verzichten und auf immer bei den Wildgänsen zu bleiben.

Trotzdem kann er es nicht lassen, vor der Reise über die Ostsee noch einmal den elterlichen Hof aufzusuchen; der Gänserich folgt ihm, ohne dass er davon weiß, wird denn auch prompt von der Mutter gefangen genommen und soll nun tatsächlich sogleich geschlachtet werden. Als er aus alter Gewohnheit Nils zur Hilfe ruft, überwindet dieser seine Scheu vor den Eltern und stürzt in die Stube mit dem Ruf: »Mutter, du darfst dem Gänserich nichts tun!« Es zeigt sich, dass das Wichtelmännchen ihn nur auf eine letzte Probe hatte stellen wollen, denn kaum sind die Worte ausgesprochen, ist er wieder ein Mensch. Am nächsten Tag steht er am Meer und schaut den davonziehenden Wildgänsen nach.

Nils Holgersson – »Gleichermaßen Kunstwerk wie Schulbuch«

Anlässlich des hundertjährigen Jubiläums des *Nils Holgersson* im Jahre 2006 hat die schwedische Literaturwissenschaftlerin Louise Vinge mit Wehmut konstatiert, heutige Schulkinder würden

> die Sprache nicht mehr verstehen, die langen Sätze nicht mehr begreifen, [...] die spannenden, rührenden, dramatischen oder fantastischen Geschichten, aus denen er besteht, [würden sie] kaltlassen. Sie können den *Herrn der Ringe* lesen oder *Harry Potter* – aber für *Nils Holgersson* haben sie keinen Sinn. Es gibt Ausnahmen – aber ich habe allzu viele Lehrer, Großmütter und Bibliothekare diesen dramatischen Verfall der literarischen Kompetenz bei den heutigen Kindern bekräftigen hören.[1]

Ich will diese Klage hier nicht weiter kommentieren, sondern stattdessen ohne Umschweife behaupten: Das von Vinge geschilderte Rezeptionsverhalten hat seine Ursache unter anderem darin, dass der *Nils Holgersson* gar kein ›richtiges‹ Kinderbuch ist – dazu ist er als Ganzes nicht spannend genug und auch von Erzähltechnik und Thematik her viel zu komplex. Zwar ist er inzwischen geradezu zum literarischen Mythos geworden, aber nur in entfremdeter Form: Er wird zum gänserückenreitenden Stereotyp auf Briefmarken, er wird infantilisiert als japanische Zeichentrickfigur oder umfunktioniert zum Reiseführer – jedenfalls etwas, das entweder in stark veränderter oder stark verkürzter Form zur Kenntnis genommen wird.[2]

Aber das Buch wollte und sollte auch von Anfang an kein ›richtiges‹ Kinderbuch sein; es ist vielmehr konzipiert als *Lesebuch für die Volksschule*, anhand dessen Schüler ab neun Jahren Nützliches zur schwedischen Geschichte und Geographie lernen sollten. Seine Autorin, die schon damals berühmte spätere Nobelpreisträgerin Selma Lagerlöf, hatte im Jahre 1901 von dem Volksschullehrer Alfred Dalin, einem Reformpädagogen aus dem Kreis um die Pädagogin Ellen Key, eine Freundin Lagerlöfs, die Anfrage erhalten, ob sie bereit sei, eben ein solches Lesebuch zu verfassen, um den schwedischen Kindern auf eine didaktischere Weise ihre Heimat näherzubringen, als dies bis dahin üblich gewesen war.[3] »Lesebuch« bedeutet: Das Buch soll dem Lehrer Anschauungsmaterial für einzelne Lehreinheiten liefern, soll und muss also gar nicht seine kindlichen Leser von Anfang bis Ende bei der Stange halten.

Nach vielen Mühen mit dem Werk war die Autorin selbst mit dem Ergebnis

---

1 Vinge 2006, S. 112. Alle Übersetzungen von mir.

2 Ein guter Überblick über die verschiedenen Illustrationen des Buches findet sich in Lundqvist 2008.

3 Zur Entstehungsgeschichte des *Nils Holgersson* vgl. das Kapitel »Nils Holgerssons saga« in Ahlström 1942.

recht zufrieden: Es sei »zugleich Kunstwerk wie Schulbuch«, schreibt sie nicht ohne Stolz in einem Brief an ihren Verleger.[4] Dies zeigt sich nicht zuletzt im hochartifiziellen, für Lagerlöf so typischen digressiven und achronologischen Erzählverfahren: Auf seiner Reise zum Kebnekajse, dem höchsten Berg Schwedens, hat Nils nämlich so manches Abenteuer zu bestehen, und immer wieder unterbrechen eingeschobene Lokalsagen, ja sogar größere eigenständige Novellen die eigentliche Geschichte, deren roter Faden dadurch mitunter für längere Zeit unsichtbar wird. Auf diese Weise kann die Autorin nicht nur immer wieder ungezwungen landeskundliches und historisches Material unterbringen und so die Lesebuchfunktion des Textes bedienen, sondern zugleich auch den ästhetischen Ansprüchen der avancierten Literatur ihrer Zeit genügen, zu deren herausragenden Vertretern Lagerlöf ohne Zweifel zu rechnen ist.

Trotz der Popularität, die der Text rasch erreichte, haben allerdings sowohl die Literaturkritiker als auch die Literaturwissenschaftler gerade mit seinen genuin literarischen Qualitäten wenig anzufangen gewusst – und zwar bis auf den heutigen Tag. Im Zentrum des Interesses standen nämlich ganz überwiegend die durch die Intentionen der Auftraggeber bezeichneten Eigenschaften des Werks: sein Lese- und Schulbuchcharakter. Wie wirkt sich dieser Charakter auf die Schilderung aus, welches Bild von Schweden wird hier vermittelt? Diese Fragen sind es vor allem, die auch die zeitgenössische Literaturwissenschaft noch interessieren, nicht hingegen die für die Würdigung eines literarischen Textes als »Kunstwerk« viel wichtigere Frage: Was sind seine zentralen Themen und wie werden sie durchgeführt?[5] Dieser Frage möchte ich an dieser Stelle nachgehen: Wenn das Werk nur in einer bestimmten Hinsicht für Kinder/Jugendliche gedacht war, dann lohnt es sich vielleicht, gerade dem ein wenig nachzuspüren, was an ihm abseits des ursprünglichen Verwendungszwecks interessant erscheinen kann.

Schon durch die knappe Wiedergabe der Haupthandlung kann man drei literarische ›Tricks‹ erkennen, die Lagerlöf anwendet, um ihren Schulbuchstoff zu bewältigen.

1. Der augenfälligste Trick ist wohl der, dass sie ihn in Form einer *Reiseschilderung* aufbereitet, einer Reise allerdings, die ihn zugleich verfremdet und das Land aus einer gleich in mehrfacher Hinsicht ungewöhnlichen Perspektive darbietet: aus der Luft und mit den Augen eines kleinen Däumlings, der die Sprache der Tiere versteht. Mit anderen Worten: einer fantastischen, märchenhaften oder eben »wunderbaren« Reise.
2. Doch das »Schulbuch« ist nicht nur die Schilderung einer wunderbaren Reise. Lagerlöf lässt diese vielmehr zugleich zu einer *Entwicklungsgeschichte* wer-

4 Lagerlöf 1969, S. 31.
5 Ausnahmen aus jüngerer Zeit sind Edström 1996 und Vinge 1999.

den, einer Art Bildungsroman, in dessen Verlauf Nils zu einem »besseren Menschen« wird, wie die Autorin in einem Brief ausdrücklich hervorhebt. Zu Beginn ist er ein rechter Tunichtgut: »Groß zu etwas taugen tat er nicht«, heißt es gleich im dritten Satz des Textes: »Am liebsten wollte er schlafen und essen und Unfug anstellen« (Lagerlöf 1907, S. 13). Darüber hinaus ist er »wild und böse«, »hart gegen Tiere und gemein gegen Menschen« (ebd., S. 14), wie seine Mutter feststellt. Nils Holgersson wird also zu Beginn als faules und unartiges Kind gebrandmarkt, und es kommt nun darauf an, ihn zu einem fleißigen und artigen umzuerziehen. Dies geschieht erstaunlich schnell, denn um bei seinen neuen Reisegefährten bleiben und mit nach Lappland reisen zu dürfen, wird er brav und benimmt sich von Stund an anständig. Damit ist die moralische Entwicklungsgeschichte im Grunde bereits nach einem Sechstel des Buches abgehakt. Dies ist für die Thematik des Textes wichtig. Auf diese Weise setzt Lagerlöf nämlich auf einen dritten Aspekt, der nachgerade in Widerspruch zur Bildungsgeschichte steht:

3. Die »wunderbare Reise« besteht zugleich in einer Reihe von endlosen Abenteuern. Kaum ist der Junge in ein Wichtelmännchen verwandelt, da wird er schon mit auch in einem evaluativen Sinne »wunderbaren« Ereignissen für seine Misere entschädigt; das Übel der Strafe verwandelt sich in ein großartiges Gut. Dies wird auch von ihm selbst so gesehen und stellt den eigentlichen Grund dafür dar, dass er unbedingt bei den Wildgänsen bleiben will. Schon bei seinem allerersten Ausritt auf dem Rücken des Gänserichs Martin weiß er zunächst nicht, ob er über sein Schicksal lachen oder weinen soll: »Doch nach einer Weile lachte er wieder. [...] das war ja so, als würde man vor Kummer und Sorgen und allem Unangenehmen einfach davonfliegen«[6].

Vor diesem Hintergrund ist es allerdings erstaunlich, dass die Welt, in die Nils durch seine Verzauberung eintritt, keineswegs das Paradies auf Erden darstellt. Damit ist nicht gemeint, dass das, was ihm widerfährt, zum Teil lebensbedrohlich ist – dies entspricht ja dem, was in der Kinder- und Jugendliteratur durchaus gang und gäbe ist. Vielmehr wird er konfrontiert mit durchaus ernsten, ja tragischen Ereignissen, welche die Probleme Schwedens um die Wende vom 19. zum 20. Jahrhundert deutlich zur Sprache bringen: die Migrationsproblematik (viele Schweden wandern nach Nordamerika aus, um der Armut in ihrer Heimat zu entgehen), das Problem der Tuberkulose, die damals vor allem die Unterschicht betraf, und nicht zuletzt die für Lagerlöfs ganze Verfasserschaft zentrale Thematik von Schuld und Buße, die auch in *Nils Holgersson* immer wieder vorkommt, am deutlichsten vielleicht in der großen Novelle vom Hund Karr und

6 Lagerlöf 1907, S. 13.

seinem Freund, dem Elch Gråfäll. All diese Episoden enden mit Verlust und Trauer.

Warum aber fliegt der Junge dann auf dem Rücken des Gänserichs Martin Kummer und Sorgen davon? Ich denke, das Entscheidende ist, dass die Welt, in die er durch seine Verzauberung eintritt, eine in märchenhafter Weise moralisch klar strukturierte ist; hier herrschen die Gebote der Dankbarkeit, der unverbrüchlichen Solidarität und nicht zuletzt eine nicht zu unterminierende Nächstenliebe.[7] Es ist dies vor allem die Welt der Tiere. Diese sind im Grunde (bis auf ganz wenige Ausnahmen) alle ›gut‹. Am nachdrücklichsten erfährt der Junge diese strikte Moralität in der Gänseschar Akka von Kebnekajses, die zunächst wenig erfreut über die Anwesenheit eines Menschen, wenn auch in noch so kleiner Gestalt, war. Aber nachdem sich der Junge erst einmal durch etliche gute Taten bewährt, nachdem er vor allem Akka aus dem Maul des Fuchses Smirre (einer der Tierschurken) befreit hat, halten die Gänse zu ihm.

Es handelt sich um eine sozial intakte und, was die Wildgänse betrifft, geradezu verschworene Gemeinschaft: Jeder ist für den anderen da, wie es schon im Lockruf der Gänse zum Ausdruck gebracht wird: »Hier bin ich, wo bist du?«[8] Die bereits erwähnte Louise Vinge hat daher gemeint, bei dem Text handele es sich doch um eine Entwicklungsgeschichte, aber nicht um eine moralische, sondern vielmehr um eine ›humanistische‹ im Sinne der Reformpädagogik Ellen Keys: Der Junge müsse lernen, was es bedeutet, Mensch zu sein; und Mensch sein bedeute eben nichts anderes, als die guten wie die schlechten Wechselfälle des Lebens zu akzeptieren, ohne daran zugrunde zu gehen, und einander in solidarischer Nächstenliebe über die Fährnisse des Daseins hinwegzuhelfen.[9] Ich bin im Prinzip mit dieser Deutung einverstanden, möchte nur ergänzen: Der Text zeigt nicht, wie es ist, sondern wie es sein *sollte* – er zeigt das *Ideal* einer Mitmenschlichkeit, die es in Wirklichkeit so nicht gibt, ein Ideal, dessen Verinnerlichung durch den Jungen der Erzählerin daher wohl umso mehr am Herzen liegt.[10] In diesem Zusammenhang ist es bemerkenswert, dass diese Idealgemeinschaft gerade vom ›Wunderbaren‹ verkörpert wird, nämlich den sprechenden Tieren, und dass vor allem die *Eltern* des Jungen in ihr gar keine Rolle spielen – denen man aus einer modernen Perspektive doch zumindest eine Mitverantwortung dafür geben würde, dass er überhaupt so »faul« und »unnütz« geworden ist, wie er zu Anfang dargestellt wird – seine Pubertät als einzige Ursache für diese Charaktereigenschaften anzunehmen ist wohl kaum ausreichend. Die Welt der Eltern (nicht hingegen die der Erwachsenen!) bildet in *Nils Holgersson* nicht etwa die selbstverständliche Vor-

7 Vgl. dazu auch Edström 1996, S. 41.

8 Vgl. dazu auch Nix 2002, S. 177 sowie 195f.

9 Vinge 1999, o. S. [12].

10 Ebenso wie auch das in *Nils Holgersson* entworfene Bild Schwedens ein nationalromantisch überhöhtes ist; vgl. dazu Ahlström 1942, S. 197–218.

aussetzung der Kinderwelt, sondern vielmehr ihr Gegenstück, etwas, das grundsätzlich von der Welt des Jungen unterschieden ist, ein Unterschied, der bereits durch die ›wunderbare‹ Eintrittsbedingung in diese deutlich markiert ist: die Verzauberung durch das Wichtelmännchen.

Des Weiteren ist die Welt, in die der Junge versetzt wird, auch die einer vorgegebenen, unverrückbaren Orientierung. Nicht umsonst nämlich vollzieht sich die Bewegung in dieser Welt in Form einer Reise, die von Anfang an ein bestimmtes *Ziel* hat: den hohen Norden. Es war sicher ein glücklicher Einfall der Autorin, dass sie entgegen ihrer ursprünglichen Absicht diese Reise fast an der Südspitze Schwedens beginnen und dann bis in den äußersten Norden fortsetzen lässt, denn die Nord-Süd-Richtung ist ja gewissermaßen die natürliche Richtung des langgestreckten Landes. Dieser Norden, in den die Gänse reisen, steht für die Schweden (so wie für die heutigen Skandinavientouristen) von jeher für eine exotische Wildnis, die auf den ›Südländer‹ schon immer eine eigentümliche Verlockung ausübte. Genau diese Verlockung eines exotischen, abseitigen Raumes ist es, die die Wildgänse den zahmen Gänsen als Ziel vor Augen stellen, wenn sie sie zu Beginn des Buches zur Mitreise bewegen wollen: »Kommt mit! Kommt mit! Jetzt geht's auf die hohen Berge!«[11]. Und auch für den Jungen scheint der hohe Norden so etwas wie ein Ziel von Träumen zu sein, wenn er sich im Park von Övedskloster nichts sehnlicher wünscht, als bei den Gänsen bleiben und mit ihnen nach Lappland reisen zu dürfen.

Die Pointe dieser Sehnsucht nach Lappland liegt darin, dass sie der Reise sozusagen einen *Sinn* verleiht. Der Norden ist das unbestimmt verheißungsvolle Ziel, auf das hin das ganze Leben während der Reise ausgerichtet ist; es lässt die vielen kleineren Unannehmlichkeiten, die dem Jungen unterwegs widerfahren, insofern vergessen, als sie vor diesem Ziel als nichtig erscheinen, ja es lässt sogar die weniger aufregenden Episoden der Reise (und des Buches!) als notwendige Retardierungen begreifen, welche die Vorfreude auf das Ziel weiter verlängern und dessen Erreichen hinauszögern. Das Reiseleben des Jungen ist daher in mehrfacher Hinsicht ein Stück ›erfüllten Lebens‹.

Was aber, wenn dieses Reiseziel erst einmal erreicht ist und die sinnstiftende Orientierung wegfällt? Dann bleibt nur die triste Heimreise mit dem ungewissen Schicksal, das den Däumling zu Hause erwartet. Diesem Umstand entsprechend ist es wenig überraschend, dass die *Hinreise* in *Nils Holgersson* den weitaus größten Teil des Werkes in Anspruch nimmt, genauer gesagt etwa 85 %. Dies ist sicher nicht nur der am Ende immer größer werdenden Zeitnot der Autorin zuzuschreiben, sondern vor allem wohl der Einsicht, dass mit dem Kebnekajse zugleich der Höhepunkt der Reise erreicht ist. Auf der Rückreise geht es nur noch im Schnelldurchgang durch immerhin acht verschiedene Landschaften, und sie

11 Lagerlöf 1907, S. 26.

ist von der beklemmenden Befürchtung des Jungen geprägt, nur dann wieder Mensch werden zu können, wenn sein bester Freund, der Gänserich Martin, geschlachtet wird. Ganz im Gegensatz zur Hinreise steht die Rückreise daher im Zeichen einer fundamentalen Verunsicherung, einem Mangel an Orientierung, wie diesem Dilemma zu entkommen sei, und der Entschluss des Jungen, sein Leben lang bei den Wildgänsen zu bleiben, um den Gänserich zu retten, schreibt diese Orientierungslosigkeit erst einmal in alle Zukunft fort: Er eröffnet ihm nur die Möglichkeit einer *endlosen* Reise ohne jedes strukturierende Ziel, wie es der Kebnekajse und Lappland gewesen waren.

Es ist daher im Grunde nur folgerichtig, wenn die Erzählerin ihr Werk zu einem anderen Abschluss bringt: Indem der Junge den Gänserich vor dem Schlachtermesser der Mutter bewahrt, wird er von seinem Zauber befreit. Dieses Ende lässt noch einmal deutlich werden, dass aus ihm nun tatsächlich im Sinne der Reformpädagogik ein ›Mensch‹ geworden ist, ein verantwortungsbewusster Erdenbürger, der die Werte der Tierwelt verinnerlicht hat. Doch war schon die Verwandlung des Jungen in einen Däumling ambivalent – die Strafe stellte sich eigentlich als ein Gut heraus –, so ist es seine Rückverwandlung in einen Menschen erst recht: Was vom Wichtelmännchen als Lohn gedacht ist, erweist sich zugleich als Übel, und dieses Übel ist es, das die Erzählerin im letzten Kapitel mit überraschender Intensität in den Vordergrund rückt.

Schauen wir uns das einmal näher an: Am Tag nach seiner Rückverwandlung geht der Junge nach Smygehuk, dem südlichsten Punkt Schwedens, um sich von seinen Reisegefährten zu verabschieden. Doch als Mensch versteht er nicht mehr ihre Sprache; er erkennt sie nicht, und sie erkennen ihn nicht – das ›Wunderbare‹ ist verflogen. »Obwohl der Junge so froh darüber war, von seiner Verzauberung erlöst zu sein, fand er es doch bitter, auf diese Weise von seinen guten Kameraden zu scheiden. Er setzte sich in den Sand und schlug die Hände vors Gesicht. Was nützte es ihnen nachzuschauen?«[12]. Doch als er so ruhig dasitzt, erkennt Akka ihn wieder und landet mit ihrer Schar neben ihm; sie reiben den Schnabel an seinem Arm und beglückwünschen ihn zu seiner Rückverwandlung, und er dankt »ihnen für die wunderbare Reise, die er in ihrer Gesellschaft hatte machen dürfen«[13]. Mit einem Mal aber wird ihnen klar, dass sie einander nicht mehr verstehen, und die Gänse schweigen.

> Da stand der Junge auf und ging hin zu Akka. Er liebkoste und streichelte sie. Dasselbe tat er mit […] [den anderen,] die von Anfang an dabei gewesen waren.
> Darauf ging er über den Strand aufs Land zu, denn er wusste ja, dass der Schmerz der Tiere nie lange dauert, und er wollte sich von ihnen trennen, während sie noch traurig darüber waren, dass sie ihn verloren hatten.

12 Lagerlöf 1907, S. 698.
13 Ebd., S. 699.

> Als er den Strand hinter sich gelassen hatte, wandte er sich um und sah den vielen Zugvögeln nach, die hinaus aufs Meer zogen. Alle riefen ihre Locktöne, nur eine Wildgansschar flog still dahin, so lange er ihr mit seinen Augen folgen konnte.
> Aber die Flugordnung war gleichmäßig und wohl geordnet und die Fahrt gut, und die Flügelschläge waren stark und kräftig. Und der Junge fühlte eine solche Sehnsucht nach den Davonfliegenden, dass er sich fast gewünscht hätte, wieder der Däumling zu sein, der mit einer Wildgansschar über Land und Meer dahinziehen konnte.[14]

Das ist ja ein wahrhaft herzzerreißender Schluss: Der Text inszeniert am Ende einen Blick auf das, was war, aber nicht mehr sein wird, und nicht, wie man hätte erwarten können, den Blick auf das, was der Junge durch seine Reise gewonnen hat. Der Erzählerin kommt es nicht nur nicht in den Sinn, den Abschiedsschmerz durch irgendeinen versöhnlichen Ausblick auf die nähere Zukunft des Jungen in seiner neuen/alten Welt zu mildern; sie hält auch sonst am Ende nichts für ihn parat, was ihm diese Welt irgendwie schmackhaft machen könnte.

Wird hier nur der unwiederbringliche Verlust der Kindheit thematisiert, den der erwachsener gewordene Nils Holgersson am Ende erfährt? Wohl kaum, denn die Reise des Jungen geht ja gerade nicht in einer ›normalen‹ Kindheit auf, zumal in keiner rundum unbeschwerten. Das, dem der Junge hinterhertrauert, sind wohl eher zwei andere Dinge: die »guten Gefährten«, deren Verlust nicht kompensiert werden kann, und das, was im vorletzten Satz benannt wird: also jene auf Solidarität, gegenseitiges füreinander Einstehen und Nächstenliebe ausgerichtete Gemeinschaft der Gänse sowie der Sinn, der in ihrem Zug nach Norden enthalten war. Beide gibt es in *Nils Holgersson* nur als ›wunderbares‹ Ideal – und das heißt eben: gar nicht. Der Schmerz, den das Ende des Buches zum Ausdruck bringt, gilt daher, so meine ich, ebendieser Tatsache: dass es eine unverbrüchliche Solidargemeinschaft und eine unverrückbare Orientierung in der Realität nicht gibt. Und dieser Schmerz scheint so groß zu sein, dass die Erzählung im Anblick des Verlorenen gewissermaßen erstarrt. Wir können nur hoffen, dass der Junge (und der kindliche Leser!) diese wunderbare Welt so weit verinnerlicht hat, dass er als Erwachsener diese »Sehnsucht« durch die Ausrichtung seines Handelns an diesem Ideal zu sublimieren weiß; das wäre dann im didaktischen Sinne eines Kinderbuchs. Doch darüber erfahren wir nichts mehr. Der Text lässt den Jungen mit seinem Schmerz ebenso allein wie den Leser. Beide trifft daher die Erkenntnis wie ein Keulenschlag, dass die Gänse am Ende nicht nur südwärts über die Ostsee ziehen, sondern zurückkehren in das Land, aus dem sie bereits gekommen sind: das Land, das nicht ist, ein Land, in das hinein auch wir uns immer nur »fast« wünschen können, da es nicht erreichbar ist, so wie der Kebnekajse auf der wunderbaren Reise durch Schweden.

14 Ebd.

»Wahrheit über alles«: Edith Södergrans Aphorismen

1. Voraussetzungen

Edith Södergran war eine begeisterte Leserin von Aphorismen; in ihren frühen Aufzeichnungen finden sich zahlreiche Annotate von internationalen Meistern dieser Kunst wie Voltaire, Lichtenberg, Schopenhauer oder Nietzsche. Dass sie selbst auch Aphorismen geschrieben hat, erscheint daher als selbstverständliche Konsequenz aus dieser Begeisterung. Allerdings sind es nicht viele geworden: Zu ihren Lebzeiten veröffentlicht wurde nur die Sammlung *Brokiga iakttagelser* (wörtlich: »Bunte Beobachtungen«) im Jahr 1919, die fünfundsiebzig Aphorismen enthält, gleichzeitig verfasst mit ihrer letzten Gedichtsammlung *Framtidens skugga* (*Der Schatten der Zukunft*), die allerdings erst ein paar Monate später vom Verleger auf den Markt gebracht wurde und daher das Jahr 1920 als Veröffentlichungsdatum trägt. Im Nachlass finden sich außerdem die zwölf *Tankar om naturen* (*Gedanken über die Natur*), die mit der Entstehungsmarke »september 1922« versehen sind und also einer ganz anderen Schaffensperiode Södergrans entstammen als die veröffentlichte Aphorismensammlung.[1]

Alles in allem verzeichnen wir also siebenundachtzig Aphorismen. Sie werden im Prinzip durch den gleichen intertextuellen Hintergrund geprägt, durch die gleichen »Autoritäten«[2] wie das lyrische Werk der Autorin als Ganzes: *Brokiga iakttagelser* sind gekennzeichnet durch die Gedanken der so genannten *Septemberlyrik*, d. h. jener Gedichte, die in den Jahren 1917 bis 1919 entstanden und

1 Diese Zahl ergibt sich erst durch die textkritische Ausgabe Södergran 1990–1996. Die von Gunnar Tideström 1940 herausgegebene Ausgabe *Samlade dikter* fasst zwei durch Absatz getrennte Zeilen zusammen und kommt daher nur auf elf Aphorismen. Sofern nicht anders angegeben, beziehen sich alle Seitenangaben auf den ersten Band der *Samlade skrifter* von 1990; dabei bezeichnet die erste Zahl die entsprechende Seitenzahl, die Zahl nach dem Schrägstrich die Zeilennummerierung mit dem Beginn des jeweiligen Aphorismus.

2 So die Bezeichnung Nietzsches in einem Brief Södergrans an die Zeitung *Dagens Press* vom 29.1.1919, der zu den kritischen Reaktionen auf die Gedichtsammlung *Septemberlyran* Stellung nimmt und in dem sie sich als »erste ›rechtmäßige‹ Erbin von Zarathustras Lehren« bezeichnet; vgl. Tideström 1960, S. 174.

die u. a. auf die intensive, im September 1918 kulminierende Beschäftigung der Autorin mit Friedrich Nietzsche zurückgehen.[3] Sie wendet hier das Konzept des ›Übermenschen‹ an, um das lyrische Ich ihrer Texte zu einem solchen Übermenschen zu stilisieren, der durch gleichsam fakirische Willensbeherrschung über den ›Schmerz‹ (auch den physischen) der Welt und letzten Endes über den Tod erhaben ist. Diese Idee wird von ihr allmählich wieder aufgegeben, deutlich erkennbar in *Framtidens skugga*, einer Sammlung, die bereits den Weg zu den religiösen und naturmystischen Vorstellungen einschlägt, die die nachgelassenen Gedichte dominieren, sich aber auch schon in den letzten Texten der ersten Aphorismensammlung andeuten, *Tankar om naturen* ist ganz geprägt von dieser ›Wende‹ innerhalb der södergranschen Gedankenwelt, die nicht zuletzt durch die esoterischen Thesen Rudolf Steiners beeinflusst ist, mit dem sich die Autorin in den letzten Jahren ihres Lebens ausführlich beschäftigt hat.

Beide Aphorismensammlungen, die veröffentlichte wie die unveröffentlichte, sind, so darf man wohl ohne Umschweife behaupten, nie der Favorit der Södergran-Forschung gewesen, bis auf den heutigen Tag nicht. Die großen Södergran-Abhandlungen von Tideström (vgl. Anm. 2), aber auch noch von Witt-Brattström[4] widmen ihnen allenfalls ein paar kritische Bemerkungen; in den jüngsten Monographien von Hackman,[5] Lillqvist[6] und Häll[7] kommen sie als Ganzheit gar nicht mehr vor. Der längste Abschnitt, den ich habe entdecken können, findet sich in der eher für populäre Zwecke geschriebenen Biographie von Eva Ström, die den *Brokiga iakttagelser* immerhin ca. vier Seiten widmet, ohne dass man dabei von einer literaturwissenschaftlichen Analyse im eigentlichen Sinne sprechen könnte.[8] Der Grund für diese stiefmütterliche Behandlung liegt offenbar darin, dass die Aphorismen einer eingehenderen Betrachtung nicht für wert befunden werden, was einige Kommentatoren denn auch explizit sagen: Gunnar Tideström bezeichnet die Fähigkeit, Aphorismen zu schreiben, als »nicht die stärkste Seite Edith Södergrans« und rechnet ihre Lyrik einer »ganz anderen und höheren Wertklasse« zu,[9] George Schoolfield nennt *Brokiga iakttagelser* eine »Sammlung von Plattitüden«,[10] und Tua Forsström spricht gar von »künstlerischen Peinlichkeiten«.[11] Es ist daher kein Wunder, dass die

3 »U. a.« deshalb, weil auch die in die Sammlung eingehenden Texte aus dem Jahr 1916 bereits Gedanken erkennen lassen, die die Lektüre Nietzsches in gewisser Weise vorwegzunehmen scheinen.
4 Witt-Brattström 1997.
5 Hackman 2000.
6 Lillqvist 2001.
7 Häll 2006.
8 Ström 1994, S. 154–158.
9 Tideström 1960, S. 192.
10 Schoolfield 1984, S. 19.
11 Forsström 1981, S. 124. Ansonsten zitiert Forsström, die eingestandenermaßen mit der

Aphorismen bisher fast ausschließlich als Hintergrundmaterial zu Södergrans Lyrik in den Blick geraten sind.

2. Södergran und die Wahrheit

Ob diese Urteile berechtigt sind oder nicht, soll hier dahingestellt bleiben. Mich interessiert vielmehr der Umstand, dass Södergrans Aphorismen aus literarhistorischer Perspektive in gewisser Weise als zeittypisch für ein Problem angesehen werden können, vor das der Aphorismus in seiner traditionellen Form im 20. Jahrhundert gestellt wird. Dieses Problem klingt in drei *Bunten Beobachtungen* an, die ausdrücklich Bezug auf die Gattung nehmen und die alle von ›Wahrheit‹ bzw. dem Verhältnis des Aphorismus zur Wahrheit handeln; sie formulieren so etwas wie Södergrans Mikropoetik des Aphorismus. Der erste, einer der bekanntesten Aphorismen der Autorin, lautet:

> Det är så sällsamt med aforismens konst: leken med kontrasten är futtig som en ordlek, sanningarna oftast anspråkslösa och dock är detta sanningens över allting kostbara dräkt som väves. (126/82)
>
> Es ist merkwürdig mit der Kunst des Aphorismus: Das Spiel mit dem Kontrast ist unbedeutend wie ein Wortspiel, die verkündeten Wahrheiten sind meist anspruchslos, und doch ist es dieses kostbare Gewebe der Wahrheit über alles, das gewebt wird.

Schon dieser Text markiert einen charakteristischen Gegensatz: Auf der einen Seite steht das *Wortspiel*, das eben durch sein spielerisches Moment den Eindruck des Unernsten, ja Unseriösen hervorrufen mag, sodass die Wahrheiten, die verkündet werden, dieser Verkündigung gar nicht wert zu sein scheinen. Auf der anderen Seite jedoch steht ein unbedingter Wahrheitsanspruch, der sich schon in der apodiktischen Form geltend macht; sie weben am »kostbaren Gewand der Wahrheit«, ja sogar der »Wahrheit über alles«. Wie passt das zusammen?

Der zweite, in der Sammlung an früherer Stelle stehende Aphorismus führt diesen Gegensatz weiter aus, indem er die fragmentarische Form dieser Textsorte näher begründet:

> Alla långa sanningsrötter äro misstänkliga, sanningen får man endast ut i korta brutna bitar. (125/51)
>
> Alle langen Wahrheitswurzeln sind verdächtig, die Wahrheit bekommt man nur in kurzen, abgebrochenen Stücken heraus.

Septemberlyrik wenig anfangen kann (S. 126), verhältnismäßig oft aus *Brokiga iakttagelser*, meistens allerdings in kritischer Absicht.

Mit den »langen Wahrheitswurzeln« sind dem Anschein nach längere, möglicherweise auch wissenschaftliche Abhandlungen gemeint, die, so darf man vielleicht ergänzen, durch Argumentation und Beweisführung die Wahrheit der vorgebrachten Thesen darlegen wollen; dies ist Södergran zufolge also »verdächtig«, sodass als eigentliche Form der Wahrheitsverkündung der Aphorismus mit seiner gattungsdefinierenden Kotext-Isolation, seiner Verknappung und seiner Pointierung erscheint.[12] Warum dies so ist, darüber gibt möglicherweise der dritte Text Aufschluss:

> Vi se först det grövsta i sanningen, nämligen sanningen själv, det viktigare – den talande se vi betydligt senare. (125/62)

> Wir sehen zuerst das Gröbste an der Wahrheit, nämlich die Wahrheit selbst, das Wichtigere – den Sprecher, sehen wir bedeutend später.

Hier wird wiederum ein Gegensatz gebildet, diesmal zwischen Wahrheit und Sprecher, wobei der Sprecher zuungunsten der Wahrheit aufgewertet wird. Dies scheint eine gesamte abendländische Traditionslinie auf den Kopf zu stellen, die sich im berühmten, in Bezug auf Platons Ideenlehre gemünzten Ausspruch des Aristoteles manifestiert: »Ich bin ein Freund Platons, aber ein größerer Freund der Wahrheit.« Södergran scheint demgegenüber ausrufen zu wollen: ›Ich bin ein Freund der Wahrheit, aber ein größerer Freund des Wahrheitsverkünders.‹ In ähnliche Richtung geht auch ein Aphorismus über Nietzsche, der mit den Worten beginnt:

> Nietzsches styrka är icke att söka i styrkan av hans röst, utan i den höghet som strömmar från hans största upplevelse – den eviga återkomsten. (129/139)

> Nietzsches Stärke ist nicht in der Stärke seiner Stimme zu suchen, sondern in der Hoheit, die seinem größten Erlebnis entströmt – der ewigen Wiederkunft.

Dass gerade die »Stärke seiner Stimme« als seine »Stärke« bezeichnet wird (und nicht etwa die Überzeugungskraft seiner Argumente), ist ebenfalls erstaunlich. Die »Stärke der Stimme« scheint auf die rhetorische Überzeugungskraft des Redners zu verweisen, das ›Feuer‹, das er versprüht, die Suggestionskraft seiner Worte.

Man kann die Auffassung zum Verhältnis des Aphorismus zur Wahrheit, die in diesen drei Texten zum Ausdruck zu kommen scheint, wie folgt zusammenfassen:

12 Vgl. dazu die bekannte, jedoch nicht unumstrittene Definition Frickes: »Ein Aphorismus ist ein kotextuell isoliertes Element einer Kette von schriftlichen Sachprosatexten, das in einem verweisungsfähigen Einzelsatz bzw. in konziser Weise formuliert oder auch sprachlich bzw. sachlich pointiert ist.« Fricke 1989, S. 18.

1. Dem Aphorismus geht es um eine absolute Wahrheit, »Wahrheit über alles«.
2. Der Aphorismus ist trotz seines Wortspiels und wegen seiner unzusammenhängenden Form das angemessene Medium zum Ausdruck dieser Wahrheit.
3. Wichtiger als die Wahrheit selbst sind die rhetorischen Mittel, mit denen der ›Sprecher‹ die Wahrheit in seinen Aphorismen kundtut.

Es ist offensichtlich, dass diese Texte, so formuliert, einen Widerspruch enthalten, da sie auf der einen Seite den absoluten Wert der Wahrheit betonen, diesen auf der anderen Seite jedoch gerade in Abrede stellen. Warum dieser Widerspruch nicht nur bei Södergran auftaucht, sondern sich hinter ihm ein Gattungsproblem des modernen Aphorismus verbirgt, wird deutlich, wenn man ihn im Lichte der Philosophie desjenigen betrachtet, der im zuletzt zitierten Aphorismus explizit genannt wird und in dessen Werk wahrlich kein Mangel an Äußerungen über Wahrheit und deren Natur herrscht: Friedrich Nietzsche. Dieser Widerspruch findet sich nämlich auch dort.

3. Nietzsche und die Wahrheit

In einem Entwurf zu seinem geplanten, aber nie zustande gekommenen Werk *Der Wille zur Macht* hält Nietzsche im Herbst 1887 mit der für ihn eigentümlichen Entschiedenheit fest:

> [D]aß es keine Wahrheit giebt: daß es keine absolute Beschaffenheit der Dinge, kein ›Ding an sich‹ giebt – *dies ist selbst ein Nihilism,* und *zwar der extremste.* Er legt den Werth der Dinge gerade dahinein, daß diesem Werthe *keine* Realität entspricht und entsprach, sondern nur ein Symptom von Kraft auf Seiten der *Werth-Ansetzer,* eine Simplificarion zum *Zweck* des *Lebens.*[13]

»Daß es keine Wahrheit giebt«, ist zunächst eine der häufigsten Behauptungen Nietzsches, am frühesten vorgebracht vielleicht in der kurzen Abhandlung *Ueber Wahrheit und Lüge im aussermoralischen Sinne* aus dem Jahre 1873 (KGW III/2) und immer wieder bis noch in seinen letzten Entwürfen kurz vor dem geistigen Zusammenbruch aufs Neue wiederholt. Im gleichen Zusammenhang notiert Nietzsche auch ein knappes halbes Jahr später, im März 1888, wiederum in einer geplanten Vorrede zum *Willen zur Macht:*

> Die Conception der Welt, auf welche man in dem Hintergrunde dieses Buches stößt, ist absonderlich düster und unangenehm: unter den bisher bekannt gewordenen Typen

13 Nietzsche 1967–[2017], Bd. VIII/2, S. 15f. Die Kritische Gesamtausgabe wird im Folgenden zitiert als KGW Abteilung/Teilband, Seitenzahl.

> des Pessimismus scheint keiner diesen Grad von Bösartigkeit erreicht zu haben. Hier fehlt der Gegensatz einer wahren und scheinbaren Welt: es giebt nur Eine Welt, und diese ist falsch, grausam, widersprüchlich, verführerisch, ohne Sinn [...]. Eine so beschaffene Welt ist die wahre Welt [...]. (KGW VIII/2, S. 435)

In beiden Äußerungen kommt die gleiche Ansicht über die Natur von ›Wahrheit‹ zum Ausdruck (eine Ansicht im Übrigen, die wie die, dass es keine Wahrheit gebe, bereits auf die Anfänge von Nietzsches Denken zurückgeht und sich in ähnlicher Form bereits in der *Geburt der Tragödie* findet): Diese ist nichts anderes als ein Mittel desjenigen, der an sie glaubt, um sich sein Leben in einer Welt erträglich zu gestalten, die selbst »falsch, grausam, widersprüchlich, [...] ohne Sinn« ist (KGW VIII/2, S. 435). Nun ist es möglicherweise falsch, Nietzsches Rede von ›Wahrheit‹ hier ganz wörtlich zu nehmen. Worum es ihm zu gehen scheint, ist nicht so sehr Wahrheit im Allgemeinen als vielmehr die von individuellen, aber auch überindividuellen ›Glaubenssystemen‹, Theorien, zu denen er anscheinend auch philosophische und wissenschaftliche zählt; und vielleicht kann man seine These dann so zusammenfassen, dass all solchen Theorien ein gewisser weltanschaulicher Anteil zueigen ist, der einen die Dinge in einer sinnstiftenden Weise sehen lässt, die zum Leben »nöthig« ist (KGW VIII/2, S. 435). Doch selbst vor dem Hintergrund einer solchen Lesart, die ohnehin etliche Fragen offen lässt, ist offensichtlich, dass die beiden oben angeführten Zitate einen eklatanten Widerspruch enthalten: Auf der einen Seite wird ohne Umschweife erklärt, »daß es keine Wahrheit giebt«, auf der anderen Seite behauptet, dass die »wahre Welt« falsch und ohne Sinn sei – und dies zudem noch in einem überaus apodiktischen Tonfall. Wie man es dreht und wendet: Wenn es keine Wahrheit gibt, dann kann es auch keine ›wahre Welt‹ geben, und wenn es so etwas wie eine ›wahre Welt‹ und einen ›Gesammtcharakter des Daseins‹ gibt – auch dies eine Feststellung, die sich in ähnlichen Formulierungen durch sein ganzes Werk hindurchzieht –, dann muss es auch Wahrheit geben. Man kann diesen Widerspruch nicht vermeiden, indem man den Satz »Der Gesammt-Charakter der Welt ist [...] in alle Ewigkeit Chaos« (so bereits im 1882 veröffentlichten Dritten Buch der *Fröhlichen Wissenschaft*, KGW VIII/2, S. 290) nicht als Bestandteil eines Glaubenssystems oder einer Theorie im Sinne der gerade angeführten Lesart deklariert; denn wenn nicht diese Aussage einen weltanschaulichen Anteil besitzt, welche dann?

Meiner Ansicht nach reflektiert dieser Widerspruch jedoch ein Grundproblem der modernen Philosophie, ja vielleicht sogar jeden aufgeklärten modernen Bewusstseins schlechthin: nämlich den Gegensatz zwischen der unumgänglichen Standortgebundenheit und Perspektivität eines jeden Urteils, die herauszuarbeiten gerade eines der Verdienste Nietzsches ist, und dem Anspruch auf Objektivität, der die ebenso unumgängliche Voraussetzung einer jeden Behauptung ist. Wer Thesen vertritt, steht immer auf einem bestimmten Zeitpunkt und beansprucht doch zugleich immer auch für sich einen »Blick von nirgendwo«.[14] Nietzsche hat dieses Problem zwar gesehen, aber nicht gelöst, wie nicht nur das angeführte Beispiel zeigt; er verkündet vielmehr in anscheinend ungebrochen apodiktischem Tonfall den Tod der Wahrheit.[15]

Das Problem wird noch dadurch verschärft, dass Nietzsche den besonderen Wert der Perspektivität herausstreicht und ihn über den der Objektivität stellt, ohne dabei das Apodiktische seines Redens abzuschwächen. So heißt es etwa in *Jenseits von Gut und Böse* (1886) über die »kommenden Philosophen«:

> Sind es neue Freunde der ›Wahrheit‹, diese kommenden Philosophen? Wahrscheinlich genug: denn alle Philosophen liebten bisher ihre Wahrheiten. Sicherlich aber werden es keine Dogmatiker sein. Es muss ihnen wider den Stolz gehn, auch wider den Geschmack, wenn ihre Wahrheit gar noch eine Wahrheit für Jedermann sein soll: was bisher der geheime Wunsch und Hintersinn aller dogmatischen Bestrebungen war. »Mein Urtheil ist *mein* Urtheil: dazu hat nicht leicht auch ein Anderer das Recht« – sagt vielleicht solch ein Philosoph der Zukunft. (KGW VI/2, S. 56)

Gemeint ist damit nicht nur, dass jedes »Urtheil« immer der Perspektive, der Weltsicht des oder der Sprechenden entspringt und damit eben *sein/ihr* »Urtheil« ist, sondern ebenso, dass diese Weltsicht gleichsam notwendigerweise in der Person des oder der Sprechenden verankert ist. Perspektivität hat bei Nietzsche, ähnlich wie zuvor schon bei Kierkegaard, immer auch eine existenzielle Dimension, und die ›Wahrheit‹ des »Urtheils« ist daher immer die Wahrheit des Einzelnen. Auf der anderen Seite ist diese Wahrheit des Einzelnen jedoch auch *nicht nur* existenziell motiviert; es geht Nietzsche nicht allein um das, was wir heute als ›Selbstverwirklichung‹ bezeichnen würden. Die ›Wahrheit des Einzelnen‹ ist vielmehr Rückzugspunkt vor und zugleich Heilmittel gegen den Verlust der Objektivität, den Nietzsche behauptet und den er mit der Metapher vom Tod Gottes bezeichnet. Für den »kommenden Philosophen« ebenso wie für den sich in ihm u. a. vollziehenden ›neuen Menschen‹ ist dieser Tod kein Anlass zur Trauer, sondern im Gegenteil zur Freude, wie der Beginn des 5. Buches der *Fröhlichen Wissenschaft* (1887) mit dem Titel *Was es mit unserer Heiterkeit auf sich hat* zum Ausdruck bringt:

> In der That, wir Philosophen und ›freien Geister‹ fühlen uns bei der Nachricht, dass der ›alte Gott todt‹ ist, wie von einer neuen Morgenröthe angestrahlt; unser Herz strömt

14 So der Titel von Thomas Nagels berühmtem Buch. Siehe: Nagel 1989.

15 Der Widerspruch lässt sich vermeiden, wenn man eine stillschweigende Voraussetzung, die Nietzsche zu treffen scheint, in Frage stellt: die, dass die Perspektivität eines jeden Urteils in jedem Fall die Möglichkeit von dessen Wahrheit ausschließt. Man könnte dann unterscheiden zwischen Urteilen, deren Perspektivität tatsächlich ausschließt, dass sie wahr sind, etwa ›Weltinterpretationen‹ oder dergleichen, und solchen, wo dies nicht der Fall ist.

dabei über von Dankbarkeit, Erstaunen, Ahnung, Erwartung, – endlich erscheint uns der Horizont wieder frei, gesetzt selbst, dass er nicht hell ist, endlich dürfen unsre Schiffe wieder auslaufen, auf jede Gefahr hin auslaufen, jedes Wagniss des Erkennenden ist wieder erlaubt, das Meer, *unser* Meer liegt wieder offen da, vielleicht gab es noch niemals ein so ›offnes Meer‹. (KGW V/2, S. 255)

Der Tod Gottes eröffnet neue Möglichkeiten, die gerade darin liegen, dass es keine objektive, vom Menschen unabhängige Instanz mehr gibt, welche die Freiheit des Einzelnen beschneiden könnte. Jeder Mensch hat daher das »Recht« auf ›*sein* Urtheil‹, auf seine eigene, persönliche, subjektive Weltsicht – eine andere gibt es ohnehin nicht mehr. Wer sich dieses Umstands bewusst geworden, wem die »wahre Welt zur Fabel« geworden ist (KGW VIII/3, S. 197), der kann nicht mehr guten Gewissens als Verkünder solcher Wahrheiten auftreten, der will es aber auch gar nicht mehr, weil er den Wert der neuen Freiheit zu schätzen gelernt hat.

Ich hatte oben davon gesprochen, dass diese Betonung des Wertes von Perspektivität zu Lasten dessen von Objektivität, die es laut Nietzsche nach dem Tode Gottes ja gar nicht mehr geben soll, in Zusammenhang mit dem unbekümmert apodiktischen Tonfall seiner Aussagen den Gegensatz zwischen Perspektivität und Objektivität nur noch verstärkt. Doch Nietzsche hält ein Mittel bereit, das Problem, wenn schon nicht zu lösen, so jedenfalls zu ›bearbeiten‹, es abzumildern und zu verschleiern, und er bedient sich dabei u. a. eben gerade jener literarischen Gattung, als deren moderner Klassiker er gilt – des Aphorismus.

Dies ist insofern erstaunlich, als der Aphorismus in seiner traditionellen Form, wie sie durch die Definition Frickes festgeschrieben wird (vgl. oben, Anm. 12), zunächst diejenige literarische Gattung zu sein scheint, die vom Tod Gottes in besonderem Maße affiziert wird. Damit komme ich zum erwähnten Gattungsproblem: Aufgrund seiner traditionellen formalen Merkmale, die von seiner Herkunft aus einer gnomischen Tradition zeugen, ist der Aphorismus wie keine andere literarische Gattung prädestiniert, unumstößliche Wahrheiten zu verkünden, scheint jedenfalls von vornherein mit diesem Anspruch verknüpft. Unter diesen Wahrheiten sind auch solche, die eindeutig weltanschaulich geprägt sind und deren Möglichkeit, im buchstäblichen Sinne und objektiv wahr zu sein, mit Nietzsche in Frage gestellt werden kann. Dann aber ergibt sich das Problem, wie und worüber sich in der Moderne, nach dem Tod Gottes, überhaupt noch angemessen aphoristisch sprechen lässt.[16]

Wenn Nietzsche daher seinen Widerspruch ausgerechnet mithilfe des Aphorismus ›bearbeiten‹ kann, so deshalb, weil er ihn überwiegend in einer

16 Vgl. zu diesem Problem als Problem des ›modernen Aphorismus‹ im Allgemeinen Moret 1997, insbes. S. 193f.

anderen Funktion verwendet, als es seine Gattungsvorläufer getan haben: Er benutzt ihn, um gerade die Subjektivität seiner Ansichten herauszustellen und damit der Forderung Rechnung zu tragen, dass die »neuen Philosophen« ja keine »Dogmatiker« mehr sein sollen.[17] Das, was diese behaupten, entspricht nur ihrer jeweiligen, durchaus kontingenten Befindlichkeit, es sind lediglich Momentaufnahmen eines augenblicklichen Zustands. Ihre Ansichten sind ausdrücklich reversibel, nichts anderes als persönliche Meinungen, die sich jederzeit ändern können, und sie selbst hypothetische, experimentelle, tentative Denker, die stets bereit sind, das einmal Verkündete zu revidieren und dies nicht etwa als schmerzlichen Irrtum oder als Schande begreifen, sondern als glückliche Fahrt aufs offene Meer. Ihrem innersten Wesen nach sind die »neuen Philosophen« daher Ironiker allem und jedem gegenüber.[18]

Diese Ironie macht sich bei Nietzsche schon durch die irrlichternde Rastlosigkeit und die hypomanische Gespanntheit des Tons bemerkbar, welche die Subjektivität des Sprechers in jeder Silbe deutlich werden lässt. Seine in aphoristischer Verkürzung, Verknappung und Pointierung geäußerten Gedanken sind Trittsteine auf dem Irrweg durchs ›Chaos‹, keine Ruhepunkte, auf denen man verweilen könnte – und wollen ausdrücklich auch nur als solche aufgefasst werden.

4. *Brokiga iakttagelser:* Brüchige Beobachtungen

Wenn man Edith Södergrans Aphorismen im Lichte von Nietzsches Auffassungen über Wahrheit liest, dann lässt sich vieles davon auf sie übertragen. Die »Wahrheit über alles«, von der in ihnen die Rede ist, wäre dann zu verstehen als bloß subjektive Meinung der Sprechenden, als deren persönliche Weltanschauung, die in der Person und deren Verfasstheit zugleich ihren Ursprung wie ihre Rechtfertigung hat; ›wahr‹ wäre demnach auch für sie nur, was aufgrund der eigenen existenziellen Bedingtheit, Wünsche, Bedürfnisse und Befürchtungen als wahr erscheint. Daher kann ein Aphorismus Södergrans auch lauten: »Från sin innersta ärkevidskepelse avstår man aldrig, det vore ens undergång.« (125/57, »Auf seinen innersten Erzaberglauben verzichtet man nie, das wäre der eigene Untergang.«) Das ist offensichtlich ganz im Sinne Nietzsches gemeint, der

17 Vgl. dazu ausführlich die Abhandlung von Greiner 1972.

18 Anders gewendet: Ihnen fehlt es an ›intellektueller Redlichkeit‹ – eine Tugend, die Nietzsche denn auch als solche in Frage gestellt hat. Vgl. zu diesem Begriff jetzt auch Tugendhat 2007. Das zentrale Problem von Nietzsches ›Lösung‹ besteht darin, dass sie entweder voraussetzen muss, es ließe sich tatsächlich in striktem Sinne allem und jedem gegenüber eine ironische Haltung einnehmen, was falsch ist, oder dass sie Ausnahmen zulassen muss, dann aber wieder mit dem oben genannten Widerspruch konfrontiert ist.

im Anschluss an seine Bemerkung von der »wahren Welt« als einer »falsch[en], grausam[en], widersprüchlich[en], verführerisch[en], ohne Sinn« (vgl. oben) notiert hatte: »*Wir haben Lüge nöthig*, um über diese Realität, diese ›Wahrheit‹ zum Sieg zu kommen das heißt, um zu *leben*« (KGW VIII/2, S. 435). Grundüberzeugungen sind also nichts als »Lüge« und »Fälschungen«, die aber dennoch angesichts der »furchtbaren und fragwürdigen Seiten des Daseins« (ebd.) zur Aufrechterhaltung der eigenen Existenz geradezu lebensnotwendig sind. Auch bei Södergran hätten wir es dann also mit einer Betonung von Subjektivität und Perspektivität zu tun – was zur selben Verschärfung des Gegensatzes zwischen der Standortgebundenheit des Urteils auf der einen und des Anspruchs auf Objektivität auf der anderen Seite führt wie bei Nietzsche. Doch sie macht, anders als dieser, in ihrer ersten Aphorismensammlung von dessen Versuchen einer ›Bearbeitung‹ dieses Gegensatzes keinen Gebrauch; den *Brokiga iakttagelser* geht der tentative, experimentelle und ironische Charakter, wie er Nietzsches gesamtem Werk eigentümlich ist, ab. Hier spricht vielmehr ganz und gar das Ich aus der für die *Septemberlyrik* charakteristischen elevierten Position, die scheinbar keinen Zweifel kennt, sondern aus einer Position und im Ton unerschütterlicher Gewissheit die Gattung des Aphorismus benutzt, um ihre Sentenzen zu verkünden. Hier wie dort gestaltet Södergran die utopische Rolle des Übermenschen aus – und stellt sich damit in Gegensatz zu Nietzsche, der im *Zarathustra* nur dazu aufruft, diesen zu »erschaffen«, und im Übrigen ja ausdrücklich offen lässt, wie dieser beschaffen sein wird (vgl. KGW VI/1, S. 105).[19] Damit aber bewegen sich die *Brokiga iakttagelser* ebenso wie die ganze *Septemberlyrik* erst recht über dem Abgrund des Paradoxes: Einerseits wird der »fälschende« Charakter der eigenen Anschauung als »Erzaberglaube« anerkannt, andererseits aber wird daraus – ganz anders als in Nietzsches Schriften – anscheinend keinerlei relativierende Konsequenz gezogen.

Es wäre allerdings verfehlt, wollte man in diesen Texten nichts sehen als eine epigonale Nachahmung allgemeiner Weltweisheiten im Stile der Maximen des 18. oder des frühen 19. Jahrhunderts; dies wird schon durch die Inkarnation des Übermenschen in der Rolle des Sprechers hinter ihnen verhindert. Södergrans Aphorismen sind vielmehr für eine fiktive Welt und ein fiktives Publikum geschrieben, für gleichgesinnte Übermenschen. In dieser Hinsicht gleichen sie den Gedichten der *Septemberlyrik*, die sich ebenfalls überwiegend an ein übermenschliches Publikum wenden. Andererseits besteht zwischen *Brokiga iakttagelser* und der *Septemberlyrik* auch ein wichtiger Unterschied: Während diese die Fiktivität des Übermenschen im Gedicht sichtbar werden lässt – zum einen dadurch, dass sie die Anstrengung der fakirischen Selbstbeschwörung ausstellt und so die kontingenten Entstehungsbedingungen des Übermenschen

19 Vgl. dazu auch: Rühling 2002, S. 209f.

ins Bild rückt, zum anderen dadurch, dass sie die Position des Übermenschen von Anbeginn an (z. B. im Gedicht *Är jag en lögnare ...*) ›dekonstruiert‹[20] –, setzen die *Brokiga iakttagelser* ein übermenschliches Ich immer schon voraus; hier ist jede Spur von dessen ›Werdung‹ vollkommen getilgt. Es handelt sich um ›Rollenaphorismen‹, die dem Übermenschen in den Mund gelegt werden.

Dieses literarische Rollenspiel lässt bereits erkennen, dass auch die *Brokiga iakttagelser* den Widerspruch zwischen Perspektivität und Anspruch auf objektive Wahrheit ›bearbeiten‹ oder besser: sich an ihm *ab*arbeiten, wenn auch auf andere Weise, als dies bei Nietzsche geschieht. Während die ›Bearbeitung‹ bei diesem nämlich durchaus als Zeichen dafür angesehen werden kann, dass er ein zumindest unterschwelliges Bewusstsein von den logischen Schwierigkeiten hatte, die seinen Auffassungen anhafteten, ist davon bei Södergran zumindest in den Aphorismen nichts zu spüren. Ihr ›Abarbeiten‹ äußert sich vielmehr darin, dass die apodiktische Schreibweise, in der der Übermensch zu erkennen gibt, dass er alles kann und alles darf, und dass er zudem weiß, was für alle anderen gut und richtig ist, sich unter der Hand gegen ihn selbst richtet, indem sie gegen seinen Willen nicht nur den fiktiven, sondern zugleich damit auch den ›imaginären‹ Charakter des gesamten Projekts enthüllt. ›Imaginär‹ heißt hier: Die Position ist unhaltbar, die Rolle nicht in der Wirklichkeit spielbar, sondern einzig in der Literatur. Nur aus der Rolle einer unhaltbaren, literarisierten Position heraus lässt sich vor dem Hintergrund der Perspektivität unserer Weltwahrnehmung mit derart apodiktischem Anspruch über die Welt und andere Menschen urteilen und der subjektive Anteil jeden Urteils verleugnen.[21]

5. ›Abarbeitungen‹

So wird der imaginäre Charakter des übermenschlichen Projekts u. a. schon durch den wirklichkeitsfremd kraftmeiernden Ton der Aphorismen enthüllt: »Säga att man älskar människorna är hysteri, säga att man icke älskar dem svaghet – hava makten att göra dem till det de skola bli är allenast det rätta.« (126/86, »Zu sagen, dass man die Menschen liebt, ist Hysterie, zu sagen, dass man sie

20 Vgl. dazu: Olsson 2000, S. 264–266. Olsson ist meines Wissens der erste, der auf die dekonstruktiven Züge in der *Septemberlyrik* hingewiesen hat. Ich selbst bin zwei Jahre später zu ähnlichen Ergebnissen gekommen, ohne das Buch Olssons zu kennen (vgl. Rühling 2002, S. 233–240).

21 Anders Olsson stellt in *Brokiga iakttagelser* eine »deutliche Poetisierung« (»en märkbar poetisering«) der Gattung fest, die er dem Umstand zuschreibt, dass es nicht der »Inhalt der Gnomizität, sondern deren ästhetisches Attribut« sei, das beschworen werde (»det är inte gnomicitetens innehåll utan dess estetiska attribut som frammanas«); vgl. Olsson 2006, S. 222. Ich verstehe diese Bemerkung so, dass er damit eben auf die Fiktivität und damit Literarizität der Ich-Position abstellt.

nicht liebt, Schwäche – die Macht zu haben, sie zu dem zu machen, was sie werden sollen, ist allein das Rechte.«)[22] Man beachte die elitäre Haltung, in die das Ich sich hier begibt, indem es einen Gegensatz konstruiert zwischen sich selbst als ungenanntem, aber vorausgesetztem Sprecher (»säga«) und ›den Menschen‹ – eine Haltung, die zugleich den Wert aller ›normalen‹ zwischenmenschlichen Beziehungen in Abrede stellt, indem diese entweder als ›Hysterie‹ oder als ›Schwäche‹ abgetan werden.[23]

Neben der unfreiwilligen Markierung ihrer Rolle als imaginär gibt es ein weiteres Mittel, mithilfe dessen die *Brokiga iakttagelser* sich an dem Widerspruch zwischen ›subjektiver‹ und ›objektiver‹ Wahrheit abarbeiten. Dieses Mittel prägt bereits die Rhetorik Nietzsches, die ja für viele Aphorismen der Jahrhundertwende und der ersten Jahrzehnte des 20. Jahrhunderts stilbildend werden sollte: Verrätselung, insbesondere durch das Stilmittel des Paradoxes. Letzteres ist schon in Södergrans Lyrik überaus häufig anzutreffen, dass es sich auch in ihren Aphorismen findet, ist daher nicht weiter verwunderlich. Das Paradox stellt für den gesunden Menschenverstand eine direkte und bewusste Provokation dar, wie der folgende Aphorismus zeigt, der dem unvorbereiteten Leser geradezu ins Gesicht schlägt: »Den gode bör förstå neutralisera sina skadliga verkningar genom stränghet.« (123/16, »Der Gute sollte seine schädlichen Wirkungen durch Strenge zu neutralisieren wissen.«) Die ›Umwertung‹ des Guten, der schädliche Wirkungen ausübt, muss für jeden, der nicht mit Nietzsches Moralkritik vertraut ist, unverständlich bleiben; doch selbst vor deren Hintergrund bleibt noch offen, worauf genau sich der Satz eigentlich beziehen soll – auf die Kritik an der Sklavenmoral des Christentums oder auf die Abtötung des Mitleids in sich selbst, die Nietzsche als Grundvoraussetzung für übermenschliches Handeln ansah? Eine solche Rätselhaftigkeit führt dazu, dass das Apodiktische des Aphorismus gewissermaßen verpufft, da nicht mehr deutlich wird, was eigentlich ausgesagt wird; der Widerspruch zwischen Perspektivität und Anspruch auf objektive Wahrheit, zwischen ›subjektiver‹ und ›objektiver Wahrheit‹ wird auf diese Weise abgemildert. Man wird allerdings zugeben müssen, dass solche Aphorismen in den *Brokiga iakttagelser* nicht unbedingt die Mehrheit darstellen.[24]

Bemerkenswert ist jedoch, dass am Ende der Sammlung die überhöhte Position des Übermenschen aufgegeben wird; die letzten Aphorismen wenden

22 Vgl. zum Hintergrund dieser Machtfantasien beispielsweise Olsson 2000, S. 253–256.

23 Die gleiche Position findet sich auch in den Gedichten der *Septemberlyrik*, z. B. in *Triumf att finnas till*, wo dem Ich eine Existenz als »geringelte Schlange« innerhalb des ›normalen‹ Lebens angeboten wird, die es entrüstet ablehnt.

24 Zu nennen wäre beispielsweise noch 130/178: »Var gång en trång känsla kommer över en skall man förvandla den till en vid.« (»Jedes Mal, da einen ein enges Gefühl überkommt, muss man es in ein weites verwandeln.«) Was ist hier das »enge« Gefühl, was das »weite«?

vielmehr ihren Blick von den irdischen Gefilden und deren kümmerlichen Zeitgenossen hin zum Kosmos, der ausdrücklich als etwas anerkannt wird, das größer ist als der aphoristische Sprecher. Bezeichnenderweise verliert sich hier sogleich der herrische Tonfall, der die Sammlung ansonsten auszeichnet: »Dikter om kosmos kunna endast vara viskningar.« (131/192, »Gedichte über den Kosmos können nur ein Flüstern sein.«) »Flüstern«: Der Ausdruck deutet an, dass es nun nichts mehr gibt, das man so lauthals verkünden könnte, wie es die anderen Aphorismen in *Brokiga iakttagelser* getan haben. Was durch die Verrätselung noch eher unterschwellig ins Spiel kam, wird durch das »Flüstern« der letzten Texte gleichsam zum Programm. Sie handeln genau davon: dass es eine Wahrheit gibt, die nicht mehr Gegenstand der Verkündigungen des Ich sein, deren Gehalt das Ich vielmehr gar nicht mehr erfassen kann: »Man frågar icke om Gud finnes eller icke finnes, man lägger helt enkelt sitt lilla förstånd åsido.« (131/196, »Man fragt nicht danach, ob es Gott gibt oder nicht gibt, man legt ganz einfach seinen kleinen Verstand beiseite.«) Diese Anspielung auf den Satz des Tertullian, »Credo quia absurdum«, lässt erkennen, dass man von dem, was sich nicht erfassen lässt, nur »flüstern« kann, und das heißt eben: nur noch ahnungs- und andeutungsvoll reden. Das Ich erkennt die Ungewissheit seiner Erkenntnis an und verabschiedet sich damit vom apodiktischen Tonfall seiner Verkündigungen. Was bleibt, sind nur noch subjektive Er- und Bekundungen angesichts des Unfassbaren; der Widerspruch zwischen Perspektivität und Anspruch auf objektive Wahrheit wird dadurch gelöst, dass die Aphorismen ihren perspektivischen Charakter zu Lasten ihres Wahrheitsanspruchs deutlich ausstellen.

6. Über die Natur

Genau diesen Weg hin zu unaussprechlichen Wahrheiten, zum Unsagbaren, vollenden dann Södergrans letzte, zu Lebzeiten unveröffentlicht gebliebene Aphorismen der *Tankar om naturen.* Diese Texte reden nicht mehr vom Übermenschen und verkörpern diesen nicht mehr, sondern geben nun in der Tat nur noch subjektive Einstellungen zur Natur wieder. Hier kommt das Objektive gar nicht mehr vor – die Texte verstehen sich von vornherein nur noch als persönliche Meinungsbekundungen. Vielleicht ist sogar noch das Wort ›Meinung‹ in ihrem Zusammenhang fehl am Platz, möglicherweise sind sie nicht einmal mehr das, sondern stattdessen performative Hinwendungen zu einem nicht näher bestimmten Unsagbaren, letztlich zu Gott. Rhetorisch betrachtet sind sie wieder geprägt vom Mittel der Verrätselung, nicht so sehr in Form des Paradoxes als vielmehr als Metaphern mit unklarem Bildempfänger.

Gleich der erste Text ist für dieses neue, metaphorische Verfahren charakteristisch:

> Liv och död se vi med ögon, de äro sol och måne. (196/1)
>
> Leben und Tod sehen wir mit Augen, sie sind Sonne und Mond.

In diesem Aphorismus wird zugleich auch das Thema angeschlagen, das die *Gedanken über die Natur*, anders als die *Brokiga iakttagelser*, durchzieht und das ohnehin der gesamten Lyrik Södergrans zugrunde liegt: der Tod. Dieses Thema ist in den *Tankar om naturen* nicht nur dominant, sondern es scheint sich in diesen Texten auch eine Gedankenentwicklung zu vollziehen: Der Tod soll hier – wenige Monate vor dem Ableben der Autorin – als Naturphänomen begriffen werden, das, wie die gesamte Natur, unter dem unmittelbaren »Schutz« Gottes steht:

> Naturen står under Guds beskydd. Djävulen har ingen makt över naturen. Naturen är Guds älskling. (196/18)
>
> Die Natur steht unter Gottes Schutz. Der Teufel hat keine Macht über die Natur. Die Natur ist Gottes Liebling.

Mehr noch:

> Naturens väg till Gud är den direkta, eviga och objektiva, utan yttre tillfällighet. (197/24)
>
> Der Weg der Natur zu Gott ist der direkte, ewige und objektive, ohne äußere Zufälligkeit.

Vor diesem Hintergrund lässt sich auch der letzte Aphorismus Södergrans verstehen:

> Människohjärtat som söker Gud har att kämpa mot subjektiviteten, ty hjärtat börjar bortom subjektiviteten. Men naturens väg är fredad. (197/26)
>
> Das Menschenherz, das nach Gott sucht, hat gegen die Subjektivität anzukämpfen, denn das Herz beginnt jenseits der Subjektivität. Doch der Weg der Natur ist geschützt.

Nur in der subjektiven Anschauung, bezogen auf das Wohl und Wehe unseres eigenen Körpers, missverstehen wir den Tod als Übel, daher muss diese Subjektivität bekämpft werden. Die Auffassung von Subjektivität, die in Sätzen wie diesen zum Ausdruck gebracht wird, scheint zunächst nicht mehr so sehr von Nietzsche als vielmehr von dessen Vorgänger Schopenhauer geprägt zu sein, insofern sie im ›principium individuationis‹ den wahren Grund allen Übels entdecken zu können meint.

Diese Überwindung des Todes durch bewusste Eingliederung des Ich in den als göttlich verstandenen Prozess der Natur, nicht durch die heroische Erhebung über diese wie in der *Septemberlyrik*, steht am Ende von Södergrans aphoristischem Schaffen, aber auch am Ende ihrer gesamten Dichtung. Insofern markieren die *Gedanken über die Natur* tatsächlich so etwas wie einen Bruch mit

Södergrans ›Septemberwerk‹, dem lyrischen wie dem aphoristischen. Dieser kommt auch in der Abkehr von der Form des traditionellen Aphorismus zum Ausdruck, den die letzten Beispiele zu erkennen geben: Die Aphorismen müssen jetzt nicht mehr aus einzelnen, sondern können auch aus mehreren Sätzen bestehen und deuten damit, als minimale Kurzprosatexte, jene Gattungsmischung an, die für den Aphorismus des 20. Jahrhunderts kennzeichnend geworden ist.[25]

Neben diesem Bruch steht jedoch zugleich Kontinuität, denn die Auslöschung des Ich in Anlehnung an Schopenhauer lässt sich zugleich als endgültiger Triumph des nietzscheanischen Übermenschen verstehen: So wie sich die *Brokiga iakttagelser* und so wie sich die *Septemberlyrik* insgesamt mithilfe einer ständigen Selbstmanipulation des Ich an einer fulminanten *Umwertung* des Übels versuchten, so auch die *Tankar om naturen*, die den Tod, auch den nahenden eigenen, als Teil der Natur und somit als Gut auffassen wollen. Daher kann sich hier ein Aphorismus finden wie:

> I förruttnelsen ligger den högsta skönhet och djävulen är Guds högsta godhet. (196/14)
>
> In der Verwesung liegt die höchste Schönheit, und der Teufel ist Gottes höchste Güte.

Er zeigt, dass Södergran Nietzsches Übermensch-Programm trotz allem nicht aufgegeben, sondern lediglich modifiziert hat, denn diesem gilt ja gerade die ›Bejahung‹ des eigenen Schicksals als höchste Tugend; und genau dies: Ja zu sagen zum eigenen Tod, ihn zum Ausdruck eines höchsten Wertes umzudeuten und dadurch zu überwinden, ist das Projekt, dem das Ich sich hier verschrieben hat.

7. Fazit

In den Aphorismen Södergrans, den wenigen, die sie überhaupt geschrieben hat, vollzieht sich somit eine Entwicklung, die nicht nur den Inhalt, sondern auch die Form betrifft. Der Gegensatz zwischen Subjektivität und Objektivität des Urteils, zwischen Perspektivität und apodiktischem Wahrheitsanspruch, der schon für das Denken Nietzsches charakteristisch ist und der sich im traditionellen Aphorismus aufgrund seiner Form zum Gattungsproblem zuspitzt, wird von Södergran zunächst auf zweifache Weise ›bearbeitet‹: zum einen dadurch, dass die Position des Ich als Übermensch implizit als imaginär, als fiktive, bloß literarisierte Pose gekennzeichnet wird, und zum anderen dadurch, dass durch die Verrätselung einiger Aphorismen dem Apodiktischen die Schärfe genommen wird. In ihren letzten Aphorismen ist dann schließlich eine explizite Aufgabe des

25 Vgl. dazu Olsson 2006, der neben der Gattungsmischung auch die ›Poetisierung‹ als konstitutives Merkmal des modernen Aphorismus auffasst (insbes. S. 120–122).

Apodiktischen zu erkennen, welche die Texte zu Manifestationen des Subjektiven macht, die keine objektiven Wahrheiten mehr festhalten wollen, sondern die stattdessen mit der Gewinnung einer angemessenen eigenen Perspektive angesichts der sich immer stärker geltend machenden ›furchtbaren und fragwürdigen Seiten des Daseins‹ befasst sind.

Die Aphorismen Södergrans in ihrer Gesamtheit sind damit durch den Wechsel von einer apodiktischen, aber imaginären und letztlich bloß literarisch möglichen Position hin zu einer betont subjektiven gekennzeichnet, die sich zugleich einer ›poetischen‹ Ausdrucksweise bedient – ein Wechsel vom fiktiven Rollen- hin zum lyrischen Bekenntnisaphorismus. Für die Entwicklung der Gattung im 20. Jahrhundert ist dies jedoch nur eine mögliche Lösung – moralisch sprechen etwa lässt sich auf diese Weise nur schwer. Generell wird man jedoch für den modernen Aphorismus feststellen können, dass er sich notwendigerweise vor ähnliche Probleme gestellt sieht, ja dass das Bewusstsein dieses Problems zu einem seiner konstitutiven Züge geworden ist.[26] Insofern sind Södergrans Aphorismen in all ihrer Widersprüchlichkeit und mit der Entwicklung, die sie vollziehen, durchaus auf der Höhe der Zeit, unabhängig davon, ob man sie als Musterbeispiele ihrer Gattung ansehen mag oder nicht.

26 Vgl. dazu wiederum: Moret 1997, S. 394. Dort stellt er zusammenfassend fest: »C'est ce régime réflexif et négatif, apophatique, dont l'exigence déjoue la vérité autant qu'il la rejoue, qui nous paraît constituer le propre de l'écriture aphoristique contemporaine.«

»Weißer Nebel, Leere, Möwenschrei«: Die Glückskonzeption in Jørgen-Frantz Jacobsens *Barbara*[1]

»Ein Inselarzt heiratet die Witwe seines Vorgängers und findet bestätigt, dass die verführerische junge Frau unrettbar treulos ist. Pseudodramatik in nordischer Landschaft, halb als Heimatfilm, halb nach Art vorsichtiger Sittenfilme ins Bild gesetzt.« So steht es nachzulesen im *Lexikon des internationalen Films* über die deutsche Verfilmung von Jørgen-Frantz Jacobsens Roman *Barbara* – unter dem Verweistitel »Wild wie das Meer« – aus dem Jahre 1961; Regie führte Frank Wisbar, die Hauptrollen gaben immerhin Harriet Andersson und Helmut Griem.[2] Die Beschreibung klingt nicht so, als müsse man den Film gesehen haben.[3] Wahrscheinlich wollte man mit dem Werk sowohl an den Erfolg der zwei Jahre zuvor entstandenen Verfilmung von Trygve Gulbranssens Heimatepos *Und ewig singen die Wälder* anschließen als auch den Softporno-Nimbus Skandinaviens kommerziell ausschlachten. Ob dies gelungen ist, entzieht sich meiner Kenntnis, vermutlich aber nicht, da die Existenz des deutschen *Barbara*-Films nur Insidern bekannt sein dürfte.

Doch das Urteil, welches das *Lexikon des internationalen Films* über den Film fällt, haben vermutlich auch viele Literaturkritiker und -wissenschaftler über den Roman *Barbara* gefällt. »Pseudodramatik in nordischer Landschaft« mag sich auch Paul la Cour gedacht haben, seinerzeit »Konsulent« beim Gyldendal-Verlag in Kopenhagen, als er das unvollendete Manuskript Jacobsens unter an-

1 Diesen Aufsatz habe ich in einer früheren Version am 23. Juni 2004 als Vortrag in der Nordistischen Abteilung des Basler Deutschen Seminars gehalten. Ich danke den Zuhörern für ihre zahlreichen kritischen Anmerkungen und Verbesserungsvorschläge und versichere ihnen, dass ihre Beiträge, auch wenn ich sie jetzt nicht mehr im Einzelnen namentlich zuordnen kann, in der ein oder anderen Weise in diese überarbeitete Version mit eingeflossen sind.

2 Vgl. Brüne 1988, Bd. 1, S. 270.

3 Vgl. dazu auch das grimmige Urteil von Brønner 1973, S. 37: »In the early 1960's a West German producer filmed a motion picture version of *Barbara*, in color. While it is scarcely possible for any one with camera in hand to distort the distinctive beauty of the Faroese background, the fact that Barbara is represented as the wife of a doctor instead of a pastor should give a hint of what has happened to other aspects of the novel in this film.«

derem mit der Begründung ablehnte, es enthalte nichts wirklich Originelles, sondern folge lediglich althergebrachten Mustern.[4] Dieser Ansicht scheint sich in gewisser Weise sogar William Heinesen, Freund des Autors und gewissermaßen dessen literarischer Nachlassverwalter, anzuschließen, wenn er la Cour darin zustimmt, dass der Roman in formaler Hinsicht kein »bahnbrechendes«, ja nicht einmal ein »eigentlich literarisches Werk« sei, seine Vorzüge vielmehr woanders lägen, nämlich in seiner »*Echtheit*«, in seinem Charakter als »document humain«[5]. Ist *Barbara* also ein schon bei seinem Erscheinen literarisch antiquierter Nordlandschmöker, der seinen Erfolg beim Publikum womöglich dem Umstand verdankt, dass er willfährig gängige Klischees bedient, so wie es auf ihre Weise wohl der Film und Gulbranssens Roman tun?

Dagegen spricht nicht nur der Umstand, dass der Roman 1997 ein zweites Mal verfilmt worden ist, diesmal von Skandinaviern, und dass der Film zumindest in Skandinavien ja ein durchaus beachtlicher Erfolg war;[6] auch von literaturwissenschaftlicher Seite ist mehrfach betont worden, dass »über ein so viel gelesenes und gepriesenes Buch« bisher nur so wenig, zu wenig geschrieben worden sei – »als wüssten die Literaturwissenschaftler nicht so recht, was sie darüber sagen sollten«.[7] In der Tat scheint mir der Roman keineswegs so trivial, so epigonal zu sein, wie die erste Stellungnahme la Cours und die Verteidigung des Textes durch Heinesen zunächst vermuten lassen können. In ihm geht es meiner Ansicht nach vielmehr um nichts weniger als die Frage nach der Möglichkeit menschlichen Glücks in einer Welt, deren Mangelhaftigkeit einem nüchternen Betrachter nicht entgehen kann – und dies in einer literarisch durchaus komplexen Weise, die den Text ästhetisch gesehen auf der Höhe zumindest seiner eigenen Zeit erweist, ja die ihn in gewisser Hinsicht sogar in eine Traditionslinie einordnen lässt, die von der Romantik über die Moderne bis hin in die Postmoderne reicht.

Allerdings – dies muss man sich vor jeder Analyse vor Augen führen – ist die Möglichkeit einer solchen Einschätzung vielleicht lediglich dem Umstand zu verdanken, dass der Roman unvollendet geblieben ist, da sein Autor über der Arbeit an ihm verstarb; das Manuskript wurde vielmehr von William Heinesen so weit ›nachgebessert‹, wie es ihm für eine Veröffentlichung erforderlich erschien. So sind denn die letzten beiden Sätze des Romans von ihm, ebenso wie ein Großteil des Kapitels »Vejrfast« (»Wetterfest«). Es gibt also keine vom Autor

4 Vgl. Heinesen 1966, S. 615.

5 Ebd.

6 *Barbara*, eine dänisch-schwedische Koproduktion mit Nils Malmros als Regisseur und mit Lars Simonsen als Herr Poul und Anneke von der Lippe als Barbara in den Hauptrollen.

7 So Jones 1988, S. 141f., vgl. dazu auch Isaksen 2001, S. 9. Außer diesen beiden Texten und Heinesen 1966 gibt es meines Wissens tatsächlich keine weitere literaturwissenschaftliche Beschäftigung mit dem Roman, sieht man einmal von einigen bereits früher publizierten Aufsätzen Isaksens ab, die als Vorstufen seiner Monographie von 2001 anzusehen sind.

autorisierte Version von *Barbara*, keine, von der wir mit Fug und Recht annehmen könnten, dass sie in dieser Form auch intendiert war. Fest steht, dass Jacobsen nach dem jetzigen Ende noch drei Kapitel hatte hinzufügen wollen,[8] und man mag darüber spekulieren, ob ein solches Ende dem Text nicht einiges von dem genommen hätte, was heute gerade seinen Reiz ausmachen kann: Möglicherweise wäre Paul la Cours erstem Urteil über seine literarische Konventionalität andernfalls vorbehaltlos zuzustimmen gewesen.[9]

Richtet man das Augenmerk nämlich nur auf die Handlung, dann scheint die kritische Einschätzung des »Konsulenten« zunächst jedenfalls nicht widerlegt. Der Roman erzählt von dem dänischen Pfarrer Poul Aggersøe, der in der Mitte des 18. Jahrhunderts auf die Färöer geschickt wird, um dort die rückständige, weil immer noch orthodox lutherische Geistlichkeit im Sinne des Pietismus zu reformieren. Gleich zu Beginn begegnet er der schönen Barbara, der Witwe seines Amtsvorgängers auf der Insel Vågø (Vágar), die für ihre erotischen Eskapaden weithin bekannt ist und der nachgesagt wird, sie habe ihren vorigen – zweiten – Ehemann ins Grab gebracht. Er verliebt sich auf der Stelle in sie, und auch sie erwidert seine Gefühle. Ihre notorische Verführbarkeit und Wankelmütigkeit bestätigt sich jedoch sogleich, sehr zum Leidwesen von Herrn Poul, als ein französisches Schiff in den Hafen von Thorshavn einläuft und sich die Offiziere bei einem großen Fest ihnen zu Ehren mit den Damen der Hauptstadt vergnügen, unter ihnen auch Barbara. Dennoch kommen Poul und Barbara nur wenig später endgültig zusammen und heiraten. Als bald darauf der leichtlebige Student Andreas Heyde, ein Frauenheld und Salonlöwe ersten Ranges, auf den Inseln eintrifft, schwant Herrn Poul, dass ihr Eheglück vermutlich nur von kurzer Dauer sein wird. Damit hat er Recht: Über die Weihnachtstage wird er zu einer Taufe auf die schwer zugängliche Insel Myggenæs (Mykines) gerufen, eine Fahrt, von der ihn auch Barbaras Beschwörungen, die um ihre Schwächen weiß, nicht abhalten können. Als er dort ist, zieht plötzlich ein Sturm auf. Ein tölpelhafter Bauer hindert ihn unfreiwillig daran, das in der unruhigen See kaum noch manövrierfähige Boot zu erreichen, so dass er eine knappe Woche auf Mykines bleiben muss. Als er zurückkehrt, ist Barbara bei Andreas in Thorshavn. Poul reist ihnen bei schwerstem Wetter und unter Lebensgefahr für sich selbst und seine Begleiter nach und findet Barbara in Andreas' Armen. Dennoch verbringen sie eine Nacht zusammen, allerdings macht ihm Barbara am nächsten Morgen klar, dass sie bei Andreas bleiben wird, zumal ihr dieser versprochen hat, sie nach Kopenhagen mitzunehmen. Herr Poul ist gebrochen, randaliert tags darauf betrunken vor ihrem Haus und wird von der Polizei in Gewahrsam genommen.

---

8 Vgl. dazu Jacobsen 1963, S. 115.

9 Vgl. u.a. Isaksen 2001, S. 24, der der Meinung ist, der offene Schluss habe dem Roman keineswegs geschadet: »Snarere tværtimod.« (»Eher im Gegenteil.«)

Andreas Heyde jedoch ist inzwischen selbst Barbaras überdrüssig geworden und verlässt heimlich die Inseln. Als Barbara den Verrat bemerkt, fleht sie die umstehenden Männer an, dem Schiff hinterherzurudern, doch sie erreichen es nicht mehr. Der Text endet damit, wie Barbara, nun selbst gebrochen, an Land zurückkehrt; die Kinder »schleppen ihr armseliges Hab und Gut« hinter ihr her.

Bereits diese knappe Inhaltsangabe macht klar, dass der Roman zwar *Barbara* heißt, die eigentliche Hauptfigur jedoch Herr Poul ist. Er ist es, um den sich der eigentliche Plot konstituiert. Der Roman erzählt seinen Eintritt in die Inselwelt der Färöer, seine zeitgleich damit beginnende Liebe zu Barbara, seinen Aufstieg und seinen Fall. Zudem sind es zumeist seine Augen, durch die wir die übrigen Figuren und Ereignisse sehen.[10] Barbara hingegen ist diejenige, um die sich im Text alles dreht, bewundert und erotisch begehrt von den meisten, die mit ihr zu tun haben, und diejenige, die dadurch, dass sie Ziel des erotischen Begehrens ist, die entscheidenden Aktionen auslöst.

Dies wird bereits zu Anfang des Romans deutlich. Bevor nämlich Barbara zum ersten Mal die Szene betritt, schildert uns der Text die Welt, wie sie wäre, gäbe es Barbara nicht. Die Männer und Frauen, die im Krämerladen (»Kramboden«) versammelt sind, um auf die Ankunft des Schiffes Fortuna zu warten, haben es weder besonders gut noch besonders schlecht. Sie treiben ihre Späße miteinander, allen voran Gabriel, der »Krambodsvend« und eine wichtige Nebenfigur des Romans, der zwei der Männer, »Samuel paa Vippen« und »Tangloppen« zum Vergnügen der Zuschauer gegeneinander aufhetzt. Deren Zweikampf erreicht seinen komischen Höhepunkt, als beide jeweils an den Schanktisch treten und die schwere Anschuldigung äußern: »*Du* er en Filurendrejer!« – »Nej! *Du* er en Filurendrejer!«[11] Dies ist eine wahrhaft profane, eine alltägliche Welt, in der Besseres nicht zu erwarten ist und in der es doch auch viel schlechter nicht sein wird. Dies weiß auch Gabriel, wenn er über seine Kundschaft philosophiert:

> Hvad vilde de ude i hans Krambod, Staklerne? Nej, Livet hjemme hos Kællingerne i Tørverøgen og Ungernes Skraal var nok ikke morsommere. (S. 13)[12]

Dies gilt jedoch nicht nur für die Männer im Krämerladen, sondern im Grunde für die meisten anderen männlichen Figuren des Romans: Sie sind zwar nicht gerade unglücklich, aber auch nicht besonders glücklich; dem ein oder anderen scheint etwas in seinem Leben zu fehlen. Pouls Pfarrerskollege Wenzel Heyde wird von seiner Frau Anna Sophie mit dem Verwalter betrogen; sein Bruder

10 Vgl. dazu auch Isaksen 2001, S. 25.

11 »›*Du* bist ein Filibustier!‹ [....] ›Nein! *Du* bist ein Filibustier!‹« Nach der zuerst 1940 erschienenen, 1998 neu aufgelegten Übersetzung von Wolfheinrich von der Mülbe; hier: S. 14.

12 Alle Seitenangaben ohne nähere Hinweise beziehen sich auf Jacobsen 1952. »Warum kamen die armen Kerle auch in seinen Laden? Naja, daheim bei der Alten bei Torfrauch und Kindergeschrei war es auch nicht vergnüglicher.« (Übersetzung von der Mülbe, S. 15)

Johan Hendrik, der Amtsrichter (»Sorenskriveren«), wird Poul später dessen »Erfahrungen« neiden (S. 144), was zeigt, dass er selbst nicht viel davon gehabt haben kann; der »Lagmand« Samuel Mikkelsen besitzt zwar ein höchst ausgeglichenes Temperament, spricht ansonsten aber der Flasche in überreichem Maße zu; und der Krämer Gabriel schließlich, ein bauernschlauer Karrierist, steigt zwar zum Schwiegersohn des Landvogts auf und erhält die Freundin Barbaras, die schöne Suzanne, zur Frau – allerdings nicht aufgrund gegenseitiger Neigung, sondern weil Suzannes Vergnügungsdrang auf dem Franzosenball nicht ohne Folgen geblieben ist und dem Kind schnellstmöglich ein Vater verschafft werden muss – er selbst hätte viel lieber Barbara gehabt...

Von daher ist es nicht weiter erstaunlich, dass der erste Eindruck, den die Inselwelt der Färöer und ihre Hauptstadt Thorshavn auf den Neuankömmling Herrn Poul machen, nicht unbedingt ein rosiger ist. Kurz nach seiner Ankunft erscheint ihm die Stadt wie ein »Platz der Unterwelt« (S. 24), »dunkel und verkommen« (S. 36), obwohl er an sich ein »froher Mensch« ist, der sich nicht von Kleinigkeiten die Laune verderben lässt, und obwohl er Grund genug hätte, seine Entsendung auf die Färöer als Auszeichnung und Ehre zu empfinden (S. 37).

> Men hin lurvede Morgen, da han første Gang saa Thorshavn [...] da var det, som om baade Mod og Glæde var blevet suget af hans Hjerte. (S. 38)[13]

Das klingt übertrieben und ist vermutlich eher dem für ihn frustrierenden Kontrast geschuldet, den der bisherige Großstadtmensch zwischen der dänischen und der färöischen Hauptstadt wahrnimmt. Doch es ist schon auffällig, dass auch der Erzähler selbst seine Welt durchgängig und grundsätzlich in ein ironisches Licht getaucht hat und sie so mit kritischer Distanz zeichnet. Am sinnfälligsten ist dies in dem Kapitel »Far, Verden, far vel« (»Fahr hin, o Welt, fahr hin«) in dem die gepredigte Abwendung von der Welt in Kingos Kirchenlied den allzu weltlichen Gefühlen, Gedanken und Begierden der Gläubigen gegenübergestellt wird: Herr Wenzel predigt mit scheinbar heiligem Eifer die unseligen Folgen fleischlicher Lust, während er durch das Fenster hindurch mit ansehen muss, wie seine Frau mit dem Handelsverwalter zugange ist; Wenzels Gottesfurcht wird also als durch ganz und gar persönliche Gründe motiviert entlarvt.[14]

All dies bestätigt nur, was wir vorher schon feststellen konnten: dass weder für die in ihr handelnden Figuren noch für den sie hervorbringenden Erzähler die dargestellte Welt die beste aller möglichen ist; es ist vielmehr eine aufgrund all ihrer Beschränktheit, Alltäglichkeit und Profanität mangelhafte Welt. Für diese profane Alltagswelt nun erscheint Barbara als Lichtbringerin, als »Sonne«, wie es

---

13 »Doch an jenem elenden Morgen, als er zum erstenmal Thorshavn sah [...] da hatte er die Empfindung gehabt, als würden ihm aller Mut und alle Freude aus dem Herzen gesaugt.« (Übersetzung von der Mülbe, S. 52)

14 Vgl. dazu auch Jones 1988, S. 144.

im Text ausdrücklich heißt; sie ist diejenige, welche die offensichtliche Mangelhaftigkeit des Lebens jedenfalls für einen Augenblick aufzuheben vermag. »Alt var pludselig anderledes,«[15] heißt es unumwunden, als Barbara den Kramladen betritt, vor ihr werden sogar die sich eben noch der Lächerlichkeit preisgebenden Kämpen ihrer eigenen Lächerlichkeit und damit ihrer ›Fallhöhe‹ zur Eintretenden schlagartig bewusst:

> Tangloppen var standset midt i Ordet Filurendrejer, hans Næve faldt som et idiotisk Vaadeskud i den kongelige Pult. Der stod han – paa Hosesokker – aa Jesus – og skabede sig! (S. 38)[16]

So ergeht es indes nicht nur den Männern im Kramladen, sondern im Grunde allen, die mit Barbara Umgang haben; der Roman stellt immer wieder sehr deutlich heraus, dass es niemanden gibt, der sich der Faszination ihrer Person entziehen kann. Auch die Gesellschaft der Thorshavner Honoratioren nebst ihren Angetrauten, der der neue Pfarrer gerade seine Aufwartung macht und die soeben noch über Barbara hergezogen war, wird wie verwandelt, als sie die Szene betritt. Sogar die alte Armgard, Witwe des früheren Amtsrichters (»Lag-mand«), die vor allem kein gutes Haar an Barbara gelassen hatte, gibt sich fast schon gegen ihren eigenen Willen als deren gefällige Bewunderin, als diese sich für ihre Stricksachen interessiert:

> Armgard blev saa hyggelig i Ansigtet, et Smil begyndte at sprede hendes sammenkrympede Læber, de gamle Tandstumper kom til Syne af lutter Venlighed, og tilsidst saa hun paa Barbara med saa megen Ømhed i Blikket, som man paa nogen Maade kan vente af en Maage. (S. 34)[17]

Am augenfälligsten ist diese Veränderung, die Barbara bewirkt, verständlicherweise bei ihrem späteren Liebhaber und Ehemann, Poul Aggersøe. Zunächst ob der Dunkelheit und Verkommenheit Thorshavns deprimiert, ist nach seinem Besuch bei Barbara und ihrer Mutter »seine Melancholie in eine stille Munterkeit verwandelt« (S. 44), und später heißt es sogar – wieder über Thorshavn –: »Husene, Gavlene og Vinduesfagene i Byen mindede Hr. Poul om en Glæde, der havde været tabt, men som var genfunden« (S. 75)[18] – dies ist auf dem zu Ehren der französischen Gäste ausgerichteten Ball, als Barbara sich wieder ihm zu-

15 »Auf einmal war alles anders.« (Übersetzung von der Mülbe, S. 16)

16 »Tangfloh blieb mitten in dem Wort Filibustier stecken, und seine Faust fiel mit einem sinnlosen Bums auf das königliche Pult. Da stand er nun – o Jesus – in Socken und hatte sich.« (Übersetzung von der Mülbe, S. 16)

17 »Armgards Gesicht glättete sich, ein Lächeln löste ihre zusammengepreßten Lippen; vor lauter Freundlichkeit wurden die alten Zahnstümpfe sichtbar, und schließlich blickte sie Barbara so zärtlich an, wie man es nur von irgendeiner Möwe erwarten kann.« (Übersetzung von der Mülbe, S. 46)

18 »Die Häuser, Giebel und Fensterrahmen erinnerten Poul an eine Freude, die er verloren und wiedergefunden hatte.« (Übersetzung von der Mülbe, S. 105f.)

wendet, nachdem sie zuvor mit einem französischen Offizier getanzt hat, was Herr Poul mit Eifersucht und Herzensqualen beobachtet hatte.

Dieser neue Enthusiasmus ist gewiss der Laune des Verliebten zuzuschreiben, der seine Umgebung je nach Stand der Herzensdinge verändert wahrnimmt. Doch die anderen Textbeispiele haben ja schon gezeigt, dass Barbara offensichtlich auch unabhängig davon die Fähigkeit besitzt, die Welt zu verzaubern, sie schöner erscheinen zu lassen, als sie eigentlich ist. Wodurch allerdings diese Zauberkraft bewirkt wird, das macht der Text nie richtig klar. Zwar wird mehrfach Barbaras »große Natürlichkeit« erwähnt, und im Vergleich mit ihrer Freundin Suzanne heißt es, dass deren »kluge Augen« »vom Lebhaften und rasch Wechselnden in Barbaras Blick überstrahlt« würden und ihre »sonore Stimme neben all den merkwürdigen Brechungen in der Rede der Freundin einförmig« erscheine: »Det var som en Regnbue af kildrende Støj, der pludselig havde rejst sig midt i den tørre Samtale« (S. 34)[19]; doch diese Charakterisierung bestätigt ja nur noch einmal den Zauber Barbaras, ohne ihn zu erklären. Barbara scheint vielmehr eine unerklärliche Ausstrahlung, besser noch: Strahlkraft zu besitzen, die alles zu verwandeln vermag und von der auch in dem gerade angeführten Zitat die Rede ist – sie korrespondiert ja auch dem bereits vorher eingeführten Bild der »Sonne«. In der Tat wird diese Strahlkraft im Text immer und immer wieder erwähnt. So fragt sich Poul etwa, als er erst noch auf der Schwelle zur Verliebtheit steht, ob Barbara vielleicht doch nicht so »strahlend« sei, wie sie ihm zuerst erschienen ist (S. 39), und später im Gespräch mit dem ihm unterlegenen Konkurrenten Gabriel erinnert er sich insbesondere ihrer Blicke, die »so strahlend« waren, »dass sie die ganze Zeit die Augen niederschlagen musste« (S. 45). Barbara scheint also genau das zu repräsentieren, was der »dunklen und verkommenen« Welt Thorshavns fehlt: Glanz, Licht, Schönheit – das Außergewöhnliche, Nicht-Alltägliche, Besondere.

Sieht man sich Barbaras Verhalten im Roman jedoch genauer an, so ist diese Strahlkraft nicht das einzige Geheimnis ihres Zaubers. Dies wird ja ganz deutlich bereits in ihrer oben schon erwähnten Begegnung mit der alten Armgard (S. 34), als sie sich plötzlich für deren Strickarbeiten zu interessieren beginnt und dieses Interesse der Tante offensichtlich schmeichelt. Ein solches Interesse wird auch Herrn Poul zuteil, als er Barbara bei ihrer Mutter besucht: So wie sie Armgard nach ihrem Schal gefragt hat, so erkundigt sie sich nun nach »seiner Reise, nach seinen Studien, seiner Demissionspredigt und vielen anderen Dingen, die sein Pfarramt« betreffen (S. 41 f.), und für Herrn Poul ist es, »als habe er zum ersten Mal in diesem Land eine Person getroffen, die ihm mit Interesse zuhörte« (S. 42).

19 »Es war, als sei mitten in der trockenen Unterhaltung plötzlich ein glitzernder Springbrunnen aufgesprüht.« (Übersetzung von der Mülbe, S. 46)

Zwar ist der Kontext hier ein erotischer,[20] doch »Herr Poul fühlte sich in seinem Herzen geschmeichelt« (ebd.), was später noch einmal wiederholt wird: »Hans Hjerte var smigret i Bund og Grund« (S. 46)[21]. Barbara gibt den Menschen, die sie trifft, durch ein offenkundig ausgeprägtes *Einfühlungsvermögen* das Gefühl, gesehen, wahr- und ernst genommen zu werden, und vermittelt ihnen damit vielleicht sogar den Eindruck, selbst etwas Besonderes zu sein. Sie ist »freundlich und gut zu allen« (S. 29). Kein Wunder, dass Johan Hendrik zum Schluss kommt: »Hun er nu saadan indrettet, at nær sagt hver Mand, ja hvert levende Væsen, der ser hende, synes godt om hende« (S. 33)[22]. Psychologisch gesehen kann man davon sprechen, dass jedenfalls Herr Poul, vermutlich aber auch ein Großteil ihrer übrigen Kommunikationspartner durch Barbara so etwas wie *narzisstische Gratifikation* erfährt: eine einfühlsame Bestätigung der eigenen Person.

Barbara ist also Objekt eines nicht nur erotischen Begehrens; ihr so häufig erwähntes »Strahlen« verspricht die Verklärung einer prinzipiell defizitären Welt, das Versprechen einer Aufhebung des Defizits – auch wenn, um es nochmals zu wiederholen, dieses Defizit keineswegs so beschaffen ist, dass die Menschen an ihm leiden; die Welt wäre nur eben ihrer Alltäglichkeit enthoben, könnte sie so strahlend sein, wie es Barbara anscheinend ist. Doch wie wir wissen, hält Barbara dieses Versprechen nicht; im Gegenteil, vor allem die Männer, die sich voller Erwartung auf erotische Erfüllung mit ihr einlassen, werden allesamt von ihr enttäuscht, so dass sie am Ende ärmer dastehen als vor ihrer Bekanntschaft mit Barbara, wie es im Roman an Herrn Poul vorgeführt wird. Warum ist dies so? Warum verspricht Barbara in den Augen der anderen so viel mehr, als sie offensichtlich überhaupt zu halten imstande ist?

Um dies zu beantworten, müssen wir auf eine weitere Frage eingehen, die sich auch Herr Poul stellt, nachdem er schließlich verheiratet ist: Wer ist Barbara eigentlich (vgl. S. 140)? Ist sie nur »Naturkraft«, eher »Symbol als Individualität«, das für das »Leben« steht, »das freigebige, doch unberechenbare, dessen unbekümmerten Launen und Wechselfällen wir alle unterworfen sind«, wie

---

20 An gleicher Stelle heißt es: »han faldt i dette Øjenblik paa Tanke, som forekom ham rigtig, at i en Samtale med Fruentimmer Emnet kun var et Paaskud, medens det egentlige var Glæden over at staa Ansigt til Ansigt, at kunne lade Øjnene mødes, Stemmerne blande sig med hinanden og Sjælene røre ved hinanden. Og Barbaras Sjæl, der talte gennem hendes grøngyldne Øjne, rørte meget ved ham« (ebd.). »In diesem Augenblick verfiel er auf einen Gedanken, der ihm richtig erschien, nämlich, daß in einem Gespräch mit einer Frau der Gegenstand nur ein Vorwand und der eigentliche Sinn die Freude sei, sich von Angesicht zu Angesicht gegenüberzustehen, die Blicke sich begegnen, die Stimmen sich mischen, die Seelen sich berühren zu lassen. Barbaras Seele, die aus ihren grüngoldenen Augen sprach, berührte viel in ihm.« (Übersetzung von der Mülbe, S. 58)

21 »Sein Herz war von Grund aus geschmeichelt.« (Übersetzung von der Mülbe, S. 63)

22 »Sie ist nun mal so geschaffen, daß sie sozusagen jedem Mann, ja, jedem lebenden Wesen, das sie sieht, gut gefällt.« (Übersetzung von der Mülbe, S. 44)

William Heinesen meint?[23] Der Text gibt an gleicher Stelle einen anderen Hinweis. Als Poul nämlich nach der Hochzeit neben Barbara erwacht, macht er eine auch dem Leser zunächst merkwürdig erscheinende Beobachtung:

> [H]endes sovende Ansigt var anderledes end hendes vaagne. Han havde lagt Mærke til det før. Naar hun sov var der en Slags Græmmelse over hendes Træk, noget hjælpeløst og lidende. Ogsaa dette lod hun ham se. Men *skulde* han se det? Var det en Betroelse, som hun vilde have vedkendt sig i vaagen Tilstand? Hans Hjerte bankede for hende. (Ebd.)[24]

Jógvan Isaksen findet, diese Stelle, die eine »unter der Oberfläche zermarterte Barbara« andeute, sei einzigartig im Roman und ihr »Mysterium« lasse sich nur durch die Annahme erklären, »dass Hr. Poul seine eigenen unschlüssigen Gefühle in Barbaras Ausdruck« spiegele.[25] Doch diese Schlussfolgerung erscheint mir vorschnell, zumal der Text ja ausdrücklich darauf hinweist, dass Poul seine Beobachtung nicht zum ersten Mal macht, der »Gram« in Barbaras Gesichtsausdruck also nicht nur ein singuläres Ereignis ist.

In der Tat finden sich im Roman denn auch mehrere klare Indizien dafür, dass Barbara keineswegs bloß die »gedankenlose Natur« ist, als die sie von vielen angesehen wird. Nachdem Johan Hendrik festgestellt hat, dass »jedes lebende Wesen« sie mögen müsse (s. o.), fährt er »eifrig« fort:

> [S]aa meget Kvinde er hun blevet, at det er en Nødvendighed for hende, at alle, selv den mindste og uværdigste, skal beundre hende. Alt i hende vil sejre – og har gjort det til denne Dag. Alle skal elske hende. Og hun vil elske alle. (S. 33)[26]

Johan Hendrik, Anna Sophie und vielleicht auch der Erzähler erklären diesen Wesenszug zwar altmodisch mit der weiblichen Natur, doch andere Stellen des Textes legen eine modernere Erklärung viel näher: Barbara *braucht* die »Be-

23 Heinesen 1966, S. 616. Dem schließt sich Isaksen im Jacobsen-Abschnitt seiner färöischen Literaturgeschichte, einer älteren Version seiner Monographie, an, wenn er Heinesens Bemerkung fast wörtlich wiederholt: »Barbara er, trods sin kropslighed, mere symbol end individ. Hun repræsenterer det lunefulde liv, hvor gavmildhed veksler med skuffelser, hvor håb veksler med desperation, hvor uberegnelighed er en del af dets inderste væsen« (Isaksen 1993, S. 95; »Barbara ist, trotz ihrer Körperlichkeit, mehr Symbol als Individuum. Sie repräsentiert ein launisches Leben, in dem Großzügigkeit mit Enttäuschung und Hoffnung mit Verzweiflung abwechseln und in dem Unberechenbarkeit ein Teil seines innersten Wesens ist.«).

24 »Wenn sie schlief, war ihr Gesicht ganz anders. Er hatte das schon bemerkt. Dann war etwas wie Gram in ihren Zügen, etwas hilflos Leidendes. Auch das ließ sie ihn sehen. Aber ob er es sehen *sollte*? War das ein Geständnis, zu dem sie sich auch im Wachen entschlossen hätte? Sein Herz schlug für sie.« (Übersetzung von der Mülbe, S. 202)

25 Isaksen 2001, S. 45.

26 »Daß selbst der Geringste und Unwürdigste sie bewundert, ist eine Notwendigkeit für sie. So sehr ist sie Frau. Alles in ihr will siegen – und hat es bis auf den heutigen Tag getan. Sie will von allen geliebt werden und möchte auch alle lieben.« (Übersetzung von der Mülbe, S. 44)

wunderung« der anderen, sie braucht sie sogar so dringend wie die Luft zum Atmen – daher bemerkt sie sie auch »bei jeder mindesten Gelegenheit, ja selbst wenn es nur ein Hund ist, der sie aus einer Ecke heraus bewundert« (ebd.): Sogar die Zuneigung eines Tieres, das von Natur aus unterwürfig und seinem Herren ergeben ist, mag sich Barbara nicht entgehen lassen.

Dies kann man so deuten: Sie ist so sehr auf die Bewunderung der anderen angewiesen, dass es für sie keine Rolle mehr spielt, wer sie eigentlich bewundert – daher ihre Wahllosigkeit, ihre mangelnde »Herrschaft über ihr Herz« (S. 163). Als der elegante Tausendsassa Andreas Heyde die Inseln besucht, ein weltläufiger Kopenhagener Frauenheld, und ihr galant den Hof zu machen beginnt, kann sie ihm wie selbstverständlich nicht widerstehen, sondern gibt sich ihm bei der ersten Gelegenheit hin, da sie mit ihm alleine ist. Bleibt die Bewunderung hingegen aus, fällt sogleich »ein Schatten« über sie, wie da, als sich das Gespräch um die Aufklärung der Bauern dreht: »Kun Barbara interesserede denne Tale ikke. Der var ligesom faldet en Skygge over den Del af Stuen, hvor hun sad. – Nej, vi maa afsted, sagde hun« (S. 158)[27]. Ohne erkennbare Wertschätzung durch andere fällt sie in sich zusammen wie eine Pflanze, der man das Licht genommen hat.

So wird auch die immense Eifersucht erklärlich, die sie an den Tag legen kann und die auf den ersten Blick nur schwer mit ihrer scheinbaren Libertinage zu vereinen ist. Schon im zweiten Kapitel »Enken paa Kaldet«,[28] in dem uns erste entscheidende Einsichten in Barbaras Charakter vermittelt werden, wenn auch fast ausschließlich durch die Augen der anderen, gibt es eine Beschreibung ihrer zweiten Ehe mit Herrn Niels, die sich teilweise wie eine Vorwegnahme ihres Zusammenlebens mit Herrn Poul ausnimmt:

> Jeg kan forsikre Dem for, sagde Lagmanden, at jeg mindes ikke at have set en Kone være saa kærlig mod sin Husbond, den første Tid jeg kendte dem. Hun vilde altid have ham hos sig og vilde hjælpe ham med alting. Og naar han var borte, længtes hun altid efter ham. […] Og gennem hele deres Ægteskab blev det for Resten ved at være saadan, at *hun taalte ikke, han forsømte hende.* Herover kom nok deres første Trætter – ved Gud, *jeg tror det var alt det, at hun vilde give ham Lov til at skrive sine Prædikener.*
> – Ja, Barbara! sagde Sorenskriveren: *naar hun er i det Lune, er hun i Stand til at blive jaloux paa selveste Gud i Himmelen!* (S. 28; Hervorhebungen von mir)[29]

27 »Nur Barbara interessierte die Auseinandersetzung nicht. Auf den Teil des Zimmers, wo sie saß, war gleichsam ein Schatten gefallen. ›Nein, wir müssen weg‹, sagte sie.« (Übersetzung von der Mülbe, S. 228)

28 Wolfheinrich von der Mülbe übersetzt: »Die Witwe auf der Pfarre«.

29 »›Ich kann Ihnen versichern‹, antwortete der Landesrichter, ›daß ich mich nicht entsinne, je eine Frau gesehen zu haben, die so zärtlich gegen ihren Mann gewesen wäre wie sie in der ersten Zeit unserer Bekanntschaft. Sie wollte ihn immer bei sich haben und ihm bei allem helfen. Wenn er weg war, hatte sie stets Sehnsucht nach ihm. […] Übrigens blieb es ihre ganze Ehe über so: *Sie duldete nicht, daß er sie vernachlässigte.* Daraus entstanden auch ihre ersten Zwistigkeiten. Wahrhaftig, *daß sie ihm erlaubte, seine Predigten zu schreiben, war, glaube ich,*

Barbara kann es kaum ertragen, alleine zu sein: »Min kjærrest Ven,« schreibt sie an Herrn Poul noch vor ihrer Eheschließung in einem in seiner Hilflosigkeit und mangelhaften Orthographie rührenden Brief, »jeg kunde ikke vente so længe so kom flux hid, thi jeg vil helst være vor du er, men du var ikke her din hjærte Barbara Christine Salling« (S. 91 f.)[30]. Vor diesem Hintergrund erscheint es nicht mehr verwunderlich, dass sie Herrn Poul am zweiten Weihnachtstag unter keinen Umständen nach Myggenæs (Mykines) ziehen lassen will; sie erfährt die Abwesenheit des Geliebten offensichtlich als enormen Affront gegen sich, der sie umso eher in die Arme von Andreas treibt, als der unglückseligerweise gerade in diesem Augenblick zu seinem Besuch auf dem Pfarrhof in Midvaag (Miðvágur) eintrifft. Statt »Affront« könnte man auch sagen, als Kränkung – das Ausbleiben von Bewunderung, Zuneigung und ganz allgemein von Zuwendung stellt für Barbara offensichtlich eine gewaltige *narzisstische Kränkung* dar, die sie im wahrsten Sinne des Wortes so ›krank‹ macht, dass sie sie auf der Stelle kurieren muss. Dies wird vom Erzähler selbst ausdrücklich bemerkt. Als Herr Poul nämlich so sehr von selbstquälerischen, aber gewiss nicht ganz unberechtigten Zweifeln heimgesucht wird, ob Barbara wirklich die Richtige für ihn sei mit ihrer bewegten Vergangenheit und eben jenem Mangel an »Herrschaft über ihr Herz«, dass darunter sogar seine Predigten leiden, heißt es:

> Barbara, der mærkede alt, mærkede ogsaa, at hendes Elskede ikke var helt glad, og det var for hende en dyb Krænkelse. En Dag, da de talte om deres Kærlighed, sagde hun: – Hver Gang jeg rækker dig hele min Haand, rækker du mig kun din lille Finger. (S. 94)[31]

Sie fordert von ihrem Partner totale Zuwendung und erlebt es folglich als Zurückweisung, wenn diese aus dem ein oder anderen Grund nicht erfolgen kann. Man beachte im Übrigen, wie sehr Barbara in solchen Augenblicken ihr ansonsten so stark ausgeprägtes Einfühlungsvermögen verlässt: Sie gestattet dem Anderen keinen wirklichen Freiraum für eigene Gefühle und Gedanken, sondern bezieht sein Verhalten durchgängig auf sich und ihr davon abhängiges psychisches Wohlergehen. Ähnlich auch, als Herr Poul nach der langen und für ihn ebenso wie seine Begleiter lebensgefährlichen Fahrt von Midvaag nach Thorshavn unvermutet bei Barbara erscheint – da gerät sie ob eines solchen Liebesbeweises schier in Verzückung:

---

alles.‹ ›Ja, Barbara!‹, sagte der Amtmann. ›*In solcher Laune ist sie imstande, selbst auf Gott im Himmel eifersüchtig zu werden!*‹« (Übersetzung von der Mülbe, S. 37)

30 »Mein liebster Freund, ich konnte nicht so lange warten, so kam ich flugs her, denn ich will am liebsten sein, wo du bist, aber du warst nicht da, deine Herzens-Barbara Christine Salling.« (Übersetzung von der Mülbe, S. 131)

31 »Barbara, die alles bemerkte, merkte auch, daß ihr Geliebter nicht ganz froh war, und das kränkte sie tief. Als sie eines Tages von ihrer Liebe sprachen, sagte sie: ›Jedesmal, wenn ich dir meine ganze Hand reiche, gibst du mir bloß deinen kleinen Finger.‹« (Übersetzung von der Mülbe, S. 134)

> – Er du kommet til mig? Hun talte som til et Barn, og en Jubel begyndte at koge op i hendes Stemme: Men hvordan i Alverden er du kommet i dette Vejr? Sødeste! Gaaet fra Kirkebø? Er du vanvittig? (S. 198)[32]

Sie »jubiliert«, obwohl doch Herrn Pouls erbärmliche psychische wie körperliche Verfassung sowie das Bewusstsein ihres Ehebruchs eigentlich eine andere Reaktion hätten erwarten lassen.

In diesem Jubel kommt auch noch ein weiterer Charakterzug Barbaras zum Ausdruck, der ebenfalls mehrfach vom Roman thematisiert wird: ihre Neigung zur Verdrängung und zur Verleugnung der Wirklichkeit. Am offensichtlichsten erfolgt diese Thematisierung im Kapitel »Kulørte Stene« (»Bunte Steine«), dessen Titel der Erzähler wie folgt expliziert:

> Barbara havde mange straalende Forklaringer paa sit Livs Krogveje og Genveje, ja hun havde ligesom en Pose fuld af Udflugter, der skinnede som kulørte Stene og blinkede som hendes egne grøngule Øjne. (S. 90)[33]

Über die ernsten Dinge des Lebens will Barbara nur ungern sprechen (eine Ausnahme ist die Kapernaum-Episode im selben Kapitel), und Herr Poul merkt regelrecht auf, wenn sie es doch tut, wie bei jenem eben erwähnten Brief, in dem sie ihm gesteht, dass sie ohne ihn nicht sein kann: »[Han] blev svimmel og næsten forfærdet, da han læste det, for han følte, at dette var en bævende Sandhed af Kød og Blod og ikke en glitrende Sten fra Barbaras Eventyrpose« (S. 92).[34] Ansonsten aber kann sie ein Gesprächsthema, wenn es ihr nicht passt, von einer Sekunde zur anderen wechseln; so etwa im Kapitel »I en Urtegaard« (»Im Kräutergarten«) wo sie den gerade vorangegangenen Konflikt mit Gabriel über einem »gelben Schmetterling« ›vergisst‹ (S. 139).

All dies macht deutlich, dass Barbara im Grunde eine äußerst ›ichschwache‹ Person ist, die ständige Aufmerksamkeit und Zuwendung durch andere braucht, weil sie sich diese selbst nicht zu geben vermag; sie ist ein Fass ohne Boden, in das man unendliche Mengen hineinschütten kann, ohne es je zu füllen. Sie scheint in ihrem Kern ein riesiges Loch zu haben, oder besser: Sie besitzt gar keinen Kern, sondern lebt nahezu ausschließlich im bewundernden Spiegel ihrer Umgebung, vornehmlich der männlichen. Psychologisch ausgedrückt: Barbara ist ›narzisstisch gestört‹, in ihrer Persönlichkeit klafft eine Wunde, von der wir

---

32 »›Bist du zu mir gekommen?‹ Sie redete wie zu einem Kinde, und in ihrer Stimme kochte ein Jubel auf. ›Aber wie in aller Welt bist du bloß in diesem Wetter hergekommen? Süßester! Von Kirkebö hergegangen? Bist du toll!‹« (Übersetzung von der Mülbe, S. 284)

33 »Barbara hatte viele glänzende Erklärungen für die Umwege und Richtwege ihres Lebens, ja, sie hatte sozusagen einen Sack voll Ausflüchte, die wie bunte Steine schimmerten und gleich ihren eigenen grüngoldenen Augen blitzten.« (Übersetzung von der Mülbe, S. 129)

34 »Doch Poul schwindelte es, und er entsetzte sich fast, als er es las; denn er fühlte, daß das von Fleisch und Blut zitternde Wahrheit war und kein glitzernder Stein aus Barbaras Märchensack.« (Übersetzung von der Mülbe, S. 131)

allerdings nie auch nur andeutungsweise erfahren, woher sie eigentlich stammt. Andererseits verleiht ihr dieses narzisstische Defizit, ihr Mangel an Selbstliebe, Selbstvertrauen und Selbstbewusstsein das Gespür für das, was anderen selbst in dieser Hinsicht fehlen mag, und erklärt somit ihr gutes Einfühlungsvermögen; aufgrund ihrer eigenen Bedürftigkeit ist sie in der Lage zu erahnen, wann andere Zuwendung brauchen, und narzisstische Gratifikation zu gewähren – allerdings nicht zuverlässig, wie wir gerade sahen. Das heißt also: Barbara kann die »Sonne« für ihre Umgebung gerade deshalb sein, weil sie es braucht, von den anderen als Sonne betrachtet zu werden, weil sie durch den Spiegel der anderen stets das Gefühl vermittelt haben muss, selbst etwas Besonderes zu sein.

Ihre Ichschwäche ist es auch, die Barbara zu einer beziehungsunfähigen Person macht; ihre Sucht nach Anerkennung und Zuneigung durch andere gestatten ihr nicht, bei lediglich einem einzigen Partner zu bleiben. Erstaunlicherweise weist sie in dieser Beziehungsunfähigkeit gewisse Ähnlichkeiten mit ihrem späteren Ehemann Herrn Poul auf, denn auch dieser hat offensichtlich Schwierigkeiten mit Beziehungen: Er scheint Angst vor allzu großer Nähe zu haben (was ja ebenfalls als Indiz für Ichschwäche aufgefasst werden kann. So gerät ja seine Ehe mit Barbara nach den Wonnen der Verliebtheit schon sehr schnell in die gefährlichen Fahrwasser der Gewöhnung, ja der Langeweile, und die ersten Krisen deuten sich bereits an (etwa im Kapitel mit dem bezeichnenden Titel »Tidevande«, »Gezeiten«). So kommt er denn auch zu dem für ihn offensichtlich bezeichnenden Schluss: »Kærligheden er som en Lue, der ikke kan brænde ren og klar, uden at Ængstelsen, som en Trækvind, holder den vedlige« (S. 162)[35] – Liebe ist dieser Anschauung zufolge also nicht möglich, wenn sie nicht von der Angst vor dem Verlust des Partners genährt wird! Durch die Ankunft von Andreas erhält die Flamme seiner Liebe denn auch genügend »Zugluft«, um bis ans Ende des Romans nicht mehr zu erlöschen. Dass es ohne Gefährdung in der Tat schlecht um seine Beziehungen bestellt ist, zeigt das Beispiels Lucie Gemynthers, jener Frau, die Poul in Kopenhagen hinter sich lässt, ja die nicht so wenig dazu beiträgt, dass er sich auf die Reise nach den Färöern überhaupt begibt:

> hun havde vist sig saa dødsens forlibt, at Poul Aggersøe var begyndt at vende sig bort fra hende. Thi hun plagede ham med sin Bestandighed og med sine Sentiments, der hurtig blev ham en Melodi, han kendte altfor godt. [...] For hun var som en Efeu, der vilde sno sig opad ham, som omkring en Stamme, og ganske dække ham med sin Hengivenhed. Men han ønskede det ikke. Han vilde kun være sig selv, Poul Aggersøe, og følte andres Affektion som en Byrde og som en Hæmning. (S. 38)[36]

35 »[...] daß die Liebe wie eine Flamme ist, die nur rein und klar brennen kann, wenn die Zugluft der Angst sie anfacht.« (Übersetzung von der Mülbe, S. 234)

36 »[...] sie hatte sich so sterblich in ihn verliebt, daß er sich mehr und mehr zurückzog. Sie

Insofern ist er bei Barbara in den besten Händen: Bei ihr droht immer der Verlust, so dass sich die Gefahr, von »Efeuranken« umschlungen, verschlungen zu werden, gar nicht erst ergibt.

Durch ihre Ichschwäche ist Barbara, als Ziel des Begehrens derjenigen, die ihr verfallen sind, prinzipiell ungeeignet; das, was diese in ihr erfüllt sehen, ist etwas, was Barbara selbst gar nicht zu geben imstande ist, wonach sie vielmehr ihrerseits geradezu süchtig ist, weil sie es selbst in keiner Weise besitzt. Als Objekt des Begehrens wird Barbara somit von den anderen *verkannt*; sie ist nicht die, für die sie gehalten wird, sie sucht, im Gegenteil, selbst nach dem, was die anderen in ihr zu finden vermeinen. Die Beziehung der anderen zu Barbara ist somit zutiefst *illusionär*, und dies Illusionäre kulminiert in ihrer Beziehung zu Herrn Poul, der nicht nur sie verkennt, sondern der darüber hinaus auch noch sich selbst verkennt, indem er in Barbara eine Person zum Liebesobjekt gewählt hat, deren Unerreichbarkeit für ihn zugleich Voraussetzung dafür zu sein scheint, dass er sie überhaupt begehren kann. Schließlich jedoch ist auch Barbaras Verhältnis zu ihren Liebhabern in gleicher Weise illusionär wie umgekehrt deren Verhältnis zu ihr; auch sie sieht in diesen ja ein Ziel des Begehrens, das sie ihr dauerhaft jedenfalls nicht sein können. Dies erkennt man insbesondere an ihrer Beziehung zu dem wahren »Filurendrejer« Andreas Heyde, die für Barbara darüber hinaus noch die schmerzliche Erfahrung bereithält, eben nicht immer »siegen« zu können. Andreas' Verhalten lässt ihre Verlustangst kulminieren und ihr Herz an jemanden hängen, der dafür ebenfalls denkbar ungeeignet ist – da er sich als ebenso wankelmütig herausstellt wie sie selbst (wenn auch möglicherweise aus anderen Gründen). So wie Herrn Pouls Leidenschaft erst dann so richtig erwacht, wenn sich ihm das Liebesobjekt ständig zu entziehen droht, so richten sich auch Barbaras Anstrengungen auf einen Liebespartner, der von vornherein unbeständig erscheint und der sich am Ende tatsächlich von ihr abwendet. Dies wird im Übrigen von Andreas' Onkel, Johan Hendrik, dem Amtsrichter, in aller Deutlichkeit ausgesprochen, als dieser sich bei ihm darüber beklagt, er habe gehofft, Barbara sei »flüchtiger« in ihrem Wesen:

> Flygtig! Hæ! I er to gode Aber. I er lige flygtige begge. I kan bare ikke være det samtidig. Kan du ikke forstaa det? Naar du er flygtig, er hun det ikke. [...] Det troede jeg saa Gud, du vidste! (S. 220)[37]

---

plagte ihn mit ihrer Beharrlichkeit, und ihre Sentiments wurden für ihn bald wie eine abgespielte Melodie. [...] Wie Efeu, der sich an einem Stamm emporrankt, wollte sie ihn ganz in ihre Hingabe einhüllen. Doch das war nicht sein Wunsch. Er wollte nur er selbst sein, Poul Aggersöe, und empfand solch eine Zuneigung als Last oder Hemmung.« (Übersetzung von der Mülbe, S. 52)

37 »Unbeständig! He! Ihr seid zwei schöne Affen. Ihr seid beide gleich unbeständig und könnt es nur nicht gleichzeitig sein. Siehst du das nicht ein? Wenn du unbeständig bist, ist sie es nicht. [...] Ich habe bei Gott geglaubt, du wüßtest das.« (Übersetzung von der Mülbe, S. 316)

Alle drei – Poul, Barbara, und eben offensichtlich auch Andreas – scheinen sich in dem Punkt ähnlich zu sein, dass sie nur denjenigen bzw. diejenige wirklich begehren können, die oder den sie nicht wirklich bekommen können.[38] Für die Beziehung der ›Welt‹ zu Barbara ebenso wie für die Barbaras zu ihren Liebespartnern gilt daher in höchstem Maße jener Refrain Kingos, den der Erzähler ohnehin über seinen Figuren ausruft: Vanitas vanitatis – »Forfængelighed, Forfængelighed!«

Halten wir also fest: Die Welt des Romans ist alltäglich und damit in einer bestimmten, unspektakulären Weise defizitär; als Versprechen der Aufhebung dieses Defizits erscheint einem Großteil der Figuren Barbara, als Verheißung einer eben nicht alltäglichen, besonderen, »strahlenden« Erfüllung. Doch Barbara ist selbst defizitär, sucht sie doch nach etwas, was die Löcher ihrer Seele stopfen könnte. Damit strebt auch sie nach einem Ziel, das sie nicht erreichen kann, mehr noch, das sich, wie im Falle von Andreas, ihr entzieht. A will B, doch B will A nicht; B will vielmehr C, doch C will nicht B... Das Ziel des Begehrens wird verschoben, so dass es am Ende nur noch illusionär und das heißt eben: gar nicht mehr erreichbar erscheint. Die Defizite dieser Welt können nicht behoben werden; sie sind vielmehr unaufhebbar in ihr verankert; das Begehren richtet sich auf ein Ziel, das definitiv nicht erreicht werden kann. Ja es muss sich offenbar sogar auf ein Ziel richten, das nicht erreichbar ist, um dieses Ziel überhaupt begehrenswert zu finden – siehe Poul, siehe Barbara, siehe Andreas.

Genau dieser illusionäre Charakter des Begehrens, ja menschlichen Strebens überhaupt ist es, den uns der Roman mit seinem furiosen Schlusskapitel deutlich macht, wenn in diesem die Beziehungen der Figuren von der rein psychologischen Ebene auf eine allgemeinere, höhere überführt werden. Zunächst ist es bereits überraschend, dass hier nicht mehr Herr Poul, der Held der vorangegangenen Seiten, im Mittelpunkt des Geschehens steht; dieser hat sich vielmehr mit seinem Randalieren in der Hafenkneipe China unmöglich gemacht und ist damit vom Erzähler gewissermaßen in Unehren aus der Handlung entlassen worden. Das letzte Kapitel gehört vielmehr ganz alleine Barbara und ihrem Verhältnis zu Andreas.[39] Von der Erzählstruktur her findet damit eine erneute Verschiebung statt, diesmal freilich nicht auf der Ebene der *histoire*, sondern auf

38 Vgl. dazu auch Isaksen 2001, der in Bezug auf Barbara psychologisch treffend bemerkt: »det overfladiske og ustadige hos en anden gør hende tro« (S. 37; »das Oberflächliche und Unstete bei einem anderen macht sie treu«).

39 Damit fällt es nicht ganz leicht, Isaksens Ansicht zuzustimmen, der Roman sei symmetrisch aufgebaut, da die Haupthandlung um Herrn Poul von je einem Kapitel umringt würde, in dem Barbara die Hauptrolle spiele (Isaksen 2001, S. 25). Zwar stellt das erste Kapitel eine Einleitung dar, das auf die eigentliche Handlung hinführt, doch im Gegenzug ist das Schlusskapitel kaum als Coda nach der eigentlichen Handlung anzusehen; diese – das Schicksal Herrn Pouls – bleibt vielmehr unabgeschlossen, da wir von diesem gar nichts mehr erfahren.

der des *discours:* Statt den bisherigen Plot zu einem erzähltechnisch befriedigenden Abschluss zu bringen, lässt der Erzähler diesen mehr oder weniger offen und berichtet uns stattdessen, was mit Barbara geschieht. Das Verlangen des Lesers nach ›Rundung‹ der Erzählhandlung wird also enttäuscht und vielmehr auf einen Erzählstrang gerichtet, der mit dem bisherigen Plot eher indirekt verbunden ist.

Wir erinnern uns: Andreas flieht in einer Nacht-und-Nebel-Aktion von den Färöern, weil er Barbaras überdrüssig geworden ist und weil es ihm günstig erscheint, sich jetzt einmal wieder um seine Karriere zu kümmern. Er verlässt die Inseln, obwohl er Barbara versprochen hat, sie nach Kopenhagen mitzunehmen. Nachdem diese den ›Verrat‹ bemerkt hat, bringt sie die Hafenleute dazu, dem Schiff, das ihn an Bord hat, hinterherzurudern. Sie geben sich alle Mühe und zunächst sieht es auch durchaus so aus, als könnten sie ihr Ziel erreichen; diese Hoffnung wird vom Erzähler ausgiebig ausgemalt:

> – Velsignede, velsignede, tab ikke Modet! stønnede Ole Atten. Vi vinder, vi vinder om Tangen! Det er saa kort! Den vinder, som har Taalmodighed! [...] Et godt Kvarters Tid varede det, før de havde vundet de faa Favne rundt om Boren og faaet Udsyn mod Øst... (S. 231)[40]

Ist die Hoffnung am größten, ist der Fall am tiefsten – es folgt unmittelbar und fast ohne Vorwarnung die Antiklimax:

> Da var det, at det brast. Barbaras Udtryk blev pludselig aldeles tomt, Mændene skottede frem over deres Skuldre og fik derpaa det samme Udtryk. Der var intet at se til Fortuna. Der var overhovedet slet intet at se. Hverken Hav eller Himmel. Der var kun hvid Taage, Tomhed og Maageskrig. Mændene roede endnu en Stund som besatte, men pludselig holdt de inde og hvilede paa Aarerne. Haabløst. Der blev ganske stille i Baaden. (Ebd.)[41]

Das Ziel ist verschwunden, es hat sich gleichsam entzogen; statt seiner sieht man »weder Meer noch Himmel«, sondern nur noch »weißen Nebel« und »Leere«, darüber wie ein Hohngelächter das Geschrei der Möwen. Es gibt nichts, dem man dauerhaft nachstreben könnte: Das zeigt der Blick ins Nichts hinein, den der Roman Barbara hier gewährt. Er lässt den illusionären Charakter des Begehrens

40 »›Meine Liebe, meine Liebe, nur nicht den Mut verlieren!‹ stöhnte Ole Atten. ›Wir kommen schon herum! Geduld führt zum Ziel.‹ [...] Eine gute Viertelstunde dauerte es, bis sie die paar Faden um Boren herumgerudert waren und Ausblick nach Osten gewannen.« (Übersetzung von der Mülbe, S. 332)

41 »Da brach alles zusammen. Barbaras Gesicht wurde plötzlich ganz leer; die Männer guckten über die Schulter und bekamen denselben Ausdruck. Von der ›Fortuna‹ war nichts mehr zu sehen. Es war überhaupt nichts zu sehen. Weder Meer noch Himmel. Alles nur weißer Nebel, Leere und Möwengeschrei. Die Männer ruderten noch eine Weile wie die Besessenen, aber auf einmal hielten sie inne und ruhten über den Rudern aus. Es wurde ganz still im Boot.« (Übersetzung von der Mülbe, S. 332)

auf diese Weise deutlich zutage treten und hat so die Funktion einer gründlichen Des-Illusionierung.[42]

Die Verschiebung des Begehrens auf stets wechselnde Ziele endet also in einer Leere – für die handelnden Personen ebenso wie für den Leser, dessen Wunsch nach einem Abschluss des Plots mit demselben Blick in die Nebelwand desavouiert wird. Dies macht umso deutlicher, dass das Begehren des Ziels, auf das es sich richtet, nicht dauerhaft habhaft werden kann, da es sich ihm definitiv entzieht – es kann sich nicht erfüllen. Nun ist es natürlich kein Zufall, dass das Schiff, das Andreas fortführt, dasselbe ist wie jenes, auf dem er gekommen war, dasselbe, das auch Herrn Poul ein Jahr zuvor auf die Färöer gebracht hatte – und dass dies Schiff »Fortuna« heißt. Fortuna, das ist zum einen ja die Schicksalsgöttin der römischen Antike, die gibt und nimmt, wie es ihr beliebt, die unberechenbare, wankelmütige Kontingenz; und Fortuna, das ist zum anderen in einem etwas neueren Sprachgebrauch das positive Schicksal, das ›Glück‹, die ›fortune‹, die uns nicht durch eigene Anstrengung oder aufgrund unserer Verdienste zuteil wird, sondern eben als Gabe durch die wankelmütige Göttin gereicht wird: der günstige Zufall, die positive Kontingenz, die allenfalls als Voraussetzung für das wahre Glück, die Beatitudo, angesehen werden kann.

Im Roman erscheint die Fortuna in beiden Bedeutungen: als bloße Kontingenz, die Herrn Poul in diese abgelegene Inselwelt führt und ihn dort mit Barbara zusammenbringt, die ihm aber auch einen Konkurrenten präsentiert, der ihm die Freuden des Daseins nach kurzer Zeit schon wieder vergällt; wie gewonnen, so zerronnen. Wenn das Schiff mit diesem Namen am Ende jedoch den Geliebten Barbaras davonführt, dann erscheint die Fortuna mehr als eine positive Gabe – die Barbara, die aber vorher schon auch Herrn Poul vorenthalten bleibt. Das alleine wäre noch nicht weiter schlimm, könnte der Roman uns wenigstens versichern, dass die Beatitudo seiner Hauptfiguren nicht alleine von den Wechselfällen der Fortuna abhinge. Doch genau dies tut er nicht; im Gegenteil: Nach all dem, was wir über Herrn Poul und Barbara erfahren haben, fällt es uns schwer uns vorzustellen, wie das Leben für sie weitergehen könnte; jedenfalls endet der Roman, ohne uns eine solche Möglichkeit anzudeuten, und darauf kommt es an. Damit ist wiederum nicht gemeint, dass das Leben der beiden

---

42 Dass diese Desillusionierung gerade an Barbara erfolgt, ist umso erstaunlicher, als nur wenige Seiten zuvor Suzanne die beiden nach Rache dürstenden Trunkenbolde Poul und Gabriel noch als »Idioten« beschimpft hatte, weil sie der Ansicht seien, man könne Barbara »züchtigen«: »I *kan* ikke tugte hende, I *kan* jo ikke tugte hende, det er taabeligt, det er i-di-o-tisk er det! Idioter! Idioter!« (S. 212; »Schlagen dürft ihr sie nicht, dürft ihr nicht, es ist dumm, es ist idiotisch. Ihr Idioten! Ihr Idioten!«, Übersetzung von der Mülbe, S. 304). Dieser Emphase zum Trotz erhält Barbara im letzten Kapitel durchaus eine gehörige Abreibung; ob sie ›nützen‹ wird, ist natürlich eine andere Frage, die vom Roman nicht auch nur ansatzweise beantwortet wird.

fürderhin einem Jammertal gleichen werde; es heißt nur, dass es sich nicht über die mitunter triste Alltäglichkeit der übrigen Figuren erheben wird, dass die Sonne vielmehr häufiger hinter dem grauen Regenhimmel verborgen sein wird, der Herrn Poul schon bei seiner Ankunft auf den Färöern deprimiert hatte. Damit jedoch wird zugleich die Möglichkeit von Pouls und Barbaras Glücksvorstellung, ja, da beide im Roman *pars pro toto* stehen, von Beatitudo überhaupt dementiert. Die Glücksvorstellung, um die es dabei geht, ist eine, der zufolge das Dasein über seinen Alltag erhoben wäre, eine Besonderheit des Daseins, ein ewiges Paradies auf Erden – was ja durchaus einer gängigen Vorstellung von Glück entspricht. Ein solches Glück scheint der Struktur des Textes zufolge nicht möglich. Die beiden Hauptfiguren des Romans dürfen nur einen flüchtigen Blick darauf werfen, bevor es sich am Ende ins Nichts verflüchtigt.

Ohne eine solche Vorstellung der Beatitudo, so scheint mir, wird die Emphase des desillusionierten Schlusses nicht verständlich. Diese kennzeichnet das Leben, die menschliche Existenz als geprägt durch einen unaufhebbaren Mangel. Darin eben besteht das Prinzip der Fortuna: dass sie uns immer etwas vorenthält, was das Leben erst reich und rund machen würde. Statt nun eine solche Vorstellung wegen ihrer Unerfüllbarkeit schlichtweg zu verwerfen, verschiebt der Roman das Ziel des Begehrens ein letztes Mal: in einen transzendenten Raum, den Raum jenseits der Nebelwand, die sich am Ende vor Barbara und den sie begleitenden Männern auftut. In jenem ›Dahinter‹ bleibt die Möglichkeit eines emphatisch erfüllten, seiner alltäglichen Mangelhaftigkeit enthobenen Lebens virtuell gewahrt, wie sie faktisch, im ›Diesseits‹, nicht gegeben ist.

Der Roman landet also mit seinen Verschiebungen in einem melancholischen Jenseits (›melancholisch‹ deshalb, weil die Möglichkeit von Beatitudo als emphatischem Leben einerseits zwar als unerreichbar deklariert, die zugrunde liegende Glückskonzeption andererseits jedoch beibehalten wird); er vollzieht eine *Transzendentalisierung* jenes Ziels, nach dem Seneca zufolge alle Menschen streben. Das Schema, dem er dabei folgt – die Konstruktion eines transzendenten und daher unerreichbaren Bereichs, in dem die Mängel des Alltags aufgehoben sind – ist natürlich seit der Romantik wohl bekannt; in dieser Hinsicht ist der Roman tatsächlich nicht innovativ, zumindest da hätte der »Konsulent« des Gyldendal-Verlags also Recht gehabt. Doch man kann sich fragen, ob neben der Transzendentalisierung nicht noch ein weiteres Verfahren anzutreffen ist, das man als *Essenzialisierung* bezeichnen könnte. Der Roman stellt ja die Desillusionierung, die durch das Verschwinden der Fortuna hinter der Nebelwand bewirkt wird, nicht als eine hin, die lediglich die Hauptfiguren betrifft, sondern vielmehr als ein Grundprinzip der menschlichen Existenz: Diese ist so beschaffen, dass ein Glück von der geschilderten Art grundsätzlich nicht erreichbar ist; das ›Wesen‹ der Welt ist es, in dieser Hinsicht defizitär zu sein, so, dass wir des ›Eigentlichen‹ nicht habhaft werden können. Und andererseits ist es genau dieses ›Eigentliche‹, das die menschliche Existenz selbst zu sich selbst brächte, indem es sie ihres Mangels enthöbe. Da dieses Glück jedoch zugleich transzendentalisiert wird, bedeutet dies, dass das ›Eigentliche‹ der menschlichen Existenz, ihr ›Wesen‹ in einem Jenseits bewahrt wird – *nur* in einem Jenseits bewahrt wird und sich ansonsten dem irdischen Dasein entzieht. Es ›verbirgt‹ sich hinter jener Nebelwand.

Wenn man es so sieht, dann ist Jacobsens Text ein gutes Beispiel dafür, wie ein von seinen Verfahrensweisen her durch und durch realistischer Roman, zudem noch verfasst von einem Autor, der von sich selbst behauptete, »spekulative Philosophie widere« ihn »fast ebenso sehr an wie die Innere Mission«, – wie ein solcher Roman metaphysische Instanzen konstruiert.[43] Oder, präziser ausgedrückt: wie er *Metaphern* konstruiert, deren Bildspender Ausdrücke für metaphysische Instanzen sind. Dadurch erhält die Darstellung einen typischen Als-Ob-Charakter – das Dasein erscheint so, *als ob* eine unerreichbare Essenz sich dem Zugriff des Menschen entzöge und sich in diesem Entzug ein Grundzug menschlicher Existenz ausdrückt. Mit anderen Worten: Das Scheitern einer bestimmten Auffassung von Beatitudo wird als Entzug und Verbergung einer transzendenten Wesenheit metaphorisiert.

Anders als viele romantische, modernistische, postmoderne Texte jedoch lässt der Roman es bei dieser Metaphorisierung bewenden; er erhebt nicht den geringsten Anspruch darauf, selbst metaphysisch zu sein. Insbesondere gibt es kein Indiz dafür, dass er uneigentliche und eigentliche Rede miteinander verwechselt, also die Metaphorik der metaphysischen Instanz für bare Münze nimmt und an die buchstäbliche Existenz einer solchen Instanz glaubt. Und so unternimmt er auch keinen Versuch, zu ihr ›hinzugelangen‹, um jener unerreichbaren Beatitudo, welche die menschliche Existenz erst zu ihrer eigentlichen Vollendung brächte, doch noch habhaft zu werden – nämlich mit den Mitteln der Literatur. Der Roman will das Unsagbare nicht beschwören, mit dessen Andeutung er uns entlässt, er will die unüberschreitbare Grenze zu einem transzendenten Raum nicht doch überschreiten; stattdessen scheint er eher das Realitätsprinzip am Ende siegen lassen zu wollen, die nüchterne Einsicht darein, dass unser Dasein eben schlechterdings mangelhaft ist und Sorge und Freude bestenfalls zusammen einherwandern, wie es in einem anderen Kirchenlied Kingos heißt (das im Text nicht erwähnt wird, wohl aber leitmotivische Funktion im zweiten *Barbara*-Film von Nils Malmros besitzt). Das Mittel zur Bewältigung der Mangelhaftigkeit des Daseins, das der Roman anzubieten scheint, ist eher eines, das tatsächlich als typisch für den Realismus des 19. Jahrhunderts anzu-

43 Jacobsen 1963, S. 53. Man muss sich in diesem Zusammenhang natürlich noch einmal vor Augen halten, dass der Roman ja unvollendet geblieben ist und dass Jacobsen vorgehabt hatte, die Geschichte von Poul und Barbara noch einige Kapitel weiterzuspinnen.

sehen ist: ein melancholischer Verzicht auf den Glanz und die Gloria eines nicht-defizitären, über-alltäglichen Lebens.

Dieser Verzicht bedeutet zugleich aber auch, dass ein Leben ohne solche Beatitudo vorstellbar, dass es lebbar ist, selbst wenn man ihrer Vorstellung verhaftet bleibt. Mögen auch Barbara und Herr Poul gebrochen sein, die anderen Figuren des Romans sind es nicht – Andreas nicht, dem sein Onkel den Bericht über die Färöer schon verfasst hat, Johan Hendrik nicht, Gabriel und Suzanne schon gar nicht. Vielleicht ist es daher mehr als ein Zufall, dass nach all dem, was uns zuvor über die ›Strahlkraft‹ einer solchen Beatitudo gesagt wurde, die ja immer auch die Strahlkraft Barbaras war, der letzte von Jacobsen selbst hinterlassene Satz des Romans lautet: »[...] nu tror jeg faneme, at *Glansen* endelig en Gang er gaaet af Sankte Gertrud. Nu er hun saagu færdig, den Mær!« (S. 232, Hervorhebung von mir)[44] – und dass Heinesen dann den Text *vollendete*, indem er hilfreiche Kinder hinzufügte, die Barbara ihr »armseliges Hab und Gut« hinterherschleppen.

44 »[...] nun, glaub ich, beim Teufel, ist von der heiligen Gertrud endlich der Glanz abgegangen. Nun ist es aus mit der Dirne!« (Übersetzung von der Mülbe, S. 334)

Nordische Poeterey und gigantisch-barbarische Dichtart: Skandinavische Literaturen in Deutschland bis 1870

Das Verhältnis der deutschen Literatur zu den verschiedenen skandinavischen Literaturen ist durch viele Phasen ihrer Geschichte hindurch ein besonderes gewesen. Dies hat mit den engen wirtschaftlichen und kulturellen Verknüpfungen zu tun, die seit dem späten Mittelalter zwischen Deutschland und den nordischen Ländern, insbesondere den beiden ehemaligen europäischen Großmächten Dänemark und Schweden, bis in unser Jahrhundert hinein bestanden haben. Während dieser Zeit war Deutschland zeitweilig nicht nur Haupthandelspartner des Nordens, sondern auch der neben Frankreich und England wichtigste Ideenlieferant, Vermittler und Trendsetter in kultureller, vor allem literarischer Hinsicht. Viele der literarischen Strömungen haben erst über den südlichen Nachbarn ihren Weg nach Skandinavien gefunden, darunter auch solche, die ihren eigentlichen Ursprung nicht in Deutschland hatten. Doch die deutsche Literatur ist nicht nur gebende Seite gewesen, sondern, jedenfalls zeitweise, auch empfangende; sie hat Anregungen von den skandinavischen Literaturen erhalten, die Einfluss auf ihre eigene Entwicklung genommen haben. Am spürbarsten ist dieser Einfluss in der ersten Hälfte des 18. und vor allem in der zweiten des 19. Jahrhunderts, doch auch in der Zwischenzeit hat es immer wieder skandinavische Autoren gegeben, die internationales Ansehen gewonnen und auf ihre deutschen Kollegen gewirkt haben.

Im Folgenden soll die Geschichte der nordischen Literaturen in Deutschland vom 17. Jahrhundert bis etwa 1870 skizziert werden. Das genannte Jahr bietet sich aus zwei Gründen als *terminus ad quem* an: Zum einen ist zu diesem Zeitpunkt Edmund Lobedanz' Anthologie *Album nordgermanischer Dichtung* (1868) erschienen, die bis dahin erste und umfangreichste Auswahl von Autoren der neuskandinavischen Literaturen (mit Ausnahme der neuisländischen) in Deutschland überhaupt[1]; und zum anderen markiert das Jahr 1870 einen Wen-

1 Die Anthologie von Lobedanz umfasst im ersten Band die »dänisch-norwegische« und im zweiten die »schwedisch-finnische Dichtung« auf insgesamt etwa 600 Seiten. Aufgenommen sind 112 Autoren und ungefähr 350 Titel.

depunkt in den deutsch-skandinavischen Literaturbeziehungen: den Beginn der ›skandinavischen Welle‹, die ihre Ursache in einem bis dahin noch nicht erlebten Aufschwung der nordischen Literaturen hatte. Dieser Aufschwung, der mit dem von Georg Brandes so genannten Modernen Durchbruch des Naturalismus in den skandinavischen Literaturen begann, rückte Skandinavien für einige Jahrzehnte ins Zentrum der literarischen Welt und brachte Größen wie Ibsen, Strindberg, Hamsun oder Lagerlöf hervor, um nur die bekanntesten zu nennen.

Die Darstellung verfolgt über die Wiedergabe wesentlicher rezeptions- und wirkungsgeschichtlich relevanter Ereignisse hinaus zwei verschiedene Absichten, eine imagologische und eine funktionsgeschichtliche. Zum einen soll die Perspektive aufgezeigt werden, unter der die jeweilige Literatur hinsichtlich bestimmter charakteristischer Eigenschaften *als Repräsentantin ihres Ausgangslandes* von der deutschen Literaturgeschichtsschreibung und -kritik wahrgenommen wurde. Es soll untersucht werden, in welchem Ausmaß und in welcher Weise das deutsche Bild vom jeweiligen skandinavischen Ausgangsland den Rezeptionsvorgang beeinflusst hat. Zum anderen soll jedoch auch der Frage nachgegangen werden, welche Funktion das Bild von der jeweiligen skandinavischen Literatur für die Konstitution des deutschen Selbstverständnisses und der deutschen Selbstwahrnehmung gehabt hat, so wie es in Literaturgeschichtsschreibung und -kritik zum Ausdruck kommt. Dies impliziert insbesondere die Frage, in welchem Verhältnis die Rezeption der skandinavischen Literaturen in den verschiedenen Epochen zum von Jürgen Fohrmann so genannten »Projekt der deutschen Literaturgeschichte« steht.

Eine solche Untersuchung setzt notwendigerweise eine gewisse Einseitigkeit voraus. Die deutsch-skandinavischen Literaturbeziehungen sind insbesondere seit dem 19. Jahrhundert so komplex, dass es illusorisch wäre, sie auf einen einzigen Nenner bringen zu wollen. Die imagologische Darstellung wird daher stets nur eine gewisse, über die Jahre hinweg immer wieder sichtbar werdende Linie nachzeichnen können. Darüber hinaus geht es in der Skizze vornehmlich um das *Bild*, das sich aus einem Teil der vorhandenen Rezeptionsdokumente von den deutsch-skandinavischen Literaturbeziehungen ergibt, und weniger um diese Beziehungen selbst. Dies sollte man stets bedenken, wenn im Folgenden von ›den‹ Deutschen, ›den‹ Dänen oder ›den‹ Schweden gesprochen wird. Nicht alle Deutschen müssen faktisch dasselbe Bild von ›den‹ Skandinaviern gehabt haben, selbst wenn es in den entsprechenden Dokumenten so dargestellt wird.

Obwohl die literarischen Wechselbeziehungen zwischen Deutschland und dem Norden bereits vergleichsweise gut erforscht sind, liegt eine derartige Untersuchung bislang noch nicht vor.[2] Die Fülle des vorhandenen Materials bringt

2 Einen allerdings nicht mehr als groben Überblick geben der Aufsatz von Roos 1958 sowie der Artikel von Friese 1977. Der Aufsatz von Schoolfield 1966 ist eher forschungsgeschichtlich

es aber mit sich, dass der vorliegende Versuch nicht mehr sein kann als eine vorsichtige, vorläufige Skizze mit thesenhaft formulierten Resultaten; in der Tat würde das Thema eigentlich eine ausführlichere, monographische Darstellung erfordern.[3]

1. Erste Vorgeplänkel: Opitz und Morhof

Die Anfänge der Geschichte der neueren skandinavischen Literaturen in Deutschland liegen im Dunkeln. Man weiß so gut wie nichts darüber, welche Texte bekannt, geschweige denn, welche übersetzt waren.[4] Das erste ausführlichere Rezeptionsdokument scheint Martin Opitz' *Buch von der Deutschen Poeterey* aus dem Jahre 1624 zu sein, selbst wenn sich die Kenntnis skandinavischer Texte – allerdings kaum literarischer im eigentlichen Sinne – in Deutschland in geringem Umfang schon in früheren Zeiten nachweisen lässt.[5] Im vierten Kapitel, das »Von der Deutschen Poeterey« handelt, behauptet Opitz nämlich unter Berufung auf Ammianus Marcellinus, die Deutschen hätten, ebenso wie die Barden der Franzosen, »berümbter männer ritterliche thaten mit heroischen Versen beschrieben / vnd mit süßen melodien zue der leyer gesungen«, um dann fortzufahren:

> Das ich der meinung bin / die Deutschen haben eben dieses im gebrauche gehabt / bestetiget mich / vber das was Tacitus meldet / auch der alten Cimbrer oder Dänen ebenmäßiger gebrauch / die von jhren Helden schöne vnd geistreiche Lieder ertichtet haben / deren nicht wenig von alten her in Dennemarck noch vorhanden sind / vnd von vielen gesungen werden.[6]

orientiert, und die (im Übrigen einzige) Monographie von Gerhardt/Hubatsch 1977 vermittelt einen Überblick über verschiedene, nicht nur literarhistorische Aspekte der deutsch-skandinavischen Beziehungen. Den Intentionen dieses Aufsatzes am nächsten kommt in imagologischer Hinsicht die knappe Studie Sees 1970, die allerdings nur auf das deutsche Germanenbild und damit auf die Beziehungen zur altnordischen Literatur abstellt.

3 In diesem Zusammenhang möchte ich Anne-Bitt Gerecke für die oft mühevolle Durchsicht der literarischen Zeitschriften sowie für die Überprüfung der Zitate meinen herzlichen Dank aussprechen.

4 Der Mangel an Rezeptionsdokumenten fremder, nicht-antiker Literaturen aus dieser Zeit dürfte ein Faktum sein, das universell festzustellen ist und das die Aufgabe einer Rezeptionsgeschichtsschreibung erheblich erschwert. Vgl. dazu z. B. Grimm 1977, S. 144.

5 Dabei handelt es sich insbesondere um die Offenbarungen der Heiligen Birgitta von Schweden (1303–1375) und um altnordische Stoffe, von denen sich Spuren bei Hans Sachs finden lassen. Bekannt in Gelehrtenkreisen waren auch die auf Latein verfasste *Gesta Danorum* des Saxo Grammaticus (gestorben 1216), die *Historia de omnibus gothorum sveonumque regibus* von Johannes Magnus (1488–1544) sowie die *Historia de gentibus septentrionalibus* von dessen Bruder Olaus (1490–1557), allesamt Geschichtswerke. Vgl. dazu Friese 1977, S. 842f.

6 Opitz 1978, S. 356.

Sein Wissen darüber verdankt er offensichtlich Anders Sørensen Vedels dänischer Ausgabe des *Hundertliederbuches*, die er während seines Dänemark-Aufenthaltes im Winter 1620/21 kennengelernt hatte. Die Berufung auf dessen »schöne vnd geistreiche Lieder« erfolgt nun allerdings aus einem besonderen Grund. Schon der erste Satz des Kapitels »Von der Deutschen Poeterey« verrät nämlich das Bemühen um eine Verteidigung der deutschen Literatur:

> VOn dieser Deutschen Poeterey nun zue reden / sollen wir nicht vermeinen / das vnser Land vnter so einer rawen vnd vngeschlachten Luft liege / das es nicht eben dergleichen zue der Poesie tüchtige ingenia könne tragen / als jergendt ein anderer ort vnter der Sonnen.[7]

Wir erkennen hier ein aus dem Humanismus ererbtes, das ganze Barock und noch die frühe Aufklärung prägendes *literaturpolitisches* Interesse, das nicht nur die Gleichwertigkeit der deutschen Sprache und Dichtkunst mit der klassischen antiken demonstrieren, sondern darüber hinaus der deutschen Poesie einen vorderen Rang unter den zeitgenössischen Literaturen sichern möchte.[8] Es ist daher nicht verwunderlich, wenn Opitz zu zeigen versucht, dass die deutsche Literatur Texte zu bieten habe, »die manchen stattlichen Lateinischen Poeten an erfindung vnd ziehr der reden beschämen.«[9] In dieser Beweisführung kommt nun den Angaben der antiken Geschichtsschreiber, später insbesondere Tacitus, eine zentrale Rolle zu, deren Korrektheit ihrerseits wiederum mit einem Verweis auf die Lieder der Dänen belegt werden soll, da diese ja – laut Opitz – als ebenso alt angesehen werden wie die deutschen. Die Berufung auf die älteste dänische Literatur dient also indirekt einer Apologie der deutschen.

Ist bei Opitz die nordische, noch weitgehend mit der dänischen identifizierte Poesie also eindeutig positiv konnotiert, da sie sich bei der Verteidigung der deutschen Literatur als Kronzeugin anbietet, so hat sich dies siebzig Jahre später schon wieder geändert. Das wird deutlich an dem 1682 in erster und 1700 postum in zweiter Auflage erschienenen, oft als erste Geschichte der Weltliteratur apostrophierten *Unterricht von der teutschen Sprache und Poesie* von Daniel Georg Morhof (1639–1691), der zu Lebzeiten als Universalgelehrter gefeiert, doch nach seinem Tode bald als Pedant abqualifiziert wurde. Morhof hat zur »Nordischen Poeterey« bereits wesentlich mehr zu sagen als Opitz, auch wenn er

7 Ebd., S. 355.

8 Zu dieser »Querelle der Nationen« vgl. Fohrmann 1989, S. 74–83. Allerdings dürfte, wie aus dem Opitz-Zitat hervorgeht, der Beginn dieser Querelle früher liegen, als Fohrmann hier annimmt (S. 74). Ebenso handelt es sich dabei keineswegs um ein rein deutsches Phänomen, das durch den Dreißigjährigen Krieg ausgelöst wurde (vgl. S. 75); das gleiche Bestreben, den Gleich- und Vorrang der eigenen Literatur zu ›beweisen‹, findet sich vielmehr auch schon in den weiter unten erwähnten Schriften skandinavischer Gelehrter aus derselben Zeit bzw. sogar bereits aus dem 16. Jahrhundert.

9 Opitz 1978, S. 357.

zu ihr nicht nur die altisländische, dänische und schwedische Poesie zählt, sondern ebenso die finnische, lappische und – peruanische. Immerhin hat er schon von der Existenz von »zweyerley Eddæ« gehört (gemeint sind die Lieder- und die Snorra Edda), von denen »die eine / als die älteste / [...] in alte unverständliche Verse verfasset« gewesen sei.[10] Auch die dänischen Volksballaden, die sogenannten »kæmpeviser«, sind ihm bereits bekannt, und er weiß zu berichten, dass die »Heldenlieder bey den Schweden auff Gastereyen gesungen« worden seien.[11] Grundlage dieses vermehrten Wissens über die mittelalterliche Literatur sind die lateinischen Übersetzungen altnordischer Texte, die Olaus Worm und andere dänische und schwedische Gelehrte seit etwa 1635 veröffentlicht hatten.[12] Doch Morhof nennt auch zeitgenössische Dichter: den Schweden Georg Stiernhielm (1598–1672), den er halb verdeutschend als »Stiernhelm« einführt, sowie die in Norwegen geborene »Frauensperson Dorothea Engelberts Datter« (Dorothe Engelbretsdatter, 1634–1716), »welche geistliche *Carmina* von ungemeiner Zierligkeit geschrieben.«[13]

Auch Morhofs *Unterricht* dient der Rechtfertigung von deutscher Sprache und Dichtkunst, und zwar in viel stärkerem Maße, als dies noch bei Opitz der Fall gewesen war. Insbesondere ist diese Rechtfertigung im Unterschied zu Opitz nun nicht mehr rein defensiv ausgerichtet; sie ist vielmehr zu einer offensiven Apologie geworden, welche die deutsche Sprache *vor* den anderen zeitgenössischen Sprachen zur Geltung bringen möchte. Dabei kommt dem Alter, das bei Opitz noch lediglich eher implizit in die Waagschale geworfen worden war, nun ganz ausdrücklich eine entscheidende Rolle zu. So lautet der Titel des ersten Kapitels seiner Literaturgeschichte bezeichnenderweise: »Von der Vortreflichkeit und dem Alterthumb der Teutschen Sprache«, womit bereits angezeigt wird, dass »Alterthumb« und »Vortreflichkeit« als zusammengehörig aufgefasst werden. Damit von der »Teutschen Sprache« »ordentlich geredet werde«, so heißt es denn auch einleitend, »wollen wir erstlich von derselben Alterthumb / als worinnen nicht der geringste Theil ihrer Vortreflichkeit bestehet / handeln/ und dann folgends von derselben Geschicklichkeit zur Poeterey mit mehrern erwehnen.«[14] Und im zweiten Kapitel versucht er zu zeigen, »daß die Teutsche Sprache älter als die Griechische und Lateinische« sei und alle anderen als ihre »dialecti« zu betrachten seien.[15]

Bedauerlicherweise wird nun diese nicht zuletzt auf ihr Alter gegründete »Vortreflichkeit« der »teutschen Sprache und Poesie« durch die »Nordische

10 Morhof 1969, S. 203.
11 Ebd., S. 200.
12 Vgl. dazu Roos 1958, S. 375.
13 Morhof 1969, S. 205.
14 Ebd., S. 22.
15 Ebd., S. 29ff.

Poeterey« erheblich bedroht. Im Kapitel zu dieser muss Morhof nämlich feststellen, dass die »Nordische Poeterey [...] an Alterthumb / der Teutschen nicht nachgiebt / und / wie etliche wollen / viel älter ist. Welches ich an seinen Ort gestellet seyn lasse.«[16] Morhof bezieht sich hier auf den Sprachenstreit zwischen den beiden feindlichen Nachbarn Schweden und Dänemark, deren führende Gelehrte, Johannes und Olaus Magnus auf der einen und Olavus Wormius (Ole Worm) auf der anderen Seite, schon zu Anfang des 17. Jahrhunderts von der jeweils eigenen Sprache behauptet hatten, sie sei älter als Griechisch und Latein. Dies freilich bedeutet nichts anderes, als dass die skandinavischen Literaturen zu einer gefährlichen *Konkurrenz* für die »Teutsche Poeterey« geworden sind, weshalb Morhof das »Alterthumb« dieser Sprachen denn auch keineswegs »an seinen Ort gestellet seyn« lässt; vielmehr unternimmt er jede Anstrengung, um glaubhaft zu machen, dass die zitierte These auf tönernen Füßen stehe, wobei er sich unter anderem, wie zuvor schon Opitz, auf Tacitus beruft, dessen *Germania* für die Apologeten der deutschen Literatur eine der wichtigsten autoritativen Quellen darstellte und die für das Germanenbild nicht nur dieser Zeit eine prägende Rolle spielen sollte.[17]

Legt man das Kriterium des Alters zugrunde, so ergibt sich schnell eine gleichsam ›natürliche‹ Einteilung der Literaturen in für den Anspruch der deutschen Poesie gefährliche und ungefährliche. Ungefährlich sind beispielsweise alle, von denen sich behaupten lässt, sie seien jünger als die deutsche, wie etwa »der Engelländer Poeterey«, die obendrein noch auf die deutsche zurückgeführt werden könne:

> Von den Spaniern komme ich auff die Engelländer / welche allgemach den Teutschen etwas näher kommen [sc: als die Spanier]. Denn / welche heutiges Tages von alten Versen noch übrig sind / kommen von den *Anglo-Saxonibus* her / die Teutschen Ursprungs sind [...].[18]

Hier wird also deutlich eine *Verwandtschaftsbeziehung* zwischen »Teutschen« und »Engelländern« herausgestellt, die beide Völker mehr aneinander bindet als beispielsweise Deutsche und Spanier. Was hingegen Deutsche und Skandinavier angeht, so erfahren wir in diesem Zusammenhang nichts von einer derartigen Verwandtschaft; selbst wenn Morhof eine solche angenommen hätte, tritt sie angesichts des bestehenden Konkurrenzverhältnisses in den Hintergrund.

Diese beiden frühen Rezeptionsdokumente von Opitz und Morhof lassen eine bestimmte literaturpolitische Konstellation erkennen, die ihrerseits wiederum eine bestimmte Rezeptionsperspektive bedingt. In dieser Konstellation steht die deutsche Literatur in einem Konkurrenzverhältnis zu anderen Nationallitera-

16 Ebd., S. 200.
17 Vgl. dazu See 1970, S. 9–13.
18 Morhof 1969, S. 119.

turen, zunächst nur den antiken, später auch den zeitgenössischen, in dem sie sich behaupten muss. Bei dieser Selbstbehauptung geht es um den Nachweis der Gleichwertigkeit, später auch der potentiellen eigenen Überlegenheit. Dabei verschiebt sich der Akzent allmählich von der reinen Literaturpolitik zur Kultur- und sogar Nationalpolitik, der die Literatur untergeordnet wird. In dieser Konstellation hat sich die deutsche Literatur einerseits von potentiellen Konkurrenten abzugrenzen und andererseits nach Verbündeten zu suchen. Diese Verbündeten sind nun mit Vorliebe ›Verwandte‹, also Literaturen, die in einer bestimmten Weise als zur selben Gruppe, zur selben ›Familie‹ gehörig empfunden und daher als Zeugen für die »Vortreflichkeit« der deutschen Poesie herangezogen werden können. Das Bild, das sich insbesondere bei Morhof andeutet, ist tendenziell das einer ›Stammesgemeinschaft‹, wie es ab dem späten 18. Jahrhundert ausdrücklich heißen wird, die in Konkurrenz steht zu anderen, ähnlich strukturierten Stammesgemeinschaften und innerhalb derer sich bereits zu diesem frühen literargeschichtlichen Zeitpunkt eine gewisse, vor allem durch Alter und Genealogie bestimmte hierarchische Wertordnung abzuzeichnen beginnt: An der Spitze der ›Stammesgemeinschaft‹ stehen die Deutschen als ältester Stamm, dem die anderen Stämme nach-, wenn nicht untergeordnet sind. Auch wenn dieses Bild bei Morhof noch nicht voll entfaltet ist: seine Strukturelemente sind bereits vorhanden.

Dieses literaturpolitische Paradigma bildet sich offensichtlich im Laufe des 17. Jahrhunderts allmählich heraus und bestimmt in zunehmendem Maße die Beziehungen zwischen der deutschen und den anderen Literaturen. Es ist keineswegs auf das 17. Jahrhundert beschränkt, sondern hat vielmehr bis ins 19. Jahrhundert hinein Bestand. Allerdings sind die Konstellationen dabei zunächst noch nicht unbedingt konstant, wie bereits beim Vergleich zwischen Opitz und Morhof sichtbar wird; da wechseln die Dänen schon mal die Fronten und werden aus potentiellen Verbündeten der Deutschen zu Gegnern. Einen festeren Bestand erhalten diese Konstellationen erst im 18. Jahrhundert, als sich das Konzept der Nation als einer ethnischen und kulturell-sprachlichen Einheit herauszubilden beginnt und die Verwandtschaftsbeziehungen zwischen den einzelnen ›Völkerstämmen‹ auf eine neue Grundlage gestellt werden.

2. Die dänische Phase: 1740–1820

In den literargeschichtlichen Versuchen von Opitz und Morhof besitzen die skandinavischen Literaturen noch einen eher bescheidenen Status. Dies sollte bis in die erste Hälfte des 18. Jahrhunderts hinein so bleiben: Man kennt sie zwar, aber entweder nur flüchtig und aus zweiter Hand, wie die altnordische Literatur, oder gar lediglich einzelnen Verfassernamen nach, wie bei den neuskandinavischen Literaturen. Einen Platz im Bewusstsein des Publikums oder der Kritik scheinen sie während dieser Zeit jedenfalls nicht besessen zu haben. Dies ändert sich erst ab den vierziger Jahren, als der häufig als »dänischer Molière« bezeichnete gebürtige Norweger Ludvig Holberg (1684–1754) die deutsche Bühne, oder besser gesagt: die Deutsche Schaubühne, betritt, auf der er bis Ende des Jahrhunderts seinen allerdings keineswegs unumstrittenen Platz behaupten sollte. Wie kein anderer Skandinavier seiner Zeit hat Holberg als Kristallisationspunkt und Katalysator für die programmatischen, das Jahrhundert bestimmenden Fehden um das deutsche Theater gedient und damit zugleich auch der dänischen Literatur eine öffentliche Aufmerksamkeit gesichert, die sie vor den anderen skandinavischen Literaturen der Epoche auszeichnet, ja die sie zum Alleinvertreter Skandinaviens werden lässt.

Schon in den ersten drei Jahrzehnten des 18. Jahrhunderts war Holberg in Deutschland kein vollkommen Unbekannter. Bereits 1716 war er von den *Neuen Zeitungen von gelehrten Sachen* als vielversprechender junger Historiker gepriesen worden, und 1733 kommt es zu den ersten deutschsprachigen Aufführungen des Dichters durch deutsche Komödiantengruppen – allerdings nicht in Deutschland, sondern in Dänemark, Norwegen und Schweden.[19] Immerhin müssen die Aktivitäten dieser deutschen Komödiantengruppen in Skandinavien auch in Deutschland bemerkt worden sein, denn 1737 werden die Werke Holbergs dem deutschen Publikum von den *Hamburgischen Berichten von gelehrten Sachen* als die eines »scharfsinnigen, klugen, scherz- und stachelhaften Tichters und Comici« vorgestellt.[20]

Seinen eigentlichen Durchbruch freilich verdankt dieser »Tichter und Comicus« Johann Christoph Gottsched, der 1742 im zweiten Band seiner *Deutschen Schaubühne* Holbergs Komödie *Jean de France* abdruckt und ihn im Vorwort ausführlich erwähnt. »Dieser berühmte und sinnreiche Mann«, so heißt es dort,

> hat in Dännemark dasjenige geleistet, was Molière, oder Herr Destouches in Frankreich gethan haben. Er hat nämlich, außer vielen andern, historischen, philosophischen und poetischen Werken, fünf und zwanzig dänische Lustspiele verfertiget, und ans Licht gestellet, die als Muster der Schaubühne anzusehen sind. Ohngeachtet wir in Deutschland, einen so fruchtbaren und regelmäßigen Dichter, in dieser Art, noch nicht aufzuweisen haben: so machen wir uns doch eine Ehre daraus, auch diesen unsern Nachbar, aus einem mit uns verschwisterten Volke, den südlichen und westlichen

19 Dies ist nicht nur ein Hinweis darauf, dass Skandinavien zu dieser Zeit noch kein oder doch nur ein schwach ausgeprägtes eigenes Schauspielwesen aufzuweisen hatte und folglich auf Importe ausländischer Schauspielgruppen angewiesen war (das dänische Theater wurde erst 1746 endgültig gegründet), sondern es verdeutlicht auch die starke Stellung, welche die deutsche Sprache und Kultur im Skandinavien des 18. Jahrhunderts innehatten.

20 Vgl. Krysing 1738, S. 453.

> Völkern Europens zum Beweise darzustellen: dass die nordischen Geister der Gelehrten eben so träge nicht sind, als sie zu glauben pflegen.[21]

Gottsched beruft sich hier auf Ludvig Holberg als Kronzeugen für seine eigene Theaterreform, die das Ziel verfolgte, den poetischen Normen der französischen Klassik auf der deutschen Bühne Geltung zu verschaffen und so mit der Tradition des noch von der *commedia dell' arte* beeinflussten Theaters zu brechen. Sein Loblied auf den Dänen hat denn auch zwei Gründe. Zum einen exemplifiziert der »berühmte und sinnreiche Mann« in seinem Schaffen bereits die Normen der französischen Klassik, da er von Gottsched ja als in der Nachfolge von Molière und Destouches stehend aufgefasst wird, und mag so den Deutschen als nachahmenswertes Vorbild dienen; zum anderen jedoch entstammt er einem »verschwisterten Volke« und ist daher in besonderer Weise geeignet, das poetische Vermögen der »nordischen Geister der Gelehrten«, worunter auch die Deutschen zu verstehen sind, unter Beweis zu stellen.[22] Er ist eben ›einer von uns‹.

Holberg wird von Gottsched also mit Hilfe einer Kategorie literaturpolitisch funktionalisiert, die uns bereits bei Morhof begegnet war: seiner Verwandtschaft mit den Deutschen. Unverblümt fragt er in seiner Rezension der Briefe Ole Worms aus dem Jahre 1751:

> Sind denn die Dänen nicht deutsches Ursprunges, sowohl als die Schweden und Norweger? Oder sind sie nicht verschwisterte Völker, die vormals von einerley Vorfahren entsprungen.[23]

Ähnlich wie bei Morhof die »Engelländer«, so landen bei Gottsched also die Dänen »sowohl als die Schweden und Norweger« auf der guten Seite, da sie von den Deutschen abstammen oder zumindest mit ihnen verschwistert sind. Und diese Verschwisterung dient Gottsched in seiner Einführung Holbergs ihrerseits indirekt zur Dokumentation des poetischen Vermögens der Deutschen und somit zur Hebung des deutschen Selbstbewusstseins innerhalb des europäischen Konkurrenzverhältnisses. Auch ihm geht es also noch, ähnlich wie zuvor Opitz und Morhof, um den apologetischen Nachweis einer »Vortrefflichkeit der deutschen Sprache« und Literatur – jedenfalls vordergründig. In Wahrheit dürfte es eher die *Struktur* der Argumentation sein, die er mit seinen intellektuellen Vorläufern gemein hat, und weniger deren Gedanken, denn mit seinem Vorstoß geht es ihm ja um die Erneuerung *innerhalb* der *deutschen* Theatertradition und nicht um den Anspruch der deutschen Literatur im Verhältnis zu ihren Nachbarn.

---

21 Gottsched 1972, S. 40f.

22 Vgl. dazu Roos 1922, S. 143.

23 Gottsched 1751, S. 651f.

Später freilich hat Gottsched selbst den Ton in Bezug auf Holberg gedämpft.[24] Und in der Tat war der Däne trotz seiner Popularität beim Publikum, die dazu führte, dass viele seiner Werke im Laufe von wenigen Jahren ins Deutsche übersetzt wurden, als Lustspieldichter in den literarischen Kreisen Deutschlands kaum je unumstritten, wenn man auch seine Verdienste auf anderen Gebieten immer wieder lobend hervorhob.[25] Insbesondere führte seine Einführung durch den Literaturpapst des deutschen Rationalismus dazu, dass Holberg mit Gottscheds Theaterprogramm geradezu identifiziert wurde – ein Umstand, der in dem Maße zu einem erheblichen Verlust an Ansehen bei der deutschen Kritik führen musste, wie der Stern Gottscheds und der französischen Regelpoetik sank, was schon seit den fünfziger Jahren des 18. Jahrhunderts der Fall war. Holberg blieb zwar eine Berühmtheit, deren Stücke in Deutschland bekannt waren, doch in der aktuellen literarischen Diskussion hatte er nun eher eine bescheidene Nebenrolle inne.

Allerdings ist diese Rolle nach wie vor dieselbe wie zu Gottscheds Zeiten: die eines Demonstrationsobjekts. War Holberg für Gottsched Vorbild gewesen, so wird er für die nachfolgenden Generationen zum abschreckenden Beispiel. In diesem Zusammenhang kommt erneut Holbergs Dänentum zum Tragen, nun allerdings in gänzlich anderer Weise. So heißt es etwa abfällig in einer Kritik von Daniel Heinrich Thomas, die 1758 in seiner anonym veröffentlichten Sammlung *Vermischte Critische Briefe* erschien:

> Es kömmt mir allemal lächerlich vor wenn Holberg sich dem Moliere vergleichet. – Beyfall verdienet er; aber von einer Nation, wie die dänische zu Anfange seines Schriftstellerischen Lebens war.[26]

Der Unterschied könnte größer kaum sein: War Holberg für Gottsched noch ›einer von uns‹, »unser Nachbar, aus einem mit uns verschwisterten Volke«, so ist er jetzt für den anonymen Kritiker der *Vermischten Briefe* nur noch Angehöriger einer »Nation, wie der dänischen«, deren Verwandtschaftsgrad mit der deutschen wohl nicht ohne Absicht unerwähnt gelassen wird. Auf die Vereinnahmung als Vorbild folgt hier die Ausgrenzung als provinzieller Nachahmer Molières.

Dass diese Ausgrenzung Holbergs als Däne innerhalb der deutschen Kritik

24 Vgl. dazu Roos 1922, S. 146f.

25 Insbesondere die von Gottsched gerühmte Mustergültigkeit der Komödien im Sinne der französischen Klassik wurde immer wieder in Frage gestellt. Schon die erste ausführliche Besprechung der ersten drei in Deutschland aufgeführten Stücke (*Jean de France*, *Jacob von Tyboe* und *Barselstuen*) bezweifelt die von Gottsched so gerühmte »Regelmäßigkeit« der Komödien und kritisiert diese also gerade aus der Perspektive der Klassik heraus. – Ein weiterer Kritikpunkt, der in den verschiedensten Besprechungen ständig wiederkehrt, ist der angeblich niedere Charakter von Holbergs Komik, der nur die unteren Schichten der Gesellschaft befriedigen könne, nicht aber die Gebildeten.

26 Thomas 1758, S. 106.

keineswegs einen Einzelfall darstellte, lässt sich leicht an weiteren Beispielen belegen. So will etwa Johann Gottfried Herder in einer Kritik aus dem gleichen Jahre die kulturelle Vielfalt der deutschen Fürstentümer dadurch bewahren, dass »in jeder Provinz nur zween Provinzialdichter entstehen«, selbst wenn diese »auch nur Holbergs in ihrem Lande seyn« mögen.[27] Mendelssohn räsoniert 1765 in den von Nicolai unter Mitwirkung Lessings herausgegebenen *Berliner Literaturbriefen* über die deutsche Komödie:

> Dem Possenspiel fehlet es nirgend an Stof. Der ganz niedrige Stand hat auch unter uns seine burleske Seite, und wenn sich unsere Schriftsteller mit diesem Pöbel abgeben wollten; so könnten sie so original reden, wie Holberg unter den Dänen.[28]

Und noch 1792 charakterisiert wiederum Herder Holberg im gleichen Sinne als »keinen Stern von erstem Rang, der aber doch sich über die Begrenztheit seines Landes zu erheben vermochte.«

Diese Unterschiede in der Funktionalisierung von Holbergs Dänentum bezeichnen deutlich die inzwischen eingetretenen Veränderungen im deutschen Literaturbetrieb und insbesondere im Selbstbewusstsein der deutschen Literaten. Ging es Gottsched vor allem noch um den Nachweis der »Vortrefflichkeit der deutschen Poesie«, so ist diese zwanzig Jahre später für Mendelssohn und Herder bereits in dem Maße erwiesen, wie das deutsche Nationalgefühl inzwischen an Stärke zugenommen hat. Die Franzosen, bei Gottsched noch bewunderungswürdiges literarisches und kulturelles Vorbild, waren gegen Ende des Jahrhunderts zum politischen wie kulturellen Erbfeind verkommen, gegen den es sich mit aller Macht abzugrenzen galt. Diese Abgrenzung aber erfolgte unter dem Anspruch einer mittlerweile erreichten Gleichwertigkeit, wenn nicht gar Überlegenheit. Im Zuge dieser Entwicklung hat sich das ›Wir-Gefühl‹ Gottscheds verflüchtigt; aus dem »verschwisterten Volke« der Dänen, bei dem man Zuflucht suchen konnte, weil es in Gestalt eines Dichters jedenfalls bereits geleistet hatte, wonach die Deutschen noch strebten, nämlich eine auch im europäischen Kontext geachtete Literatur hervorzubringen, ist nun eine kleine Provinznation geworden, auf die man mitleidsvoll verächtlich herabsehen kann. Als Rückhalt in bestehenden Literaturfehden ist sie jedenfalls allemal untauglich geworden, und sich auf sie zu berufen, wäre selbst dann unter deutscher Würde, wenn es noch möglich sein sollte.

Dies entspricht den inzwischen veränderten deutsch-dänischen Literaturbeziehungen, die zu diesem Zeitpunkt schon in eine neue Phase eingetreten waren. Durch Holberg für kurze Zeit in die Rolle einer gebenden Kultur versetzt, geriet Dänemark in der zweiten Hälfte des 18. Jahrhunderts gegenüber Deutschland

27 Zitiert nach Roos 1922, S. 178.
28 Mendelssohn 1764/65, Nr. 132.

umso stärker in eine vornehmlich empfangende Position, aus der es erst Grundtvig im ersten Drittel des 19. Jahrhunderts befreien sollte. Dies hatte sowohl politische als auch kulturelle Gründe. Die Deutschen hatten im dänischen Gesamtstaat schon wegen der Personalunion mit Schleswig und Holstein bereits seit dem 17. Jahrhundert stets eine bedeutende Rolle gespielt. So waren nicht nur viele Handwerker und Bauern deutschsprachig – auch das dänische Königshaus und ein großer Teil des Adels und der Offiziere waren von deutscher Abstammung, so dass am Hofe und beim Heer Deutsch als Verkehrssprache durchaus gebräuchlicher war als Dänisch. Beide Bevölkerungsgruppen, die bis dahin mehr oder weniger friedlich neben- und miteinander gelebt hatten, gerieten in der zweiten Hälfte des 18. Jahrhunderts zunehmend in Konflikt, als der deutsche Einfluss bei Hofe weiter stieg und gleichzeitig das dänische Nationalgefühl erwachte. Ausgelöst durch die Struensee-Affäre kam es zur sogenannten »Tysker-Fejden«, der »Deutschen-Fehde«, aus der die Deutschen im Bewusstsein der Dänen als ›Erbfeinde‹ hervorgingen und damit in eine ähnliche Position gerieten wie zur gleichen Zeit in Deutschland aus entsprechenden Gründen die Franzosen. Diese Vorgänge wurden südlich von Kiel allerdings eher mit einem amüsierten Überlegenheitsgefühl zur Kenntnis genommen; eine deutsche Animosität gegenüber Dänemark ist daraus in dieser Zeit jedenfalls nicht entstanden.[29]

Auch der kulturelle Einfluss Deutschlands war seit Mitte des Jahrhunderts in erheblichem Ausmaß gewachsen. Seinen wichtigsten Grund hatte dies in dem 1750 beginnenden, genau zwanzigjährigen Aufenthalt Friedrich Gottlieb Klopstocks am Hof in Kopenhagen, wohin ihn der dänische König zur Vollendung seines *Messias* gerufen hatte. Klopstock, der Dänemark zeitweise als sein »zweites Vaterland« bezeichnete, gründete hier einen deutschen Kreis, zu dem unter anderem die Dichter Johann Elias Schlegel und Heinrich Wilhelm von Gerstenberg gehörten und der einen erheblichen, wenn auch in den meisten Fällen nicht vorsätzlichen Einfluss auf die zeitgenössische dänische Literatur ausübte. Dieser Einfluss führte in Dänemark sowohl zur Ablösung der französischen Klassik durch Strömungen der Empfindsamkeit als auch zur Hinwendung zur nordischen Mythologie, beides vollzogen durch den Klopstock-Schüler Johannes Ewald (1743–1781), der als einer der ersten dänischen Dichter altnordische Themen bearbeitete.[30]

Dänemark ist damit aus deutscher Sicht in der zweiten Hälfte des 18. Jahrhunderts in kultureller Hinsicht zu einer deutschen Provinz herabgesunken, die ihre entscheidenden Einflüsse überwiegend von dem – oder durch Vermittlung

29 Vgl. dazu Winge 1991, S. 89ff.

30 Vgl. dazu ausführlich Magon 1926, S. 355ff. Dies zeigt im Übrigen, dass die Begeisterung für die nordische Mythologie ein deutscher Import ist, selbst wenn es sowohl in Dänemark als auch in Schweden bereits vorher eine längere Tradition wissenschaftlicher Beschäftigung mit altnordischen Texten gegeben hatte.

des – großen südlichen Nachbarn erhält. Gleichermaßen ist, ebenfalls aus deutscher Perspektive, das Dänische zu einer bloßen Provinzsprache degradiert worden, während die deutsche Nation inzwischen dabei ist, sich Weltgeltung zu verschaffen, kulturell ebenso wie politisch. Dies führt umgekehrt in dänischer Sichtweise zu dem auf den ersten Blick paradox anmutenden Phänomen, dass einerseits – wie erwähnt – in Dänemark die Animositäten gegen die deutsche Sprache und Kultur in starkem Maße wachsen, andererseits jedoch für viele der jungen dänischen Literaten Deutschland die neue geistige Heimat wird, das Land, in dem im ausgehenden 18. Jahrhundert die eigentlichen kulturellen Wurzeln Dänemarks liegen. Für diese Literaten ist Deutschland nicht nur das Land Klopstocks, später Goethes, sondern auch das Land »[des] Luthertum[s], [der] Wolffsche[n] Aufklärung, [der] Gellertsche[n] Empfindsamkeit und [des] beginnenden Historismus.«[31]

Dies dänische Bewusstsein gemeinsamer kultureller Grundlagen führt nun seinerseits zu einer Art kultureller wie auch faktischer Provinzflucht, zu einer zunehmenden Hinwendung der jüngeren dänischen Dichter zur deutschen Sprache – und zum deutschen Buchmarkt, der bereits zu dieser Zeit um ein beträchtliches größer ist als der dänische. Diese Tendenz wird durch die bereits erwähnte Zweisprachigkeit und die Verwischung der politischen Grenzen zwischen beiden Ländern noch gefördert. Auch in dieser Hinsicht ist wiederum der Klopstockschüler Johannes Ewald ein Trendsetter: Sein Drama *Rolf Krage* (1770) – Klopstock zufolge »das erste gute dänische Trauerspiel« überhaupt[32] – übersetzt er unter ausdrücklichem Hinweis auf den deutschen Meister selbst ins Deutsche[33] und initiiert damit eine lange, über Adam Oehlenschläger und Hans Christian Andersen bis zum Nobelpreisträger Karl Gjellerup fortreichende Reihe von Eigenübersetzungen dänischer Dichter. Doch diese Hinwendung zur deutschen Sprache und Literatur beschränkt sich keineswegs auf solche Übersetzungstätigkeiten; viele dänische Literaten versuchen vielmehr darüber hinausgehend, selbst deutsche Originalwerke zu verfassen und als deutsche Autoren anerkannt zu werden. Prominenteste Beispiele für diese Tendenz am Ende des 18. und zu Beginn des 19. Jahrhunderts sind der »Vorromantiker« Jens Baggesen (1764–1826), der zeitweise in Kiel als Professor tätig war, der ungefähr gleichaltrige Adolph Wilhelm Schack von Staffeldt (1769–1826), der als Regierungsbeamter sowohl in Wismar als auch in Schleswig eine Anstellung hatte, sowie die

31 Lohmeier 1982, S. 93.
32 Zitiert nach Hurlebusch 1979, S. 95.
33 Die Vorrede gibt der Bewunderung für Klopstock beredt Ausdruck: »Mein höchster Wunsch ist«, heißt es dort, »dass man daraus erkennen möge, dass ich ein Schüler des unnachahmlichen Klopstocks sey. Er hat es gesehen, ehe es gedruckt ward, und er hat es seines Beyfalls gewürdigt.« Ewald 1920, S. 243.

beiden Romantiker Henrich Steffens (1773–1845) und Adam Oehlenschläger (1779–1850).

Diese dänische Provinzflucht hatte freilich fatale Folgen; sie führte letztlich dazu, dass Dänemark als kulturelle oder jedenfalls literarische Landschaft aus dem Bewusstsein der gebildeten deutschen Öffentlichkeit verschwand. Besonders deutlich wird dies an dem Werdegang Oehlenschlägers, des bedeutendsten dänischen Romantikers überhaupt. Durch Steffens, der seit 1804 als Professor in Halle lebte, in Deutschland eingeführt, fasste er nach dem Tod Schillers den ehrgeizigen Plan, als Dichter dessen Stelle neben Goethe einzunehmen – ein Wunsch, der sich, wie seine spätere Wirkungsgeschichte in Deutschland zeigt, langfristig allerdings nicht erfüllt hat. Zu Lebzeiten freilich war Oehlenschläger von diesem Ziel gar nicht so weit entfernt; jedenfalls erntete er von allen dänischen Autoren nach Holberg und vor Andersen in Deutschland den größten Ruhm. Er war schon als junger Mann mit Johann Heinrich Voß befreundet und mit Goethe bekannt, der ihn einem Zeitgenossen »als etwas ausserordentliches« weiterempfahl[34] (um ihn allerdings einige Jahre später recht barsch abzukanzeln[35]). Wie stark die Stellung der in Deutschland lebenden Dänen wie Baggesen oder Steffens zu dieser Zeit im Übrigen war, wie wenig sie überhaupt noch als Dänen wahrgenommen wurden, geht unter anderem aus der Begründung hervor, mit der Brockhaus in Leipzig die von Oehlenschläger selbst angefertigte deutsche Fassung seines frühen *opus magnum*, des orientalischen Märchenspiels *Aladdin*, zum Druck annahm; der Verleger vertraute nämlich »auf das Unbedingteste auf Herrn Prof. Baggesens Urtheil über den poetischen Werth der Dichtungen des Herrn Oehlenschläger« – offensichtlich auch ohne das Werk gelesen zu haben.[36] Oehlenschläger selbst wurde in Deutschland schnell zu einer literarischen Koryphäe von allererstem Rang, jemand, den man durchaus neben Goethe stellen durfte. August von Platen etwa notierte am 13. April 1818 in seinem Tagebuch über das auf Deutsch geschriebene Künstlerdrama *Correggio:* »Welch ein Werk! Der Verfasser beurkundet sich darin als ein wahres Genie. Es mag wenig Trauerspiele geben, an denen so vieles vortrefflich wäre.«[37] Heine übersandte dem Meister gar ein Billett, in dem er ihm kundtat, er sei »derjenige dramatische Dichter unserer Zeit, den ich am meisten liebe und am höchsten verehre«,[38] und

34 Zitiert nach Lohmeier 1982, S. 96.

35 Vgl. den Brief vom 30.10.1828 an Zelter, in dem auch Goethes insgesamt recht skeptische Haltung gegenüber Skandinavien und dessen Dichtern zum Ausdruck kommt: »Er ist einer von den Halben, die sich für ganz halten und für etwas drüber. Diese Nordsöhne gehen nach Italien und bringen's dort nicht weiter, als ihren Bären auf die Hinterfüße zu stellen, und wenn er einigermaßen tanzen lernt, dann meinen sie, das sei das Rechte.« Goethe 1970, Nr. 84.

36 Zitiert nach Lohmeier 1982, S. 95.

37 Platen 1900, S. 42.

38 Heine 1970, S. 85.

bedauerte noch gegen Ende seines Lebens in der *Romantischen Schule*, die ja ausschließlich von deutschen Dichtern handelt, Grabbe, Immermann, Kleist und Oehlenschläger nicht erwähnt zu haben – »die 4 großen dramatischen Dichter, von denen ich schändlicher Weise nicht gesprochen habe, und über die ich doch so viel zu sagen hätte.«[39] Noch auf seiner letzten Deutschlandreise im Jahre 1844 wurde Oehlenschläger begeistert gefeiert, und der König von Preußen verlieh ihm den Orden »Pour le mérite«.

Diese deutsche Karriere des Dänen Oehlenschläger hat, wie Dieter Lohmeier vermutet, damit zu tun, dass man ihn als letzten »Repräsentanten des poetischen Geistes in prosaischer Zeit« ansah, als jemanden, der sein Leben noch der Bildung der eigenen Persönlichkeit durch die Kunst widmen konnte, ohne in die Niederungen des Alltags oder gar der Politik verstrickt zu sein.[40] Sein Erfolg hängt jedenfalls weniger mit seinen Werken zusammen, deren deutscher »Ausgabe letzter Hand« in achtzehn Bänden bereits 1830 kein großer Verkaufserfolg mehr beschieden war und die gegen Ende des Jahrhunderts in Deutschland kaum noch ein Publikum fand. Und er hängt insbesondere nicht damit zusammen, dass man ihnen spezifisch dänische oder gar nordische Eigenschaften attributierte[41]; im Gegenteil: Die Werke Oehlenschlägers wurden in Deutschland ganz offensichtlich als zu »den Producten *unserer* Poesie« gehörig angesehen, also ohne Umschweife der deutschen Literatur zugerechnet;[42] der Rezensent des *Literarischen Anzeigers* von 1832 (Nr. 42), einer Beilage zu den 1828 erstmalig unter diesem Titel erschienenen *Blättern für literarische Unterhaltung*,[43] hält Oehlenschläger sogar für den neben Schiller bedeutendsten Dichter Deutschlands.

Oehlenschläger als Deutscher, Baggesen in Deutschland, Steffens als deutscher Dichter und Professor – da ist es nicht verwunderlich, dass letzterer, immerhin gebürtiger Norweger, 1817 schlichtweg »leugnen« muss, »dass es eine dänische Litteratur gebe, indem wir unter Litteratur ein eigentümliches, charakteristisches Gepräge verstehen, durch welches die gesammte Geistesbildung einer Nation sich auszeichnet und von andern sondert.«[44] Auf diese Weise kann sich das ›Wir-Gefühl‹, das Gottsched überkommen hatte, wenn er an Holberg dachte, nun erneut einstellen, doch unter gänzlich anderen Voraussetzungen als

39 In einem Brief an Julius Campe vom 31.3.1852; Heine 1972, S. 196.
40 Vgl. dazu Lohmeier 1982, S. 102.
41 Vgl. dazu auch Hultberg 1972, S. 107.
42 So etwa der anonyme Rezensent des *Aladdin*. G. 1808, S. 780; Hervorhebung von mir.
43 Vorher erschienen als *Literarisches Conversations-Blatt*.
44 Steffens 1817, S. 400. In dem Aufsatz setzt sich Steffens allerdings vehement für eine stärkere Beachtung der dänischen Sprache und Literatur durch Deutschland ein und plädiert gar für ein Studium des Dänischen, um so der historischen Verwandtschaft beider Völker besser gerecht zu werden.

in der ersten Hälfte des 18. Jahrhunderts. War für den deutschen Theaterreformer Dänemark noch ein »verschwistertes Volk«, so ist es für das beginnende 19. Jahrhundert in kultureller und insbesondere literarischer Hinsicht einfach nicht länger existent. Die literarische dänische Provinz ist im Bewusstsein der deutschen Kritik gänzlich von der Landkarte verschwunden: Dänemark erscheint von Deutschland aus gesehen als ein Teil Deutschlands. Der Depravation in der zweiten Hälfte des 18. folgt die Auslöschung zu Beginn des 19. Jahrhunderts. Das heißt indes nicht, dass es gar keine dänischen Dichter mehr gibt, sondern lediglich, dass alle dänischen Dichter, die für die deutsche Kritik etwas zählen, ›Deutsche‹ sind. Mit dieser kulturellen Vereinnahmung hat sich Dänemark darüber hinaus auch als Variable aus dem Konkurrenzverhältnis verabschiedet, das zwischen Deutschland und den umgebenden Nationen besteht; es ist weder ein Land, auf das man sich berufen könnte, noch eines, von dem man sich absetzen müsste.

Damit aber verliert Dänemark um die Jahrhundertwende auch seine Rolle als Alleinvertreter Skandinaviens in Deutschland, die es fast während des ganzen 18. Jahrhunderts innegehabt hatte. Dennoch ist Skandinavien zu dieser Zeit im öffentlichen Bewusstsein überaus präsent. Diese Präsenz aber ist nicht Dänemark zu verdanken, sondern hat einen ganz anderen Grund: Sie ist begründet in einem inzwischen erwachten Interesse für den mittelalterlichen Norden und seine Literatur.

3. Die Entdeckung des Nordischen

Um die altnordische Literatur war es seit Opitz und Morhof in Deutschland recht still gewesen. In Skandinavien hingegen gab es bereits seit dem ersten Drittel des 17. Jahrhunderts eine verhältnismäßig breite Erforschung der alten Quellen, die früh »zur wissenschaftlichen Tradition gediehen« war[45] und nicht zuletzt in den verschiedenen Neuausgaben und Übersetzungen resultierte, auf die bereits hingewiesen wurde. In Deutschland beginnt man erst in der zweiten Hälfte des 18. Jahrhunderts von dieser Literatur Notiz zu nehmen, dann aber so gründlich, dass man geradezu von einer deutschen Hinwendung zum alten Norden sprechen kann. Hauptinitiator dieser Hinwendung ist der als Schleswiger deutschsprachige Bürger des dänischen Gesamtstaates Heinrich Wilhelm von Gerstenberg, der mit dänischen Gegebenheiten sozusagen von Hause aus vertraut war. Im »eilften« seiner 1766 erschienenen *Briefe über Merkwürdigkeiten der Litteratur*, der im Briefkopf als Ort Kopenhagen nennt, gibt er »umständlichere Nachricht von der alten runischen Poesie«, worunter er offensichtlich die ge-

45 Oberholzer 1969, S. 96.

samte Literatur des mittelalterlichen Nordens versteht.[46] Im Folgenden berichtet er in der Tat ausführlich von den unterschiedlichen Gattungen und poetischen Verfahrensweisen der altnordischen Literatur, wobei seine Absicht offensichtlich nicht zuletzt die Rehabilitierung dieser Dichtung ist:

> Ihre Anmerkung ist sehr richtig, dass dieses Fach mehrentheils solchen Männern in die Hände gerathen ist, die in den Ueberbleibseln ihrer Vorfahren ganz etwas anders, als Genie, gesucht haben. Mit welcher Vermessenheit hat nicht mancher übersichtige Ausländer dem Nordischen Himmelstriche die Fähigkeit, dichterische Köpfe zu bilden, ordentlich *abdemonstriren* wollen [...].[47]

Letztere Bemerkung lässt sich vermutlich unter anderem auf die Debatte um Holberg beziehen, dessen Ruhm in Deutschland ja zu Gerstenbergs Zeit bereits mehr oder weniger verblasst war.

Ansonsten scheint der Literaturbrief aber eher von dem typisch aufklärerischen Bestreben geprägt zu sein, das deutsche Publikum mit den exotischen Kuriositäten einer bis dahin unbekannten Literatur bekannt zu machen.[48] Das 18. Jahrhundert ist ja durchaus empfänglich für den Reiz fremder Länder, Sitten und Gebräuche; aber in diesem Zusammenhang mag auch die inzwischen immer stärker um sich greifende Ossian-Begeisterung eine Rolle gespielt haben. Symptomatisch für die zukünftige Rezeptionshaltung gerade den Eddaliedern gegenüber, wie sie insbesondere in der Romantik vorherrschend werden sollte, ist lediglich ein Kommentar zum »deutsche[n] Heldenbuch«. Welche Funde könne man darin nicht machen, meint Gerstenberg,

> wenn man es mit den Originalien, die es aus den Wanderungen der Dänen, Cimbrer, Gothen u.s.w. hergenommen hat, vergleichen könnte. So findet man z. B. Vieles darinn von *Frau Grimhild*, deren Lieder viele hundert Jahre vorher unter uns im Schwange gewesen sind [...].[49]

Gerstenberg macht hier auf die gemeinsamen Motive in einigen Liedern der Edda und Sagas sowie im Nibelungenlied aufmerksam, und in der Tat wird einige Jahrzehnte später mit Leidenschaft und Ausdauer darum gestritten werden, ob die deutsche oder die nordische mittelalterliche Literatur den ›Kern‹ der Nibe-

46 Gerstenberg 1890, S. 65.

47 Ebd.

48 So heißt es schon im ersten Satz des Briefes: »Sie hätten mir kein angenehmeres Geschäft auftragen können, als da Sie von mir eine umständlichere Nachricht von der alten runischen Poesie verlangen; ein Sujet, das, wie Sie sagen, Ihnen gänzlich unbekannt gewesen, und schon durch einige der geringsten Fragmente Ihre Neugierde reitzen konnte.« Ebd., S. 65. Schon im achten Brief hatte es geheißen: »Ich glaube gern, dass Sie von diesen Ueberbleibseln nie das geringste gehört haben; es wäre seltsam, wenn ein Deutscher etwas von einer Sammlung wissen sollte, deren Existenz manchem Dänen unbekannt ist, und von den meisten aus einem höchst falschen Gesichtspunkte beurtheilt wird [...].« Ebd., S. 59.

49 Ebd., S. 67.

lungensage enthalte und damit die ältere sei. Gerstenberg versucht in seinem Werk *Das Lied eines Skalden* von 1766 auch als erster, Stabreim und Metrik der Eddastrophen nachzuahmen und so für die deutsche Literatur fruchtbar zu machen. Er setzt sich zudem nachdrücklich für die direkte Übersetzung der Quellen aus der ursprünglichen Sprache ein und weist auf den poetischen Wert der Kæmpeviser hin, die »so poetisch schön, so naiv, so simpel, und zugleich so heroisch, so voll Sentiment« seien.[50]

Diese Entdeckung der nordischen Poesie hatte erheblichen Einfluss, insbesondere auf Klopstock, der nun seinerseits begann, nordische Themen und Motive zu bearbeiten, wie auch auf die Mitglieder seines Kopenhagener Kreises, unter denen die Begeisterung für nordische Mythologie bald zu einer Art gesellschaftlicher Mode führte.[51] In diesem Umfeld entstand im Übrigen auch Ewalds bereits erwähntes Drama *Rolf Krage*, das als einer der ersten skandinavischen Texte des 18. Jahrhunderts sich des alten Stoffes annahm.[52] Auch die Wissenschaft erhielt durch Gerstenbergs Erfolg beträchtlichen Aufschwung. 1773 veröffentlichte August Ludwig Schlözer eine erste Geschichte der isländischen Literatur, und seit Mitte der siebziger Jahre begannen die *Göttingischen Anzeigen von gelehrten Sachen* mehr oder weniger regelmäßig von den Neuausgaben altnordischer Texte in der Originalsprache zu berichten, wie sie in Kopenhagen vom Arnamagnæanischen Institut besorgt wurden. 1789 gab der »erste Nordist« Friedrich Wilhelm Gräter dann seine nicht unbeachtet bleibende Auswahlsammlung altisländischer Poesie unter dem Titel *Nordische Blumen* heraus – übrigens die ersten deutschen Übersetzungen, die direkt aus dem Altisländischen vorgenommen wurden.

Mindestens ebenso folgenschwer wie all diese frühen poetischen und wissenschaftlichen Versuche ist jedoch die *Uminterpretation* des kulturellen Verhältnisses Deutschlands zu Skandinavien, die von Herder vorgenommen wurde. Auch dieser war bereits von Gerstenbergs Literaturbrief und dessen *Lied eines Skalden* zu einer näheren Beschäftigung mit der altnordischen Literatur und Mythologie angeregt worden. Dabei kommt ihm schon früh der Gedanke, »Funken zu schlagen, zu einem neuen Geist der Litteratur, der vom Dänischen Ende Deutschlands anfange und das Land erquicke.«[53] Dies tut Herder denn auch, zunächst in seiner 1778/79 veröffentlichten Sammlung *Volkslieder* (später

50 Ebd., S. 59.

51 Man vergleiche dazu auch die Kritik Herders an dieser Mode: »Die Sänger selbst gaben sich Namen der Barden, mit denen sie, (Knabenspiel!) auch außer der Poesie genannt wurden; eine kindische Hochthuerei, die keinem, am wenigsten dem Deutschen Charakter geziemet.« Herder 1883a, S. 314.

52 Auch schon vor Ewald und damit vor Gerstenberg gab es vereinzelt dänische Texte, die altnordische Themen und Motive bearbeiteten. Vgl. dazu Magon 1926, S. 363f.

53 Herder 1878, S. 435.

Stimmen der Völker in Liedern), in die er zehn Übersetzungen dänischer Kæmpeviser aufnimmt, wobei er ähnlich wie vor ihm bereits Gerstenberg selbst zur Feder greift. Allerdings sind seine Dänischkenntnisse offenkundig nicht sehr umfassend, was ihn in besonderem Maße für *faux amis* anfällig macht. Immerhin verdankt die deutsche Literatur diesem Umstand den Titel eines ihrer berühmtesten Gedichte, denn Herder übersetzt das dänische Wort ›Ellerkonge‹ = ›Elfenkönig‹ fehlerhaft mit ›Erlkönig‹ – ein Fehler, der durch den ahnungslosen Goethe unsterblich geworden ist.[54]

In der Einleitung zum zweiten Teil seiner Sammlung vertritt Herder bereits die These, »dass Poesie und insbesonderheit Lied im Anfang ganz Volksartig d. i. leicht, einfach, aus Gegenständen und in der Sprache der Menge, so wie der reichen und für alle fühlbaren Natur gewesen« sei.[55] Diese Poesie, so heißt es wenig später, »war die Blume der Eigenheit eines Volks, seiner Sprache und seines Landes, seiner Geschäfte und Vorurtheile, seiner Leidenschaften und Anmassungen, seiner Musik und Seele.«[56] Dieser für Herders Geschichtsphilosophie charakteristische Gedanke, dass nämlich die älteste Literatur eines Volkes dessen ihm eigentümlichen Nationalcharakter, seinen »Volksgeist«, am unverfälschtesten und reinsten ausdrücke, sollte für die Literaturgeschichtsschreibung der deutschen Romantik, aber auch noch des bürgerlichen Realismus bis weit über die Mitte des 19. Jahrhunderts hinaus wegweisend werden.[57]

Welche Position die altnordische Literatur und Mythologie im System seiner Geschichtsphilosophie einnimmt, macht Herder ungefähr zwanzig Jahre später in seinem epochalen *Iduna*-Aufsatz deutlich, der richtungweisend für die Auffassung des Nordischen in der Romantik wurde. In dem 1796 in den *Horen* erschienenen Aufsatz, einem fiktiven Gespräch, vertritt Alfred, das Sprachrohr des Verfassers, die Auffassung, jede Nation brauche »eine *in ihrer eigenen Denkart und Sprache entsproßene Mythologie.*«[58] Die Deutschen jedoch haben keine Dichter, deren »Ideen und Dichtungen [...] aus der *Denkart der Nation* genommen und ihrer *Muttersprache* einverleibet« sind, wie etwa die Italiener oder insbesondere die Engländer. Im Gegenteil, so gibt der intellektuelle Ge-

---

54 Der Fehler ist allerdings nicht ganz so unverständlich, wie beispielsweise Roos suggeriert (vgl. Roos 1958, S. 377). In der dänischen Volksmythologie besteht nämlich tatsächlich insofern zwischen Elfen und Erlen ein Zusammenhang, als sich das Elfenvolk mit Vorliebe im dichten Unterholz der Erlen aufhält und dort sogar seine Wohnstätte besitzt; vgl. z. B. die späteren dichterischen Bearbeitungen des »Elfenhöh«-Stoffes durch Johan Ludvig Heiberg und Hans Christian Andersen (in Drama und Märchen mit jeweils demselben Titel *Elverhøj*).

55 Herder 1883c, S. 313.

56 Ebd., S. 314.

57 Der Begriff des Volksliedes und allgemein der Volksliteratur wird von Herder im Übrigen so verwendet, dass er sowohl anonyme als auch nicht-anonyme Texte umfasst, wie die Auswahl seiner Sammlung zeigt.

58 Herder 1883b, S. 484.

genpart Alfreds, Frey, zu bedenken: »*Unsere* Meistersänger, wie elend schleppten *die* sich mit der Geschichte und Mythologie der Alten umher! Und als unser gelehrter *Opitz* dichtete oder reimte, war er mehr Uebersetzer oder mehr Dichter? Was ist gegen *Shekespear* unser *Andreas Gryphius* u.f.«[59] Hier spielt also wieder der Gedanke von der Vortrefflichkeit der deutschen Poesie herein, diesmal allerdings gleichsam ins Negative gewendet: Die neuere deutsche Literatur in ihren Anfängen wird von Herder im Vergleich mit anderen großen europäischen Literaturen als nicht ebenbürtig angesehen, aber nicht etwa, weil keine »trefliche[n] Erzählungen, Kern- und Lehrsprüche in der Deutschen Sprache« gewesen seien, sondern vielmehr, weil diese »*ohne Imagination*«, ohne eigene Mythologie dagestanden hätten.[60]

Doch glücklicherweise gibt es für die fehlende deutsche Mythologie einen vollwertigen Ersatz: die nordische. »Wie nun? Wenn aus der Mythologie eines benachbarten Volks, auch Deutschen Stammes, uns hierüber ein Ersatz käme, der für unsre Sprache gleichsam gebohren, sich ihr ganz anschlöße, und ihrer Dürftigkeit an ausgebildeten Fictionen abhülfe, wer würde ihn von sich stossen?«[61] Hier begegnet wieder die uns ebenfalls schon vertraute Vorstellung vom »verschwisterten Volke«, jetzt aber diachron verschoben. Waren es bei Gottsched noch die zeitgenössischen Dänen, die sich dieser Auszeichnung erfreuen konnten, so sind es jetzt die alten Skandinavier. Blickt man näher hin, wird freilich ein tiefgreifender Unterschied zwischen Herder und seinen Vorgängern sichtbar: Diente die Verwandtschaftsbeziehung zwischen Deutschen und »Engelländern« bzw. Dänen jenen lediglich der Sicherung eines Verbündeten in einer literaturpolitischen Konkurrenzsituation (Morhof) bzw. der Stärkung eines schwachen Selbstbewusstseins durch ein an einem anerkannten Vorbild ausgerichtetes ›Wir-Gefühl‹ (Gottsched), so beruft sich Herder auf die historische Verwandtschaft zum Norden, um sich Aspekte von dessen literarischer und kultureller nationaler Identität *anzueignen*.[62] Und diese Aneignung wiederum erfolgt, um die als solche empfundenen Defizite der eigenen literarischen und kulturellen Identität zu beseitigen. Mit anderen Worten: Die »Vortrefflichkeit der deutschen Poesie« wird gewahrt, indem diese den Ursprung der nordischen Literatur, ihre Mythologie, zum eigenen Ursprung deklariert. Besonders deutlich wird die identitätsstiftende Funktion dieses Aneignungsprozesses, wenn Alfred über die Herkunft der nordischen Mythologie räsoniert:

> Sei die nordische Mythologie am Ida in Phrygien, oder am schwarzen Meer, am Kaukasus oder unter dem Nordpol entstanden; eine *ächte, reine deutsche Stammsprache* hat

59 Ebd., S. 486f.
60 Ebd., S. 487.
61 Ebd., S. 488.
62 Vgl. dazu auch See 1970, S. 36.

> sie aufbewahrt, und *deshalb* wollen wir uns etwas von ihr zueignen. *Völker von teutonischem Stamm* haben sich weit umher getummelt, sogar nach Afrika verlohren; wir nehmen, was *für uns dient, wo wir's finden.*[63]

Die Rede von der »ächten, reinen deutschen Stammsprache« macht deutlich, dass die nordischen Völker keineswegs mehr allein mit dem deutschen »verschwistert« sind: Sie entstammen vielmehr einem gemeinsamen Ursprung, dem Ursprung aller »teutonischen« Völker. Herder setzt hier auf das Pathos einer durch den Wandel der Zeiten nicht auszulöschenden Blutsverwandtschaft, einer mehr gefühlten als rational erkannten Zusammengehörigkeit. So heißt es wenige Jahre später in der *Adrastea* mystifizierend:

> Wo die nordische Mythologie aufs innigste local und klimatisch wird, also dass sie sich in die Ströme Walhallas, in die Blüthen Glasurs, in die Rothe der Alfen gleichsam tauchet: da schaudert uns eine fast angebohrne Mitgenoßenschaft dieser Bilder an; wir fühlen, dass wir hieher, in kein andres zarteres Mährchenland gehören; wir frieren.[64]

Die Aneignung der Mythologie, von der der *Iduna*-Aufsatz spricht, impliziert also nicht nur die Erkenntnis der geistigen Heimat der Deutschen, sondern auch die symbolische Rückkehr in diese. Wie Herder sich die Aneignung genauer vorstellt, geht erst aus der Fortsetzung des *Iduna*-Gesprächs hervor. Sie soll nämlich so erfolgen, dass das Edle und Heroische der nordischen Mythologie übernommen, ihre Rohheit aber zurückgewiesen wird. Herder zielt damit also nicht etwa auf eine bloße Nachahmung der altnordischen Poesie, sondern vielmehr auf eine poetische Bearbeitung der Stoffe, so wie Gerstenberg und Klopstock sie bereits vorgeführt hatten und wie sie nur wenige Jahre später vor allem von Tieck und Fouqué besonders gepflegt werden sollte. Das Ergebnis ist eine Amalgamierung von Vergangenem und Gegenwärtigem, die gleichsam für alle Zeiten Bestand haben werde, wie Herders Sprachrohr Alfred dem staunenden Frey erklärt: »Durch eine völlige *Verjüngung* muß für uns die Nachbildung hervorgehn, sie betreffe Gegenstände der gegenwärtigen oder der künftigen Welt.«[65] Diese Verjüngung gibt Herder den Nachgeborenen als Aufgabe mit auf den Weg. Dass sie indes nicht nur auf dichterischem Wege zu erfolgen habe, wird wiederum in der *Adrastea* erläutert, wo der Autor sich an die künftigen Literaturwissenschaftler wendet: Die Edda ist von allen späteren, insbesondere christlichen Zusätzen zu befreien, damit der reine Ursprung der »teutonischen Stämme« wieder sichtbar werde; zudem solle man untersuchen, wann und warum die genannten Zusätze hinzugekommen sind.[66]

Mit seinen geschichtsphilosophischen Gedanken zum Ursprung der Völker

63 Herder 1883b, S. 493f.
64 Herder 1883a, S. 313.
65 Herder 1883b, S. 409.
66 Vgl. Herder 1883a, S. 315f.

und zur Geburt der deutschen Nation aus dem Geiste der nordischen Mythologie, denen das Konzept der Nation als des eigentlichen ›Subjekts‹ der Geschichte zugrunde liegt,[67] hat sich Herder weit von den bloß von tagespolitischen Nützlichkeitserwägungen geprägten Liebäugeleien mit der skandinavischen Kultur entfernt, wie sie bei Opitz, Morhof und noch Gottsched begegnen. Bei Herder erlangt der alte Norden vielmehr einen systematischen Stellenwert als originäres Sinn- und Identitätszentrum aller »teutonischen Stämme«. Obwohl der Schwerpunkt seiner Geschichtskonstruktion scheinbar eindeutig auf diesem identitätsstiftenden Aspekt liegt und er von einer grundsätzlichen Gleichwertigkeit aller Völker spricht, geht es doch auch Herder indirekt um die Vortrefflichkeit der Deutschen, die dadurch erreicht wird, dass die Defizite der eigenen Geschichte, der eigenen Identität, mit Hilfe der nordischen Mythologie getilgt werden. Das aber bedeutet nichts anderes, als dass diese *ideale* Aspekte besitzt, deren Idealität sich durch ihren Bezug auf die deutsche Identität bestimmt: Die nordische Mythologie ist das Resultat einer *Projektion*, welche die eigenen Defizite im Fremden aufgehoben erscheinen lässt.[68]

In der Nachfolge Herders wird diese Projektion über die nordische Mythologie hinaus zusätzlich auf das zeitgenössische Skandinavien mit seinen Bewohnern und seiner Natur übertragen.[69] Besonders deutlich wird diese Übertragung bei Ernst Moritz Arndt, der in den Jahren 1803/04 zum ersten Mal Schweden besucht und von da an zu einem eifrigen Propagandisten des Nordens wird. »Welch ein hoher und kolossalischer Geist weht in der ältesten Geschichte des westlichen Nordens!« hebt er im Kapitel »Über Schweden und den Norden insgesamt« seines 1806 verfassten Werkes *Geist der Zeit* verheißungsvoll an, um dann fortzufahren: »Welch ein kühner Freiheitssinn! Welcher Trotz! Welche Lebensverachtung! [...] Höchste Kraft, unbezwinglicher Mut, barbarisch und wild, der Grund des Ganzen.«[70] Der altnordische Mensch, so kann man dieser Eloge entnehmen, ist kühn, freiheitsliebend, kraftvoll, von lebensverachtendem

67 Vgl. dazu Fohrmann 1989, insbes. S. 95–99.

68 Die bis in unser Jahrhundert reichende Popularität des Herderschen Gedankens, das Nordische sei Ersatz für ein deutsches Defizit, zeigt im Übrigen der Essay von Roos, der ihn zur historischen Erklärung des deutschen Interesses am Norden kurioserweise wieder aufgreift: »Således blev den tyske litteratur en litteratur, der mangler gammel grund, og dette er forklaringen på, at Norden i tidens løb kom at spille en så stor rolle for tysk bevidsthed. [...] Det nordiske er den tabte tyske tradition.« (Roos 1967, S. 224. »So wurde die deutsche Literatur eine Literatur, der es an einer alten Tradition fehlte – und das ist der Grund dafür, dass der Norden im Laufe der Zeit ein so große Rolle im Bewusstsein der Deutschen spielen sollte. [...] Das Nordische ist die verlorene deutsche Tradition.«)

69 Übernommen wird freilich nur die Projektion und nicht zugleich damit auch schon die der nordischen Mythologie von Herder zugedachte Rolle als Ersatz für eine fehlende deutsche Mythologie; Jacob Grimm etwa hat mit seiner *Deutschen Mythologie* eine ausdrückliche Gegenposition zu Herder bezogen. Vgl. dazu ausführlich auch Paul 1985.

70 Arndt 1912, Bd. 6, S. 138.

Mut, »barbarisch und wild«, »gigantisch tapfer«, wie es später sogar heißt, ein edler Recke. Hier sehen wir die noch rein ›formale‹ Idealisierung der nordischen Mythologie bei Herder mit einem konkreten Inhalt angefüllt, wobei implizit auf schon durch Tacitus vertraute Topoi zurückgegriffen wird. Im Folgenden jedoch wird diese geschichtliche Vorstellung vom alten Norden auf das gegenwärtige Skandinavien übertragen, wenn Arndt fortfährt:

> Die Normänner sind *noch* die alten, schön, stark, tapfer und bieder. Ihre Leiber, Sitten und Sprache sind den Schweden näher als den Dänen. [...] Bei den Schweden war einst die Macht und die Gewalt des Nordens, sie wird künftig bei ihnen sein. Dies sind noch die Alten, und Himmel und Land lassen sie nicht ausarten. Stolz wie ihre Berge, mutig und frisch wie ihre Alpen, Ströme und Wasserfälle, im Gefühl der Kraft und Freiheit steht das brave Volk da. *Man braucht hier nicht zu den Männern der Fabelzeit zurückzugehen, in Småland und Dalarne, in Wärmland und Jemtland will ich hundert und tausend Männer finden, die wie die Riesen dastehen und in ihren herkulischen Armen fünf und zehn gewöhnliche Männer erwürgen.* Tapferkeit, Redlichkeit, Freiheitssinn sind hier *unsterblich*, und nur durch diese Tugenden herrschen die Männer würdig.[71]

»Man braucht hier nicht zu den Männern der Fabelzeit zurückzugehen«, da das heutige Skandinavien nahtlos den Anschluss an die würdigen Zeiten gefunden hat; »Tapferkeit, Redlichkeit« und »Freiheitssinn« herrschen nach wie vor und in Ewigkeit: Im Norden ist die Kraft und die Herrlichkeit, hier bestehen die alten Zeiten unverfälscht fort, wie die fast identische Wortwahl in beiden Zitaten zusätzlich verdeutlicht. Vergangenheit, Gegenwart und Zukunft werden in eins gesetzt. Hier erleben wir die Anfänge eines Skandinavienmythos, einer »nordischen Gegenkultur«[72], deren Ursprung gewiss in der Romantik liegt, deren Spuren aber noch bis auf den heutigen Tag sichtbar sind. Diese ›Gegenkultur‹ ist insbesondere einer ossianischen und rousseauistischen *Ursprünglichkeit* verpflichtet und geht Hand in Hand mit dem Bild vom gemeinsamen Ursprung der germanischen »Stämme«, das Herder in Bezug auf die nordische Mythologie entworfen hatte. Genauer gesagt: Skandinavien erscheint als der Ort, wo sich der unverdorbene Urzustand Germaniens in reiner Form bewahren konnte. Anders als im schwächlichen »Süden« sind die skandinavischen Völker nicht durch äußere Einflüsse vom Weg des Ursprungs abgekommen, hier ist vielmehr ein goldenes Zeitalter unmittelbare Gegenwart geblieben, und es bedarf keines quasi-eschatologischen Weltverlaufs, um es wieder Wirklichkeit werden zu lassen.[73] Religiöse Konnotationen werden erkennbar, wenn Arndt bereits zwei

71 Ebd., S. 140; Hervorhebungen von mir.
72 Bohnen 1991, S. 361.
73 Zu dem auf Tacitus zurückgehenden, aber bereits in der frühen Neuzeit wieder reaktualisierten Klischee vom Gegensatz zwischen dekadentem ›Süden‹ und kraftvollem, urgesundem ›Norden‹ vgl. z. B. See 1970, S. 41.

Jahre vorher auf seiner ersten Schwedenreise den Gegensatz zwischen Skandinavien und Deutschland mit den Worten schildert:

> Aber nicht bloß alle Natur sondern auch alle Geschichte des Volks lebt hier tausendmal mehr als bei uns, und dieses Gefühl schwedischen Glücks und dieses Bewußtseyn deutschen Mangels fällt mir oft recht schwer auf mein deutsches Herz. [...] Hier darf jeder Schwede an [...] heiligen Überbleibseln seiner Vorzeit stehen, und zu dem Licht- und Glanzpalast, dem Gläsiswall und Wingolf seiner Helden und Götter, hinauf beten. Über uns sind zu oft und zu viel fremde Fluthen hingewälzt, fremde Völker und Räuber gekommen, und auch die ersten Sendboten des Christenthums haben mit romanischer und karlingischer Gewalt zerstören und ausrotten gedurft.[74]

Die Projektion lässt ein utopisches Bild vom Norden entstehen, in dem auch für soziale Gegensätze kein Platz mehr ist:

> Ich habe ja hier unter großen schwedischen Erinnerungen und Denkmälern [...] stillstehen und in fast schwedischer Andacht mit staunen und beten müssen. Und in ihren Häusern, oft in den Häusern des ärmsten Soldaten oder Brinksitzers war es da viel anders, wann ich ihren Gustav Erichson, Gustav Adolf und den schwedischen Achill, Karl XII, unter dem Spiegel hängend fand? Daß dieser Karl XII. der Abgott ist, bei dessen Bilde sie zugleich jauchzen und weinen, was meint das? [...] Es bedeutet daß dieses Volk noch sein Walhall und seine Ättestupa im Leibe hat, daß es einen Sinn des Unvergänglichen und Erhabenen hat, daß bei ihm noch gilt was schon Herodotus und Lukanus von der Lehre der Nordländer sagen und singen, daß sie immer gelüstet hat sich kühnes Muthes aus dem kurzen vergänglichen Leben in die heroische Unsterblichkeit zu stürzen.[75]

In diesen Sätzen wird auch die praktisch-politische, um nicht zu sagen: ideologische Konsequenz von Herders Auffassung der nordischen Mythologie zumindest ansatzweise sichtbar: Durch die lebendige Besinnung der heutigen Bevölkerung auf die »heilige« Vergangenheit wird sie zu einem Volk geeint, in dem alle sozialen Schranken aufgehoben erscheinen und dessen Identität durch den Bezug zum »Unvergänglichen und Erhabenen« gestiftet wird. Der Norden ist nicht nur der Ort des Ursprungs, sondern ebenfalls das Reich des ewigen Friedens und der Harmonie, in dem es allen vergönnt ist, im Einklang mit sich selbst, ihren Nächsten und der Natur zu leben.

Mit diesem von Herder ausgehenden und in der Romantik, wie bei Arndt, gleichsam konkret gewordenen Mythos erhält der Norden für Deutschland im Konkurrenzverhältnis der Völker eine andere Funktion. Als Konkurrent ist er schon längst ausgeschieden, und als Kampfgefährten gehören zwar die »Schweiz, Holland und Skandinavien [...] zum großen deutschen Bunde«,[76] aber, ver-

---

74 Arndt 1972, S. 91f.

75 Ebd., S. 92f.

76 Steffens 1817, S. 406.

mutlich gegen die Intentionen von Steffens, höchstens im zweiten Glied. Insbesondere Skandinavien ist nicht länger Kombattant, sondern, um im Bild zu bleiben, nur noch Rekreations- und Rekonvaleszenzstätte für die deutschen Truppen. Der Norden bietet diesen das Bild eines glückhaft bewahrten goldenen Zeitalters und einer Verheißung jenes Zustandes der vollkommenen eigenen Identität, zu dem auch die Deutschen zurückkehren werden, wenn sie sich erst einmal siegreich gegen die fremden Einflüsse behauptet haben. Damit jedoch erhalten die Beziehungen Deutschlands zu Skandinavien einen *imaginären* Zug: Anders als in früheren Zeiten bestimmt sich das Verhältnis Skandinaviens zu Deutschland innerhalb der Konkurrenzsituation der Völker für die Deutschen nun nicht mehr dadurch, dass es als Handelnder in wechselnden Konstellationen auftritt, sondern vorwiegend durch seine wunscherfüllende Funktion, die es inzwischen für Selbstbild und Selbstgefühl der Deutschen bekommen hat.

Besonders deutlich wird dieser imaginäre Zug in jenen Werken der deutschen Romantik, die Herders Forderung nach Bearbeitung altnordischer Stoffe unmittelbar nachkamen und für die Tiecks Novelle *Der Runenberg* (1802) oder Fouqués Roman-Trilogie *Der Held des Nordens* (1808–1810) nur die herausragendsten Beispiele darstellen. Die landeskundlichen Kenntnisse von Skandinavien sind zu dieser Zeit nämlich trotz Arndts Schwedenreisen zum Teil noch so gering, dass sie durch literarische Reminiszenzen ergänzt werden müssen. Dies bedeutet häufig einen Rückgriff auf Ossian, und so wird in einigen dieser Werke sogar Dänemark mit ossianischen Attributen ausgestattet und in ein Land voller Klippen und Felsen verwandelt. Es entsteht das halb mythische Bild eines wilden und ungestümen Landes, »wo Bär und Wolf hausen und Adler horsten; auf ragenden Felsen einsame Burgen, sturmumrauschte Eichenwälder, Heide im Nebel, Wetterleuchten und flammende Nordlichter, Ruf der Brandung und endlose Meeresflächen [...].«[77] In diesen literarischen Versuchen, meist poetische Eintagsfliegen, verkommt Skandinavien zu einem reinen Fantasieprodukt, das kaum noch Berührungspunkte mit der Realität aufweist: eine Art ossianisches Disneyland.

Die von Herder ausgehende und in der deutschen Romantik vollendete Funktionalisierung Skandinaviens zum Ort des Ursprungs und des Einklangs des Menschen mit sich und der Natur hat drei verschieden zu gewichtende, teilweise aber bis zur Gegenwart spürbare Folgen. Erstens erfolgt schon bald nach seiner Inaugurierung eine Popularisierung, ja Trivialisierung des Skandinavienmythos, die bereits mit der erwähnten Bearbeitung altnordischer Stoffe beginnt und die diesen allmählich von seiner Beziehung zur nordischen Mythologie ablöst. Die ›Ursprünglichkeit‹ der nordischen Natur und des nordischen Menschen wird zu einem landeskundlichen Klischee, das bis auf den

77 Roos 1958, S. 381.

heutigen Tag Leitbild für zivilisationsmüde Touristen und Heile-Welt-Sucher geblieben ist.

Zweitens resultiert aus der Hinwendung zum Norden jene wissenschaftliche Beschäftigung mit den altnordischen Quellen, die Herder gefordert hatte. Die verschiedenartigsten Publikationen etwa der Brüder Grimm, Friedrich von der Hagens oder Karl Lachmanns in den Jahren zwischen 1810 und 1820 bilden nur den imposanten Auftakt zu einer langen, bis in die unmittelbare Gegenwart hineinreichenden Tradition deutscher Altnordistik, die sich ebenso um Textkritik und -edition wie um Übersetzung und Quellenstudium verdient gemacht und Weltruf erlangt hat.[78] Vor allem also die Wissenschaft, die Philologie, war es und nicht etwa die Poesie, die der Nachwelt »den Apfel Idunens« zur Verjüngung der nordischen Mythologie und Literatur brachte, zu dessen Beschaffung Alfred im letzten Satz des *Iduna*-Aufsatzes seinen ehemaligen Gegenspieler Frey rhetorisch aufgefordert hatte.

Drittens schließlich führt die Nordlandbegeisterung jener Tage mittelbar zur Entdeckung jener zeitgenössischen skandinavischen Literatur, die bis dahin gänzlich im Schatten der dänischen gestanden hatte: der schwedischen. Diese Entdeckung hat ihren Grund darin, dass die kulturelle Assimilierung Dänemarks an Deutschland und das dadurch bedingte Aufgehen der dänischen Literatur in der deutschen diese als Projektionsfläche für mythische Vorzeitfantasien denkbar ungeeignet erscheinen ließ. Das hatte bereits der suedophile Arndt erkannt, als er in seiner schon erwähnten Abhandlung über den Geist der Zeit bedauernd feststellte:

> Die Dänen, ein ordentliches, fleißiges und verständiges Volk, haben doch lange nicht mehr Volksgepräge gehabt. Immer hat den Inselbewohnern die physische Gewalt der Normänner und Schweden gefehlt, nie hat bei der kleinen Zahl Volkskraft und Freiheitssinn so durchbrechen können. In den letzten Zeiten ist das Dänische in Sitten, Neigungen und Sprache sehr in das Deutsche übergegangen.[79]

Waren »Nationalkraft und Freiheitssinn« von dem Deutschland so ähnlichen Nachbarn, diesem »fleißigen und verständigen Volk« von »Inselbewohnern«,

78 Hier nur einige Daten: 1811 gab Wilhelm Grimm die *Altdänischen Heldenlieder, Balladen und Mährchen* heraus, 1812 publizierte Friedrich Christian Rühs seine Übersetzung der Snorra Edda; im gleichen Jahr gab Friedrich Gräter seine »Alterthumszeitung« *Idunna und Hermode* heraus; 1815 übersetzte von der Hagen die für den Streit um das Nibelungenlied so wichtigen Sigurd-Lieder, und noch im selben Jahr zogen die Grimms mit einer Auswahl von Eddaliedern nach, darunter ebenfalls die Sigurd-Lieder; 1816 erschien eine deutsche Übersetzung von R. Nyerups *Wörterbuch der skandinavischen Mythologie*, und bereits im selben Jahr kam Karl Lachmanns Übersetzung der *Sagenbibliothek des scandinavischen Alterthums, in Auszügen, mit litterarischen Nachweisungen* von Peter Erasmus Müller auf den Markt, wiederum eine Übersetzung aus dem Dänischen.

79 Arndt 1912, Bd. 6, S. 140.

also nicht zu erwarten, so musste man eben weiter gen Norden ziehen. Allerdings sollten nach Arndts Grundsatzbemerkung noch fast zwanzig Jahre verstreichen, ehe man schließlich fündig wurde.

4. Der Durchbruch der schwedischen Literatur

Im Gegensatz zu den engen deutsch-dänischen Kultur- und Literaturbeziehungen ist das Verhältnis zwischen Deutschland und Schweden bis zu Beginn des 19. Jahrhunderts eher durch wechselseitige Distanz geprägt, wobei auch die politische Situation eine Rolle spielt.[80] Es ist unter anderem eine Folge dieser größeren Distanz, dass sich ein stärkerer Einfluss Deutschlands in Schweden erst verhältnismäßig spät geltend macht. Zwar verfasst der selbst für die Verhältnisse der Zeit ungewöhnlich polyglotte Barockpoet Lasse Lucidor (1638–1674), der mehr als zehn verschiedene Sprachen beherrschte, unter anderem auch eine Anzahl von Gedichten auf Deutsch und erweist sich wie sein etwas jüngerer Landsmann Johan Runius (1679–1713) in seinem Werk als von deutschen Vorbildern inspiriert; doch während des gesamten 18. Jahrhunderts spielt Deutschland eher als Vermittler literarischer Strömungen und Ideen eine Rolle denn als eigentliche Quelle. Das Interesse der schwedischen Literaten ebenso wie das ihres Publikums ist in dieser Zeit eindeutig auf England und insbesondere auf Frankreich gerichtet, und der französische Klassizismus findet am Hofe des kunstliebenden, aufgeklärten Monarchen Gustav III (Regent von 1771–1792) selbst dann noch seine treuen Anhänger, als er in Dänemark aufgrund des deutschen Einflusses bereits in Vergessenheit geraten ist.

Doch auch Schweden ist in dieser Zeit für das gebildetete deutsche Publikum literarische *terra incognita*.[81] Es dürfte vor der Romantik keinen einzigen schwedischen Schriftsteller gegeben haben, der in Deutschland einen Namen hatte, selbst wenn man großzügige Maßstäbe anlegt. Dies hat bereits der schwedische Romantiker Per Daniel Atterbom (1790–1855) feststellen müssen, als er 1825 in seinen *Minnen från Tyskland och Italien* (*Erinnerungen aus Deutschland und Italien*) von seiner 1817 unternommenen Deutschlandreise berichtet:

> Du fragst, ob Schwedens Sprache in Deutschland bekannter sei als die Kamtschatkas? Nicht viel. [...] Wohl trifft man hier und dort einen deutschen Gelehrten, der schwedisch versteht und schwedische Schriften liest: dies geschieht jedoch einzig und allein

80 Im Gegensatz zu Dänemark war Schweden während des Dreißigjährigen Krieges selbst Herrscher in Deutschland und hatte hier noch bis 1814 Besitzungen. Vgl. dazu auch SCHOOLFIELD 1966, S. 20.

81 Vgl. dazu WIZELIUS 1968, S. 34f.

> aus wissenschaftlichen Gründen, z. B. philologischen oder historischen. [...] Doch gewiß ist die Zahl solcher Kenner in ganz Deutschland nicht größer, als daß man sie mit Leichtigkeit einzeln aufzählen könnte, wobei die größte Summe jedenfalls aus einigen skandinavischen Forschem exprofesso bestehen würde, wie Rühs in Berlin, die Brüder Grimm in Cassel, von der Hagen und Büsching in Breslau.[82]

Diese »wissenschaftlichen Gründe«, von denen Atterbom hier spricht, haben ihre Wurzeln in der zweiten Hälfte des 18. Jahrhunderts, als die Schriften des Begründers der botanischen Systematik, Carl von Linné (1707–1778), und des dem Pietismus nahestehenden Mystikers und »Geistersehers« Emanuel Swedenborg (1688–1772) ausführlich in gelehrten Zeitschriften diskutiert wurden. Überhaupt besitzen die schwedischen Naturwissenschaften in der zweiten Hälfte des 18. Jahrhunderts Weltgeltung, und die Leistungen des Astronomen Anders Celsius und des Ingenieurs Christopher Polhem finden überall in der Fachwelt Anerkennung. Berichte über akademische Feiern, An- und Abtrittsreden von Universitätsprofessoren sind daher keine Seltenheit; sie zeigen, dass man in Deutschland nicht nur am Wissenschaftsbetrieb des nördlichen Nachbarn Anteil nimmt, sondern auch recht gut über ihn informiert ist.

Umso dürftiger ist dagegen, auch noch zu Atterboms Zeiten, das Wissen über die schwedischen Literaten des 18. und erst recht des 17. Jahrhunderts.

Dies heißt nicht, dass es nicht auch schon zu dieser Zeit sporadische Übersetzungen von schwedischen Werken gegeben hätte (darunter übrigens auch Werke solcher Autoren, die selbst in ihrem eigenen Land längst wieder in Vergessenheit geraten sind),[83] aber diesen wird vom deutschen Publikum offensichtlich kaum Aufmerksamkeit geschenkt. Und das wenige, was von der schwedischen Literatur bekannt war, scheint auch nicht in der Lage gewesen zu sein, ihr einen befriedigenden Leumund zu verschaffen. So enthält beispielsweise das 71. Stück der *Göttingischen Anzeigen von gelehrten Sachen* vom 14.6. 1770 auf Seite 621 eine Besprechung der »Abtrittsrede des Herrn D. Celsius von 1768« mit dem Titel »Über den Geschmack in der gebundenen wie ungebundenen schwedischen Dichtkunst«,[84] in der keinerlei Namen der entsprechenden Dichter genannt werden. Dabei hält sich der Rezensent vornehmlich bei den vom

---

82 Atterbom 1859, S. 91f., Übersetzung von mir. »Du frågar, om Sveriges tungomål är i Tyskland mer bekant än Kamtschatkas? Icke stort. [...] Väl träffar man här och der någon Tysk Lärd, som förstår Svenska och läser svenska skrifter: det sker då likväl blott och bart af vetenskapliga grunder, t. ex. philologiska eller historiska. [...] Men visserligen är, öfver hela Tyskland tillsamman, sådana kännares antal ej drygare, än att man med lätthet kan räkna dem person för person, hvarvid största summan i alla fall skulle utgöras af några *ex professo* skandinaviska forskare, liksom *Rühs* i Berlin, bröderne *Grimm* i Cassel, *von der Hagen* och *Büsching* i Breslau.«

83 Wie etwa der historische Roman *Adalrik och Giöthildas äfwentyr* (1742–44) von Jacob Mörk und Anders Törngren.

84 »Om smak uti den Swenska så bundna, som obundna, wältaligheten.«

Verfasser erwähnten negativen Eigenschaften der schwedischen Poesie auf und geißelt die »Aufgedunsenen« und »Niederträchtigen« unter ihren Autoren, die sich mit Trink- und Liebesgedichten abgegeben hätten, womit in einem *totum pro parte* wohl nur Carl Michael Bellman (1740–1795), der »schwedische Anakreon«, gemeint sein kann. Und das 102. Stück derselben Zeitschrift vom 25.8. 1774 berichtet auf den Seiten 875–78 ausführlich unter anderem über das *Wiederaufleben der schwedischen Academie der schönen Wissenschaften unter der Protectorin Louisa Ulrica* (gemeint ist die 1753 gestiftete und 1772 neu belebte *Kongliga svenska vitterhets-academien*) und die Antrittsrede Gustaf Fredrik Gyllenborgs (1731–1808), die das Schicksal der schwedischen Literatur in den letzten zwanzig Jahren zum Gegenstand habe. Dabei erachtet es der Berichterstatter für notwendig, dem deutschen Publikum mitzuteilen, dass die zur Zeit in Schweden bekanntesten und geschätztesten Dichter Olof Dahn (1708–1763), Hedvig Charlotta Nordenflycht (1718–1763) sowie Gustaf Philip Creutz (1731–1785) seien.

Eine Zunahme der Übersetzungstätigkeit ist erst gegen Ende des Jahrhunderts zu beobachten, also etliche Jahre nach der Entdeckung des Nordischen durch Gerstenberg und Klopstock, aber immerhin zum Teil noch vor Herders *Iduna*-Aufsatz. Viel ist es dennoch nicht, was dem deutschen Publikum zugänglich gemacht wird. Da sind beispielsweise der *Hercules* des bereits von Morhof erwähnten Barockdichters Georg Stiernhielm (1598–1672; übersetzt 1793) sowie einige Prosaschriften und Oden der »gustavianischen« Aufklärungsdichter und Literaturkritiker Carl Gustaf Leopold (1756–1829; Übersetzung 1790 von Friedrich Christian Rühs) und Johan Henrik Kellgren (1751–1795; Übersetzung 1801 von Karl Lappe). Während von diesen immerhin Einzel- oder Teilausgaben vorliegen, sind das Werk der eben genannten Dichterin Hedvig Charlotta Nordenflycht sowie das des vom deutschen Sturm und Drang beeinflussten sogenannten »Vorromantikers« Thomas Thorild (1759–1808) zu dieser Zeit im Deutschen lediglich durch einzelne Gedichte repräsentiert.

Erst in der Spätphase, ja man könnte fast sagen: nach Ende der deutschen Romantik ändert sich diese Situation. Eine besondere Rolle kommt dabei der sowohl mit Goethe als auch mit Schiller befreundeten »gebildeten Dilettantin« Amalie von Helvig geb. von Imhoff (1776–1831) zu, die durch ihre Bekanntschaft mit den führenden Geistesgrößen Schwedens als Vermittlerin tätig werden konnte. Helvigs Begeisterung für den Norden, die sie in den folgenden Jahren mit fast missionarisch zu nennendem Eifer für die Bearbeitung altnordischer Stoffe eintreten lässt, datiert erst aus der Zeit um 1812, als sie bereits acht Jahre lang mit ihrem Ehemann, dem schwedisch-pommerschen Offizier Carl Gottfried von Helvig, in Stockholm gelebt hat. Die Gründe für diese Begeisterung liegen offensichtlich in Helvigs engen persönlichen Beziehungen zu den Koryphäen der schwedischen Romantik, zu Atterbom, der ihr 1816 einen Gedichtzyklus widmete, die *Amalia-Minnen*, und insbesondere zu Erik Gustaf Geijer (1783–1847), welcher sie mit den Grundgedanken der dem alten Norden huldigenden Richtung der schwedischen Romantik, dem Götizismus, vertraut gemacht haben dürfte. In der folgenden Zeit tritt sie vehement für die Verschmelzung des altnordischen mit dem altdeutschen Geist ein und wird so zur ersten Propagandistin schwedischer Literatur in Deutschland.[85] Aus diesem Grunde überredet sie nicht nur Atterbom zu seiner Deutschlandreise, sondern knüpft – was folgenschwerer sein sollte – an die literarischen Versuche ihrer Frühzeit an, um selbst als Übersetzerin tätig zu werden. Gegenstand dieser Bemühungen wird die *Frithiofs saga* des schon zu Lebzeiten als Nationaldichter gefeierten småländischen Bischofs Esaias Tegnér (1782–1846), der als erster schwedischer Dichter überhaupt zu (wenn auch vorübergehendem) Weltruhm gelangte. Das Versepos ist die freie Bearbeitung einer spätmittelalterlichen Saga gleichen Namens und gilt noch heute als das Hauptwerk des Schweden.

Mit Helvigs Übersetzung beginnt ein vollkommen neuer Abschnitt der deutsch-schwedischen Literaturbeziehungen, der allerdings auf recht kuriose Weise zustande kommt und eher extrinsisch als intrinsisch motiviert sein dürfte[86]: Vor 1822 lagen von den zeitgenössischen schwedischen Romantikern nur Atterboms *Brevet från Rom* (*Der Brief aus Rom*) in einer anonymen Übersetzung im *Gesellschafter* von 1821, Tegnérs Gedicht *Språken* (*Die Sprache*) in der Übersetzung von Karl Schöne in seinem Werk *Zeitblüthen* (Stralsund 1821) sowie ebenfalls Tegnérs Gedicht *Nattvardsbarnen* (*Die Abendmahlskinder*) in einer Übersetzung des Altonaer Rektors Gottlieb Ernst Klausen (1822) auf Deutsch vor. 1822 veröffentlichte nun Helvig einzelne Gesänge der *Frithiofs saga* unter dem Titel *Frithiof. Fragment einer nordischen Heldengeschichte*[87] im *Morgenblatt für gebildete Stände*, einer Zeitschrift, die im Folgenden zu einem der bevorzugten Vermittlungsmedien für skandinavische, insbesondere schwedische Literatur wurde. Ein Jahr später schon publizierte Helvig in derselben Zeitschrift die I. und II. Romanze der *Frithiofs saga*, und 1824 erschienen ebenfalls dort die Abschnitte XX, XXII und XXIII in der Übersetzung von Wilhelm von Souhr, einem preußischen Offizier.

Im selben Jahr machte sich auch die alte Freundschaft der »gebildeten Dilettantin« mit Goethe bezahlt, der eine weitere Romanze der *Frithiofs saga* im

85 Vgl. ihren Brief vom 10.12.1819 an Tegnér, in dem es heißt: »Es gehört zu den lebhaften Wünschen, die mir für dieses Leben bleiben: das Meinige nach den mir verliehenen Kräften beizutragen zu einer Vereinigung, welche allein es vermag, der germanischen Sprache und Litteratur eine dauernde Form zu geben.« Zitiert nach Brennecke 1975, S. 19f. Vgl. dazu auch Oberholzer 1958.

86 Vgl. dazu Brennecke 1975, S. 17f.

87 Dies entspricht den »Romanzen« XVI bis XIX der *Frithiofs saga*. Tegnér verfasste sein Epos sukzessive in der Zeit von 1820 bis 1825.

fünften Band seiner Zeitschrift *Ueber Kunst und Alterthum* abdruckte. Der deutsche Dichterfürst, der Nachwuchstalenten gegenüber mit lobenden Worten bekanntlich stets recht freigebig war, ließ sich auch in diesem Falle dazu bewegen, der Übersetzung einige freundliche Worte mit auf den Weg zu geben, in denen er dem Werk des nordischen Dichterkollegen unverbindlich liebenswürdig bescheinigt, »daß die alte, kräftige, gigantisch-barbarische Dichtart, ohne daß wir recht wissen wie es zugeht, uns auf eine neue, sinnig-zarte Weise, und doch unentstellt, höchst angenehm entgegen kommt.«[88] Vorher spricht er gar vom »geniale[n] *Tegeneer*«, eine durchaus zweifelhafte Auszeichnung, da die Schreibweise des Namen das vorangestellte Epitheton dementiert. Und im dritten Heft desselben Bandes heißt es sybillinisch:

> Die deutsche poetische Literatur hat drey schoene Geschenke erhalten, die ich der Reihe nach als groß, lieblich und würdig bezeichnen möchte. Serbische Lieder, übersetzt von Talvj, zweyter Theil Lettische Lieder, von Rhesa Frithiof, durch Amalie von Helwig aus dem Schwedischen.[89]

Eine Reihe, in der der »geniale Tegeneer« wahrhaftig einen »würdigen« Platz zugewiesen bekommen hat.

Trotz ihrer Unverbindlichkeit mögen diese Dichterworte einen neuen literarischen Markt eröffnet haben, scheinen sie doch dem Werk des Schweden jene »Verjüngung« der nordischen Mythologie zu bestätigen, die Herders *Iduna*-Aufsatz gefordert hatte; überdies autorisieren sie die verbreiteten Klischees vom Norden durch die taciteische Redeweise von der »alte[n], kräftige[n], gigantisch-barbarischen Dichtart«, die im Übrigen an Ernst Moritz Arndts ebenso taciteisches Wort von den »gigantisch tapferen« Germanen erinnert (vgl. oben).[90] In der folgenden Zeit jedenfalls florieren die Tegnér-Übersetzungen. Übertragungen anderer Gedichte des Schweden folgen, wobei sich zunächst wiederum ausschließlich literarische Dilettanten hervortun.[91] Schon 1826 – ein Jahr nach dem Original – erscheinen die vollständigen Übersetzungen der gesamten *Frithiofs saga* von Helvig und Gottlieb Mohnike (1781–1841), ein Jahr später eine weitere von Ludolph Schley, und danach geht es Schlag auf Schlag: In

88 Helvig 1824, S. 143.

89 Goethe 1824, S. 190.

90 In Wahrheit stand Goethe der Nordschwärmerei jener Zeit recht skeptisch gegenüber. Vgl. z. B. die Eckermann gegenüber geäußerte Bemerkung von 1826, also dem Jahr, da die ersten vollständigen Übersetzungen der *Frithiofs saga* auf dem Markt erschienen: »[...] ich war froh, mein nordisches Erbteil verzehrt zu haben und wandte mich zu den Tischen der Griechen.« Eckermann 1986, S. 160. Im zwölften Buch von *Dichtung und Wahrheit* legt er im Übrigen dar, worin für ihn die Beschränkungen der nordischen Mythologie bestehen. Vgl. Goethe 1985, S. 570f.

91 So z. B. der Kaufmann Ludolph Schley und der schwedische und norwegische Vizekonsul in Königsberg, Olof Berg.

den kommenden zwanzig Jahren wird das populäre Werk des Schweden nicht weniger als einundzwanzigmal übertragen. Dass dieser inzwischen selbst kanonisch geworden ist, zeigt seine Aufnahme in die *Miniaturbibliothek der ausländischen Classiker* (1840), in der er natürlich mit der *Frithiofs saga* vertreten ist.[92] Diese Dichte an Neuübersetzungen sowie die notwendigerweise damit einhergehende erhebliche Konkurrenz der Übersetzer untereinander machen deutlich, wie stark die Nachfrage nach dem Hauptwerk Tegnérs auf dem deutschen Buchmarkt gewesen sein muss. Im Übrigen ist es Mohnike (und nicht etwa Helvig, welche die eigentliche Vermittlerin gewesen war), dessen *Frithiofs Sage* den Sieg über ihre Mitstreiter davontrug[93]; sie erlebte bis 1869 zehn verschiedene, zum Teil nochmals stark überarbeitete Auflagen.

Der Erfolg der *Frithiofs saga* zieht die übrigen Werke ihres Autors mit auf den deutschen Markt – darunter auch solche, die mit dem alten Norden nichts mehr zu tun haben. In den folgenden Jahren wird jedenfalls der größte Teil von Tegnérs poetischen Schriften dem deutschen Publikum durch Übersetzungen zugänglich gemacht. In den Jahren 1835 und 1837 erscheinen die beiden Bände der ersten Auswahlübersetzung Tegnérs, die von Ernst Theodor Meyerhoff übersetzten und besorgten *Poetischen Werke*, 1840 zieht Mohnike mit drei Bänden *Sämtliche Gedichte* nach, und danach erscheint bis zum Ende des Jahrhunderts ungefähr jedes Jahrzehnt mindestens eine neue Werkausgabe des skandinavischen »Classikers«.

Doch der Erfolg der *Frithiofs saga* reißt nicht nur die übrigen Werke ihres eigenen Verfassers mit, sondern ebenso diejenigen anderer schwedischer Autoren, an erster Stelle der romantischen Zeitgenossen. Dabei erscheinen die Übersetzungen zunächst in diversen literarischen Zeitschriften, später sowohl im Rahmen von Einzel- oder Teilausgaben als auch in bilateralen Anthologien. Besonders die *Blätter für literarische Unterhaltung* veröffentlichen noch in den späten zwanziger Jahren eine ganze Reihe von Texten schwedischer Dichter wie etwa Geijer, Atterbom oder Erik Johan Stagnelius (1793–1823). Eine der frühesten Teilausgaben besteht aus den 1829 von Mohnike übersetzten und herausgegebenen *Runen* Karl August Nicanders (1799–1839); sie umfasst nur 36 Seiten und wurde aus verschiedenen Gedichtsammlungen des Autors kompiliert. Bei den bilateralen Anthologien sind zu nennen die von Mohnike herausgegebenen *Nordischen Dithyramben* von 1830, Mohnikes und Schutts Sammlung *Skandinavisches* aus dem Jahre 1832 mit *Reden, Schilderungen und Gedichten* ausschließlich romantischer Dichter sowie die *Sämtlichen poetischen Werke* Karl

92 In der Übersetzung A. E. Wollheims, Hamburg/Leipzig 1840.

93 So wird Mohnike 1833 in einer Rezension der *Hallischen Allgemeinen Literatur-Zeitung* als »derjenige« bezeichnet, »dem wir […] die beste Uebersetzung des Tegnér'schen Gedichtes [sc: *Frithiofs saga*] verdanken.« Zitiert nach Brennecke 1975, S. 89. Zu den Gründen der Bevorzugung Mohnikes vgl. ausführlich ebd., S. 84ff.

Lappes (1836 und 1840), die verschiedene Übersetzungen schwedischer Autoren enthalten. Eine massenhafte Übersetzung schwedischer Texte findet in den ersten fünfzehn Jahren nach der Erstübersetzung der *Frithiofs saga* allerdings noch nicht statt; sie setzt erst ab den vierziger Jahren des vorigen Jahrhunderts ein und steht dann ganz im Zeichen des inzwischen dominierenden bürgerlichen Realismus.

Fragt man nach den Gründen für diesen Erfolg der *Frithiofs saga*, so bieten sich vier einander ergänzende Erklärungen an. Da ist zum einen das virtuos gereimte Bild des alten Nordens, das ein durch die Literaturgeschichte der jüngsten Vergangenheit aufnahmebereit gemachtes deutsches Publikum vorfindet: Dem durch die Vorstellungen Herders und der deutschen Romantiker bestimmten Erwartungshorizont konnte der literarhistorische Nachzügler aus Schweden mit seiner Neubearbeitung eines altnordischen Stoffes entsprechen, der zudem noch in gewisser Weise ossianisch getönt, also den Deutschen doppelt vertraut war.[94] Tegnér erntete also, was seit Gerstenberg, insbesondere aber seit Herder gesät worden war.

Dazu mag zweitens in vermutlich nicht unwesentlichem Maße beigetragen haben, dass Tegnér als literarischer Repräsentant des bis dahin nahezu unbekannten und daher wohl ›nordischer‹ als das vertraute Dänemark anmutenden Schweden besser als jeder der früheren deutschen Bearbeiter altnordischer Stoffe geeignet war, dem Bild vom alten Norden Autorität und scheinbare Authentizität zu verleihen. Mit der *Frithiofs saga* kehrt die Projektion vom Norden als Heimstätte des Alten, Kräftigen, Gigantisch-Barbarischen in der Tat scheinbar »unentstellt« aus der Fremde zurück und beglaubigt sich selbst. Hier profitiert Tegnér in ähnlicher Weise vom Reiz und von der Verfügbarkeit des Fremden wie einige Zeit nach ihm in anderer Hinsicht Bjørnstjerne Bjørnson.

Drittens war Tegnérs Dichtung schon von dem Geist beeinflusst, der in den folgenden Jahren das literarische Leben der Zeitschriften und Salons in Deutschland prägen sollte: dem des Biedermeier. So paradox es zunächst klingen mag: Das Werk des schwedischen Romantikers passt gut ins literarische Klima der nachromantischen Zeit in Deutschland. In dieser Hinsicht kommen Tegnér also sowohl die Phasenverschiebung als auch inhaltlich-thematische Differenzen zwischen deutscher und schwedischer Romantik zugute.

Viertens und letztens jedoch wird Tegnér auch Nutznießer der erwähnten Projektion, die Skandinavien zum Ort des Ursprungs und der Ursprünglichkeit machte. Schon am 23. Oktober 1828 nämlich urteilte der Rezensent der *Blätter für literarische Unterhaltung* über die *Frithiofs saga*, diese zeichne sich durch »wohltuende Ruhe« und den »Glanz des nordischen Himmels« aus, und vier Jahre später stellte dasselbe Blatt fest, der Stil Tegnérs sei »durchsichtig, klar,

94 Vgl. dazu Böök 1916.

frisch wie Quellwasser.« Obwohl nicht alle Kritiker diese Meinung teilten, zeichnet sich hier doch eine Bewertung ab, die den Werken des Schweden die positiv konnotierten Attribute der ›nordischen‹ Landschaft zuspricht: ›Ruhe‹, ›Weite‹, ›Klarheit‹, ›Frische‹ und ›Reinheit‹, Merkmale einer unverdorbenen, unverbrauchten und daher noch ursprünglichen Welt.

Diese Projektion von Skandinavien als einem Ort des Ursprungs sollte in den nächsten Jahrzehnten als Maßstab, an dem sich die schwedische, wenn nicht gar die skandinavische Literatur insgesamt zu messen hatte, wesentlich bestimmender werden, als es die anderen hier angeführten Gründe für den Erfolg des schwedischen Meisters waren. Obwohl also das von Herder geprägte und in der Romantik zu Allgemeingut gewordene Bild vom alten Norden als der ideellen Urheimat aller »teutonischen Stämme« wesentlich zum Durchbruch der schwedischen Literatur in Deutschland beigetragen hat, ist es für deren weitere Wirkung und Rezeption im bürgerlichen Realismus nicht mehr in gleicher Weise maßgeblich. Tegnérs Hauptwerk kommt daher die Funktion eines *Katalysators* für den Rezeptionsprozess zu, der gerade aufgrund der Tatsache, dass er aus zwar unterschiedlichen, aber durchaus miteinander verträglichen Gründen den Erwartungen zweier verschiedener Epochen entspricht, eine neue Phase der deutsch-schwedischen Literaturbeziehungen ermöglicht.

5. Nach dem Durchbruch: Die skandinavischen Literaturen im bürgerlichen Realismus

Im Vergleich der skandinavischen Literaturen in Deutschland untereinander scheint sich im Anschluss an die *Frithiofs saga* die Gunst des Publikums zeitweise stärker der schwedischen als der dänischen Literatur zuzuneigen, obwohl nach wie vor mehr dänische als schwedische Werke ins Deutsche übersetzt werden. Dies lässt sich an den ausländischer Literatur gewidmeten Zeitschriften ablesen: Druckten diese zuvor fast ausschließlich poetische Beiträge aus Dänemark, wobei insbesondere die beiden ›deutschen‹ Dänen Baggesen und Oehlenschläger ausführlich zu Wort kamen, so ändert sich dies fast unmittelbar, nachdem die vollständige deutsche Übersetzung der *Frithiofs saga* erschienen ist. Die *Blätter für literarische Unterhaltung* etwa konstatieren am 20. August 1828 ganz allgemein ein wachsendes Interesse der Deutschen an schwedischer Literatur, das sich unter anderem in zahlreichen Übersetzungen niederschlage. Schweden, so dieselbe Zeitschrift einen Monat später, sei »ein hochpoetisches, romantisches Land« (30. September 1828), das seinen »besten und berühmtesten Dichter« in Tegnér besitze. Umfangreiche Berichte über die schwedische Literatur, die das deutsche Publikum mit deren gesamter Entwicklung ebenso wie mit den neuesten Tendenzen vertraut machen möchten, finden sich nun in regelmäßigen Abständen.[95] Dabei werden die Werke der schwedischen Autoren in der Regel recht positiv besprochen, während ihre dänischen Kollegen nicht selten Verrisse ernten. So etwa Fredrik Paludan-Müller (1809–1876), dessen Erzählung *Dandserinden* (*Die Tänzerin*) unter der Rubrik *Übersicht der neuesten Erzeugnisse der deutschen poetischen Literatur* (!) vom Rezensenten als langweilig und als »ärmlicher Stoff« abgetan wird (12. Mai 1836), oder auch Oehlenschläger, der dem Kritiker in einer Besprechung der 1835 veröffentlichten *Dramatischen Dichtungen* nur noch als »Ruine seiner selbst« erscheint und dessen Werke dabei mit Epitheta wie »häßlich, geschmacklos«, »kindisch, lächerlich« oder gar »widerlich« bedacht werden (26. August 1836).

Diese letzte Kritik steht bereits im Zeichen eines sich immer stärker Geltung verschaffenden bürgerlichen Realismus, der in den Werken der dänischen Romantiker nur noch den Abglanz verblichener Zeiten erblicken kann und stattdessen eher auf die Romane der drei schwedischen Autorinnen Sophie von Knorring (1797–1848), Fredrika Bremer (1802–1866) und Emilie Flygare-Carlén (1807–1892) setzt. Diese erscheinen seit Ende der dreißiger Jahre und werden zumeist wohlwollend besprochen; das zeitgenössische Gesamtwerk Flygare-Carléns wird bereits 1845–1848 ins Deutsche übersetzt. Der dänische Roman *Familienleben in Kopenhagen* hingegen schneidet für den Rezensenten der *Blätter für literarische Unterhaltung* im Vergleich mit »sonstigen skandinavischen Romanen« schlecht ab (13. September 1840). Dass mit den »sonstigen skandinavischen Romanen« wohl vorwiegend schwedische gemeint sein dürften, geht aus der Wertschätzung hervor, die der Kritiker gerade der schwedischen Literatur entgegenbringt; er sieht die Gefahr, dass die dänische Sprache »zu einem bloßen Volksdialekt« herabsinke und so den Ruhm einbüßen müsse, den sie durch Holberg, Ewald, Rahbeck, Oehlenschläger und Baggesen für kurze Zeit erlangt habe. Hier haben wir es also mit einer Bekräftigung des schon vertrauten Vorurteils zu tun, die dänische Literatur sei nichts weiter als eine Spielart der deutschen. Dieses Vorurteil wird im Übrigen durch häufige Verweise auf die ja auch faktisch vorhandene Abhängigkeit der dänischen Literatur von der deutschen kräftig genährt.[96]

95 Wie ausführlich die Berichterstattung dabei ausfällt, erkennt man schon an der Kürze des jeweiligen Berichtzeitraums: Am 9. Januar 1832 erscheint ein »Überblick über die wichtigsten Ereignisse in der schwedischen Literatur seit Anfang des Jahres 1829 bis Juli 1831« und schon am 15. Mai desselben Jahres gar ein »Überblick der wichtigsten Ereignisse in der schwedischen Literatur während des Halbjahres Juli bis Dezember 1831«!

96 Vgl. z. B. die Rezension von Oehlenschlägers gesammelten Schriften im *Literarischen Anzeiger* 42 (1832), einer Beilage zu den *Blättern für literarische Unterhaltung*, die Rezension von *Baggesen's poetischen Werken in deutscher Sprache* in den *Blättern* vom 17. November 1836 oder eine »Mitteilung« im zweiten Band der 1844 in Leipzig zum ersten Mal erschienenen *Deutschen Monatsschrift für Litteratur und öffentliches Leben*, in der der Kritiker die

Obwohl die Literatur Dänemarks von der Kritik also keineswegs übergangen wird, scheint ihr Kurs in dieser Zeit gegenüber der schwedischen doch allmählich so sehr gesunken zu sein, dass sich ihre verbliebenen Freunde zu einer allgemeinen Apologie aufgerufen fühlen. So klagt etwa der deutsche Literaturkritiker Eduard Boas 1845 in einer Bestandsaufnahme über das mangelnde Ansehen der dänischen Literatur:

> Früher, als Jens Baggesen sich so in die deutsche Poesie stürzte, dass er darüber fast seine Muttersprache vergaß; als Friederika Brun, gleich einer ehemaligen Brieftaube, herüber und hinüber flatterte; als Oehlenschläger, ein poetischer Dualist, für Dänen und für Deutsche dichtete, da knüpfte ein festes Band die Literaturen beider Völkerschaften aneinander. Längst ist das Band morsch geworden, und wir wissen wenig mehr vom dänischen Schriftenthum in Deutschland. Nur aus irgend einer einsamen Literaturzeitung klingt hin und wieder ein lobendes Wort, einer Stimme in der Wüste vergleichbar. Zwar können wir genügende Auskunft geben über russische, indische, persische und samojedische Poesie, aber der Reichthum unsrer Stammverwandten wurde uns fremd. Bringen auch die Uebersetzer mitunter ein einzelnes Stück, so ist ihre Einsicht doch keineswegs ausreichend, um die wichtigsten, bezeichnendsten Leistungen zu wählen, und uns dadurch einen vollen Ueberblick des Fortschritts zu verschaffen.[97]

Bezeichnend an dieser Klage, die im Übrigen auffallende Ähnlichkeit mit dem weiter oben zitierten Lamento Atterboms über die Unbekanntheit der schwedischen Literatur zu Beginn des Jahrhunderts aufweist, ist der Grund, den Boas hier für die Notwendigkeit einer Beschäftigung mit dänischer Literatur anführt: Diese, so schwärmt er, »ist ein duftiger Rosenzweig, der auf den starken Eichenstamm deutscher Dichtkunst gepropft ward, und der nun Blüthen von ganz eigenthümlicher Farbe und Frische trägt.«[98] Mit anderen Worten: Da die dänische Literatur lediglich einen Teil der deutschen darstellt, ist auch die Beschäftigung mit ihr im Grunde der Beschäftigung mit der deutschen gleichwertig. Diese herablassend-imperiale Perspektive ergänzt Boas zum Abschluss seines Überblicks über »Die dänische Poesie der Gegenwart« durch einen weiteren Aspekt, wenn es heißt: »Wir sind es den Dänen schuldig, uns ihre Literatur zugängig zu machen, denn kein Volk hat reiner und feuriger als sie Deutschlands Poesie in sich aufgenommen.«[99] So als wäre es ein Gefallen gewesen, den die Dänen den Deutschen erwiesen, als sie deutschen Geist »feurig« in ihre Kultur eindringen ließen und damit ihren Beitrag zur Verbreitung des Deutschtums

---

Deutschen und Westeuropäer ausdrücklich als im Vergleich zu den Skandinaviern »auf einer höheren Kulturstufe stehende Völker« bezeichnet (S. 184f.).

97 Boas 1845, S. 282.

98 Ebd., S. 283.

99 Ebd., S. 330.

über alle Grenzen hinweg leisteten, steht die deutsche Nation in einer Dankesschuld dem nördlichen Nachbarn gegenüber, die es gönnerhaft abzutragen gilt.

In diesen Ausführungen wird, neben dem schon früher festgestellten deutschen Überlegenheitsgefühl der dänischen Literatur und Kultur gegenüber, erneut eine diffuse Bedrohung spürbar, die wiederum der bereits erwähnten Konkurrenzsituation zwischen den Völkern zuzuschreiben ist. Doch inzwischen sind entscheidende Veränderungen in der deutschen Sichtweise dieser Situation eingetreten. So hat sich zum einen Frankreich als mächtigster und nicht nur literarischer Gegenspieler Deutschlands im öffentlichen Bewusstsein etabliert, dessen Ansprüchen es mit aller Macht zu wehren gilt. Zum anderen jedoch wird seit Herder der Gang nicht allein der Literatur-, sondern auch der allgemeinen Geschichte implizit mit der Entwicklung einer Person verglichen, deren Ziel darin besteht, sich von fremden Einflüssen zu befreien und zu sich selbst zu kommen. Dieser Entwicklungsgedanke wird schließlich bei Gervinus zur Grundlage der gesamten Geschichtsschreibung und artikuliert sich prägnant in der bekannten Formulierung: »eine Volksgeschichte zu schreiben nach geschichtlichen Ideen heißt einen Nationalcharakter in seiner Entfaltung schildern.«[100] Mit dieser Maxime steht aber zugleich ein Kriterium zur Verfügung, das es ermöglicht, den Entwicklungsstand einer Nationalliteratur gleichsam objektiv zu beurteilen: das Maß ihrer inzwischen erlangten Unabhängigkeit von fremden Einflüssen. Da für die deutsche Literatur und ihre »Stammverwandten« diese fremden Einflüsse insbesondere von Frankreich ausgehen, bemisst sich ihr Fortschritt an der erreichten Unabhängigkeit von diesen.

Dieser Gedanke tritt auch bei Boas deutlich zutage, wenn er Oehlenschlägers historisches Verdienst für die dänische Literaturgeschichte in dessen Überwindung des französischen Klassizismus sieht und dem dänischen Publikum unterstellt, diese Überwindung wie eine nationale Befreiung gefeiert zu haben: »Sie jauchzten, als der Zopf gefallen war, und sie statt des französischen Puderstaubs nun freie deutsche Bergluft athmeten.«[101] Der »französische Puderstaub«, so wird hier deutlich, ist deshalb schädlich, weil er die Entwicklung der dänischen Literatur zu sich selbst hin behindert. Denselben Prozess glaubt er indes nicht nur bei den Dänen, sondern ebenso bei den anderen skandinavischen Völkern nachzeichnen zu können. So heißt es etwa über »Schwedische Sprache und Poesie«: »Ueber Frankreich war das Verständnis des classischen Alterthums nach Skandinavien gelangt, und deshalb mußten die nordischen Dichtungen ein fremdes, französirendes Moment in sich aufnehmen.«[102] Aus dieser Perspektive heraus muss er denn auch Bellman für den ersten eigentlichen schwedischen

100 Gervinus 1962, S. 93.
101 Boas 1845, S. 283f.
102 Ebd., S. 81.

Dichter halten, »denn seine treuen Lebensbilder wirkten wie Moschus auf die verdumpfte Literatur, sie schlug das Auge auf und schaute zum ersten Male hell in die Welt hinaus«[103]: Die Befreiung von den fremden Einflüssen ist wie eine Geburt.

Bei der Einschätzung der Entwicklung von dänischer und schwedischer Literatur werden also Unterschiede sichtbar: Während die Dänen in Deutschland ihren Geburtshelfer besaßen, schafften die Schweden die Befreiung aus eigenen Stücken. Hier nun liegt möglicherweise einer der Gründe für die zeitweilige leichte Bevorzugung der schwedischen Literatur in der zeitgenössischen deutschen Kritik. Wir erinnern uns: »Immer hat den Inselbewohnern die physische Gewalt der Normänner und Schweden gefehlt«, hatte schon Ernst Moritz Arndt bedauernd über die Dänen feststellen müssen (vgl. oben, S. 208). Hinter Boas' Urteil verbirgt sich offensichtlich das gleiche Klischee, dass nämlich die Schweden aufgrund ihrer »alte[n], kräftige[n], gigantisch-barbarische[n] Dichtart«, die Goethe seinerzeit am »genialen Tegeneer« gerühmt hatte, dem alten Norden näherstünden als die eher europäisch-zivilisierten Dänen; bei ersteren habe sich mehr vom Ursprung der germanischen Stammverwandtschaft bewahrt als bei den ohnehin mit den Deutschen verwandten Dänen. Diese Auffassung hat selbst noch in Johannes Sehens 1868 in dritter Auflage erschienener *Allgemeinen Geschichte der Literatur* ihre Spuren hinterlassen, wenn dort der schwedischen Sprache ohne jegliche sachliche Berechtigung bescheinigt wird, sich »unabhängiger von fremden Einflüssen als die dänische aus dem altnordischen Idiom entwickelt« zu haben und, wohl deshalb, »zugleich kraftvoll und wohllautend« zu tönen.[104] Die dänische Dichtung ist zwar der »duftige Rosenzweig«, dafür aber fehlt ihr der »kräftige und strebsame Charakter«, den die neuere schwedische Literatur wieder aufweise, wie es in der bereits erwähnten Besprechung in den *Blättern für literarische Unterhaltung* vom 13. September 1840 heißt (siehe oben, S. 217). Die dänische Literatur gilt eher als lieblich und verspielt: Hans Christian Andersens *Billedbog uden Billeder* (*Bilderbuch ohne Bilder*), eine Sammlung von Prosagedichten, ist dem Kritiker der *Deutschen Monatsschrift* aus dem Jahre 1845 bezeichnenderweise »ein allerliebstes Bilderbüchlein« (S. 113). Aus dieser Perspektive heraus kann die Abhängigkeit der dänischen Literatur von der deutschen, ja ihr Aufgehen in der deutschen (wie schon bei Arndt) nichts anderes sein als ein weiteres Indiz für den Verlust jener kräftigen, gigantisch-barbarischen Wesensart, welche die schwedische Literatur noch auszeichnet: ein Indiz für den Verlust des Ursprungs.

Allerdings kann in kulturpolitischen Zusammenhängen auch ganz Skandinavien in die Rolle eines Statthalters altehrwürdiger, gemeingermanischer

103 Ebd., S. 83.
104 Vgl. Scherr 1869, S. 346.

Wertvorstellungen treten, wenn es nämlich darum geht, vor der eigenen Tür zu kehren. Dann wird auf eine Differenzierung zwischen dänischer und schwedischer Literatur verzichtet, wie sie sonst üblich ist. So möchte etwa der Rezensent der *Blätter für literarische Unterhaltung* am 27. Juli 1840 anlässlich seiner *Dramatischen Bücherschau für das Jahr 1839* den skandinavischen Literaturen eine Vorbildfunktion für die seiner Meinung nach »französelnde« deutsche Dichtung zuschreiben, da sich allein in der Kunst Skandinaviens »Einfachheit und Adel der Gesinnung« sowie »nationelle [...] Derbheit und Kraft« erhalten hätten. Hier ist ganz Skandinavien der Ort des Ursprungs, der dem von fremden Einflüssen geplagten Deutschland als positives Beispiel entgegengehalten wird. Eine solche Eingliederung Dänemarks in ein Skandinavien voller »nationeller Derbheit und Kraft« bleibt ansonsten aber eine Seltenheit; das Land erscheint aus den genannten Gründen als Projektionsfläche für deutsche Ursprungsvorstellungen eher ungeeignet.

Es wäre indes voreilig, wollte man aus der Verbreitung dieser Imagines und der mit ihnen zusammenhängenden leichten Abwertung der dänischen Literatur Rückschlüsse auf das Rezeptionsverhalten des deutschen Publikums und der Kritik ziehen; vielmehr scheinen diese Vorstellungen nur in beschränktem Maße rezeptionssteuernde Wirkung gehabt zu haben. Wenn man die Übersetzungen als Maßstab nimmt, vermochten sie das Interesse der Leserschaft an dänischer Literatur kaum zu schmälern. Es wurde eingangs bereits erwähnt, dass die Anzahl der aus dem Dänischen übersetzten Titel die der schwedischen auch nach dem Erfolg der *Frithiofs saga* noch um ein Vielfaches übertrifft; die Klage von Boas über die Unbekanntheit der dänischen Literatur dürfte folglich übertrieben sein. Die genannten Imagines scheinen daher als Bewertungskriterien der skandinavischen Literaturen neben und zum Teil sogar durchaus unabhängig von *literarischen* Gesichtspunkten zu existieren, wobei letztere das Klischee vom Norden als Ort des Ursprungs vorübergehend in den Hintergrund drängen. In den vierziger Jahren jedenfalls erleben sowohl die schwedische als auch die dänische Literatur einen neuerlichen und bis dahin ungekannten Aufschwung im Zeichen des Realismus. Allein von der *Frithiofs saga* erscheinen zwischen 1840 und 1846 sieben verschiedene Übersetzungen, die diversen verbesserten und Neuauflagen nicht mitgezählt. Bemerkenswerterweise kommen fast gleichzeitig auch Teilausgaben von Zeitgenossen mit noch frischem Ruhm auf den Markt, wie etwa 1844 Carl Wilhelm Böttiger (1807–1878), 1841 Bernhard von Beskow (1796–1868), der im Übrigen von keinem Geringeren als Oehlenschläger verdeutscht wird, oder 1845–1847 Magnus Crusenstolpe, um nur einige zu nennen. Dänemark kann natürlich Andersen ins Rennen schicken, dessen Gesamtwerk ebenfalls in den vierziger Jahren nahezu vollständig übersetzt wird. Dänische und schwedische Realisten werden gemeinsam kurze Zeit nach Veröffentlichung im Heimatland auch dem deutschen Publikum zur Kenntnis gebracht, wobei insbesondere, den literarischen Präferenzen des Realismus entsprechend, Prosawerke hoch im Kurs stehen. Als Beispiele seien hier nur die Schweden Carl Jonas Love Almqvist (1793–1866) und August Blanche (1811–1868) sowie der Däne Steen Steensen Blicher (1782–1848) genannt, deren Werke in Einzelausgaben erscheinen.

Der aufkommende Realismus führt im Übrigen zu einer allmählichen Neubewertung auch ehemaliger spätromantischer Säulenheiliger wie Esaias Tegnér, dessen Werke inzwischen als nicht mehr zeitgemäß empfunden werden. So bemerkt der Rezensent der *Sämmtlichen Gedichte von Esaias Tegnér* am 9. Dezember 1840 in den *Blättern für literarische Unterhaltung* in den Werken des Schweden einen zu deutlich erhobenen moralischen Zeigefinger und einen »trostlos nüchternen Ernst«, der vom französischen Klassiszismus beeinflusst sei. Und der Kritiker der *Deutschen Monatsschrift* stellt 1845 bündig fest, Tegnér sei zwar der einzige schwedische Lyriker, der auch in Deutschland bekannt geworden sei, doch »die Zeit, in der man seinen Werth zu hoch schätzte«, sei inzwischen vorüber. Zudem seien viele schwedische Autoren nur »mittelmäßige« Dichter, wie etwa Nicander (S. 23).

Doch diese rein literarische, von den sich herausbildenden neuen ästhetischen Normen und Vorstellungen des Realismus geprägte Kritik, die nun auch die schwedische Literatur trifft, ist keineswegs dazu geeignet, das Bild vom Norden als Urheimat ursprünglich kraftvoll-derben Germanentums auszulöschen. Im Gegenteil. Ende der fünfziger und während der sechziger Jahre erlebt es eine regelrechte Renaissance im Zusammenhang mit der Entdeckung einer neuen skandinavischen Literatur, der norwegischen.

Um 1860 nämlich erscheinen die ersten Übersetzungen von Bjørnstjerne Bjørnsons (1832–1910) Bauernerzählungen, die von der deutschen Kritik »respektvoll und zustimmend aufgenommen« werden.[105] Der Grund für diese positive Aufnahme dürfte, wie Walter Baumgartner gezeigt hat, darin liegen, dass die Erzählungen voll und ganz den Forderungen des (deutschen) poetischen Realismus nach einer zugleich wahren und verklärenden Darstellung volkstümlichen Lebens im Geiste von Berthold Auerbachs *Dorfgeschichten* entsprechen.[106] Diese Forderungen können in Deutschland selbst nicht mehr eingelöst werden, da man hier bereits die Unmöglichkeit einer solchen ›wahren‹ Schilderung aus dem Volksleben durch einen schon aufgrund seiner Bildung dem Bauerntum entrückten Verfasser wie Auerbach einzusehen und zu kritisieren begonnen hatte. Bjørnsons norwegische Bauernerzählungen hingegen spielen vor einem fremden Hintergrund, dessen Realitätsnähe das deutsche Publikum weder nachprüfen kann noch will, zumal der Autor, selbst von bäuerlicher

---

105 Baumgartner 1979, S. 22.
106 Vgl. dazu ausführlich ebd., S. 23–46.

Herkunft, der Garant ihres Wahrheitsgehaltes zu sein scheint. Hierbei handelt es sich erneut um eine idealisierende Projektion, welche die Bedingungen für einen ›wahren‹ Realismus, die in Deutschland nicht angetroffen werden können, auf ein fremdes Land überträgt.

Doch der landeskundliche Hintergrund der norwegischen Bergwelt ist nicht nur fremd, er ist auch vertraut, kann doch hier das Klischee von Skandinavien als Ort des Ursprungs reaktualisiert werden. So ist es eine geläufige Praxis der Rezensenten, die uns schon vertraute kräftige, gigantisch-barbarische Dichtart mit dem Bild der ebenso »frischen und kräftigen« Natur zu vermengen, eine Übertragung, die schon bei Tegnérs *Frithiofs saga* begegnet war. In der Rezension im *Magazin für die Literatur des Auslandes* vom 6. Februar 1861 beispielsweise werden die beiden Norweger Andreas Munch (1811–1884) und Bjørnson dem deutschen Publikum als »naturwüchsige« Dichter präsentiert, wie es sie im eigenen Lande nicht gebe; allerdings sei Munch weniger »naturwüchsig« als der »echte, nordische Volksdichter« Bjørnson. Anfang der sechziger Jahre vermag der zu seiner Zeit als nationale Größe anerkannte Munch offensichtlich noch von der neugewonnenen Popularität seines Kollegen und Landsmannes zu profitieren, bescheinigt ihm doch dieselbe Zeitschrift am 13. August 1862 in einer Rezension des Romans *Pigen fra Norge* (»Das Mädchen von Norwegen«), er behandele einen interessanten Stoff mit einer »Frische und Lebendigkeit«, zu der außer ihm nur noch Bjørnson fähig sei. Auch gegen Ende des Jahrzehnts stellt das Magazin die Vorbildfunktion Bjørnsons heraus und betont insbesondere die »Kraft des Ausdrucks« sowie erneut den »urwüchsigen Inhalt« seiner Bauernerzählungen. Von Munch ist inzwischen schon nicht mehr die Rede (5. September 1868). Wie bereitwillig die norwegische Bergwelt als Sinnbild nordseliger Ursprünglichkeit angenommen wird, erhellt aus der Begeisterung, mit der der Rezensent die Figuren Bjørnsons als »Naturmenschen«, »Kindermenschen«, ja sogar »Paradiesmenschen« preist. Es ist daher nicht verwunderlich, dass dieses Klischee auch noch in die dritte Auflage von Scherrs Literaturgeschichte Eingang findet, in der Bjørnson erstmals erwähnt wird: »Die wilde Größe der Natur seines Heimatlandes«, so heißt es dort,

> lebt in Björnsons Dichtungen, unter welchen die tragische Trilogie ›König Sigurd‹ [...] als so recht aus altnordischem Geiste heraus geschaffen imponirt, während die ›Bauernnovellen‹ [...] so frisch und kräftig aus dem neuzeitlichen Volksleben springen wie die Bergströme Norwegens aus ihren Gletscherwiegen.[107]

Allerdings setzen nicht alle Rezensionen auf derart naturnahe Vergleiche, auch wenn der Ursprungsmythos bei den Besprechungen immer wieder durchscheint. Die *Blätter für literarische Unterhaltung* etwa stellen am 14. März 1861

107 Scherr 1869, S. 345.

anhand von Andreas Munchs Roman *Sorg og Trøst* (*Leid und Trost*) die typischen Merkmale der skandinavischen Literatur fest: eine »schlichte Treue und Wahrheit der Darstellung« sowie eine »gesunde Einfachheit der Empfindung.«[108]

»Naturwüchsigkeit«, »Frische und Kraft«, »wilde Größe« und »gesunde Einfachheit« – das sind die Kategorien, in denen der Mythos der Ursprünglichkeit in der zweiten Hälfte des 19. Jahrhunderts gedacht wird. Wir sehen, dass die Verwandlungen, die er seit der Romantik durchgemacht hat, nicht groß sind, wenn auch die Kulissen gewechselt haben. Allemal steht bei der Entdeckung der zeitgenössischen, nicht-dänischen, aber doch ›germanischen‹ Literaturen Skandinaviens in Deutschland (die neuisländische sollte erst gegen Ende des Jahrhunderts aktuell werden) jeweils die Vorstellung vom Ort des Ursprungs Pate. Die Unterschiede hinsichtlich der schwedischen Literatur einerseits und der norwegischen andererseits haben lediglich damit zu tun, dass bei ersterer noch die nordische Mythologie als Geburtshelfer anwesend war, bei letzterer nicht mehr. Die norwegische Literatur profitiert vielmehr ausschließlich von der bereits bei Arndt vorkommenden Übertragung mythischer Eigenschaften auf landeskundliche Gegebenheiten. Diese sollte indes folgenreich sein, denn damit erhält in Zukunft Norwegen das Alleinvertretungsrecht der germanischen Ursprünglichkeit und drängt Schweden in dieser Rolle allmählich in den Hintergrund.

6. Zusammenfassung

Wir hatten zu Anfang unter anderem danach gefragt, welche Funktion das Bild von der jeweiligen skandinavischen Literatur für die Konstitution des deutschen Selbstverständnisses und der deutschen Selbstwahrnehmung gehabt hat. Will man diese Frage für den Zeitraum vom 17. bis Ende der sechziger Jahre des 19. Jahrhunderts in Kürze beantworten, so ergibt sich folgendes Bild: Im 17. und auch noch in der ersten Hälfte des 18. Jahrhunderts befindet sich Deutschland in einem sich langsam verschärfenden Konkurrenzverhältnis zu anderen Literaturen, zunächst den antiken, dann den zeitgenössischen, bei dem es um eine erst defensive, später immer offensivere Apologie der deutschen Sprache und Literatur geht. Die deutsche Literatur will ihre »Vortrefflichkeit« beweisen. In diesem Konkurrenzverhältnis sind die skandinavischen Länder, die fast ausschließlich durch Dänemark repräsentiert werden, ›Handelnde‹ in wechselnden Konstellationen, wobei die Frontlinie durch den Nutzen bestimmt wird, den diese Länder

108 Diese Kritik zeigt auch die negativen Seiten des gängigen Skandinavienklischees, etwa wenn dem Werk vorgeworfen wird, es sei »arm an Ideen und Anschauungen«, besitze eine »matte, bläßliche Farbe« und sei »weltabgelegen«.

für die apologetische Beweisführung haben. Lassen sie sich zur Bestätigung der Vortrefflichkeit heranziehen, werden sie positiv, negieren sie diese jedoch, werden sie negativ bewertet. So entstehen Pakte, die zunehmend auch durch Verwandtschaftsbeziehungen der Völker definiert werden. Nicht zuletzt diese Verwandtschaftsbeziehungen sind dafür verantwortlich, dass die skandinavischen Literaturen im Laufe der Zeit weithin positiv bewertet werden.

In dem Maße, wie Deutschland an National- und Selbstbewusstsein gewinnt, verlagert sich die Konkurrenz auf einige wenige andere Völker, unter denen Frankreich als der spätere Erbfeind negativ herausragt, und stabilisiert sich zugleich. Dänemark erscheint gegen Ende des 18. Jahrhunderts aus deutscher Sicht seiner kulturellen, insbesondere literarischen nationalen Eigenständigkeit beraubt, als nichts weiter als ein Teil des kulturellen deutschen Hoheitsgebietes. Die wichtigsten dänischen Dichter werden als Deutsche wahrgenommen und bemühen sich zum Teil auch aktiv um die Einordnung in das deutsche Geistesleben.

Gegen Ende des 18. Jahrhunderts wird das Konkurrenzverhältnis zwischen den Völkern durch das auf Herder zurückgehende Konzept der Nation als des eigentlichen Subjekts der Geschichte subtilisiert. Die Geschichte der Völker erscheint jetzt vorwiegend als Entwicklung der Nation zu sich selbst, als Prozess der eigenen Identitätsfindung, der die Eigentümlichkeit der jeweiligen Nation rein und unverfälscht von fremden Einflüssen zur Geltung bringt. Diese Eigentümlichkeiten grenzen die einzelnen Nationen gegeneinander ab (wobei zunächst noch – bei Herder – alle als einander durchaus gleichwertig aufgefasst werden). Ausgehend von der Forderung Herders, die altnordische Mythologie als fehlende Urgeschichte der Deutschen zu etablieren, erfolgten in der deutschen Romantik die Aneignung des alten Skandinavien als ideellen Ursprungs der deutschen (und germanischen) Identität und damit zugleich die Idealisierung des als Projektionsfläche dienenden Nordens, wo gewisse eigene Defizite aufgehoben erscheinen. Die Verwandtschaft zum Norden, die vorher (etwa bei Gottsched) lediglich akzidentell zur Etablierung des Vorbildes Holberg als ›einer von uns‹ funktionalisiert worden war, erhält so bei Herder einen substantiellen Stellenwert für die deutsche Selbstfindung.

Als Folge von Herders zweiter Forderung – der nach dichterischer Aneignung der altnordischen Mythologie, d.h. nach poetischer Bearbeitung altnordischer Stoffe – erfolgt zu Beginn des 19. Jahrhunderts eine Popularisierung der altnordischen Vorzeit. Damit einher geht die Übertragung von in der nordischen Mythologie zu findenden ›germanischen‹ Eigenschaften auf das zeitgenössische Skandinavien, in der Regel mit Ausnahme Dänemarks, die durch aus der ossianischen Tradition des 18. Jahrhunderts bekannte landschaftliche Topoi zusätzlich erleichtert wird. Diese Übertragung führt gegen Ende der deutschen Romantik zur Entdeckung der schwedischen Literatur, wobei Tegnérs *Frithiofs saga* als Katalysator dient, da das Versepos des Schweden der Forderung Herders Genüge leistet und so von der inzwischen vollzogenen Popularisierung der altnordischen Stoffe getragen werden kann. Nach dem Erfolg von Tegnérs Versepos scheint die schwedische Literatur in der Folgezeit gegenüber der dänischen von einem sich verfestigenden Klischee als der Literatur profitieren zu können, die dem alten Norden als Ort des germanischen Ursprungs noch nähersteht als jede andere.

Im Laufe des 19. Jahrhunderts wird die Herdersche Geschichtsauffassung in Anschluss an Gervinus zu einem Modell fortentwickelt, mit dessen Hilfe der Entwicklungsstand einer jeden Nationalliteratur gleichsam ›objektiv‹ beurteilt werden kann: Er bemisst sich an dem Grad von Unabhängigkeit, den diese von den jeweils herrschenden fremden Einflüssen zu einer bestimmten Zeit bereits erreicht hat. In der deutschen Sichtweise des 19. Jahrhunderts sind diese fremden Einflüsse seit Ende des 17. Jahrhunderts weitgehend identisch mit der »Französierung« der deutschen Literatur, so dass sich für Deutschland das Konkurrenzverhältnis zwischen den Völkern vor allem auf den ›Befreiungskampf‹ der Deutschen von den Franzosen verengt. In gleichem Maße, wie dabei das deutsche Selbstwertgefühl zunimmt, haben die Skandinavier schon vorher ihre Rolle als Bundesgenossen in diesem Kampf weitgehend eingebüßt. Aber während die dänische Literatur aufgrund des großen kulturellen Einflusses Deutschlands offensichtlich weiterhin als Teil der deutschen bzw. als der deutschen unmittelbar verwandt betrachtet wird, so gerät die schwedische und später auch verstärkt die norwegische Literatur immer stärker in die Rolle des ›vertrauten Fremden‹, das gerade seiner noch nicht allzu großen ›Exotik‹ wegen einen Reiz ausübt und sich weiterhin als Projektionsfläche für bereits aus der Romantik vertraute Vorstellungen vom urwüchsigen Germanentum anbietet. Die literarischen Beziehungen Deutschlands zu Skandinavien, das nun weitgehend mit Schweden und vor allem Norwegen identifiziert wird, haben sich so im Laufe der Zeit ins Imaginäre verschoben, wo gerade dem *Bild* vom anderen Land implizit eine besondere Funktion zukommt.

Diese verschiedenen Imagines vom Norden sollten bis ins 20. Jahrhundert hinein ihre Wirkung ausüben. Dabei schwächen sich einige Aspekte des alten Skandinavienbildes ab, andere treten neu hinzu, aber sein imaginärer Charakter bleibt auch in den folgenden Jahren durchweg erhalten.[109] Vor allem in den Gründerjahren erscheint Skandinavien aus deutscher Perspektive wie ein Hort sozialen Friedens und ewiger Harmonie, als eine »präkapitalistische Idylle«.[110] Allerdings treten solche Vorstellungen in den literarischen Beziehungen zwi-

---

109 Zu weiteren Aspekten des Skandinavienmythos im 20. Jahrhundert vgl. den Aufsatz von Fournier 1972/73.

110 So der Titel von Gentikow 1978. Vgl. dazu ausführlich S. 238–248.

schen Deutschland und Skandinavien in dem Maße vorübergehend in den Hintergrund, wie diese sich ab den siebziger Jahren des 19. Jahrhunderts plötzlich verändern. Waren vorher im Laufe der Zeit lediglich fünf skandinavische Autoren in Deutschland wirkungsgeschichtlich relevant geworden (Holberg, Oehlenschläger, Tegnér, Andersen und Bjørnson), so gerät die deutsche Literatur in den folgenden Jahrzehnten in einer Weise wie nie zuvor den skandinavischen Literaturen gegenüber in eine empfangende Position. Dichterpersönlichkeiten wie J. P. Jacobsen, Henrik Ibsen und August Strindberg werden zu fixen Größen, an denen sich die deutsche Literatur nicht nur ausrichtet, sondern angesichts derer die eigenen zeitgenössischen Namen auch verblassen. Für kurze Zeit rückt Skandinavien ins Zentrum der literarischen Welt, und Deutschland gerät in die Rolle des nacheifernden Schülers. In der Diskussion um diese Dichter und ihre Werke spielen andere Dinge eine Rolle als das tradierte Skandinavienbild; sie steht ganz im Zeichen einer nun heftig entbrannten Auseinandersetzung um soziale Probleme, die Folgen der Industrialisierung oder die Gleichberechtigung der Frau, kurz: im Zeichen der Moderne. Allerdings schlägt das Pendel, ausgelöst durch die skandinavische »Neuromantik«, schon kurze Zeit später wieder umso heftiger zurück, und der alte Skandinavienmythos feiert fröhliche Urständ. In literarischer Hinsicht jedoch ist ein Rückfall in alte Zeiten undenkbar geworden: Der Norden ist und bleibt auch in den folgenden Jahren eine poetische Großmacht.

Bibliographie

ADORNO, Theodor W.: Gesammelte Schriften. Hg. von Gretel Adorno und Rolf Tiedemann. Bd. 7: Ästhetische Theorie. Frankfurt a. M. 1970.

AHLSTRÖM, Gunnar: Den underbara resan. En bok om Selma Lagerlöfs Nils Holgersson. Lund 1942.

ALAZRAQUI, Jaime: En busca del unicornio: Los cuentos de Julio Cortázar. Elementos para una poética de lo neofantástico. Madrid 1983.

ALMQVIST, Carl Jonas Love: Brev 1803–1866. Ett urval med inledning och kommentarer av Bertil Romberg. Stockholm 1968.

Ders.: Samlade Verk 8. Stockholm 1996.

ARISTOTELES: Poetik. Übersetzung, Einleitung und Anmerkungen von Olof Gigon. Stuttgart 1976.

ARNDT, Ernst Moritz: Der Geist der Zeit. Arndts Werke. Auswahl in zwölf Teilen. Hg. u. m. Anm. vers. v. August Leffson und Wilhelm Steffens. Bd. 6–9. Berlin 1912.

Ders.: ›Thorsaker in Gestrikland‹. Brief an Christian Ehrenfried Freiherrn von Weigel vom 18.6.1804, in: Ders.: Briefe. Hg. von Albrecht Dühr. Darmstadt 1972, Bd. 1, S. 91–92.

ATTERBOM, Per D. A.: Minnen från Tyskland och Italien. Samlade skrifter i obunden Stil. Örebro 1859.

BALLE, Solvej: Ifølge loven. Viborg 1993.

BARBETTA, María Cecilia: Poetik des Neo-Phantastischen. Patrick Süskinds Roman »Das Parfüm«. Würzburg 2002.

BAUMGARTNER, Walter: Triumph des Irrealismus. Rezeption skandinavischer Literatur im ästhetischen Kontext Deutschlands 1860 bis 1910. Neumünster 1979.

BELLER, Manfred: ›Perception, Image, Imagology‹, in: Beller, Manfred/Leerssen, Joep (Hg.): Imagology. The cultural Construction and Literary Representation of National Characters. A Critical Survey. Amsterdam/New York 2007, S. 3–16.

BHABHA, Homi: Die Verortung der Kultur. Tübingen 2000.

BINDER, Beate: ›Beheimatet-Sein in einer globalisierten Welt. Plädoyer für ein verändertes Verständnis von Heimat‹, in: Hanika, Karin/Trunk, Wiebke (Hg.): ...und grüßen Sie mir die Welt – reflektierte Heimaten. Texte zu Heimat, Identität und visueller Kultur. Stuttgart 2007, S. 40–53.

Dies.: ›Beheimatung statt Heimat. Translokale Perspektiven auf Räume der Zugehörigkeit‹, in: Seifert, Manfred (Hg.): Zwischen Emotion und Kalkül. ›Heimat‹ als Argument im Prozess der Moderne. Leipzig 2010, S. 189–204.

Blixen, Karen: Syv fantastiske Fortællinger. København 1988.

Boas, Eduard: In Skandinavien. Nordlichter. Leipzig 1845.

Boëtius, Henning: ›Poetik‹, in: Arnold, Heinz-Ludwig/Sinemus, Volker (Hg.): Grundzüge der Sprach- und Literaturwissenschaft. Bd. 1: Literaturwissenschaft. München 1973, S. 115–133.

Bohnen, Klaus: ›Die ›fremde Heimat‹ der Deutschen. Der ›Mythos vom Norden‹ in deutscher Kulturtradition‹, in: Shichiji, Yoshinori (Hg.): Internationaler Germanisten-Kongreß in Tokyo. Sektion 19. Innerkulturelle Fremdheit. Sektion 20. Revolution und Literatur. Sektion 21. Skandinavistik. Sektion 22. Niederländisch, Afrikaans. Sektion 23. Jiddistik. München 1991, S. 356–365.

Bonaparte, Marie: Edgar Poe. Eine psychoanalytische Studie. Mit einem Vorwort von Sigmund Freud und einem Nachwort von Oskar Sahlberg. 3 Bde. Frankfurt a. M. 1981 [zuerst 1933].

Böök, Fredrik: ›Tegnér och Ossian‹, in: *Samlaren* 1916/37, S. 133–161.

Borges, Jorge Luis: Fiktionen. Erzählungen. Übersetzt von Karl August Horst, Wolfgang Luchting und Gisbert Haefs. Hg. von Gisbert Haefs und Fritz Arnold. Frankfurt a. M. 1994.

Brennecke, Detlef: Tegnér in Deutschland. Eine Studie zu den Übersetzungen Amalie von Helvigs und Gottlieb Mohnikes. Heidelberg 1975.

Brønner, Hedin: Three Faroese Novelists. An Appreciation of Jørgen-Frantz Jacobsen, William Heinesen, and Heðin Brú. New York 1973.

Brüne, Klaus: Lexikon des internationalen Films. Das komplette Angebot in Kino und Fernsehen seit 1945. 21 000 Kurzkritiken und Filmographien. Redaktion Klaus Brüne. Hg. vom Katholischen Institut für Medieninformation e.V. und der Katholischen Filmkommission für Deutschland, Reinbek bei Hamburg 1988.

Caillois, Roger: ›Das Bild des Phantastischen. Vom Märchen bis zur Science Fiction‹, in: *Phaïcon* 1974/1, S. 44–83.

Carl, Wolfgang: Existenz und Prädikation. Sprachanalytische Untersuchungen zu Existenz-Aussagen. München 1974.

Crittenden, Charles D.: Unreality. The Metaphysics of Fictional Objects. Ithaca 1991.

Dalgaard, Niels: Guide til fantastisk litteratur. Science fiction-, fantasy- og horrorlitteraturens hvem er de? hvad skrev de? Kjøbenhavn 2000.

Danto, Arthur C.: ›The Artworld‹, in: *Journal of Philosophy* 1964/61, S. 571–584.

Ders.: Die Verklärung des Gewöhnlichen. Eine Philosophie der Kunst. Frankfurt a. M. 1981.

Ders.: The Philosophical Disenfranchisement of Art. New York 1986.

Dickie, George: ›Defining Art‹, in: *American Philosophical Quarterly* 1969/6, S. 253–256.

Doležel, Lubomír: ›Possible Worlds and Literary Fictions‹, in: Allén, Sture (Hg.): Possible Worlds in Humanities, Arts and Sciences. Proceedings of Nobel Symposium 65. Berlin/New York 1989, S. 221–242.

Ders. 1960: ›Linguistik und Poetik‹, in: Ihwe, Jens (Hg.): Literaturwissenschaft und Linguistik. Ergebnisse und Perspektiven. 3 Bde. Frankfurt a. M. 1971–1972, Bd. 1, S. 99–135.

Durst, Uwe: Theorie der phantastischen Literatur. Tübingen/Basel 2001.

ECKERMANN, Johann Peter: Gespräche mit Goethe in den letzten Jahren seines Lebens, in: Goethe, Johann Wolfgang von: Sämtliche Werke nach Epochen seines Schaffens. Münchner Ausgabe. Bd. 19. Hg. von Heinz Schlaffer. München 1986.

EDSTRÖM, Vivi: ›Ett konstverk och en skolbok‹, in: Dies. (Hg.): Nils Holgersson. Presentation och urval av VE. Stockholm 1996, S. 9–64.

EWALD, Johannes: ›Tysk Fortale til Rolf Krage‹, in: Samlede Skrifter. Efter Tryk og Haandskrifter. Udg. af Svend Aage Pallis under Medvirkning af Niels Møller. København 1920. Bd. 5, S. 242–444.

FOHRMANN, Jürgen: Das Projekt der deutschen Literaturgeschichte. Entstehen und Scheitern einer nationalen Poesiegeschichtsschreibung zwischen Humanismus und Deutschem Kaiserreich. Stuttgart 1989.

FORSSTRÖM, Tua: ›Den heta villan‹, in: Författare om författare. 24 finlandssvenska författarporträtt. Borgä 1981, S. 120–126.

FOURNIER, Vincent: ›Skandinavien som myt. Kollektiva föreställningar i Frankrike 1880–1914‹, in: *Tidskrift för litteraturvetenskap* 1972/73/2, S. 210–224.

FREGE, Gottlob: ›Logik in der Mathematik‹, in: Ders.: Nachgelassene Schriften. Hg. von Hermes, Hans/Kambartel, Friedrich/Kaulbach, Friedrich. Hamburg 1969, S. 219–270.

Ders. 1976: ›Der Gedanke‹, in: Ders.: Logische Untersuchungen. Hg. und eingeleitet von Günther Patzig. Göttingen ²1976, S. 30–53.

FREUD, Sigmund: ›Einige Charaktertypen aus der psychoanalytischen Arbeit‹, in: Gesammelte Werke, Bd. 10. Frankfurt a.M. ⁵1969, S. 364–391.

Ders.: ›Das Unheimliche‹, in: Ders.: Studienausgabe IV. Hg. von Alexander Mitscherlich u. a. Frankfurt a. M. 1970, S. 241–274.

Ders.: Der Witz und seine Beziehung zum Unbewußten. Frankfurt a. M. 1986.

Ders.: ›Der Wahn und die Träume in W. Jensens ›Gradiva‹‹, in: Ders.: Schriften zur Kunst und Literatur. Frankfurt a. M. 1987a, S. 9–85.

Ders.: ›Der Dichter und das Phantasieren‹, in: Ders.: Schriften zur Kunst und Literatur. Frankfurt a. M. 1987b, S. 169–179.

Ders.: ›Einige Charaktertypen aus der psychoanalytischen Arbeit‹, in: Ders.: Schriften zur Kunst und Literatur. Frankfurt a. M. 1987c, S. 229–253.

FREUND, Winfried: Deutsche Phantastik. Die phantastische deutschsprachige Literatur von Goethe bis zur Gegenwart. München 1999.

FRICKE, Harald: Norm und Abweichung. Eine Philosophie der Literatur. München 1981.

Ders.: Aphorismus. Stuttgart 1989.

FRIESE, Wilhelm: ›Skandinavische Literaturen (Einfluß auf die deutsche)‹, in: Reallexikon der deutschen Literaturgeschichte. Berlin/New York 1977, Bd. 3, S. 841–873.

G.: ›Aladdin oder Die Wunderlampe. Ein dramatisches Gedicht in zwei Spielen von Adam Oehlenschläger‹, in: *Journal des Luxus und der Moden* 1808/23, S. 767–780.

GABRIEL, Gottfried: Fiktion und Wahrheit. Eine semantische Theorie der Literatur. Stuttgart 1975.

Ders.: ››Sachen gibt's, die gibt's gar nicht‹. Sind literarische Figuren fiktive Gegenstände?‹, in: Ders.: Zwischen Logik und Literatur. Erkenntnisformen von Dichtung, Philosophie und Wissenschaft. Stuttgart 1991, S. 133–146.

GALE, Richard M.: ›The Fictive Use of Language‹, in: *Philosophy* 1971/46, S. 324–339.

GENTIKOW, Barbara: Skandinavien als präkapitalistische Idylle. Rezeption gesellschaftskritischer Literatur in deutschen Zeitschriften 1870 bis 1914. Neumünster 1978.

GERHARDT, Martin/HUBATSCH, Walther: Deutschland und Skandinavien im Wandel der Jahrhunderte. 2., verb. u. bis an die Gegenwart geführte Aufl. Bonn 1977.

GERSTENBERG, Heinrich Wilhelm von: Briefe über Merkwürdigkeiten der Litteratur. Stuttgart 1890.

GERVINUS, Georg Gottfried: ›Grundzüge der Historik‹, in: Erler, Gotthard (Hg.): Schriften zur Literatur. Bd. 33. Berlin 1962.

GOEPPERT, Sebastian/GOEPPERT, Herma C.: Psychoanalyse interdisziplinär. Sprach- und Literaturwissenschaft. München 1981.

GOETHE, Johann Wolfgang von: ›o.T.‹, in: *Ueber Kunst und Alterthum* 1824/5, S. 190.

Ders.: Der Briefwechsel zwischen Goethe und Zelter in 4 Bänden. Hg. Max Hecker. Bd. 3 (1828–1832). Bern 1970 (Nachdruck der Insel-Ausgabe von 1918).

Ders.: Aus meinem Leben. Dichtung und Wahrheit. Sämtliche Werke nach Epochen seines Schaffens. Münchner Ausgabe. Bd. 16, Hg. von Peter Sprengel. München 1985.

GOODMAN, Nelson: Sprachen der Kunst. Ein Ansatz zu einer Symboltheorie. Mit einem Nachwort von Jürgen Schlaeger. Frankfurt a. M. 1968.

Ders.: ›Fiction for Five Fingers‹, in: Cauman, Leigh S. (Hg.): How Many Questions? Indianapolis 1983, S. 336–339.

GOTTSCHED, Johann Christoph: ›Des Olaus Wormius vermischter Briefwechsel mit gelehrten Männern, sonderlich, was die nordische Litteratur und Alterthümer betrifft‹, in: *Das neueste aus der anmuthigen Gelehrsamkeit*, Herbstmonat 1751. Leipzig 1751, S. 642–658.

Ders.: Die Deutsche Schaubühne. Faksimiledruck nach der Ausgabe von 1741–1745. Mit einem Nachwort von Horst Steinmetz. 2. Teil. Stuttgart 1972.

GREINER, Bernhard: Friedrich Nietzsche: Versuch und Versuchung in seinen Aphorismen. München 1972.

GRIMM, Gunter: Rezeptionsgeschichte. Grundlegung einer Theorie. Mit Analysen und Bibliographie. München 1977.

GROEBEN, Norbert: Literaturpsychologie. Literaturwissenschaft zwischen Hermeneutik und Empirie. Stuttgart u. a. 1972.

GRÜNBAUM, Adolf: Die Grundlagen der Psychoanalyse. Eine philosophische Kritik. Stuttgart 1988.

GUMBRECHT, Hans Ulrich: ›Konsequenzen der Rezeptionsästhetik oder Literaturwissenschaft als Kommunikationssoziologie‹, in: *Poetica* 1975/7, S. 388–413.

GYLLEMBOURG, Thomasine: Samlede Skrifter I. Kjøbenhavn [3]1884.

HAAKONSEN, Daniel: Henrik Ibsen. Mennesket og kunstneren. Oslo 1981.

HABERMAS, Jürgen: ›Die Moderne – ein unvollendetes Projekt‹, in: Kleine politische Schriften (I–IV), Frankfurt a.M. 1981, S. 444–464.

HACKMAN, Boel: Jag kan sjunga som jag vill. Tankevärld och konstsyn i Edith Södergrans diktning. Helsingfors 2000.

HÄLL, Jan: Vägen till landet som icke är. En essä om Edith Södergran och Rudolf Steiner. Stockholm u. a. 2006.

HAMBURGER, KÄTE: Die Logik der Dichtung. München [3]1977.

HANDKE, Peter: Leben ohne Poesie. Gedichte. Hg. von Ulla Berkéwicz. Frankfurt a. M. 2007.

HAUGEN, Torgeir: ›Transcendens, galskap, tomhet. Teoretiske og historiske betraktninger om fantastisk litteratur‹, in: Ders. (Hg): Litterære skygger. Norsk fantastisk litteratur. Oslo 1998, S. 17–72.

HAUSSMANN, Thomas: Erklären und Verstehen. Zur Theorie und Pragmatik der Geschichtswissenschaft. Mit einer Fallstudie über die Geschichtsschreibung zum Deutschen Kaiserreich 1871–1918. Frankfurt a. M. 1991.

HEINE, Heinrich: Briefe. Säkularausgabe. Hg. von den Nationalen Forschungs- und Gedenkstätten der klassischen deutschen Literatur in Weimar und dem Centre National de la Recherche Scientifique in Paris. Bd. 20. Berlin (Ost)/Paris 1970.

Ders.: Die romantische Schule in Deutschland. Säkularausgabe. Hg. von den Nationalen Forschungs- und Gedenkstätten der klassischen deutschen Literatur in Weimar und dem Centre National de la Recherche Scientifique in Paris. Bd. 23. Berlin (Ost)/Paris 1972.

HEINESEN, William: ›Jørgen-Frantz Jacobsen‹, in: Danske digtere i det 20. århundrede. Bd. 2. København 1966, S. 611–624.

HELVIG, Amalie von (Üb.): ›Esaias Tegnér. Frithiof. Fragment einer nordischen Heldengeschichte‹, in: *Ueber Kunst und Alterthum* 1824/5, S. 143.

HENRIKSEN, Aage: ›Henrik Ibsen som moralist‹, in: Ders.: Den intellektuelle. Artikler 1964–1974. København 1974, S. 60–74.

HERDER, Johann Gottfried von: ›Journal meiner Reise im Jahr 1769‹, in: Herders Sämmtliche Werke. Hg. Bernhard Suphan. Berlin 1878, Bd. 4, S. 343–461.

Ders.: ›Adrastea‹, in: Herders Sämmtliche Werke. Hg. von Bernhard Suphan. Berlin 1883a, Bd. 18, S. 1–464.

Ders.: ›Iduna, oder der Apfel der Verjüngung‹, in: Herders Sämmtliche Werke. Hg. von Bernhard Suphan. Berlin 1883b, Bd. 18, S. 483–502.

Ders.: ›Volkslieder‹, in: Herders Sämmtliche Werke. Hg. von Bernhard Suphan. Berlin 1883c, Bd. 25, S. 127–690.

HOLTAN, Orley I.: Mythic Patterns in Ibsen's Last Plays. Minneapolis 1970.

HROCH, Miroslav: Das Europa der Nationen. Göttingen 2005.

HULTBERG, Helge: ›Die Stellung Oehlenschlägers in der deutschen Literatur‹, in: *Nerthus* 1972/3, S. 101–111.

HUME, David: ›An Enquiry concerning Human Understanding‹, in: Ders.: Enquiries concerning Human Understanding and concerning the Principles of Morals. Reprinted from the posthumous edition of 1777 and edited with introduction, comparative table of contents, and analytical index by L.A. Selby-Bigge, M.A. Third Edition with text revised and notes by P.H. Nidditch. Oxford 1975, S. 1–165.

HURLEBUSCH, Klaus: ›Dänemark – Klopstocks ›zweites Vaterland‹?‹, in: Bohnen, Klaus u.a. (Hg.): Deutsch-dänische Literaturbeziehungen im 18. Jahrhundert. München 1979, S. 75–104.

IBSEN, Henrik: Gespenster. Ein Familiendrama in drei Akten. Aus dem Norwegischen übers. von Heidi Krüger. Nachw. von Aldo Keel. Stuttgart 1992.

Ders.: Samlede verker. Hundreårsutgave. Oslo 1928ff.

INGEMANN, Bernhard Severin: Fjorten Eventyr og Fortællinger. Tekstudgivelse, efterskrift og noter af Marita Akhøj Nielsen, in: Danske Klassikere. København 1989, S. 42–72.

ISAKSEN, Jógvan: Færøisk litteratur. Introduktion og punktnedslag. København 1993.

Ders.: Livets geniale relief. Omkring Jørgen-Frantz Jacobsens roman Barbara. Frederiksberg 2001.

ISER, Wolfgang: Das Fiktive und das Imaginäre. Perspektiven literarischer Anthropologie. Frankfurt a. M. 1991.

JACKSON, Rosemary: Fantasy: the Literature of Subversion. London 1981.

JACOBSEN, Jens Peter: ›Et Skud i Taagen‹, in: Ders.: Lyrik og prosa. Tekstudgivelse og efterskrift Jørn Erslev Andersen, noter i samarbejde med Esther Kielberg, in: Danske Klassikere. København 1993, S. 139–151.

JACOBSEN, Jørgen-Frantz: Barbara. København [8]1952 [zuerst 1939].

Ders.: Barbara. Roman. Deutsch von Wolfheinrich von der Mülbe. Reinbek 1998 [zuerst 1940].

Ders.: Del dyrebare Liv. Jørgen-Frantz Jacobsen i Strejflys af hans Breve ved William Heinesen. København [4]1963 [zuerst 1958].

JAKOBSON, Roman: ›Linguistics and Poetics‹, in: Sebok, Thomas A. (Hg.): Style in Language. New York/London 1960, S. 350–377.

JOHANSEN, Ib: Sfinksens forvandlinger. Fantastiske fortællere i dansk litteratur fra B.S. Ingemann til Per Højholt. Ålborg 1986.

JONES, W. Glyn: ›Duality and dualism: Jørgen-Frantz Jacobsen (1900–1938) reassessed‹, in: *Scandinavica* 1988/27/2, S. 133–151.

JUNG, Carl Gustav: ›Über die Beziehung der analytischen Psychologie zum literarischen Kunstwerk‹, in: Urban, Bernd (Hg.): Psychoanalyse und Literaturwissenschaft. Texte zur Geschichte ihrer Beziehungen. Tübingen 1973, S. 18–39.

Ders.: ›Psychologie und Dichtung‹, in: Beutin, Wolfgang (Hg.): Literatur und Psychoanalyse. Ansätze zu einer psychoanalytischen Textinterpretation. München 1972, S. 78–100.

KAFKA, Franz: Drucke zu Lebzeiten. Hg. von Wolf Kittler, Hans-Gerd Koch und Gerhard Neumann (Schriften. Tagebücher. Briefe. Kritische Ausgabe. Hg. Jürgen Born u. a.). Frankfurt a. M. 1994.

KANT, Immanuel: ›Beantwortung der Frage: Was ist Aufklärung?‹, in: Werke in sechs Bänden, Hg. W. Weischedel, Bd. 6. Darmstadt [5]1983, S. 53–61.

KIERKEGAARD, Søren: ›Philosophiske Smuler‹, in: Søren Kierkegaards skrifter, Hg. Søren Kierkegaard Forskningscenteret, Bd. 4. København 1997, S. 213–306.

KITTANG, Atle: Ibsens Heroisme. Frå ›Brand‹ til ›Når vi døde vågner‹. Oslo 2002.

KLEMM, Imma: Fiktionale Rede als Problem der sprachanalytischen Philosophie. Königstein i. Ts. 1984.

KOPPE, Franz: ›Kunst als entäußerte Weise, die Welt zu sehen. Zu Nelson Goodman und Arthur C. Danto in weitergehender Absicht‹, in: Ders. (Hg.): Perspektiven der Kunstphilosophie. Texte und Diskussionen. Frankfurt a. M. 1991, S. 81–103.

KRAMARZ, Susanne: Eyolf: Kinder und Kinderschicksale im Werk Henrik Ibsens. Frankfurt a. M. u. a. 1990.

KRYSING, G. ›o.T.‹. in: *Hamburgische Berichte von neuen gelehrten Sachen* 1738/6, S. 453–458.

LACAN, Jacques: ›Das Seminar über E. A. Poes ›Der entwendete Brief‹‹, in: Ders.: Schriften I. Ausgewählt und hg. von Norbert Haas. Frankfurt a. M. 1973.

LACHMANN, Renate: Erzählte Phantastik. Zur Phantasiegeschichte und Semantik phantastischer Texte. Frankfurt a. M. 2002.

LAGERLÖF, Selma: Nils Holgerssons underbara resa genom Sverige. Stockholm 1917 [zuerst 1907].

Dies.: Brev 2. 1903–1940 i urval av Ying Toijer-Nilsson. Lund 1969.

LANG, Hermann: Die Sprache und das Unbewußte. Jacques Lacans Grundlegung der Psychoanalyse. Frankfurt a. M. 1973.

LEERSSEN, Joep: ›Imagology: History and Method‹, in: Beller, Manfred/Leerssen, Joep (Hg.): Imagology. The cultural Construction and Literary Representation of National Characters. A Critical Survey. Amsterdam/New York 2007, S. 17–32.

LESSER, Simon O.: ›Die Funktionen der Form‹, in: Strelka, Joseph/Hinderer, Walter (Hg.): Moderne amerikanische Literaturtheorie. Frankfurt a. M. 1970, S. 259–279.

LIE, Jonas: Samlede værker VII. Kristiania/København 1914.

LILLQVIST, Holger: Avgrund och paradis. Studier i den estetiska idealismens litterära tradition med särskild hänsyn till Edith Södergran. Helsingfors 2001.

LOCKE, John: An Essay concerning Human Understanding. Edited with an introduction by John W. Yolton. London/New York 1972 [zuerst 1690].

LOHMEIER, Dieter: ›Adam Oehlenschlägers Ruhm in Deutschland‹, in: Bohnen, Klaus u. a. (Hg.): Dänische ›Guldalder‹-Literatur und Goethezeit. Vorträge des Kolloquiums am 29. und 30. April 1982. København/München 1982, S. 90–108.

LÜDEKING, Karlheinz: Analytische Philosophie der Kunst. Frankfurt a. M. 1988.

LUNDQVIST, Lars (Hg.): Nils Holgersson – en illustrerad resa. Konstnärers tolkningar till Selma Lagerlöfs berättelse om Nils Holgerssons underbara resa genom Sverige. Malmö 2008.

MACCORMICK, Peter J.: Fictions, Philosophies, and the Problems of Poetics. Ithaca/London 1988.

MACKIE, John Leslie: Das Wunder des Theismus. Argumente für und gegen die Existenz Gottes. Stuttgart 1985 [engl. Original 1982].

MAGON, Leopold: Ein Jahrhundert geistiger und literarischer Beziehungen zwischen Deutschland und Skandinavien 1750–1850. Bd. 1: Die Klopstockzeit in Dänemark. Johannes Ewald. Dortmund 1926.

MARTÍNEZ, Matías/RÜHLING, Lutz: ›Poesie als Abweichung? Zu Harald Frickes ›Norm und Abweichung‹‹, in: *Text + Kontext* 1986/13, S. 382–393.

MARTÍNEZ-BONATI, Felix: ›Die logische Struktur der Dichtung‹, in: *DVjs* 1973/47, S. 185–200.

MATT, Peter von: Literaturwissenschaft und Psychoanalyse. Eine Einführung. Freiburg i. Br. 1972.

Ders.: ›Anwendung psychoanalytischer Erkenntnisse in der Interpretation. Das psychodramatische Substrat‹, in: Cremerius, Johannes (Hg.): Psychoanalytische Textinterpretation. Hamburg 1974, S. 29–45.

Ders.: ›Die Opus-Phantasie. Das phantasierte Werk als Metaphantasie im kreativen Prozeß‹, in: *Psyche* 1979/33, S. 193–212.

MEINONG, Alexius: ›Über Gegenstandstheorie‹, in: Ders.: Gesamtausgabe. Hg. von Rudolf Haller und Rudolf Kindinger, gemeinsam mit Roderick Chisholm. Graz 1971, Bd. 2, S. 481–530.

MELLARD, James M.: Using Lacan. Reading Fiction. Urbana, Chicago 1991.

MENDELSSOHN, Moses: Briefe, die neueste Literatur betreffend. Hg. von Friedrich Nicolai, Gotthold Ephraim Lessing, Moses Mendelssohn. 24 Theile in 4 Bänden. XIX.–XXIV. Theil. Nachdr. der Ausg. Bd. 21. Berlin/Stettin 1764–1765.

MITZSCHERLICH, Beate: ›Was ist Heimat heute? Eine psychologische Perspektive auf die Möglichkeit von Beheimatung in einer globalisierten Welt‹, in: *epd-Dokumentation* 2010/33, S. 7–12.

MOI, Toril: Henrik Ibsen and the Birth of Modernism. Art, Theater, Philosophy. Oxford 2006.

MORET, Philippe: Tradition et modernité de l'aphorisme. Cioran, Reverdy, Scutenaire, Jourdan, Chazal. Genève 1997.

MORHOF, Daniel Georg: Unterricht von der teutschen Sprache und Poesie (1682). Nach dem Text der 2. Ausg. von 1700. Hg. von Henning Boëtius. Bad Homburg 1969.

NÆRUP, C. (Hg.): Jonas Lie og hans Samtid. Breve i Udvalg. Kristiania ^{2}1915.

NAGEL, Thomas: The View from Nowhere. Oxford 1989.

NIETZSCHE, Friedrich: Werke. Kritische Gesamtausgabe, Hg. von Giorgio Colli und Mazzino Montinari. Berlin 1967–2017.

NIX, Angelika: Das Kind des Jahrhunderts im Jahrhundert des Kindes. Zur Entstehung der phantastischen Erzählung in der schwedischen Kinderliteratur. Freiburg i. Br. 2002.

OBERHOLZER, Otto: ›Amalia von Helvig als Mittlerin zwischen Schweden und Deutschland‹, in: Beiträge zur deutschen und nordischen Literatur. Festgabe für Leopold Magon zum 70. Geburtstag 3. April 1957. Berlin 1958, S. 304–328.

Ders.: ›Herder's Übersetzungen aus dem Nordischen‹, in: *Nerthus* 1969/2, S. 94–116.

OLSSON, Anders: Läsningar om intet. Stockholm 2000.

Ders.: Skillnadens konst. Sex kapitel om moderna fragment. Stockholm 2006.

OPITZ, Martin: ›Buch von der Deutschen Poeterey‹, in: Gesammelte Werke. Kritische Ausgabe. Hg. George Schulz-Behrend. Bd. 2: Die Werke von 1621 bis 1626. 1. Teil. Stuttgart 1978, S. 331–416.

ØSTERUD, Anders E.: ›The Living Dead. On the Phenomenology of Fear in Henrik Ibsen's Ghosts‹, in: Ibsen on the Cusp of the 21st Century. A Festschrift in Honor of Asbjørn Aarseth, Hg. P. B. Bjørby, A. Dvergsdal und I. Stegane. Laksevåg 2005, S. 259–273.

PARSONS, Terence: Nonexistent Objects. New Haven/London 1980.

PAUL, Fritz: ››Aller Sage grund ist nun mythus‹. Religionswissenschaft und Mythologie im Werk der Brüder Grimm‹, in: Henning, Dieter/Lauer, Bernhard (Hg.): Die Brüder Grimm. Dokumente ihres Lebens und Wirkens. Kassel 1985, S. 77–90.

PETERSEN, Lars-Eric/SIX, Bernd: [Einleitung zu] ›Sterotype‹, in: dies. (Hg.): Stereotype, Vorurteile und soziale Diskriminierung. Theorien, Befunde und Interventionen. Weinheim u. a. 2008, S. 21–22.

PIETZCKER, Carl: Einführung in die Psychoanalyse des literarischen Kunstwerks am Beispiel von Jean Pauls »Rede des toten Christus«. Würzburg 1985a.

Ders.: ›Zur Psychoanalyse der literarischen Form‹, in: Ders.: Trauma, Wunsch und Abwehr. Psychoanalytische Studien zu Goethe, Jean Paul, Brecht, zur Atomliteratur und zur literarischen Form. Würzburg 1985b, S. 191–215.

Ders.: ›Literarische Form. Eine durchlässige Grenze‹, in: Urban, Bernd/Mauser, Wolfram (Hg.): Freiburger literaturpsychologische Gespräche. Bd. 9: Die Psychoanalyse der literarischen Form(en). Würzburg 1990a, S. 64–91.

Ders.: ›Überblick über die psychoanalytische Forschung zur literarischen Form‹, in: Urban, Bernd/Mauser, Wolfram (Hg.): Freiburger literaturpsychologische Gespräche. Bd. 9: Die Psychoanalyse der literarischen Form(en). Würzburg 1990b, S. 9–32.

Ders.: Lesend interpretieren. Zur psychoanalytischen Deutung literarischer Texte. Würzburg 1992.

Platen, August Graf von: Tagebücher. Hg. Georg von Laubmann und Ludwig von Scheffler. Bd. 2. Stuttgart 1900.

Poe, Edgar Allan: The Complete Tales and Poems. New York 1975.

Riege, Marlo: Sozialraumanalyse. Grundlagen, Methoden, Praxis. 3., neu bearbeitete und ergänzte Auflage. Köln 2012.

Rilke, Rainer M.: ›Die Aufzeichnungen des Malte Laurids Brigge‹, in: Sämtliche Werke. Werkausgabe, Bd. 11. Frankfurt a.M. 1975.

Rønning, Helge: Den umulige friheten. Henrik Ibsen og moderniteten. Oslo 2006.

Roos, Carl: Det 18. Aarhundredes tyske Oversættelser af Holbergs Komedier. Deres Oprindelse, Karakter og Skæbne. Kjøbenhavn 1922.

Ders.: ›Die nordischen Literaturen in ihrer Bedeutung für die deutsche‹, in: Deutsche Philologie im Aufriß. 2. überarb. Aufl. unver. Nachdr. unter Mitarb. zahlreicher Fachgelehrter hg. von Wolfgang Stammler. Berlin 1958, Bd. 3, S. 373–406.

Ders.: ›Drømmen om Norden i tysk åndsliv‹, in: Essays om tysk Litteratur. I udvalg ved Hakon Stangerup. København 1967, S. 223–235.

Rühling, Lutz: ›Ibsen und das Unheimliche‹, in: Deppermann, Maria u. a. (Hg.): Ibsen im europäischen Spannungsfeld zwischen Naturalismus und Symbolismus. Frankfurt a.M. 1998, S. 275–292.

Ders.: Opfergänge der Vernunft. Zur Konstruktion von metaphysischem Sinn in Texten der skandinavischen Literaturen vom Barock bis zur Postmoderne. Göttingen 2002.

Ders.: ›Bilder vom Norden. Sterotype, Imagines und ihre Funktionen‹, in: Arndt, Astrid u. a. (Hg.): Imagologie des Nordens. Kulturelle Konstruktionen von Nördlichkeit in interdisziplinärer Perspektive. Frankfurt a. M. 2004, S. 279–300.

Sachs, Hans: The Creative Unconscious. Cambridge 1951.

Savile, Anthony: ›Beauty and Attachment‹, in: Schaper, Eva (Hg.): Pleasure, Preference and Value. Studies in Philosophical Aesthetics. Cambridge 1983, S. 99–119.

Scherr, Johannes: Allgemeine Geschichte der Literatur. Ein Handbuch in zwei Bänden. 3., neu bearb. u. stark verm. Aufl. Stuttgart 1869.

Schönau, Walter: Einführung in die psychoanalytische Literaturwissenschaft. Stuttgart 1991.

Schoolfield, George C. ›Scandinavian-German Literary Relations‹, in: *Yearbook of Comparative and General Literature* 1966/15, S. 19–35.

Ders.: Edith Södergran. Modernist Poet in Finland. Westport/Conn. 1984.

Schröder, Stephan Michael: Literarischer Spuk. Skandinavische Phantastik im Zeitalter des Nordischen Idealismus. Berlin 1994.

Searle, John R.: ›The Logical Status of Fictional Discourse‹, in: *New Literary History* 1975/6, S. 319–332.

See, Klaus von: Deutsche Germanen-Ideologie vom Humanismus bis zur Gegenwart. Frankfurt a. M. 1970.

ŠKLOVSKIJ, Viktor: ›Kunst als Verfahren‹, in: Striedter, Jurij (Hg.): Russischer Formalismus. Texte zur allgemeinen Literaturtheorie und zur Theorie der Prosa. München [3]1981, S. 5–35.

SÖDERGRAN, Edith: Samlade skrifter. 2 Bde. Helsingfors 1990–1996.

STEFFENS, Henrich: Die gegenwärtige Zeit und wie sie geworden mit besonderer Rücksicht auf Deutschland. 2 Teile. Berlin 1817.

STERN, Laurent: ›Fictional Characters, Places, and Events‹, in: *Philosophy and Phenomenological Research* 1965/66/26, S. 202–215.

STRÖM, Eva: Edith Södergran. Stockholm 1994.

SVENSEN, Åsfrid: Orden og kaos. Virkelighet og uvirkelighet i fantastisk litteratur. Oslo 1991.

THOMAS, Daniel Heinrich: ›Kritik an Holbergs Haltung gegenüber dem rührenden Lustspiel‹, in: Vermischte Critische Briefe. Rostock/Greifswald 1758, S. 103–109.

THÜRNAU, Donatus: Gedichtete Versionen der Welt. Nelson Goodmans Semantik fiktionaler Literatur. Paderborn u. a. 1994.

TIDESTRÖM, Gunnar: Edith Södergran. Stockholm [2]1960.

TODOROV, Tzvetan: Einführung in die fantastische Literatur. München 1972 [frz. Original 1970].

TUGENDHAT, Ernst: ›Retraktationen zur intellektuellen Redlichkeit‹, in: Ders.: Anthropologie statt Metaphysik. Frankfurt a. M. 2007, S. 85–113.

VINGE, Louise: Nils Holgerssons uppgift: att bli människa igen. Sunne 1999.

Dies.: ›Nils Holgersson – hundra år efteråt‹, in: *Nordisk tidskrift för vetenskap, konst och industri* 2006/82, S. 109–112.

WALPOLE, Horace: The Castle of Otranto. Edited with an Introduction and Notes by Michael Gamer. London 2001.

WEBER, Samuel: Rückkehr zu Freud. Jacques Lacans Entstellung der Psychoanalyse. Wien 1990.

WEINRICH, Harald: ›Fiktionssignale‹, in: Ders. (Hg.): Positionen der Negativität, Poetik und Hermeneutik. München 1975, Bd. 6, S. 525–526.

WEITZ, Morris: ›Die Rolle der Theorie in der Ästhetik‹, in: W. Henckmann (Hg.): Ästhetik. Darmstadt 1979, S. 193–208.

WERLEN, Benno: Sozialgeographie. Eine Einführung. 3., überarbeitete und erweiterte Auflage. Bern u. a. 2008.

WIELAND, Christoph M.: ›Ein paar Goldkörner aus – Maculatur oder Sechs Antworten auf sechs Fragen‹, in: *Der Teutsche Merkur* 1789/66/2, S. 94–105. Zitiert nach der digitalen Online-Version der Universität Bielefeld (http://www.ub.uni-bielefeld.de/diglib/aufkl/teutmerk/teutmerk.htm).

WINGE, Vibeke: ›Dansk og tysk i 1700-tallet‹, in: Feldbæk, Ole (Hg.): Dansk Identitetshistorie 1. Fædreland og modersmål 1536–1789. København 1991, S. 89–110.

WITT-BRATTSTRÖM, Ebba: Ediths jag. Edith Södergran och modernismens födelse. Stockholm 1997.

WITTGENSTEIN, Ludwig: Philosophische Untersuchungen. Kritisch-genetische Edition. Hg. von Joachim Schulte. Frankfurt a. M. 2001.

WIZELIUS, Ingemar. ›Svensk litteratur utomlands‹, in: *Modersmållärarföreningens årsskrift* 1968/69, S. 30–45.

Wünsch, Marianne: Zur Kritik der psychoanalytischen Textanalyse. In: Klein, Wolfgang (Hg.): Methoden der Textanalyse. Heidelberg 1977, S. 45–60.

Dies.: Die Fantastische Literatur der Frühen Moderne (1890–1930). Definition. Denkgeschichtlicher Kontext. Strukturen. München 1991.

Wyatt, Frederik: ›Anwendung der Psychoanalyse auf die Literatur. Phantasie, Deutung, klinische Erfahrung‹, in: Curtius, Mechthild (Hg.): Seminar »Theorien der künstlerischen Produktivität«. Entwürfe mit Beiträgen aus Literaturwissenschaft, Psychoanalyse und Marxismus. Frankfurt a. M. 1976, S. 335–357.

Nachweis der Erstveröffentlichungen

»Fiktionalität und Poetizität«, in: *Grundzüge der Literaturwissenschaft.* Hg. von Heinz Ludwig Arnold und Heinrich Detering. München 2011, S. 25–51.

»Formen des Fantastischen«, in: Verschränkung der Kulturen. Der Sprach- und Literaturaustausch zwischen Skandinavien und den deutschsprachigen Ländern. Hg. von Oskar Bandle, Jürg Glauser und Stefanie Würth. Tübingen und Basel 2004, S. 411–443.

»Psychologische Zugänge«, in: *Grundzüge der Literaturwissenschaft.* Hg. von Heinz Ludwig Arnold und Heinrich Detering. München 2011, S. 479–497.

»Imagologie«, in: *Heimat – Räume. Komparatistische Perspektiven auf Herkunftsnarrative.* Hg. von Jenny Bauer, Claudia Gremler und Niels Penke. Berlin 2014.

»Triumph des Zeichens: Henrik Ibsens *Gespenster*«, in: *Interpretationen. Ibsens Dramen.* Stuttgart 2005, S. 88–106.

»Weiße Pferde: Henrik Ibsen und das Projekt der Aufklärung«, in: *studi germanici* Jg. XLIV, H. 3, 2006, S. 373–394.

»Adoleszenz und Melancholie: Selma Lagerlöfs *Nils Holgersson*«, in: *Unter dem roten Wunderschirm. Lesarten klassischer Kinder- und Jugendliteratur.* Hg. von Christoph Bräuer und Wolfgang Wangerin. Göttingen 2013, S. 313–322.

»›Wahrheit über alles‹: Edith Södergrans Aphorismen«, in: *Skandinavische Aphoristik.* Hg. von Annette Elisabeth Doll und Katarina Yngborn. Freiburg, Berlin und Wien 2008, S. 37–53.

»›Weißer Nebel, Leere, Möwenschrei‹: Die Glückskonzeption in Jørgen-Frantz Jacobsens *Barbara*«, in: *skandinavistik* 2005/35/1, S. 41–57.

»Nordische Poeterey und gigantisch-barbarische Dichtart: Skandinavische Literaturen in Deutschland bis 1870«, in: *Weltliteratur in deutschen Versanthologien des 19. Jahrhunderts.* Hg. von Helga Eßmann und Udo Schöning. Berlin 1996, S. 77–121.

Register der erwähnten Personen und Werke

Werke werden nur dann verzeichnet, wenn es sich um Texte der Primärliteratur handelt. Die Titelform folgt dabei der im vorliegenden Band verwendeten.

Biogramm

Lutz Rühling, geb. 1954, lehrt nach einem Studium der Philosophie, Vergleichenden Literaturwissenschaft, Psychologie, Neueren deutschen Literatur und Skandinavistik an den Universitäten Saarbrücken, Uppsala (Schweden) und Göttingen seit 1998 Skandinavische Literatur an der Universität Kiel, auf dem ältesten Lehrstuhl dieses Faches im deutschen Sprachraum. Er ist (mit Klaus Böldl und Henk van der Liet) Herausgeber der Zeitschrift »European Journal of Scandinavian Studies« und war Mitbegründer des Graduiertenkollegs »Imaginatio borealis«. Seine Forschungen befassen sich mit den skandinavischen Literaturen vom Barockzeitalter bis zur Gegenwart in komparatistischen Zusammenhängen und im Blick auf Grundfragen der Literaturtheorie.

Buchveröffentlichungen: Die Abwehr des ›ennui‹. Modernität und Moderne im lyrischen Werk Gustaf Frödings (Göttingen 1990); Fremdheit als Problem und Programm. Die literarische Übersetzung zwischen Tradition und Moderne (Hg., mit Willi Huntemann, Berlin 1997); Opfergänge der Vernunft. Zur Darstellung metaphysischen Sinns in Texten der skandinavischen Literaturen vom Barock bis zur Postmoderne (Göttingen 2002); Kindler kompakt: Skandinavische Literatur des 19. und 20. Jahrhunderts (Hg., mit Karin Hoff, 2 Bde., Stuttgart 2016/17).